Thomas Gabriel | Renate Stohler (Hrsg.)
Abbrüche von Pflegeverhältnissen im Kindes- und Jugendalter

Pflegekinderforschung

Herausgegeben von Klaus Wolf

Die Reihe will dem Aufschwung der Forschung zu Pflegekindern und Pflegefamilien Rechnung tragen. Hier können exzellente und interessante wissenschaftliche Arbeiten aus der Erziehungswissenschaft, Psychologie, Soziologie oder Kulturwissenschaft veröffentlicht werden. Sie kann dazu beitragen, dass die verschiedenen theoretischen und methodischen Zugänge stärker gegenseitig wahrgenommen und aufeinander bezogen werden und die professionelle Praxis der Pflegekinderhilfe neue Impulse erhält.

Thomas Gabriel | Renate Stohler (Hrsg.)

Abbrüche von Pflegeverhältnissen im Kindes- und Jugendalter

Perspektiven und Herausforderungen
für die Soziale Arbeit

Dieses Buch ist erhältlich als:
ISBN 978-3-7799-3956-6 Print
ISBN 978-3-7799-5229-9 E-Book (PDF)

1. Auflage 2021

© 2020 Beltz Juventa
in der Verlagsgruppe Beltz · Weinheim Basel
Werderstraße 10, 69469 Weinheim
Alle Rechte vorbehalten

Herstellung: Ulrike Poppel
Satz: text plus form, Dresden
Druck und Bindung: Beltz Grafische Betriebe, Bad Langensalza
Printed in Germany

Weitere Informationen zu unseren Autor_innen und Titeln finden Sie unter: www.beltz.de

Danksagung

Wir danken der Jacobs Foundation für die Förderung der Studie „Foster Care Placement Breakdown", die an der Zürcher Hochschule für angewandte Wissenschaften, der Universität Siegen und der University of London durchgeführt wurde und auf deren Ergebnisse die Beiträge dieses Buches beruhen. Persönlicher Dank gilt Simon Sommer für die Begleitung der Forschungsarbeiten.

Inhalt

Abbrüche von Pflegeverhältnissen in der Kinder- und Jugendhilfe – eine thematische Einführung

Thomas Gabriel und Renate Stohler

1. Einleitung

In vielen europäischen Ländern werden aus Kosten- und Qualitätsgründen familienbasierte Lösungen in der stationären Kinder- und Jugendhilfe bevorzugt (vgl. EveryChild 2011). Dieser europaweite Wandel von den traditionellen Heimunterbringungen zu vermehrten Unterbringungen in Pflegefamilien wurde in den 1990er Jahren bereits von Colton und Hellinckx (1993) konstatiert und setzte sich in allen westeuropäischen Ländern mit nationalen Unterschieden fort (vgl. Europäisches Parlament 2009; Zatti 2005). Angesichts der nationalen Politiken empfahl auch die EU (vgl. European Directorate-General for Employment, Social Affairs and Equal Opportunities) die Priorisierung der Pflege in familien- und gemeindenahen Unterbringungsformen als Alternativen zur Heimerziehung (vgl. European Commission Directorate-General for Employment 2009; Frazer/Guio/Marlier 2020). Kritisch lässt sich fragen, ob die Verschiebung zu Platzierungen in Pflegefamilien eine fachliche Orientierung am Kindeswohl widerspiegelt oder ob auch wirtschaftliche und politische Interessen sowie ein wachsendes professionelles und öffentliches Misstrauen[1] gegenüber der Heimerziehung massgebliche Einflussfaktoren darstellten.

Verschiedene internationale Studien belegen, dass bei Kindern und Jugendlichen, die in Heimen oder Pflegefamilien aufgewachsen sind, die Benachteiligung und das Risiko der sozialen Ausgrenzung deutlich höher ist als bei Menschen, die in der Herkunftsfamilie aufwachsen konnten: Ehemalige Heim- und Pflegekinder haben zum Beispiel schlechtere Bildungschancen und erwerben niedrigere formale berufliche Qualifikationen, haben ein höheres Risiko arbeitslos oder psychisch krank zu werden (vgl. z.B. Stein/Munro 2008; Köngeter/Schröer/Zeller 2012; Mendes/Snow 2016; Strahl 2019; Peters/Zeller 2020).[2]

---

1   In den letzten Jahren ist das öffentliche und fachliche Misstrauen gegenüber der Fremdplatzierung in Heimen durch die Aufarbeitung der Heimgeschichte gestiegen (vgl. exemplarisch für die Schweiz Hauss/Gabriel/Lengwiler 2018).

2   Ein Grossteil der Befunde sind international übereinstimmend, trotz einiger Abweichungen wie zum Beispiel der „Frühen Elternschaft" wie Studien aus der Schweiz zeigen (Ga-

Die oben konstatierte Vulnerabilität von fremduntergebrachten Kindern und Jugendlichen ist auf verschiedene Faktoren zurückzuführen. Ein Themenkreis der Einflüsse bezieht sich auf die Stabilität der Platzierung in der Jugendhilfe. Bezogen auf die Unterbringung in Pflegefamilien verweist die internationale Forschung darauf, dass Pflegeverhältnisse vielfach vorzeitig beendet werden: In der Literatur werden für die ungeplante vorzeitige Beendigung von Pflegeverhältnissen unterschiedliche Begriffe verwendet. Im deutschsprachigen Raum sind die Begriffe „Abbruch" oder „Scheitern" geläufig. So verweisen van Santen/ Pluto/Peucker (2019, S. 56) darauf, dass in Deutschland „ungeplante, nicht gemäss dem Hilfeplan beendete Hilfen" oft als „Abbrüche" bezeichnet werden. Auch in Publikationen aus dem nicht-englischen Sprachraum (Dänemark, Belgien, Finnland, Schweden, Spanien) hat sich der Begriff „breakdown" (= Abbruch) durchgesetzt. Im angloamerikanischen Raum wird der Begriff „breakdown" hingegen überwiegend abgelehnt und alternative, weniger wertgeladene Begriffe wie „placement change" oder „move" verwendet, oft attribuiert mit „frequent", „premature", „unintended" (vgl. Bombach/Gabriel/Stohler 2018).

Instabilität oder Abbrüche von Pflegeverhältnissen werden in verschiedenen Studien thematisiert, wobei ein Vergleich der Befunde nur mit Einschränkungen möglich ist. So werden in den Untersuchungen über einen unerwarteten Abbruch oder die ungeplante, vorzeitige Beendigung einer Pflegekinderplatzierung unterschiedliche Definitionen des beschriebenen Phänomens verwendet. Während die Literaturrecherche von Oosterman et al. (2007) zum Thema „Placement-Breakdown" auf der generalisierten Annahme basiert, dass Platzierungswechsel grundsätzlich nicht wünschenswert sind[3] (ebd., S. 55), bevorzugen Christiansen/Havik/Anderssen (2010) eine gänzlich andere Perspektive. Sie stellen die Intention der Handlung in den Mittelpunkt der Betrachtung des Platzierungswechsels[4] und definieren jene Platzierungswechsel, die mit der Intention einer weiteren Verbesserung der Situation des Kindes vorgenommen werden, nicht als Abbrüche (ebd., S. 915). Die international uneinheitliche und zum Teil ungenaue Begriffsverwendung erschwert einen übergreifend einheitlichen Definitionsversuch sowie den internationalen Vergleich von Studienergeb-

---

briel/Stohler 2008, Gabriel/Keller 2013a). Menschen, denen es vor der Platzierung an stabilen sozialen Netzwerken fehlte, haben zudem ein höheres Risiko der sozialen Ausgrenzung. Es gibt bisher nur wenige Untersuchungen zu den Wirkungen des Schweizerischen Jugendhilfesystems auf die Transition in das Erwachsenenleben bzw. auf die biografischen Verläufe nach Fremdplatzierung (vgl. Bombach/Gabriel/Keller 2019; Hauss/Gabriel/ Lengwiler 2018; Gabriel/Keller 2017).

3 „that multiple moves between foster homes and group homes are universally seen as undesirable".

4 „when a child moves from a placement intended to persist except for moves from an acceptable arrangement to a better one".

nissen. Neben unterschiedlichen Begriffsverständnissen gibt es im internationalen Vergleich Unterschiede im politischen und rechtlichen Kontext der Kinder- und Jugendhilfe sowie Unterschiede im Selbstverständnis der Pflegekinderhilfe. Diese Differenzen haben Auswirkungen auf die grundsätzliche Vergleichbarkeit von Studien zu „Foster Care Breakdown", die den länderübergreifenden Wissenstransfer einschränken. Abhängig von der verwendeten Definition und vom Kontext verweisen zusammenfassende Darstellungen des Forschungsstandes darauf, dass zwischen 20 % und 50 % der Pflegeverhältnisse vorzeitig beendet werden (vgl. Berridge/Cleaver 1987; Oosterman et al. 2007; Christiansen/Havik/Anderssen 2010; Rock et al. 2013). Ein Befund, der angesichts der Tendenz zu mehr Platzierungen in Pflegefamilien und insbesondere im Hinblick auf die Konsequenzen für die betroffenen Kinder und Jugendlichen aufhorchen lässt.

Mit dem Ziel, Erkenntnisse zur Sicherung der Stabilität von Pflegeverhältnissen zu gewinnen, wurde in letzten Jahrzehnten nach den Ursachen für Platzierungsabbrüche geforscht, wie ausführliche Analysen zum Forschungsstand zeigen (vgl. Oosterman et al. 2007; Rock et al. 2013, van Santen 2017; Koojin et al. 2018). In den vorwiegend quantitativen Studien werden Faktoren identifiziert, die das Risiko für einen Abbruch erhöhen. Die Befunde verweisen auf ein breites Spektrum von Einflussfaktoren, die mit Platzierungsabbrüchen in Zusammenhang stehen. Diese werden unterschiedlich verortet – primär beim Pflegekind selbst, bei der Herkunftsfamilie des Pflegekindes, den Pflegeeltern und seltener auch bei der Pflegekinderhilfe (vgl. Rock et al. 2013; von Santen 2017). Gut belegt ist, dass das Abbruchrisiko mit zunehmendem Alter[5] des Pflegekindes bei der Platzierung sowie bei Problemverhalten des Pflegekindes steigt. Zu den Risikofaktoren, die Abbrüche begünstigen, gehören weiter das weibliche Geschlecht, vorhergehende Platzierungen in der Heimerziehung und die Trennung von Geschwistern (vgl. Kasten 2006; van Santen 2013; Vreeland et al. 2020; Montserrat/Llosada-Gistau/Fuentes-Peláez 2020).

Andere Studien weisen darauf hin, dass die Unterstützung von Pflegeeltern von entscheidender Bedeutung ist, um die Platzierung zu stabilisieren (vgl. Christiansen/Havik/Anderssen 2010; Zatti 2005). Aus Sicht einiger Studien scheint die Verwandtschaftspflege eine grössere Stabilität zu bieten (vgl. Rock et al. 2013). Sinclair und Wilson (2003) fanden heraus, dass erfolgreiche Platzierungen in Pflegefamilien von den Eigenschaften der Kinder, den Eigenschaften der Pflegekinder und der Interaktion oder der „Chemie" zwischen Pflegekraft und Kind abhängt. Diese personalen Dimensionen sind bisher wenig empirisch

---

5 Das Alter des Kindes zum Zeitpunkt der Platzierung wurde lange als Risikofaktor interpretiert (zusammenfassend Kasten 2006). Neuere Studien zeigen, dass das Alter bei der Platzierung nicht der entscheidende Risikofaktor ist, sondern vielmehr die mit der grösseren Zeitspanne verbundene höhere Wahrscheinlichkeit von Belastungen und Verletzungen des Kindes (Gabriel/Keller 2013a).

erforscht, allenfalls heuristisch beschrieben (vgl. Colla/Krüger 2017; Gabriel/ Tausendfreund 2019). Es gibt jedoch eine Reihe von Faktoren, die mit dem Pflege- oder Sozialsystem selbst zu tun haben. Ward (2009) stellte fest, dass die Stabilisierung der Platzierung durch das Jugendhilfesystem der wichtigste Faktor zur Reduzierung von Abbrüchen ist. Rock et al. (2013) erkennen in häufigen Wechseln der zuständigen Sozialarbeitenden einen Risikofaktor für Abbrüche, während Christiansen/Havik/Anderssen (2010) feststellten, dass ein weiteres strukturelles Problem darin bestehen könnte, dass Pflegeeltern die zentrale Rolle bei der täglichen Pflege spielen, jedoch andere, wie Sozialarbeitende, Behörden oder Gerichte, die formale Autorität über den Fall des Kindes haben.

Bilanzierend kann festgehalten werden, dass bezogen auf einzelne Faktoren (z. B. Alter des Pflegekindes bei der Platzierung) in der Literatur Konsens besteht, während bei anderen Faktoren die Ergebnisse der vorliegenden Studien weniger eindeutig sind. Darüber, wie die Faktoren zusammenwirken, können jedoch bislang keine Aussagen gemacht werden (vgl. van Santen 2017). Weiter fällt auf, dass die Risikofaktoren für einen Abbruch vor allem beim Pflegekind oder bei den Pflegeeltern verortet werden. Dieser Befund ist auch darauf zurückzuführen, dass viele Studien auf Informationen aus Akten basieren, in denen Fachpersonen ihre Beobachtungen und Entscheidungen bezogen auf das Pflegeverhältnis dokumentieren. Die Analyse der vorliegenden Studien zeigt zudem, dass bislang nur wenige Untersuchungen Abbrüche aus der Perspektive von Pflegekindern und Pflegeeltern thematisieren, wie Unrau (2007) bereits vor über zehn Jahren festgestellt hat. Ebenfalls nur wenige Studien setzen ihre Ergebnisse in praktische Hinweise für Professionelle im Feld um (vgl. Rock et al. 2013; Semanchin/Wells 2008; Berridge/Cleaver 1987).

Exkurs: Forschungsstand zu Abbrüchen von Pflegeverhältnissen in der Schweiz

Abbrüche von Pflegeverhältnissen wurden in der Schweiz bislang nicht vertieft untersucht. Die Studie von Gassmann beinhaltet Hinweise zum Thema der Platzierungsabbrüche. In den 101 Familien, die Gassmann zwischen 1998 und 2007 untersuchte, blieben 35 % der Pflegekinder in der Pflegefamilie, 24 % von ihnen kehrten zu ihren biologischen Eltern zurück, 18 % wurden in Heimen und 4 % in anderen Pflegefamilien untergebracht (Gassmann 2010/2012). Sie weist darauf hin, dass in ihrer Stichprobe der Platzierungsabbruch ungeplant und plötzlich zu sein schien. Eine weitere Studie von Götzö/Schöne/Wigger (2014) versucht, das Unterstützungspotenzial für professionell geführte Fachpersonen der Pflegekinderhilfe zu identifizieren. Im Mittelpunkt der Studie stehen biografische Wendepunkte im Leben des Pflegekindes und wie diese von Fachleuten unterstützt werden können, um die Sozialisation der Kinder zu stabilisieren. Die empirische Studie identifizierte Machtquellen, deren Zusammenspiel (Konfiguration) einen massgeblichen Einfluss auf die Stabilität des Pflegefamiliensettings ausüben: „Emotionale Interessiertheit", „materielle Leistung und Versorgung", „Erziehungsgewalt" und „Expertenwissen" (a.a.O., S. 35f.).

Vor diesem Hintergrund erscheint vertieftes Wissen über die Ursachen von Abbrüchen – insbesondere aus der Perspektive der Betroffenen – zentral, um die weitere fachliche Entwicklung des Pflegekinderwesens zu begleiten und zu unterstützen. Es besteht insofern über die nationalen Grenzen hinaus ein Bedarf an wissenschaftlich fundiertem Wissen zur professionellen Unterstützung von Platzierungen in Pflegefamilien.

Das unter der Leitung der ZHAW Soziale Arbeit durchgeführte Forschungsprojekt „Unerwartete Abbrüche von Pflegeverhältnissen im Kindes- und Jugendalter"[6] setzt hier an. Die erwähnte Studie, deren Ergebnisse in diesem Band von Mitgliedern des internationalen Forschungsteams[7] vorgestellt werden, wurde von der Jacobs Foundation finanziert und an der ZHAW Zürcher Hochschule für Angewandte Wissenschaften, am Departement für Soziale Arbeit, Institut für Kindheit, Jugend und Familie in Zusammenarbeit mit der University of London, Thomas Coram Research Unit, und der Universität Siegen, Forschungsstelle Pflegekinder, durchgeführt. Praxispartner waren die Pflegekinderaktion Schweiz (heute PACH) und der Schweizerische Fachverband für Sozial- und Sonderpädagogik INTEGRAS. Die folgenden Abschnitte geben einen Überblick über die Forschungsfragen, Ziele sowie den theoretischen und methodischen Hintergrund der Studie. Im Mittelpunkt dieses Forschungsprojektes stand die Rekonstruktion des Abbruchprozesses in ihrer interaktiven Dimension mit starker Emphase auf dem Erleben der Pflegekinder und der Pflegeeltern. Diese Forschungsfrage zielte auf ein tieferes Verständnis der Einflüsse, die das Risiko von Platzierungsabbrüchen erhöhen.

Da die einzelnen Beiträge in diesem Band bei der Darstellung der Ergebnisse auf die Forschungsmethode und Konzeption Bezug nehmen, wird die Studie im Folgenden dargestellt.

2. Die Studie „Unerwartete Abbrüche von Pflegeverhältnissen im Kindes- und Jugendalter"

Offensichtlich besteht im theoretischen Zugang auf Abbrüche die erste Aufgabe darin, die Begriffsparameter so zu definieren, dass sie in den unterschiedlichen nationalen, politischen und kulturellen Kontexten sinnvoll sind. In der in diesem Band vorgestellten Studie wird Abbruch bzw. „breakdown" nicht als „Anti-

---

6 Der englische Titel lautet: Foster Care Placement Breakdown
7 Clara Bombach, Claire Cameron, Thomas Gabriel, Hanan Hauri, Bujare Ibrahimi, Daniela Reimer, Stephan Scharfenberger, Renate Stohler, Karin Werner und Klaus Wolf

these der Stabilität" (Backe-Hansen 2010, S. 210) oder als ein Moment betrachtet, in dem alles „auseinanderfällt". Obwohl der Endpunkt des Prozesses oft sehr präzise benannt wird, ist die Platzierungsauflösung in den meisten Fällen ein Prozess, der im Laufe der Zeit stattfindet und der durch mehrere Faktoren gekennzeichnet ist, die bereits bei der Platzierung oder sogar bereits zuvor vorhanden sind. So verweisen zum Beispiel van Santen/Pluto/Peucker (2019, S. 56) darauf, dass in Deutschland „ungeplante, nicht gemäss dem Hilfeplan beendete Hilfen" oft als ‚Abbrüche' bezeichnet werden. Sie weisen zudem darauf hin, dass die in der deutschen Jugendhilfestatistik erfassten Auslöser für Abbrüche nicht mit Gründen gleichzusetzen sind (a.a.O.). Darüber hinaus haben nicht alle Platzierungswechsel negative Folgen: Die damit verbundene Möglichkeit der intellektuellen Stimulation ist ein wichtiger Schutzfaktor (vgl. Rock et al. 2013), und Platzierungswechsel bieten die Chance, sich ändernde Bedürfnisse der Kinder zu reflektieren, dies kann im Ergebnis stärker unterstützend sein als die Stabilität an sich. Christiansen/Havik/Anderssen (2010, S. 191) weisen darauf hin, dass ein Zusammenbruch auch ein sehr positives Ergebnis sein kann (insbesondere für das Kind) und nennen es daher als ein „zweideutiges Konzept (ambiguous concept)" (a.a.O.).

2.1 Ziele der Studie

Bereits Christiansen/Havik/Anderssen wiesen darauf hin, dass Meta-Analyse-Reviews von Platzierungsabbrüchen in der Regel Erkenntnisse liefern, die „oft mehrdeutig oder widersprüchlich sind [...]. Eine wesentliche Schlussfolgerung ist, dass Platzierungsabbrüche oft eine Folge des Zusammenspiels mehrerer Faktoren sind und dass sie meist den Endpunkt eines Prozesses darstellen und kein plötzliches Auftreten darstellen" (2010, S. 914). Aus wissenschaftlicher Sicht erschien es deshalb unzureichend, nur die Risikofaktoren darzustellen, die statistisch mit dem Zusammenbruch der Platzierung verbunden sind. Diese Studie berücksichtigt daher sowohl die Komplexität und Interdependenz[8] von Einflussfaktoren als auch das prozessuale Element in dem Sinne, dass Veränderungen in der Qualität der Platzierung im Zeitablauf berücksichtigt wurden. Die Studie konzentriert sich somit nicht auf statische isolierte Faktoren. Im Gegenteil, es sollen Faktoren aufgezeigt werden, die sich im Laufe der Zeit auch in ihrer Intensität verändern oder kumulieren können, indem die Prozesse aus

---

8   Siehe Artikel von Klaus Wolf zum Interdependenzmodell in diesem Buch.

verschiedenen Perspektiven wie der des Heranwachsenden und der Pflegeeltern rekonstruiert wurden.[9]

Die Studie und damit die Artikel in diesem Buch fokussieren ausschliesslich auf die sogenannte „Vollzeitpflege" (long-term foster care). Das bedeutet, dass der gewohnte Aufenthalt eines minderjährigen Kindes bei der betreffenden Pflegefamilie liegt und diese die Verantwortung für seine Betreuung und Erziehung übernimmt. Die Pflege ist auf Konstanz ausgelegt und das Ziel ist langfristige Stabilität (vgl. Gassmann 2010). Neben dem Fokus auf Vollzeitpflege konzentriert sich die Studie auf die Jugendlichen, die nach jetzigem Forschungsstand als am stärksten von Platzierungsabbrüchen bedroht gelten, d.h. diejenigen über zwölf Jahre (vgl. Sinclair/Wilson 2003). Während sich ein reichhaltiges Forschungsfeld herausgebildet hat, das die Erfahrungen junger Menschen mit dem Aufenthalt in der Pflege fokussiert (vgl. Holland 2009; Werner 2019), ist weniger bekannt über die Platzierungsabbrüche oder -wechsel (vgl. Christiansen/Havik/Anderssen 2010; Bombach/Gabriel/Stohler 2018). Unrau (2007) weist darauf hin, dass die Perspektiven junger Menschen auf Platzierungswechsel es ermöglichen, die Breite und Tiefe der Auswirkungen, zum Beispiel auf soziale Netzwerke, so zu verstehen, dass dies bei der blossen Betrachtung von Fallakten nicht der Fall ist.

Die Prozesse, die zu einem Platzierungsabbruch führen, können als ein Ensemble von Faktoren angesehen werden: Sie können durch das Zusammenspiel von Einflüssen des Pflegekinds, der Pflegefamilie und ihrer Mitglieder sowie der sozialen Dienste, initiiert und beeinflusst werden. Faktoren, die nicht direkt mit der Pflegefamilie oder der Rolle der Pflegeeltern zusammenhängen, können ebenfalls relevant sein (z.B. Schule, Gesundheit, Trennung oder Belastungen der Pflegeeltern, wirtschaftliche Schwierigkeiten der Pflegeeltern).

Die Studie folgte der Prämisse, dass es eine interaktive Dimension im Abbruchprozess zwischen dem Jugendhilfesystem, der Pflegefamilie, der Herkunftsfamilie und dem Heranwachsenden gibt. Diese Einflüsse können sich gegenseitig verstärken, sich gegenseitig aufheben oder auch in das Gegenteil verkehren. So ist es beispielsweise plausibel, dass viele bisherige Platzierungswechsel und auffällige Verhaltensmuster des Kindes die Erwartungen und Motive der Pflegeeltern beeinflussen. Möglicherweise bemerken sie jedoch auch eher potenzielle Belastungen und sind auch eher bereit, professionelle Hilfe anzunehmen, weshalb die Risikofaktoren in der Interaktion mit anderen Einflussfaktoren potenziell auch eine schützende Wirkung entwickeln können (vgl. Gabriel/Keller 2013a).

---

9 Nur die Siegener Forschungsgruppe konnte auf zusammenhängende Fälle zurückgreifen, da das Schweizer Datenschutzgesetz hier Beschränkungen setzt.

Das übergeordnete Ziel der Studie bestand darin, übertragbares Wissen zu produzieren, um durch das Verständnis von Abbruchprozessen die Stabilität von Pflegekinderplatzierungen zu verbessern. Im Allgemeinen zielt die Studie darauf ab, durch fallrekonstruktive Analysen die (In-)Stabilität von Pflegeplätzen zu verstehen, indem sie die Prozesse und Zusammenhänge von Faktoren rekonstruiert, die zu Platzierungsabbrüchen führten.

Deutschland (Universität Siegen, Prof. Dr. Klaus Wolf) und England (University of London, Thomas Coram Research Unit, Prof. Dr. Claire Cameron) wurden als Forschungspartner ausgewählt, um durch internationale Vergleiche mit Ländern, die ähnlich hohe Abbruchquoten aufweisen, aber Unterschiede in Bezug auf die Gesamtbevölkerung, die Organisation und Entwicklung des Jugendhilfesystems die Forschungs- und Analyseperspektiven zu erweitern. Der Einbezug der beiden Praxispartner INTEGRAS und PACH ermöglicht den Feldzugang sowie den Transfer der Ergebnisse in die Praxis.

2.2 Hintergrund und Methoden

Das dargelegte Verständnis von Platzierungsabbrüchen (mehrere Faktoren, kumulativer Prozess, Prozesshaftigkeit, Multiperspektivität) und die Konzentration auf Platzierungen, die langfristig angelegt sind, implizieren eine erziehungswissenschaftliche Perspektive, die ein Verständnis von Aufwachsen begründet. Erziehung als *Konzept von Aufwachsen* wird in den verschiedenen europäischen Ländern unterschiedlich verstanden; in einigen Ländern, wie Frankreich und Deutschland, wird kaum zwischen schulischen Bildungsaufgaben und Erziehung unterschieden, die von Pflegeeltern wahrgenommen werden können. Ein *Konzept von Aufwachsen* umfasst in Analogie zur biologisch begründeten Familie zudem Formen von: Fürsorge, Solidarität, Engagement, Zusammenleben und gemeinsame Privatsphäre. In anderen Ländern, wie beispielsweise England, ist das Aufwachsen eher mit „Care" im Sinne von Fürsorge der Eltern verbunden, die durch Parenting (vgl. Grubenmann 2009; Gabriel 2001) moralische Werte und Verhaltenskodexe vermitteln. Die Erziehung durch den Staat wird nur selten erwähnt, ausser im Zusammenhang mit Platzierung in der Vollzeitpflege. Mollenhauers (1983/2013) Definition von Aufwachsen (upbringing) transportiert ein umfassendes Verständnis. Für ihn ist die Erziehung sowohl eine kulturelle als auch eine alltägliche Sorge; sie ist eine Verpflichtung der Erwachsenengeneration gegenüber Kindern, das Mittel, mit dem ein wertvolles Erbe von Erwachsenen an Kinder weitergegeben wird. Bei der Erziehung geht es sowohl um all das, was in alltäglichen Handlungen und Interaktionen von Erwachsenen und Kindern in der (Pflege-)Familie geschieht, als auch um eine explizit erzieherische Rolle, um Kindern zu helfen, aufzuwachsen und umfassend gebildete Mitglieder der Gesellschaft zu werden (vgl. Cameron/Reimer/Smith 2015).

Neben der Erziehung ist das Konzept der Bindung sowohl an den Ort als auch an den Menschen wichtig. Nach Bowlby (1969/2000) ist die Sicherheit der Bindung nur gegeben, wenn Kinder Kontinuität und Sensibilität erfahren. Nach der Argumentation von Ahnert (2011) entstehen instabile Beziehungen, wenn in der frühen Kindheit eine Trennung von bedeutsamen Personen oder ein häufiger Wechsel der Bezugspersonen erlebt wurde. Die Bindungstheorie besagt, dass Kinder mindestens eine primäre Bezugsperson benötigen, um sich sicher zu entwickeln und einen Bezug zu Erwachsenen zu entwickeln, die sich ihrerseits ihnen verpflichtet fühlen (vgl. Triseliotis 2002). Neuere Arbeiten haben ergänzend die Bedeutung einer sinnstiftenden Bindung an einen Ort für ein Gefühl der Zugehörigkeit festgestellt (vgl. Jack 2010; Livingston/Bailey/Kearns 2008). Die Stabilität einer Platzierung hängt in diesem Sinn nicht nur von der Intention und dem Erziehungsangebot, sondern auch von der erfahrenen Sinnhaftigkeit sozialer Beziehungen und sozialer Orte ab.

Gefahr von Subsumptionslogik

Das Wissen um Schutzfaktoren, die Kindern und Pflegeeltern helfen, Krisensituationen zu bewältigen (Gabriel/Keller 2013b; Gabriel 2005/2018), sind eine wichtige Ergänzung zu dem vorliegenden Wissen über Risikofaktoren. Unerwartete Abbrüche von Platzierungen lassen sich insbesondere in der Praxis oft relativ leicht durch den subsumptionslogischen Verweis auf zuvor bekannte Risikofaktoren erklären (z. B. Pubertät). Die Unsinnigkeit dieses Arguments wird jedoch deutlich, wenn wir die Prozesse betrachten, die unter als belastend eingestuften Bedingungen ablaufen, und doch kann das Ergebnis als erfolgreich bezeichnet werden: „Kinder, die schwimmen, wenn alle Prädiktoren sagen, dass sie sinken sollen"[10] (Cowen/Work 1988, S. 602). Wichtig erscheint in diesem Sinne Einflüsse zu identifizieren, die derzeit von Fachleuten unterschätzt oder sogar übersehen werden[11]. Dies bezieht sich auf die von Backe-Hansen formulierte zentrale Mahnung, dass es vergleichsweise einfach ist, sich in Forschung und Praxis auf Verhaltensprobleme zu fokussieren und tiefer liegende Dimensionen der Probleme, die Kinder tatsächlich haben, zu übersehen[12] (2010, 239). Oder in Anlehnung an Herman Nohl (1933) formuliert: sich auf die Probleme zu fokussieren, die Pflegekinder „machen", und jene systematisch zu übersehen, die sie „haben".

---

10 „children who swim when all predictors say they should sink"
11 Beispielsweise Partizipation (siehe Artikel von Clara Bombach und Daniela Reimer in diesem Band)
12 „There is a danger, of too much focus on the behavioral problems among foster children. These are pertinent and thus easy to focus on. This may lead to less focus on other dimensions"

Abbruch als Zusammenspiel von Einflüssen

Zur theoretischen Rahmung wurde das Modell der Interdependenz[13] verwendet, um das komplexe Zusammenspiel von Prozessen und Faktoren, von Abbruchprozessen zu rekonstruieren (vgl. Elias 1981; Smith 2001). Statt eines dyadischen Betreuungsmodells fokussiert dieses Modell die Unterstützung junger Menschen in Bezug auf Alltag, kulturelle Bildung und sinnvolle Beziehungen. Aus dieser Perspektive ist die Stabilität einer Platzierung nicht durch einen dominanten Faktor vorgegeben, sondern durch das komplexe Zusammenspiel verschiedener Faktoren, die es genauer zu verstehen gilt.

2.2.1 Forschungskonzept der Studie „Foster Care Placement Breakdown"

Die in diesem Buch vorgestellte Studie basiert auf qualitativen und quantitativen Methoden. Hermeneutische Methoden wurden für Fallanalysen eingesetzt, um Abbruchprozesse in ihren multiperspektivischen Ansichten der beteiligten sozialen Akteure zu rekonstruieren. Die Auswahl der Forschungsstichprobe basiert auf den Methoden der systematischen Datenerhebung nach der „Grounded Theory" (vgl. Strauss/Corbin 1990). Diese folgt der Absicht, so viele Unterschiede wie möglich auf der Dimensionsebene in den Daten zu finden. Die Stichprobe wird daher unter dem Paradigma der maximalen strukturellen Variation der Perspektiven gesammelt.[14]

Ausgehend von dem empirischen Material wurde eine qualitative Mehrebenenanalyse durchgeführt, die dem konzeptionellen Rahmen des GOETE-Projekts (vgl. Walther 2009/2012) folgt. Der Ansatz zielt darauf ab, die Interaktion zwischen einzelnen Probanden und Konfigurationen auf höherer Ebene zu erklären bzw. zu verstehen. Mit anderen Worten, es konzentriert sich auf qualitative Dimensionen der Beziehung zwischen Mikro-, Meso- und Makroebene, um den Prozess des Zusammenbruchs des Pflegeverhältnisses zu verstehen. Die Methode ist eine Triangulation von Perspektiven mit besonderem Interesse an Austauschpunkten zwischen den verschiedenen Ebenen. Nach dem Prozess einer qualitativen Mehrstufenanalyse erfolgt dies durch die Erhebung von Daten für jede untersuchte Ebene, die Durchführung unabhängiger Analysen und deren Zuordnung über „Anschlusspunkte" oder „Brücken" (ebd.) zu Bedeutungsmustern (Helsper/Hummrich/Kramer 2010, 128). Die mehrstufige Analyse wird bisher vor allem in der quantitativen Forschung als fortgeschrittene Regressionsanalyse eingesetzt, aber auch in der innovativen qualitativen

---

13 Siehe Artikel von Klaus Wolf in diesem Band.
14 Ausführliche Darstellungen zu Feldzugang und Sample finden sich in den verschiedenen Beiträgen.

Forschung wie dem GOETE-Projekt an der Universität Frankfurt (vgl. Walther 2009/2012) und der klassischen Forschung (vgl. Jahoda/Lazarsfeld/Zeisel 1975). Ziel der Methode ist die Rekonstruktion und Kontrastierung der Bezüge zwischen verschiedenen analytischen Ebenen. Die Analysen basieren auf den empirischen Daten und nicht auf theoretisch-konzeptionellen Ableitungen aus Typologien der Jugendhilfesysteme. Die Analyse auf Mikro-, Meso- und Makroebene erzeugt ein Maximum an gewünschter Varianz der Pflegeunterbrechungsprozesse. Um eine internationale und transnationale Vergleichbarkeit zu ermöglichen, werden die Typologien „bottom up" und nicht „top down" formuliert, beispielsweise basierend auf den konzeptionellen Ansätzen der Sozialstaaten.

Von besonderem Interesse sind die Wechselwirkungen zwischen den:

- individuellen Ebenen (Pflegekind, Pflegeeltern und andere beteiligte Akteure),
- sozialen Milieus (Familien, Gleichaltrige und andere),
- Institutionen (z. B. Verwaltungsorgane, Kindes- und Erwachsenenschutzbehörde),
- nationalen Systemen (Sozialstaat, Kinder- und Jugendhilfesystem, gesetzliche Regelungen, kulturelles Verständnis des Erwachsenwerdens und andere).

Das Verfahren bezieht sich auf das Zusammenspiel verschiedener qualitativer Datensätze, kann aber auch quantitative Daten integrieren. Es ermöglicht eine Analyse der Interaktion zwischen den verschiedenen beteiligten Akteuren auf multiperspektivische Weise. Ähnliche Forschungsansätze, die auch in dieser Studie angewendet werden, wurden bereits für internationale Vergleiche in der länderübergreifenden Sozialforschung verwendet (vgl. Brannen/Nilsen 2011; Cameron 2003; Cronin et al. 2008; Lewis/Brannen/Nilsen 2009; Nilsen/Brannen/Lewis 2012).

Die internationale Studie bestand aus drei Modulen, die in den folgenden Abschnitten kurz vorgestellt werden.

Modul A: Aktenanalyse in der Schweiz

Das quantitative Modul A zielte darauf ab, eine Datenbasis von Akten zu Platzierungsabbrüchen in der Schweiz (primär in den Kantonen Bern und Zürich) zu erfassen und zu analysieren[15]. Der Schwerpunkt dieser quantitativen Analyse lag auf Faktoren, die mit Abbrüchen nach Aktenlage verbunden sind. Die un-

---

15 Siehe den Beitrag von Renate Stohler, Bujare Ibrahmi und Thomas Gabriel in diesem Band.

tersuchten Dimensionen wurden auf der Grundlage internationaler Forschungsergebnisse vorstrukturiert (Strijker/Knorth 2009; van Santen 2013; Backe-Hansen 2009) sowie am Aktenmaterial weiterentwickelt und ergänzt. Von besonderem Interesse waren die Dokumente und Kommentare in den Akten zu den
Hauptphasen, auf die sich die Studie konzentrierte: (1) Geschichte des Kindes,
Assessment; (2) Entscheidungen über die Unterbringung in der Pflegefamilie/
Matching; (3) Platzierung; (4) Situation nach der Platzierung.

Modul B: Fallanalysen basierend auf Interviews mit Betroffenen

Im Modul B wurden Einzelfallanalysen basierend auf qualitativen narrativen
Interviews mit Jugendlichen und Mitgliedern der ehemaligen Pflegefamilie
durchgeführt. Auf der Grundlage der quantitativen Analyse wurden Fälle kontrolliert ausgewählt, die die Merkmale des quantitativen Samples von Modul A
repräsentieren. Anhand der ausgewählten Fälle wurde der individuelle Abbruchprozess mittels detaillierter Fallrekonstruktionen analysiert. Der Fokus
dieser Analyse lag auf den einzelnen Biografien und dem Prozess des Platzie-
rungsabbruchs aus verschiedenen Perspektiven.

Die individuelle Fallstruktur ermöglichte es, ein Ensemble von Faktoren,
welche in konkrete Lebenserfahrungen und biografische Prozesse eingebettet
sind, hermeneutisch zu analysieren. Dieses Verfahren wurde durch qualitative
biografische Methoden ergänzt, die in der Lage sind, zwischen universellen, ge-
nerations- und biografietypischen Fallstrukturen zu unterscheiden (vgl. Garz
2000; Hildenbrand 2005; Loch/Schulze 2012).

Modul C: Entwicklung einer internationalen Perspektive

Die zweite Forschungsphase beinhaltete die Entwicklung einer internationalen
Perspektive in Kooperation mit Deutschland (Uni Siegen, Prof. Dr. Wolf und
Dr. Reimer) und England (Uni London, Prof. Dr. Claire Cameron und Hanan
Hauri). Auf Grundlage der Zwischenergebnisse der Forschung in der Schweiz
wurden qualitative Interviews mit Praktikern und Pflegekindern zu Platzierungsabbrüchen durchgeführt. Die internationale Dimension bestand darin,
durch Vergleiche von ähnlichen Fällen übergreifende Strukturmerkmale zu
analysieren und den Einfluss von Systemunterschieden zu verstehen. In den
folgenden Beiträgen in diesem Buch wird ein Teil der Ergebnisse dargelegt.

2.2.2 Kernfrage und handlungstheoretische Prämisse: die Perspektive des Kindes

Bei der Frage nach Platzierungsabbrüchen stehen die Effekte auf die Pflegekinder und -eltern im Mittelpunkt der hier publizierten Forschung. Es geht in einer theoretischen Annäherung primär darum, die Probleme zu verstehen, die

betroffene Kinder und Jugendliche *haben,* und nicht um die funktionalistische Frage nach denen, die sie *machen.*

Wenn wir versuchen Abbruchprozesse von Platzierungen als „Produkt von Handlungen" der beteiligten Akteure zu verstehen, so gilt es einige methodologische Prinzipien zu bedenken. Im Unterschied zur natürlichen Welt ist die soziale Welt sinnhaft konstituiert, das heisst, sie bedeutet den Akteurinnen und Akteuren etwas. Die mit diesen Bedeutungen verbundenen Definitionen, Sinnzuschreibungen und Wahrnehmungen der Subjekte sind von entscheidender Bedeutung für ihr Handeln. Diese Grundannahme fand 1928 im Thomas-Theorem den konsequentesten und bis heute gültigen Ausdruck: „If men define situations as real, it is real in all of its consequences" (Thomas 1928, S. 572). Die methodologische Konsequenz dieser Prämisse für die Untersuchung sozialer Phänomene ist die Einsicht in die grundlegende Bedeutung der Perspektive der Akteure im Forschungsfeld. Für die Forschung zu Platzierungsabbrüchen bedeutet dies, dass sie nicht ohne Bezug auf die handelnden Menschen und ihre Sinnzuschreibungen zu Aussagen kommen kann. Der Sinngehalt des Sozialen kann aus dieser Perspektive nicht objektiv identifiziert werden, da er sich im Kern erst durch den Bedeutungsgehalt sozialer Interaktionen von Subjekten konstituiert. Die Rekonstruktion der prozesshaften Aufschichtung individueller Wirklichkeitserfahrungen ist damit zentrales Ziel der Forschungen, die unter dem Begriff des interpretativen Paradigmas zusammengefasst werden. Sie erkennen in den alltäglichen, vorwissenschaftlichen Deutungs- und Verstehensprozessen der Menschen, mit denen sie sich befassen, die Voraussetzung und den Gegenstand wissenschaftlicher Theoriebildung.

Um diese abstrakte Ebene zu verlassen und eine Brücke zur Praxis und Forschung zu schlagen, können zwei Fallbeispiele aus dem Projekt zur Illustration dienen. Sie können auch als Ankerbeispiele für eine noch immer unterschätzte und zu wenig beachtete Perspektive, der von Fremdplatzierung betroffenen Kinder dienen:

A. Zur Definition von Abbruch[16]
Susanne M. gibt ihr Kind, Alexander M. mit 3 Jahren im Rahmen einer freiwilligen Platzierung in eine Dauerpflegestelle, um auf einer Polarforschungsstation in der Antarktis zu arbeiten. Sie tut dies primär, um ihre berufliche Karriere zu verfolgen, in der Schweiz waren ihre Berufsaussichten stark eingeschränkt. Der Arbeitsort und die Umstände der Arbeit machen es – nach ihrer aktenkundigen Aussage – nicht möglich das Kind in das Ausland mitzunehmen. Alexander ist nach mehreren Jahren bei den Pflegeeltern glücklich. Ebenso die Pflegeeltern mit ihm. Aus Sicht der

---

16 Beruf und Umstände der Fallkonstellation wurden verändert, um ein Wiedererkennen zu verunmöglichen.

Fachpersonen ist er gut integriert, entwickelt sich altersgemäss in allen Entwicklungsdimensionen und ist zudem gut in der Schule. Im Alter von 11 Jahren kehrt die Mutter in die Schweiz zurück und löst die freiwillige Platzierung auf, um mit Alexander zu leben. Nach einem halben Jahr eskalieren die Konflikte, Alexander kommt kurzzeitig in eine Pflegestelle, dann in eine Heimeinrichtung.

In der Analyse des Falls wurde von Vertreter*innen der Praxis als auch der Wissenschaft die Position vertreten, dass es sich in dem Fallverlauf nicht um einen Platzierungsabbruch, sondern um eine „familiäre Wiedervereinigung" handelt. Das Pflegekind und die Pflegefamilie haben jedoch die Rückkehr von Alexander zur Mutter klar als Platzierungsabbruch erlebt und wahrgenommen. Eine Argumentationslogik, die allein von dem Ergebnis der Heimplatzierung rückblickend und subsumptionslogisch Rückschlüsse auf den Platzierungsprozess trifft, verbietet sich. Dennoch ist klar davon auszugehen, dass die subjektive Zuschreibung eines Abbruchs die Bereitschaft sich erziehen und bilden zu lassen grundlegend beeinflusst (Gabriel/Tausendfreund 2019). Schlüsselmoment ist keine psychologische Dimension von Beziehungsabbrüchen, sondern vielmehr die in dem Fallverlauf nachweisbare Erfahrung von Verdinglichung und Ohnmacht und damit die Erfahrung von Wirklichkeit im Abbruchprozess (a. a. O.).

B. Loyalitätskonflikt – oder die Erfahrung der Beziehungsangebote von Erwachsenen?
Lara M. ist 13 Jahre alt und lebt bereits seit acht Jahren in der Pflegefamilie. Sie ist glücklich in der Pflegefamilie und äussert mehrfach den Wunsch, von ihnen adoptiert zu werden, um „ganz" dazu zu gehören. Auch wünscht sie keinen Kontakt zu ihrer biologischen Herkunftsfamilie. Die Pflegeeltern – beide mit professionellem Hintergrund – weisen den Wunsch zurück und insistieren auf dem Kontakt zum Herkunftsmilieu. Lara M. nimmt die Erwachsenen und ihre Beziehungsangebote als nicht belastbar wahr und fühlt sich in dem Prozess nicht gesehen und ihre Wünsche nicht gewürdigt. In der Folge orientiert sie sich in ihrer Suche nach Zugehörigkeit wieder auf ihr Herkunftsmilieu und kehrt in der Folge sogar zu ihrer Ursprungsfamilie zurück. Die Phase der „familiären Wiedervereinigung" dauert nur sechs Monate. Lara M. kehrt sich von Herkunfts- und Pflegefamilie ab und lebt mit 14 Jahren etwa ein Jahr „auf der Strasse" und in wechselnden Unterkünften, unerreichbar für die Sozialen Dienste. Ihre Erfahrungen mit den Erwachsenen sind aus ihrer subjektiven Sicht oft von einer mangelnden Belastbarkeit der angebotenen Beziehungen gekennzeichnet.

In beiden Beispielen wird die Bedeutung der Situationsdefinition der Kinder und Jugendlichen in der Verkettung mit dem Prozess des Abbruchs propädeutisch skizziert. Die Pflegekinder können den finalen Bruch („und da habe ich gewusst ich gehöre nicht mehr dazu") in der Regel sehr präzise benennen, ebenso den Prozess, der zum Abbruch führte und die damit verbundenen Erfahrungen. Die Erfahrung der Wirklichkeit aus ihrer Sicht spielt eine Schlüsselrolle für ihre Bereitschaft, sich auf ein Aufwachsen an einem anderen Ort einzulassen (Gabriel/Tausendfreund 2019).

Die weiteren Artikel stellen eine thematisch fokussierte Auswahl der zentralen Ergebnisse dar oder vertiefen Aspekte des theoretischen und fachlichen Zugangs zum Abbruch von Platzierungen im Pflegekinderwesen.[17]

Literatur

Ahnert, L. (2011): Bindungsbeziehungen: Aufbau, Aufrechterhaltung und Abweichung. In: Otto, H.-U./Thiersch, H. (Hrsg.): Handbuch Soziale Arbeit. Grundlagen der Sozialarbeit und Sozialpädagogik. München und Basel: Ernst Reinhardt Verlag, S. 189–197.

Backe-Hansen, E. (2009): Hvordan motvirke og forebygge utilsiktet flytting fra fosterhjem? Oslo: Nasjonalt bibliotek for barnevern og familievern.

Backe-Hansen, E. (2010): How to counteract and prevent foster home breakdown? In: Knorth, E. J. et al. (Eds.): Inside Out. How interventions in child and family care work. An international source book. Antwerp-Apeldoorn: Garant Publishers, S. 239–240.

Berridge, D./Cleaver, H. (1987): Foster Home Breakdown. Oxford: Blackwell.

Bombach, C./Gabriel, T./Keller, S. (2019): Lebenswege nach Heimerziehung in der Schweiz. In: Forum Erziehungshilfen 25, H. 1, S. 53–57.

Bombach, C./Gabriel, T./Stohler, R./Werner, K. (2018): Die ungeplante Austrittsgestaltung aus Pflegefamilien. Eine konzeptionelle Lücke in der Pflegekinderhilfe der Schweiz. In: Forum Erziehungshilfen 24. H. 1, S. 47–53.

Bombach, C./Gabriel, T./Stohler, R. (2018): Acknowledging the complexity of processes leading to foster care breakdown. In: International Journal of Child, Youth and Family Studies 9, 1, S. 38–60.

Bowlby, J. (1969): Attachment and loss. Volume 1: Attachment. London: Hogarth Press.

Bowlby, J. (2000): Loss: Sadness and depression, Attachment and loss (Vol. 3). New York: Basic Books, S. 7–22.

Brannen, J./Nilsen, A. (2011): Comparative biographies in case-based cross-national research: methodological considerations. In: Sociology 45, H. 4, S. 603–619.

Cameron, C. (2003): Cross-National Qualitative Methods, EUR 20737. Luxembourg: Office for Official Publications of the European Communities.

Cameron, C./Reimer, D./Smith, M. (2015): Upbringing in Foster care in Europe: what do we know and not know? In: European Journal of Social Work 19, 2, S. 152–170.

Christiansen, O./Havik, T./Anderssen, N. (2010): Arranging stability for children in long-term out-of-home care. In: Children and Youth Services Review, 32, S. 913–921.

Colla, H. E./Krüger, T. (2017): Das Leid des Anderen verstehen. Versuch einer kleinen Ergänzung zum sozialpädagogischen Verstehen aus der Perspektive von Mitleidstheorien. In: Wesenberg, S./Bock, K./Schröer, W. (2017): Verstehen: Eine sozialpädagogische Herausforderung. Weinheim/Basel: Beltz Juventa, S. 33–39.

Colton, M. J./Hellinckx, W. (Eds.) (1993): Child Care in the EC. A country-specific guide to foster and residential care. Cambridge: Arena.

Cowen, E. L./Work, W. C. (1988): Resilient Children, Psychological Wellness and Primary Prevention. In: American Journal of Community Psychology, 16, S. 591–607.

---

17 Die Beiträge aus der Schweiz orientieren sich am Schweizer Hochdeutsch. Das Eszett (ß) wird daher nicht verwendet.

Cronin, A./Alexander, V.D./Fielding, J./Moran-Ellis, J./Thomas, H. (2008): The analytic integration of qualitative data sources. In: Aluusatari, P./Bickman, L./Brannen, J. (Eds.): Handbook of Social Research. London: SAGE Publication, S. 572–584.

Elias, N. (1981): Soziale Prozessmodelle auf mehreren Ebenen. In: Schulte, W. (Hrsg.): Soziologie in der Gesellschaft. Bremen, S. 764–767.

European Commission Directorate-General for Employment. (2009): Social Affairs Report of the Ad Hoc Expert Group and the Transition from Institutional to Community-based Care. Brussels.

EveryChild (2011): Scaling Down. Reducing, reshaping and improving residential care around the world. Positive care choices: Working Paper 1. London: EveryChild.

Frazer, H/Guio, A.-C./Marlier, E. (eds.) (2020): „Feasibility Study for a Child Guarantee: Intermediate Report", Feasibility Study for a Child Guarantee (FSCG), Brussels: European Commission.

Gabriel, T. (2001): Forschung zur Heimerziehung. Das Beispiel Grossbritannien. Weinheim/München: Juventa.

Gabriel, T./Keller, S. (2013): Die Zürcher Adoptionsstudie. Kinder und Adoptiveltern in den ersten Jahren. Zürich: infostelle.

Gabriel, T. (2018): Resilienz: In: Otto, H.-U.; Thiersch, H. (Hrsg.): Handbuch Soziale Arbeit. München und Basel: Ernst Reinhardt, S. 1240–1245.

Gabriel, T./Keller, S. (2017): Child and Youth Care in Switzerland: Context, Types of Placement and Transitions. In: Islam, T./Fulcher, L. (Eds.): Residential Child and Youth Care in a Developing World. European Perspectives. Cape Town; CYC-Net Press, S. 62-75.

Gabriel, T. (2005): Resilienz – Kritik und Perspektiven. In: Zeitschrift für Pädagogik, 2, S. 207–217.

Gabriel, T./Keller, S. (2013a): Die Zürcher Adoptionsstudie. Kinder und Adoptiveltern in den ersten Jahren. Zürich.

Gabriel, T./Keller, S. (2013b): Krisen und Transitionen im Lebenslauf. In: Riedi, A.M./Zwilling, M./Meier-Kressig, M./Benz Bartoletta, P./Aebi Zindel, D. (Hrsg.), Handbuch Sozialwesen Schweiz. Bern: Haupt, S. 47–59.

Gabriel, T./Stohler, R. (2008): Switzerland. In: Stein, M./Munro, E.R. (Eds.): Young People's Transitions from Care to Adulthood. International Research and Practice. London, Philadelphia: Jessica Kingsley, S. 197–208.

Gabriel, T./Tausendfreund, T. (2019): Partizipation aus sozialpädagogischer Perspektive – über die „Bereitschaft sich erziehen zu lassen". In: Reimer, D. (Hrsg.): Sozialpädagogische Blicke. Weinheim/Basel: Beltz Juventa, S. 231–241.

Garz, D. (2000): Das Leben stört natürlich ständig. Qualitativ biographische Verfahren als Methoden der Bildungsforschung. In: Kraimer, K. (Hrsg.): Die Fallrekonstruktion. Sinnverstehen in der sozialwissenschaftlichen Forschung. Frankfurt am Main: Suhrkamp.

Gassmann, Y.R. (2010): Pflegeeltern und ihre Pflegekinder: Empirische Analysen von Entwicklungsverläufen und Ressourcen im Beziehungsgeflecht. Münster/New York/München/Berlin: Waxmann.

Gassmann, Y.R. (2012): Gute Bedingungen für Pflegekinder. Forschungsergebnisse. Informationsveranstaltung „Gute Bedingungen für Pflegekinder: Stand, Herausforderungen, Perspektiven". Bern: Pflegekinder-Aktion Schweiz.

Götzö, M./Schöne, M./Wigger, A. (2014): Spannungsfelder organisierter Lebensräume. Forschungsbeiträge zu Pflegefamilien. Soziale Räume – Perspektiven, Prozesse, Praktiken. Band 3. St. Gallen: FHS St. Gallen.

Grubenmann, B. (2009): Parenting. In: Andresen, S./Casale, R./Gabriel, T./Horlacher, R./Larcher Klee, S./Oelkers, J. (Hrsg.): Handwörterbuch Erziehungswissenschaft. Weinheim: Beltz, S. 652–665.

Hauss, G./Gabriel, T./Lengwiler, M. (2018): Fremdplatziert. Geschichte der Heimerziehung in der Schweiz (1940–1990), Zürich: Chronos.

Helsper, W./Hummrich, M./Kramer, R.-T. (2010): Qualitative Mehrebenenanalyse. Fritz Schütze zum 65. Geburtstag. In: Friebertshäuser, B./Langer, A./Prengel, A. (Hrsg.): Handbuch Qualitative Forschungsmethoden in der Erziehungswissenschaft. Weinheim/München: Juventa.

Hildenbrand, B. (2005): Fallrekonstruktive Familienforschung. Anleitung für die Praxis. Wiesbaden: VS Verlag für Sozialwissenschaften.

Holland, S. (2009): Listening to Children in Care: A Review of Methodological and Theoretical Approaches to Understanding Looked after Children's Perspectives. In: Children & Society, 23, S. 226–235.

Jack, G. (2010): Place Matters: The Significance of Place Attachments for Children's Well-Being. In: British Journal of Social Work, 40, S. 755–771.

Jahoda, M./Lazarsfeld, P. F./Zeisel, H. (1975): Die Arbeitslosen von Marienthal. Ein soziographischer Versuch über die Wirkungen langandauernder Arbeitslosigkeit. Frankfurt am Main: Suhrkamp.

Kasten, H. (2006): Scheitern von Adoptiv- und Pflegeverhältnissen. In: Paulitz, H. (Hrsg.): Adoptionen: Positionen, Impulse, Perspektiven. München, S. 242–270.

Konijn, C./Admiraal, S./Baart, J./Rooij, F./Stams, G./Colonnesi, C./Lindauer, R./Assink, M. (2018): Foster care placement instability: A meta-analytic review. In: Children and Youth Services Review 96, S. 483–499.

Köngeter, S./Schröer, W./Zeller, M. (2012): Statuspassage „Leaving Care". Biographische Herausforderungen nach der Heimerziehung. In: Diskurs Kindheits- und Jugendforschung 7, H. 3, S. 261–276.

Lewis, S./Brannen, J./Nilsen, A. (Eds.) (2009): Work, Families and Organisations in Transition. Bristol: Policy Press.

Livingston, M./Bailey, N./Kearns, A. (2008): People's Attachment To Place – The Influence Of Neighbourhood Deprivation. Glasgow 2008.

Loch, U./Schulze, H. (2012): Biographische Fallrekonstruktion im handlungstheoretischen Kontext der Sozialen Arbeit. In: Thole, W. (Hrsg.): Grundriss Sozialer Arbeit. Wiesbaden: Springer VS Verlag.

Mendes, Ph./Snow, P. (Eds.) (2016): Young People Transitioning from Out-of Home Care. International Research, Policy and Practice. London: Palgrave Macmillan.

Mollenhauer K. (1983): Vergessene Zusammenhänge. Über Kultur und Erziehung. München: Juventa.

Mollenhauer, K. (2013): Forgotten Connections: On Culture and Upbringing. Friesen: Routledge.

Montserrat, C./Llosada-Gistau, J./Fuentes-Peláez, N. (2020): Child, family and system variables associated to breakdowns in family foster care. In: Children and Youth Services Review, Volume 109, February 2020.

Nilsen, A./Brannen, J./Lewis, S. (Eds.) (2012): Transitions to Parenthood in a Life Course Perspective: gendered cross-European comparison. Bristol: Policy Press.

Nohl, H. (1933): Die Theorie der Bildung. In: Nohl, H.; Pallat, L. (Hrsg.): Handbuch der Pädagogik. Bd. 1. Langensalza: Beltz, S. 3–80.

Oosterman, M./Schuengel, C./Wim Slot, N./Bullens, R. A. R.; Doreleijers, T. A. H. (2007): Disruptions in foster care: A review and meta-analysis. In: Children and Youth Services Review, 29 (1), S. 53–76.

Peters, U./Zeller, M. (2020): Leaving Care und Agency. Internationale Forschungszugänge, Konzepte und Erkenntnisse. In: Göbel, S./Karl, U./Lunz, M./Peters, U./Zeller, M. (Hrsg.): Wege junger Menschen aus Heimen und Pflegefamilien. Agency in schwierigen Übergängen. Weinheim/Basel: Beltz Juventa, S. 32–49.

Rock, S./Michelson, D./Thomson, S./Day, C. (2013): Understanding Foster Placement Instability for Looked After-Children: A Systematic Review and Narrative Synthesis of Quantitative and Qualitative Evidence. In: British Journal of Social Work, S. 1–27.

Semanchin, A./Wells, S. J. (2008): PATH/Wisconsin – Bremer Project: Preventing Placement
Disruptions in Foster Care. Minnesota: Regents of the University of Minnesota.

Sinclair, I./Wilson, K. (2003): Matches and Mismatches: The Contribution of Carers and Children to the Success of Foster Placements. In: British Journal of Social Work, 33, S. 871–
884.

Smith, D. (2001): Norbert Elias and figurational research. Processual thinking in sociology.
London/Thousand Oak/Calif: SAGE Publications.

Stein, M./Munro, E. (Eds.) (2008): Young People's Transitions from Care to Adulthood.
International Research and Practice. London: Jesscia Kingsley Publishers.

Strahl, B. (2019): Heimerziehung als Chance? Erfolgreiche Schulverläufe im Kontext von stationären Erziehungshilfen. Weinheim/Basel: Beltz Juventa.

Strauss, A./Corbin, J. (1990): Basic of Qualitative Research. Grounded Theory Procedures and
Techniques Newbury Park, London, New Delhi: Sage Publications.

Strijker, J./Knorth, E. J. (2009): Factors associated with the adjustment of foster children in the
Netherlands. In: American Journal of Orthopsychiatry 19, S. 421–429.

Thomas, W. I. (1928): The Methodology of Behaviour Study. Chapter 13. In: The Child in
America: Behavior Problems and Programs. New York: Alfred A. Knopf, S. 553–576.

Triseliotis, J. (2002): Long-term foster care or adoption? The evidence examined. In: Child
and Family Social Work, 7 (1), S. 23–33.

Unrau, Y. A. (2007): Research on placement moves: seeking the perspective of foster children.
In: Children and Youth Services Review, 29, S. 122–137.

van Santen, E. (2013): Factors associated with placement breakdown initiated by foster parents – empirical findings from Germany. In: Child & Family Social Work, S. 1–11.

van Santen, E. (2017): Determinanten der Abbrüche von Pflegeverhältnissen – Ergebnisse auf
der Basis der Einzeldaten der Kinder- und Jugendhilfestatistik. In: Neue Praxis. Zeitschrift
für Sozialarbeit, Sozialpädagogik und Sozialpolitik 2, S. 99–123.

van Santen, E./Pluto, L./Peucker, Ch. (Hrsg.) (2019): Pflegekinderhilfe – Situation und Perspektiven. Empirische Befunde zu Strukturen, Aufgabenwahrnehmung sowie Inanspruchnahme. Weinheim/Basel: Beltz Juventa.

Vreeland, A./Ebert, J. S./Kuhn, T. M./Gracey, K. A./Shaffer, A. M./Watson, K. H./Gruhn,
M. A./Henry, L./Dickey, L./Siciliano, R./Anderson, A. S./Compas, B. E. (2020): Predictors
of Placement Disruptions in Foster Care. Child Abuse and Neglect.

Walther, A. (2009): „It was not my choice, you know?" Young people's subjective views and
decision making processes in biographical transitions. In Schoon, I./Silbereisen, R. K.
(Eds.), Transitions from School to Work: Globalisation, Individualisation, and Patterns of
Diversity. Cambridge: Cambridge University Press, S. 121–145.

Walther, A. (2012): Access, Coping and Relevance of Education in Youth Transitions: The
German Transition System Between Labour Society and Knowledge Society. In: Billet, S./
Johnson, G./Thomas, S./Sim, Ch./Hay, St./Ryan, J. (Eds.): Experiences of School Transitions. Policies, Practice and Participants. Heidelberg/New York/London: Springer, S. 87–
106.

Ward, H. (2009): Patterns of instability: Moves within the care system, their reasons, contexts
and consequences. In: Children and Youth Services Review, 31 (10), 1113–1118.

Werner, K. (2019): Leben als Pflegekind. Die Perspektive jugendlicher Pflegekinder auf ihre
Lebenssituation. Weinheim/Basel: Beltz Juventa.

Zatti, K. B. (2005): Das Pflegekinderwesen in der Schweiz. Analyse, Qualitätsentwicklung und
Professionalisierung. Expertenbericht im Auftrag des Bundesamtes für Justiz.

Wie können wir Abbruchprozesse in Pflegeverhältnissen erklären?

Interdependenzmodelle zum Breakdown

Klaus Wolf

1. Einleitung

Wie enden eigentlich Pflegeverhältnisse? Wir haben keine sehr differenzierten, repräsentativen Daten für Deutschland, die uns diese Frage beantworten. Die Kinder- und Jugendhilfestatistik gibt einige wenige Auskünfte (vorbildlich die Übersicht bei van Santen 2017) zu solchen Beendigungen, die als Abbruch verstanden werden müssen.

International werden Abbrüche von Pflegeverhältnissen im Kindes- und Jugendalter oft als „unanticipated" und „untimely placement ending that is not included in the Child's care plan" (Berridge/Cleaver 1987, S. 6) definiert. Die drei Elemente „unvorhergesehen", „vorzeitig", „nicht im Betreuungsplan vorgesehen" werfen ähnlich wie die Merkmale „plötzlich" und „ungeplant" in der deutschsprachigen Literatur die Frage auf, ob dieses Ereignis ausschließlich aus der Perspektive der Sozialen Dienste definiert werden soll oder auch aus der der anderen Akteure: des Pflegekindes, der Eltern und Pflegeeltern. Hier sind unterschiedliche Planungen und unterschiedliche Erwartungen, die enttäuscht werden können, zu vermuten. Die Statistik enthält Angaben, von wem die Beendigung abweichend vom Hilfeplan initiiert wurde: häufiger von der Pflegefamilie als von den Sorgeberechtigten und etwas häufiger von den Sorgeberechtigten als von den Pflegekindern (vgl. van Santen 2017).

Eine ungeplante, vorzeitige Beendigung des Pflegeverhältnisses wird von den Pflegekindern, den Pflegeeltern und den Eltern – zumindest dann, wenn das Kind ungeplant zu ihnen zurückkehrt – in der Regel als sehr relevant erlebt. Dies ist, das zeigt schon die oben zitierte Definition, kein Routineereignis, sondern eher ein gravierendes kritisches Lebensereignis, durch das die Menschen ihre Personen-Umwelt-Passung wieder grundsätzlich neu herstellen müssen (vgl. Filipp/Aymanns 2010). Das zeigt sich auch darin, dass sie Erklärungen für das Geschehen entwickeln und neue Bewältigungsversuche machen. Auch für die Sozialen Dienste stellt eine ungeplante Beendigung eine Herausforderung dar, die dazu führen kann, dass die Fachkräfte unter Zeitdruck neue Entscheidungen treffen und umsetzen müssen.

Das Thema Abbruch kann auch in einem größeren Kontext betrachtet werden: dem der Stabilität oder Instabilität von Pflegeverhältnissen. Wenn man Stabilität und Instabilität nicht als zwei alternative Zustände betrachtet, sondern als ein Kontinuum zwischen den Polen Stabilität und Instabilität, und wenn man innerhalb dieses Kontinuums mit Verschiebungen rechnet, dann erscheint Abbruch als Endpunkt einer Entwicklung in Richtung Stabilitätsverlust. Diese kann unterschiedliche Formen haben, etwa ein plötzlicher Wendepunkt und Zusammenbruch der Stabilität durch ein besonderes Ereignis, eine allmähliche Erosion der Stabilität, ein Wechsel von Phasen der Stabilisierung und Destabilisierung oder auch eine Struktur geringer Stabilität von Anfang an. Für all diese Verläufe haben wir empirische Beispiele. Weitere Muster sind möglich und zu erwarten.

Die Relevanz eines Abbruchs im Erleben der Beteiligten, die langfristigen Wirkungen von Diskontinuität für die Entwicklung der Kinder und die möglicherweise nachhaltigen Irritationen in der Pflegefamilie und auch der Aufwand Sozialer Dienste bei der Organisation der neuen Weichenstellungen bilden den Hintergrund, vor dem das Forschungsprojekt „Unerwartete Abbrüche von Pflegeverhältnissen im Kinder- und Jugendalter" entstanden ist.[1] In diesem Zusammenhang war es auch Ziel, Wissen zu erarbeiten, mit dem die Handlungsoptionen Sozialer Dienste – im Matching, bei der Begleitung der Pflegeverhältnisse, der Früherkennung von Destabilisierungsprozessen und der Begleitung von Übergängen aus der Pflegefamilie – erhöht werden können. Dabei stellt sich die Frage, wie dieses Wissen erzeugt werden kann, und außerdem die sehr grundsätzliche Frage: Was sind angemessene Erklärungsmodelle?

2. Erklärungsmodelle

Es lassen sich zwei Typen von Erklärungsmodellen unterscheiden: Der eine Typus arbeitet in oft quantitativen Untersuchungen wirksame Einzelfaktoren heraus. Er weist nach, dass ein bestimmtes Merkmal in einem statistischen Zusammenhang zum Abbruch von Pflegeverhältnissen steht und versucht Aussagen darüber zu gewinnen, welches Gewicht dieses Merkmal für die Erklärung von Abbrüchen haben kann. Der zweite Typus entwickelt Interdependenzmodelle. Er untersucht, wie das Zusammenspiel der unterschiedlichen (Einzel-)Faktoren beschrieben, erklärt und in ein theoretisches Modell integriert werden kann. Diese beiden konkurrierenden Erklärungsmodelle sollen zunächst kurz skizziert werden.

---

1   Siehe Gabriel/Stohler in diesem Band.

2.1 Analyse von Einzelfaktoren

Prädikatoren, also Einzelfaktoren, die angeben, dass die Wahrscheinlichkeit eines Abbruchs steigt (oder sinkt), werden häufig in folgende Hauptkategorien eingeteilt:

- Merkmale des Kindes
- Merkmale der Pflegefamilie
- Merkmale der Herkunftsfamilie
- Merkmale der Sozialen Dienste und der Begleitung

Diese Liste zeigt bereits, dass es nicht nur Merkmale des Kindes sind, die die Abbruchwahrscheinlichkeit beeinflussen.

Ich möchte einige wenige Befunde skizzieren, eine ausführliche Darstellung würde den Rahmen hier sprengen. Eine gute und insgesamt lesenswerte Zusammenfassung hat van Santen (2017, S. 100 ff.) veröffentlicht. Die Metaanalysen von Oosterman et al. (2007) und – auch unter Berücksichtigung qualitativer Studien – die von Rock et al. (2015) geben einen guten Überblick über den Stand der quantitativen Forschung zu Risiko- und Schutzfaktoren.

Bei den *Merkmalen des Pflegekindes* werden als Prädikatoren für Abbruchrisiken besonders das Alter des Kindes bei der Aufnahme (vgl. z. B. Bernedo et al. 2015; James 2004; Terling-Watt 2001; Webster/Barth/Needell 2000) und externalisierende Verhaltensauffälligkeiten (vgl. z. B. Barth et al. 2007; Eggertsen 2008; Hurlburt et al. 2010; Rooij et al. 2015) betont. Je höher diese sind, desto größer das Risiko.

Bei den *Merkmalen der Pflegefamilie* steigt die Abbruchwahrscheinlichkeit z. B. bei eingeschränkten sozialen Netzwerken der Pflegefamilien (vgl. Kalland/ Sinkkonen 2001) oder bei geringeren pädagogischen Fähigkeiten der Pflegeeltern (vgl. z. B. Doelling/Johnson 1990; Sinclair/Wilson 2003).

Chronische Familienprobleme (vgl. Stone/Stone 1983), Alkoholabhängigkeit der Mütter (vgl. Pardeck 1985) oder Straffälligkeit eines Elternteils (vgl. z. B. Webster/Barth/Needell 2000) stehen bei der *Herkunftsfamilie* im Zusammenhang mit einer höheren Abbruchquote.

Schließlich beeinflussen *Merkmale der Sozialen Dienste* das Abbruchrisiko. Zum Beispiel verringern mehr Kontakte, eine gute Beziehung zu den Pflegeeltern und gute Unterstützung durch das Jugendamt das Risiko für einen Abbruch (vgl. Kalland/Sinkkonen 2001; Stone/Stone 1983; Walsh/Walsh 1990). Die deutliche Mehrzahl der Untersuchungen zeigt, dass die gemeinsame Unterbringung von Geschwistern das Abbruchrisiko verringert und es in der Verwandtenpflege zu weniger Abbrüchen kommt. Eine große Personalfluktuation bei den Sozialen Diensten erhöht hingegen das Risiko für einen Abbruch (vgl. Rock et al. 2015).

Einige der empirisch belegten Zusammenhänge sind unmittelbar plausibel und geradezu trivial, andere erscheinen etwas irritierend (z. B. Straffälligkeit eines Elternteils als negativer Prädikator für die Stabilität des Pflegeverhältnisses?). Betrachtet man zusätzlich die widersprüchlichen Ergebnisse der Untersuchungen oder fragt nach den Wechselwirkungen mit Strukturen des jeweiligen Jugendhilfesystems (und zweifelt an der systemübergreifenden Gültigkeit der Ergebnisse), dann können Suchbewegungen in Richtung zielgerichteter Hypothesenbildung zu Interdependenzen und theoretischen Erklärungen starten. In eine ähnliche Richtung argumentieren Oosterman et al. (2007) am Ende ihrer ausführlichen Metaanalyse quantitativer Studien: „Results of multivariate studies suggested mediating and moderating effects of variables related to the children's background. This might suggest that more insight in the processes leading up to placement breakdown may be derived from causal models." (S. 53) Auch Rock et al. (2015) stellen fest: „Although it is not possible to make definitive statements about importance of one risk factor in comparison to another, it should be possible to use the available evidence when developing more systematic approaches to practice in this area" (S. 198).

Die Suchbewegung zum besseren Verstehen von Prozessen, die zum Abbruch führen, soll hier als Entwicklung von Interdependenzmodellen durchgeführt werden.

2.2 Interdependenzmodelle

Die Grundannahme von Interdependenzmodellen, für die Elias (1981/1986) die Grundlagen gelegt hat, ist, dass viele soziale Phänomene nicht gut als isolierte Ursache-Wirkungs-Beziehungen verstanden werden können, sondern besser in einem Geflecht von Wechselwirkungen. Ein Interdependenzmodell ist ein theoretisches Konstrukt, das Zusammenhänge und Wirkungen in einem Geflecht von Faktoren untersucht, die sich gegenseitig beeinflussen können. So können Faktoren über lange Ketten Impulse weitergeben, verstärken oder abschwächen. Lineare Zusammenhänge bzw. monokausale Wirkungsketten – Faktor A beeinflusst ausschließlich Faktor B und Faktor B wird nur durch Faktor A beeinflusst – sind in der sozialen Realität extrem selten. Faktoren, die sich gegenseitig beeinflussen, sind dagegen sehr zahlreich. Es geht also darum, das spezifische Zusammenspiel der vielfältigen Faktoren zu beschreiben und zu erklären. Das theoretische Modell soll sich der Komplexität der Wirklichkeit annähern.

Interdependenzen können auch als Beziehungsgeflecht zwischen den Akteuren analysiert werden. Es sind also unterschiedliche Abstrahierungen oder Konkretisierungen möglich. Das Gemeinsame sind Erklärungsmodelle, welche die Wechselwirkungen einer Vielzahl von Faktoren in ihrem Zusammenspiel verstehen wollen und nicht auf eine Isolierung von einzelnen Zusammenhängen ausgerichtet sind, die dann dekontextualisiert betrachtet werden.

Die Betrachtung von Prozessen in Interdependenzgeflechten relativiert auch die Vorstellung von zielgerichtetem Handeln, die davon ausgeht, dass Wirkungen unmittelbar und vollständig antizipierbar hervorgerufen werden können. „Je höher die Komplexität einer sozialen Figuration, desto weniger stimmen die Ergebnisse individueller Aktionen mit den Intentionen irgendeines der Handelnden überein. Komplexität variiert dabei direkt mit der Anzahl der Handelnden und/oder Gruppen von Handelnden" (Wippler 1978, S. 160).

Interdependenzmodelle im Allgemeinen haben folgende Merkmale:

1. Sie beschreiben Wechselwirkungen in Geflechten von Merkmalen oder Figurationen von Menschen.
2. Sie erfassen Prozesse und Veränderungen. Interdependenzgeflechte sind nicht statisch, sondern verändern sich. Die Veränderungen können unterschiedliche Geschwindigkeiten und Verlaufsformen haben: Sie können sich zum Beispiel plötzlich an einem Wendepunkt verändern und kippen, oder sie können sich allmählich und eine Zeitlang unbemerkt verschieben.
3. Die kleinen Figurationen sind wiederum eingebettet in größere, die größeren schließlich in Makrostrukturen. Eine Dekontextualisierung der untersuchten Phänomene würde zu einem Verlust an Einsichten führen, wenn damit ganze Einflussebenen ausgeblendet werden.
4. Die Positionen von Menschen in Figurationen bestimmt die Perspektive, aus der Entwicklungen und Verläufe wahrgenommen werden. Die Forschung muss die Perspektivität der Subjekte berücksichtigen und daher multiperspektivisch ausgerichtet sein.

Am Beispiel der Fallrekonstruktion von Abbruchprozessen soll ein erstes Interdependenzmodell von Stabilisierung und Stabilitätsverlusten von Pflegeverhältnissen skizziert werden. Die theoretischen und Theorie generierenden Suchbewegungen sollen dargestellt werden. Einige der Befunde zu Prädikatoren lassen sich darin einbauen und wiederfinden, andere können neu interpretiert werden.

3. Interdependenzmodell zur Erklärung von Abbruch und Destabilisierung

3.1 Untersuchung

In einem Forschungsprojekt, das von der Jacobs Foundation finanziert und in Kooperation zwischen der Zürcher Hochschule für Angewandte Wissenschaften

(ZHAW), der University of London und der Universität Siegen durchgeführt wurde, wurden „Unerwartete Abbrüche von Pflegeverhältnissen im Kinder- und Jugendalter" in der Schweiz, in Großbritannien und Deutschland untersucht. Die Arbeitsgruppe der Universität Siegen führte biografische, auf das Erleben ausgerichtete Interviews zum Abbruch des Pflegeverhältnisses mit Pflegeeltern, einzelnen jungen Erwachsenen und einigen weiteren Akteuren. Ausgewählte Interviews, insbesondere zu fünf Fällen, wurden ausführlich themenzentriert ausgewertet, um die Prozesse und Entwicklungen zu rekonstruieren, die zum Abbruch geführt haben. Dies war als explorative Studie zur Entwicklung eines Interdependenzmodells von Abbruchprozessen angelegt (siehe weitere Beiträge in diesem Band).

Hier sollen einige der Hypothesen dargestellt werden, die bei der Analyse der Einzelfälle entwickelt und schließlich zu einem Mehrebenen-Modell verdichtet wurden.

3.2 Interdependenzen von Abbruchprozessen

In Konkretisierung der allgemeinen Merkmale sind in einem Interdependenzmodell von Abbruchprozessen folgende Elemente zu berücksichtigen:

1. Es ist das Zusammenspiel von unterschiedlichen Faktoren zu analysieren: Aktivitäten des Pflegekindes, der anderen Mitglieder der Pflegefamilie (Erwachsene und Kinder), der Eltern und des Herkunftssystems, der Sozialen Dienste und ggf. weiterer Akteure, die im Einzelfall Einfluss nehmen. Außerdem sind Faktoren außerhalb der unmittelbaren Pflegekind-Pflegeeltern-Interaktion zu berücksichtigen, die die Stabilität des Pflegeverhältnisses beeinflussen können.
2. Die Prozesse, an deren Ende ein Abbruch steht, sind zu beschreiben und zu analysieren. Erst vor dem Hintergrund einer solchen Dramaturgie von Stabilisierungs- und Destabilisierungsprozessen kann das Ereignis „Abbruch" verstanden werden. Auch weitere Entwicklungen nach dem Abbruch sollten möglichst erfasst werden. Diese Analyse der Verläufe kann Rückwirkungen auf die Definition dessen, was als Abbruch verstanden wird, haben.
3. Die Interdependenzen zwischen Prozessen auf der Mikro-, Meso- und Makroebene (Bronfenbrenner 1993) sind zu untersuchen. Hier geht es um Veränderungen innerhalb der Pflegefamilie, im unmittelbaren privaten Umfeld der Pflegefamilie und ihrer Mitglieder (einschließlich Peers) und im weiteren Umfeld der Aktivitäten von professionellen Organisationen und schließlich – soweit sie im Untersuchungszeitraum auftreten – Änderungen der Gesetzgebung und makrostrukturelle Veränderungen (gravierende Wirtschaftskrisen u. ä.), die geeignet sind, die Stabilität von Familien zu beeinflussen.

4. Wenn es möglich ist, die Perspektive mehrerer Akteure zu erfassen, sind deren jeweilige Erlebens- und Deutungsmuster zu rekonstruieren. Ein Vergleich der Übereinstimmungen und Differenzen kann für das Verstehen der Prozesse relevant sein. Wenn nur eine Perspektive erfasst wurde, ist diese eben als eine Perspektive von mehreren zu interpretieren.

In dieser Weise erfolgte eine komplexe Analyse der Fälle. Die Fülle an Befunden kann hier nicht aufgeführt werden. Die folgende Darstellung fokussiert auf interessante Einzelbefunde. Dabei werden Zusammenhänge am Einzelfall genau rekonstruiert (siehe den Beitrag von Dittmann/Reimer in diesem Band) und generelle Hypothesen gebildet. Anschließend wird ein Mehrebenen-Modell vorgestellt, das unter anderem zur Analyse von Abbruchprozessen geeignet ist.

3.3 Besonders relevante Ergebnisse

Alter des Pflegekindes in Relation zu weiteren Faktoren

Oben wurde dargestellt, dass das Alter des Pflegekindes bei der Aufnahme ein starker Prädikator für das Abbruchrisiko darstellt. Außerdem ist statistisch gut belegt, dass im Jugendalter das Abbruchrisiko auch von Pflegeverhältnissen deutlich ansteigt, in denen die Kinder bereits sehr jung in ihrer Pflegefamilie aufgenommen wurden. Ist damit das Alter allein die Ursache für den Abbruch? Das wäre eine unzureichende Erklärung. Immerhin reichen in Deutschland 41 % der auf Dauer angelegten Platzierungen in der Fremdpflege und 47 % in der Verwandtenpflege bis zur Volljährigkeit (vgl. van Santen/Pluto/Peucker 2018). Das Alter ist relevant, aber nicht einen Abbruch determinierend. Die Erklärung wäre außerdem für die Handlungsoptionen Sozialer Dienste folgenreich, denn das Älterwerden können sie bekanntlich nicht verhindern.

Das Alter kann aber zum Beispiel in Relation zur Role-Identity der Pflegeeltern betrachtet werden, wie sie Schofield et al. (2013) analysiert haben: Pflegeeltern mit einer Carer-Role-Identity sind möglicherweise durchaus geeignet, auch ältere Pflegekinder eine Zeitlang zu betreuen. Pflegefamilien, zu deren Lebenskonzept eine zeitlich begrenzte Betreuung gut passt, können ältere Kinder leichter aufnehmen als Pflegefamilien, die sich die Adoption eines Säuglings gewünscht haben und eine geschlossene Role-Identity als Parents haben. Soziale Dienste können dieses Zusammenspiel von Merkmalen des Kindes und Merkmalen der Pflegefamilie beim Matching beachten und so möglicherweise die Abbruchrisiken beeinflussen. Es ist nicht das Alter allein und nicht die Role-Identity allein und nicht die Qualität des Matchings allein – sondern das Zusammenspiel dieser Faktoren, das angemessene Erklärungen bietet.

Im Jugendalter gewinnt das Thema Herkunft an Bedeutung. Das kann als jugendspezifische Entwicklungsaufgabe verstanden werden. Bei Pflegekindern erfolgt diese Auseinandersetzung in einem besonderen Profil und kann – wie Gassmann (2010) überzeugend herausgearbeitet hat – als pflegekinderspezifische Entwicklungsaufgabe verstanden werden. Die Bewältigung dieser Aufgabe kann mit Belastungen für die Pflegeeltern und ihr Verhältnis zum Pflegekind verbunden sein, wenn sich diese in Relation zu den Eltern und ggf. anderen Beziehungen zum Herkunftssystem abgewertet fühlen und die für die Adoleszenz wichtigen Abgrenzungen des oder der Jugendlichen als bedrohlich erleben. Dieses Verständnis des jugendlichen Alters führt nicht nur zu einer angemesseneren Erklärung, sondern eröffnet auch wichtige Handlungsoptionen z. B. für die Vorbereitung und Beratung von Pflegeeltern. Am Beispiel von Josefie können die faszinierenden Prozesse zwischen Adoptionswunsch und Lebensphasen auf der Straße betrachtet werden (siehe Dittman/Reimer in diesem Band).

Kritische Lebensereignisse im Leben der Pflegeeltern

Pflegeeltern werden häufig nur in ihrer Rolle als Pflegeeltern wahrgenommen. Man reduziert sie leicht auf die mit dieser spezifischen Rolle verbundenen Aspekte: ihre Beziehung zum Pflegekind und dessen anderen Bezugspersonen, ihre besondere rechtliche Stellung, ihre Zusammenarbeit mit Sozialen Diensten und weitere. Das sind alles relevante Themengebiete, die die Stabilität der Pflegefamilie beeinflussen können. Aber die Fokussierung kann den Blick auf andere Merkmale verschließen, die nicht unmittelbar mit ihrer Rolle als Pflegeeltern verbunden sind, sondern auch andere Eltern betreffen oder die Stabilität im Leben von Erwachsenen und in Familien generell beeinflussen. Dann erfolgt eine Engführung auf einige und eine Ausblendung anderer Faktoren. Das wäre sowohl für die Forschung als auch für die Analyse der Handlungsoptionen Sozialer Dienste ungünstig.

In den von uns untersuchten Fällen gab es kritische Lebensereignisse im Leben der Menschen, die als Pflegeeltern tätig waren, die nicht in einem unmittelbaren Zusammenhang mit dieser Tätigkeit standen: die Ehe wurde geschieden, berufliche Pläne ließen sich nicht wie gewünscht umsetzen, Menschen wurden ernsthaft und langwierig krank, ein Mitglied der Pflegefamilie wurde pflegebedürftig.

In zwei Fällen trennten sich die Pflegeeltern. Das Pflegekind erlebte dann auch eine Situation als Scheidungskind. Im ersten Fall hatte das Pflegekind den Eindruck, dass der Pflegevater von Anfang an nicht mit seiner Aufnahme einverstanden war. Die Trennung wurde sowohl von der Pflegemutter als auch vom Pflegekind mit Erleichterung aufgenommen, die Zeit danach wird als sehr positiv beschrieben. Nach einer Alleinerziehendenzeit und dem Einzug eines neuen Partners heiratete die Pflegemutter diesen schließlich. Zunächst entwickelte sich die Situation positiv, dann gab es erhebliche Konflikte zwischen dem neuen Partner und dem Pflegekind. Im zweiten Fall beschreibt die Pflegemutter, dass die bisherigen Routinen durch die Trennung nicht mehr griffen und das komplette familiäre System einer Neuorganisation bedurfte. Sie musste nun den Alltag ganz allein bewältigen.

Eine Pflegemutter beendete ihre berufliche Tätigkeit für die Aufnahme des Pflegekindes. Die geplante Wiederaufnahme ließ sich – auch wegen der Schulschwierigkeiten des Kindes – nicht wie geplant umsetzen. In einem anderen Fall kam es zu einer Frühpensionierung des Pflegevaters, die Pflegemutter musste dadurch ihre Berufstätigkeit wieder aufnehmen.

Ein Pflegekind erkrankte zeitweise schwer und musste einen Rollstuhl verwenden. Das veränderte das Leben der Familie sehr.

Auch einige dieser kritischen Lebensereignisse können in einer Wechselwirkung zum Leben mit dem Pflegekind stehen. Das Pflegekind aber als zentrale oder alleinige Ursache für alle Prozesse in der Familie anzunehmen, wäre eine wenig plausible, pflegekindzentrische Konstruktion. Über die zum Teil langen Zeiträume des Lebens in Dauerpflegefamilien ereignen sich Veränderungen und Schicksalsschläge, die die Familienmitglieder immer wieder zu einer Neuausrichtung der Personen-Umwelt-Passung zwingen.

Instabilität bei Sozialen Diensten – Instabilität der Pflegeverhältnisse

Bei der Analyse der Prozesse, die zum Abbruch beitrugen, wurden auch be- und entschleunigende Ereignisse und Veränderungen untersucht. Es gab eskalierende und stabilisierende Prozessmerkmale. Das Ausscheiden von Fachkräften bei den Sozialen Diensten spielte dabei eine wichtige Rolle. Das Ideal bürokratischer Organisationen ist, dass bei einem Personalwechsel der Fall genau in der gleichen Weise, der Logik der Organisation folgend weiterbearbeitet wird und Entscheidungen nicht stark von der Persönlichkeit des Entscheidungsträgers abhängen. Akten als Gedächtnis der Organisation und Standardisierungen sollen das absichern.

Die Analyse der Fallverläufe zeigt ein anderes Bild: Erst personelle Kontinuität führte für die Pflegeeltern und manchmal für das Pflegekind zu berechenbaren Verhältnissen. Ein Wechsel der Personen oder der Zuständigkeiten der Organisationen gleicher Profession konnte die Verhältnisse deutlich verändern. Diese Beobachtungen stimmen mit denen der anderen Forschungsprojekte überein (vgl. z.B. Schäfer/Petri/Pierlings 2015), wo ebenfalls nicht intendierte Wirkungen von Personalwechseln und z.B. das Ruhen von Verfahren in Urlaubszeiten bemerkenswert relevant waren. Sie können als Interdependenzen zwischen der Stabilität von Pflegefamilien und den Prozessen dort und den zusätzlichen Belastungen oder Ressourcen durch die veränderte Praxis zuständiger Sozialer Dienste verstanden werden.

Sinnkonstruktionen und Attributionen

Spätestens wenn sich Schwierigkeiten in der Pflegefamilie verdichten und ein Abbruch möglich erscheint, entwickeln die Menschen Deutungsmuster, mit denen sie sich die Schwierigkeiten und ggf. den Abbruch erklären. In diesen Deutungsmustern sind Attributionen enthalten, also Zuschreibungen, welche Ursachen relevant sind. Diese können attributionstheoretisch untersucht werden: Bei wem werden die Ursachen festgemacht? Welche selbstwertschonenden Erklärungen (self-serving-bias) werden konstruiert? Werden die Ursachen als veränderbar betrachtet oder als konstant?

Bei der Analyse wurde deutlich, dass Attributionen auf (relativ) konstante Störungen in der Person der/des Jugendlichen – ich fasse sie hier als pathologisierende Attributionen zusammen – im Vorfeld des Abbruchs verstärkt auftraten.

So erklärte sich eine Pflegemutter die Schwierigkeiten, die der Pflegesohn hatte und machte, so: „Vom Bauch her würd ich sagen, es ist in ihm, dass das genetisch in ihm ist und er ist größer damit geworden. Viel mit schlechten Erfahrungen, die er bestimmt gemacht hat für sich. Aber ich glaube, dass das schon in ihm war oder ist."

Stabile Merkmale durch Vererbung oder negative Sozialisationserfahrungen in der Zeit lange vor der Aufnahme, in der frühen Kindheit, platzieren die Ursachen außerhalb der Pflegefamilie und der Beziehung der Pflegeeltern zum Pflegekind. Das kann mehrere Folgen haben. Die Gründe für die Schwierigkeiten werden nicht (mehr) der eigenen Person zugeschrieben: Nicht die aktuelle Situation in der Pflegefamilie oder die aktuelle Beziehung zum inzwischen jugendlichen Pflegekind sind die Ursache, sondern frühere negative Erfahrungen – bei der Zuschreibung auf das Fetale Alkoholsyndrom bis zur Zeit vor der Geburt. Das kann entlastend wirken und gelegentlich auch – wie im Fall der oben zitierten Pflegemutter – Energien für das Durchhalten in schwierigen Phasen freisetzen. Dies wird erleichtert, wenn dem Jugendlichen nicht die Verantwortung zugeschrieben wird, die Probleme also nicht auf seine Veranlagung zurückgeführt werden. In der Krankheit-oder-Sünde-Gegenüberstellung (vgl. Weiner 1994) – hier ohne Steuerbarkeit und Verantwortung durch den Jugendlichen, dort als durch ihn steuerbare Probleme – wird die Situation wie eine Krankheit interpretiert. Eine Fokussierung auf Ursachen in der Person des Jugendlichen kann dazu führen, dass die Lösungen ausschließlich im Einwirken auf den Jugendlichen gesucht werden, durch Therapie, systematische Belohnung oder Bestrafung. Andere Handlungsoptionen geraten aus dem Blick.

Einige Beobachtungen sprechen dafür, dass die *Zunahme* pathologisierender Attributionen ein Frühwarnindikator für eine erodierende Sinnkonstruktion der Pflegeeltern sein kann. Wenn die Antworten Sozialer Dienste den Attributionsmustern der Pflegeeltern folgen und ausschließlich auf Aktivitäten des Treatments und der unmittelbaren Einwirkungen auf den Jugendlichen folgen („braucht Therapie", „ist nicht familiengeeignet"), eskalieren die Entwicklungen leichter. Denn andere Handlungsoptionen und Antworten auf die Verletzbarkeit von Pflegeeltern (vgl. grundlegend: Gassmann 2018) – etwa die Entlastung der Pflegeeltern – geraten dann aus dem Blick.

In mehreren Konfliktsituationen gab es einen Kampf um Attributionen zwischen Pflegeeltern und Jugendlichen und Pflegeeltern und Sozialen Diensten oder anderen Organisationen. Gab es eine Kongruenz und Koalitionen gemeinsamer Attributionen, wurden neue Interpretationen und Sichtweisen unwahrscheinlich: Diese Akteure hatten eine gemeinsame Lesart für die Ursachen der Schwierigkeiten und konnten ihre Entscheidungen darauf bezogen begründen. Das forcierte Prozesse deutlich.

3.4 Ebenen der Integration und Beendigung

Die differenzierte Analyse von Abbruchprozessen aus dieser Untersuchung und Beobachtungen in weiteren Fällen in anderen Forschungsprojekten hat zur Entwicklung eines Modells angeregt, das vier Ebenen unterscheidet und das Profil eines konkreten Abbruchprozesses im Zusammenspiel dieser vier Ebenen beschreibt. Erst mit diesem Modell ließen sich auch viele Definitionsfragen zum Abbruch beantworten, etwa: Ist es überhaupt ein Abbruch, wenn danach noch intensive Kommunikation der Pflegemutter mit der Jugendlichen besteht? Diese vier Ebenen sollen nun skizziert werden.

Die vier Ebenen sind:

1. Rechtliche Codes (Intervention/Hilfe läuft oder ist beendet)
2. Haushalt
3. Kontakte und Beziehungen
4. Familienzugehörigkeit

1. Ebene: Rechtliche Codes (Intervention/Hilfe läuft oder ist beendet)
Die eine Ebene ist rechtlich in einem binären Code eindeutig festgelegt. In Deutschland heißt dies: Es besteht gegenwärtig eine Hilfe zur Erziehung in Form der Vollzeitpflege oder sie besteht nicht (rechtliche Sonderfälle z.B. bei der Inobhutnahme bleiben hier außen vor, denn auch sie folgen einem binären Code). Am Übergang steht jeweils ein Verwaltungsakt einer für eine solche Entscheidung zuständigen Behörde. Sie bewilligt die Sozialleistung für die Personensorgeberechtigten, die Bewilligung hält an oder sie ist beendet. Die Beendigung ist wiederum ein Verwaltungsakt.

Die Hilfeplanung ist in Deutschland ein wichtiges Element dieser Sozialleistung. In der Planung wird i.d.R. eine Vereinbarung über die voraussichtliche Dauer getroffen. Der Personensorgeberechtigte und der/die Jugendliche sollen einbezogen werden. Eine plötzliche, ungeplante, nicht antizipierte Beendigung kann daher als Abweichung vom Hilfeplan verstanden werden: Es kommt anders als geplant, die Beendigung erfolgt zu einem Zeitpunkt und in einer Art, die so nicht gemeinsam vereinbart war. Aber nun ist die Hilfe zur Erziehung zu Ende.

Mit der Beendigung der Vollzeitpflege verändert sich die Rechtslage grundsätzlich: Es entfällt die Rechtsgrundlage für finanzielle Leistungen zugunsten der Pflegeeltern, die Rechte und Pflichten der Pflegeeltern im täglichen Leben des Kindes enden. Aus der Sicht des Rechts endet damit die Verbindung von Pflegefamilie und Pflegekind, die Sache erscheint eindeutig und klar. Das Empfinden und Verständnis der Pflegeeltern und des Pflegekindes kann dem entsprechen. Aber es kann auch deutlich davon abweichen. Aus dieser Abweichung, die z. B. als Differenz zwischen Ebene 1 und 3 interpretiert werden kann, können Konflikte und Widersprüche entstehen. Das soll später beim Zusammenspiel der unterschiedlichen Ebenen analysiert werden.

Josefie lebt seit einigen Wochen auf der Straße und übernachtet nicht mehr bei den Pflegeeltern. Sie meldet sich aber häufig telefonisch bei der Pflegemutter. Das Jugendamt beendet die Vollzeitpflege ohne Rücksprache mit den Pflegeeltern. Die Pflegeeltern hoffen weiterhin auf die Rückkehr von Josefie. Die Pflegemutter wird durch die Entscheidung des Jugendamtes überrascht: „Dann haben die gesagt: ‚Ja, Sie sind überhaupt keine Pflegeeltern mehr'." Der Pflegevater schaltet die Amtsleitung ein. Diese macht die Entscheidung rückgängig und die Rechte und Pflichten der Pflegeeltern bestehen zunächst wieder uneingeschränkt.

2. Ebene: Haushalt

Eine weitere Ebene bezieht sich auf das Wohnen: Das Pflegekind ist vor (langer) Zeit im Haushalt der Pflegeeltern eingezogen und zieht nun wieder aus. Die Pflegefamilie ist eine Haushaltsgemeinschaft: Jeder und jede hatte seinen und ihren Platz am Esstisch, zum Schlafen, vielleicht angestammte Sitzplätze im Wohnzimmer usw. Es gab eine Arbeitsteilung in Haushaltsangelegenheiten, vielleicht etablierte Vorrechte der Erwachsenen oder der leiblichen Kinder. Nun findet ein Auszug statt. Das Pflegekind packt seine Sachen und nimmt sie mit, wird abgeholt, verlässt die Wohnung, gibt vielleicht die Schlüssel ab. Das Zimmer, in dem es bisher gewohnt hat, wird vielleicht renoviert, steht leer, wird für einen anderen Zweck verwendet oder bleibt das Zimmer des Kindes und darf durch die Pflegeeltern nicht einfach für einen anderen Zweck verwendet werden. Hier sind sehr unterschiedliche Szenarien möglich. Während in Organisationen – zum Beispiel in Heimen – die Wiederbelegung von Plätzen systematisch vorgesehen ist und es Routinen der organisatorischen Gestaltung der Übergänge gibt, ist der Auszug eines Mitbewohners aus einer Familie häufig ein symbolisch viel stärker aufgeladener Vorgang (vgl. die 4. Ebene); auch weil solche Aus- und Einzüge viel seltener sind und das Zusammenleben grundsätzlich nicht mit der Erwartung der Ersetzbarkeit und Austauschbarkeit der einzelnen Bewohner organisiert war (Niederberger/Bühler-Niederberger 1988; Wolf 2012).

Jedenfalls gilt dies für die Dauerpflege, in der Bereitschaftspflegefamilie kann das anders aussehen.

Beim Abbruch unterscheidet sich das Profil des Übergangs von anderen Formen der Beendigung, die nicht als Abbruch definiert und empfunden werden. Er erfolgt „zu früh", zu einem Zeitpunkt, der zumindest von einigen so nicht geplant war und der in irgendeiner bedeutsamen Weise unkonventionell für den Auszug aus der Wohnung einer Familie ist. Das kann dazu führen, dass er überhastet, improvisiert oder chaotisch erfolgt. Das Ungewöhnliche im Vergleich mit einem langfristig geplanten und gut vorbereiteten Auszug kann auch darin bestehen, dass der Jugendliche kaum Eigentum hat. Was darf er mitnehmen, was gehört ihm wirklich? Ist er viele Jahre dort aufgewachsen und kann seinen Besitz in einer Plastiktüte einpacken? Oder wurde besprochen, welche Möbel er mitnehmen darf, konnte er Geschirr ansammeln und seine Bettdecke mitnehmen?

> In einem Fall berichtete die Fachkraft, dass das Pflegekind bei dem plötzlichen und etwas chaotischen Auszug seine ungewaschene Kleidung in Müllsäcke verpackt mitnahm.

Der Auszug kann sich auch über einen längeren Zeitraum, das Zusammenleben erodierend erstrecken: Das jugendliche Pflegekind hält sich immer seltener in der Wohnung auf, verwendet es wie ein Hotelzimmer, es ist gar nicht mehr so richtig klar: Wohnt es da jetzt noch oder eigentlich schon nicht mehr? Das „eigentlich" kann sich auf eine Diskrepanz zwischen offizieller Platzierung (Ebene 1) und tatsächlicher Praxis beziehen.

Auf der Ebene des Haushalts können – jenseits des Abbruchs – der Grad der Integration und Prozesse der Desintegration beobachtet werden. Gibt es exklusive Räume der Wohnung, die den verwandten Mitgliedern der Pflegefamilie vorbehalten sind? Wie differenziert ist die Arbeitsteilung im Haushalt und gibt es altersabweichende Sonderrollen des Pflegekindes? Es ist auch möglich, dass das Zimmer des ehemaligen Pflegekindes nach seinem Auszug erhalten bleibt und es später noch Zugang zur Wohnung hat. Dann ist die Haushaltsgemeinschaft nicht (ganz) aufgehoben.

3. Ebene: Kontakte und Beziehung

Diese Ebene spielt in dem Selbstverständnis der Pflegeeltern und auch in der Fachliteratur zum Leben in Pflegefamilien eine zentrale Rolle: Das Pflegekind und die anderen Mitglieder der Pflegefamilie entwickeln emotional wichtige Beziehungen, manchmal Bindungen. Sie werden füreinander wichtige Menschen.

Häufig sind diese Beziehungen und die Bedeutung füreinander nicht einfach mit dem Auszug beendet, sondern bleiben darüber hinaus erhalten. Eine feste Kopplung mit der 1. Ebene wird dann insbesondere bei Pflegeeltern mit einer Role-Identity als Parents als geradezu gegen die Natur des Pflegeverhältnisses gerichtet empfunden. Wie ist das aber bei einem Abbruch? Wir hatten erwartet, dass in diesem Merkmal ein deutlicher Unterschied zwischen Abbruch und anderen Formen des Übergangs auftreten würden. Das war in einigen Beziehungen auch der Fall: Hier kam es zu einem harten Cut und einem klaren Abbruch aller Beziehungen. Aber es gab sehr viel mehr Varianten, als wir zunächst erwartet hatten.

So gab es den harten Abbruch aller Beziehungen zu Mitgliedern der Pflegefamilie und eine anschließende Phase ohne jeden Kontakt. Viel später kam es aber manchmal wieder zu einer Kontaktaufnahme und deutlichen Wiederannäherung. Selbst in Prozessverläufen, die zunächst idealtypisch alle Merkmale eines Abbruchs erfüllten, konnte es noch zu einer Entwicklung kommen, die es schwierig machte, sie noch als Abbruch zu bezeichnen. Eine einfache Fortsetzung der bisherigen Entwicklungsrichtung in der Zukunft ist kaum zu erwarten. Die bilanzierende Beurteilung einer Entwicklung ist daher stark vom Zeitpunkt abhängig, an dem diese Bilanz gezogen wird. Eine angemessene Beschreibung und eine Analyse, die darauf aufbaut, muss diese Prozessverläufe von Intensivierung und Ausdünnung der Kontakte erfassen und darf sie nicht als binären Code missverstehen (hat Kontakt – hat keinen Kontakt) (vgl. dazu den Beitrag von Stohler/Werner in diesem Band).

Außerdem gab es Fälle, in denen die Beziehungen zu einigen Familienmitgliedern hart abgebrochen wurden, im Hintergrund andere Beziehungen aber weitergeführt wurden. Diese emotional bedeutsamen Interaktionen – als Face-to-face-Kontakte oder online über soziale Netzwerke – wurden in einigen Fällen explizit ohne Wissen anderer Mitglieder der Pflegefamilie z. B. zwischen der Pflegemutter und dem ehemaligen Pflegekind oder zwischen einem leiblichen Kind der Pflegeeltern und dem Pflegekind geradezu subversiv weitergeführt. Die offizielle Lesart in der Familie war Abbruch. Eine differenzierende Betrachtung zeigte aber unterschiedliche Verläufe in einzelnen Beziehungen.

> Auch als Josefie auf der Straße lebte und später, als sie in eine fakultativ geschlossene Einrichtung eingewiesen wurde, kommunizierte sie intensiv mit der Pflegemutter mit oft mehreren Anrufen pro Tag. Auf den Ebenen 1 (während ihrer Zeit im Heim) und 2 erscheint die Struktur als klarer Abbruch, auf der Ebene 3 sind die Kontakte sehr intensiv und wichtig. Ist das nun ein Abbruch oder nicht?

Schließlich gab es auch eine Entwicklung, in der sich nach dem Auszug die Beziehungen positiv entwickelt haben. Die Belastungen im alltäglichen Zusammenleben entfielen und in der Folge entstand eine entspanntere Grundkonstellation. In einem anderen Fall entwickelten sich die Kontakte zur Pflegefamilie nach einem plötzlichen, von den Pflegeeltern erzwungenen Auszug zu den Großeltern im Sinne einer „guten Bekanntschaft" weiter.

Im Erleben und den Wünschen gab es große Unterschiede. Manchmal passten die Wünsche und Vorstellungen des ehemaligen Pflegekindes und die der Pflegeeltern zusammen, manchmal gab es deutliche Unterschiede. So machte sich die eine Seite noch Sorgen und Gedanken, während die andere einen (manchmal: scheinbar) endgültigen Abschluss machte. Das waren Hinweise auf erhebliche Asymmetrien im Erleben. Sie können mit einigen Kategorien aus der Netzwerkforschung beschrieben werden: Welche Funktion geben die Menschen dieser Beziehung? Wie groß ist die emotionale oder materielle Bedeutung der Beziehung? Auch attributionstheoretische Interpretationen waren aufschlussreich: Welche Motive werden den anderen zugeschrieben? Welche Ursachen für den Abbruch wurden sozial konstruiert? Diese alltagstheoretischen Erklärungen können die Aktivitäten zur Aufrechterhaltung der Beziehungen stark beeinflussen.

Das Thema konkurrierender und für den Abbruch bedeutsamer Kontakte zum Herkunftssystem tauchte bei unseren Fällen – außer in einem Fall mit der Rückkehr zu den Großeltern – nur am Rande auf. Das kann in anderen Fällen sehr viel wichtiger sein.

4. Ebene: Familienmitgliedschaft und -zugehörigkeit

Pflegekinder können zu Mitgliedern der Pflegefamilie werden. Sie werden dann dort nicht nur im Auftrag des Jugendamtes betreut, sie wohnen dort nicht nur, sie haben nicht nur emotional wichtige Beziehungen zu einzelnen Mitgliedern der Pflegefamilie, sondern sie sind zu einem Familienmitglied wie andere Familienmitglieder auch geworden. Ihre Familienmitgliedschaft ist nicht an Bedingungen gebunden und erscheint grundsätzlich unbefristet. Die Pflegekinder selbst sehen das so und alle anderen Familienmitglieder ebenfalls. Das ist das Ideal vieler Pflegefamilien, und manchmal gibt es dies auch in der vielfältigen Praxis von Pflegeverhältnissen. Aber selbstverständlich oder a priori gilt es nicht, wie z. B. die Untersuchung von Reimer (2017) zu Normalitätsbalancen eindrucksvoll gezeigt hat und auch die statistischen Daten belegen (vgl. van Santen/Pluto/Peucker 2018).

Bei der Analyse von Prozessen, in deren Verlauf ein Abbruch stattgefunden hat, zeigen sich auch in dieser Kategorie vielfältige Varianten. Es gab Kinder, die auch nach einer konflikthaften, ungeplanten Beendigung noch das Gefühl hatten, als Familienmitglied selbstverständlich dazuzugehören.

Besonders eindrucksvoll ist der Verlauf bei Josefie. Mit ihrer Adoption im Jugendalter als bereits Volljährige wird ihre Familienmitgliedschaft schließlich auch rechtlich dokumentiert.

Andere Jugendliche beschreiben, dass sie nie das Gefühl hatten, ein Familienmitglied zu sein oder nennen Situationen, in denen ihnen plötzlich klar wurde, dass sie nicht oder nicht mehr dazugehörten.

So beschreibt Sven, dass ihm bei der zweiten Hochzeit seiner Pflegemutter plötzlich auffiel, dass die Fotos der neuen Familie so arrangiert wurden, dass er nicht mit abgebildet war. Da wurde ihm schlagartig klar, dass er nun nicht mehr dazugehörte.

Auch bei der Analyse der Zugehörigkeit sind unterschiedliche Deutungen und Gefühle möglich: Stimmen die Deutungs- und Gefühlsmuster aller Mitglieder der Kern-Pflegefamilie überein oder gibt es deutliche Unterschiede? Tragen die weiteren Verwandten, Nachbarn oder Freunde der Pflegefamilie das mit? Sehen die Eltern ihr Kind auch als Mitglied der anderen Familie und verstehen sie die Situation als Doppelmitgliedschaft in zwei Familien? Oder haben sie den Eindruck, sie hätten ihr Kind verloren? Solche und weitere Muster sind möglich und für das Erleben und die Zukunftsvorstellungen relevant.

3.4 Interdependenzen zwischen den vier Ebenen

Die vier Ebenen der Integration bzw. des Abbruchs sind nicht fest miteinander gekoppelt, sondern in der Untersuchung fanden wir sehr unterschiedliche Kombinationen.

Ein Verlauf, der eindeutig und zweifelsfrei einen Abbruch darstellt, ist eine Beendigung auf allen vier Ebenen.

Die Hilfe zur Erziehung in dieser Pflegefamilie wird beendet, das Pflegekind zieht aus, Kontakte zu allen Mitgliedern der Pflegefamilie enden mit dem Auszug, das Pflegekind sieht sich selbst nicht (mehr) als Mitglied der Familie und wird von keinem Mitglied der Pflegefamilie so gesehen.

Solche Fälle gibt es und einen hatten wir auch in unserer Untersuchung. Sie waren aber überraschend selten. Die Fachkräfte aus der Praxis gingen in vielen Fällen davon aus, dass alle Merkmale zuträfen, das war aber längst nicht immer so.

Wir haben – auch bei weiteren Recherchen – nur einen Fall gefunden, auf den das Zusammentreffen aller vier Ebenen weitgehend zutraf: Lena. Sie kam im Alter von 13 Jahren in diese Pflegefamilie, nachdem sie vorher über vier Jahre bei ihrer Großmutter gewohnt hatte. Nach einem Jahr zog Lena in eine Wohngruppe, wo sie sich sehr wohlfühlte. Lena wohnte ein Jahr bei der Pflegefamilie, tragende Beziehungen entwickelten sich nicht, als ein Familienmitglied fühlte sie sich nie.

Sie beschrieb eine Umgangsform in der Pflegefamilie so: „Gut war es eigentlich immer dann, wenn ich mich mal benommen habe, weil dann durfte ich die auch wieder duzen und plötzlich hab' ich ja dann doch wieder Scheiße gebaut angeblich und dann war es wieder vorbei, dann musste ich die wieder siezen und wenn ich dann aus Versehen mal ‚du' gesagt habe, ojemine, das war Drama hoch zehn."

Wir fanden aber verschiedene weitere Kombinationen.

Hilfe beendet, Kind ausgezogen, aber weiterhin intensiver Kontakt und Zugehörigkeit als Familienmitglied.

Eine vorzeitige Beendigung der Hilfe und ein so nicht geplanter Auszug vor der Volljährigkeit lässt einen konflikthaften Verlauf erwarten, und weiterhin intensive Kontakte oder gar ein gegenseitiges Selbstverständnis der Familienzugehörigkeit erscheinen unwahrscheinlich. Es gab sie aber.

Thomas wurde im Alter von einem Jahr in die Pflegefamilie aufgenommen, im Alter von 9 Jahren verliess er die Pflegefamilie und wurde in den folgenden Jahren u. a. in einer Einrichtung für „schwer erziehbare Kinder", einer Notunterkunft, in einer professionellen Pflegestelle, Psychiatrie und einem Betreuten Wohnen platziert. Die ganze Kindheit und Jugend blieb die Pflegemutter ein konstanter familiärer Bezugspunkt, auch nach dem Auszug gab es regelmäßige Besuche am Wochenende, gemeinsame Urlaube und sehr intensiven Kontakt.

Bei Thomas' Pflegemutter wird die Zugehörigkeit sehr deutlich: „Also er ist vom Gefühl her weiterhin noch so'n bisschen, soweit man das sagen kann, mein Sohn." Bei Thomas ist sie angedeutet: „Bei denen hab ich mich richtig wohl gefühlt, also bei meiner Pflegemutter. Ich hab immer, ja ich hab immer Unterstützung von ihr bekommen, egal was auch immer war. Sie ist auch bis heute hin immer noch für mich da."

Die Pflegemutter weiß, dass sie offiziell nicht mehr für den 22-jährigen Thomas zuständig ist, dass keine rechtlich abgesicherten Beziehungen zu ihm bestanden, aber vom Gefühl her war er ihr Sohn. Diese Entwicklung kann man so beschreiben: Ebene 2, das Leben im gemeinsamen Haushalt, existierte nicht mehr. Das Ziel des Auszugs war es in diesem Fall aber eher, die emotionalen Beziehungen zu verbessern und eine Familienzugehörigkeit zu erhalten als sie zu beenden.

Ähnlich war die Entwicklung zunächst bei Josefie: Sie verliess den Haushalt und lebte eine Zeitlang auf der Straße. Etwas später wurde die Hilfe beendet, aber es gab weiterhin intensive Kontakte und viele Anzeichen einer Familienmitgliedschaft. Später zog sie wieder im Haushalt ein und wurde als Erwachsene von ihren Pflegeeltern adoptiert. Das war eine überraschende Fortsetzung, die aber eine eigene Logik hatte. Im Prozessverlauf änderten sich die Kombinationen der Ebenen immer wieder: Von der positiven Übereinstimmung (Hilfegewährung, gemeinsamer Haushalt, wichtige Beziehungen, Familienmitgliedschaft) über eine Phase fehlender Ebenen 1 und 2 bis zur Etablierung einer neuen rechtlichen Ebene und positiven Übereinstimmung aller 4 Ebenen.

> Hilfe beendet, Kind ausgezogen, verschiedene Kontakte zu einzelnen Mitgliedern der Pflegefamilie, keine Familienmitgliedschaft (mehr).

Diese Kombination verweist auf die Beendigung und Fortsetzung von verschiedenen Beziehungen nach dem frühen, ungeplanten Auszug und der Beendigung der Hilfe. Eine Familienzugehörigkeit wird hier nicht deutlich, aber bedeutsame Kontakte bleiben bestehen.

Sven kam nach dem Tod seiner Mutter im Alter von zehn Jahren in die Pflegefamilie, die er schon viele Jahre kannte. Im Alter von 16 zog er ins Betreute Wohnen. Die Pflegemutter und er hatten sporadisch Kontakt und versuchten immer wieder, den Kontakt herzustellen. Der – nach der Trennung und späteren Heirat – neue Pflegevater bricht den Kontakt mit dem Auszug von Sven sofort ab. Zum leiblichen Sohn der Pflegemutter hat er aber regelmäßig weiterhin Kontakt.

> Sven: „… aber ist halt so, dass ich mich mit ihm mindestens ein bis zwei Mal die Woche sehe, auch wirklich verabrede so, um irgendwas zu machen."

Simon ist sechs Jahre alt, als er mit seiner jüngeren Schwester in der Pflegefamilie aufgenommen wird. Er ist 15 Jahre alt, als ein Streit zwischen ihm und den Pflegeeltern eskaliert und beide Kinder plötzlich ausgeschlossen werden.

> Eine Woche vor Ostern stehen Simon und seine Schwester Julia „mit Sack und Pack vor der Tür" ihrer Großmutter. Es war ausgemacht, dass die Kinder während der Ferien eine Woche dort bleiben. Allerdings teilen die Pflegeeltern mit, dass die Kinder dauerhaft bei der Großmutter bleiben sollen, was alle Familienmitglieder schockiert, da die Pflegeeltern im Vorfeld nichts dergleichen angesprochen haben.
> Großmutter: „Ich hab' noch gedacht: ‚Meine Güte, die haben aber viele Sachen mit für eine Woche.' Und da wurde uns dann gesagt, dass sie die Kinder nicht mehr wollen oder nicht mehr können, sie sind nervlich am Ende. Und die sollen jetzt für immer hierbleiben."

Eine Mitgliedschaft in der Pflegefamilie wurde von keinem gesehen, der Auszug war ein harter Ausschluss, aber Kontakte gab es trotzdem weiterhin.

> Simon: „Wir haben noch Kontakt zu unseren ehemaligen Pflegeeltern, wir probieren es so gut es also geht. Der beste Freund von meinem Onkel wohnt halt da in der Nähe in 'nem Pflegeheim und wenn der dahin fährt, dann rufen wir meine Pflegeeltern, damaligen Pflegeeltern immer an und fragen, ob wir vorbeikommen können.

Das ist noch gar nicht lange her, vor einem Monat oder so haben wir die besucht. Das war auch ganz schön. Dann wurden mir noch ein paar Sachen gezeigt, die er neu gekauft hat, also Motorräder und Traktoren."

Großmutter: „Ich denke mal, die haben sich gefreut, dass die beiden nochmal da waren, also so sind sie jetzt ja auch nicht."

Der Fall Simon zeigt, dass ein Auszug die weitere Entwicklung der Beziehung nicht vorprogrammiert. Die Gestaltung der Übergänge ist sowohl für das aktuelle Erleben in der Übergangssituation als auch für den Verlauf der weiteren Entwicklung bedeutsam, aber sie muss die weitere Entwicklung nicht determinieren, denn die ist erstaunlich offen, wie auch eine Untersuchung zu langen biografischen Entwicklungen zeigt (vgl. Reimer/Petri 2017; grundlegend: Reimer/Schäfer 2015).

Mit der Analyse des Zusammenspiels der vier Ebenen lassen sich weitere Strukturmerkmale der Beendigung von Pflegeverhältnissen – jenseits eines Abbruchs – herausarbeiten, die für das Erleben der beteiligten Menschen relevant sind. Die darin erfassten unterschiedlichen Logiken zum Beispiel der Gewährung oder Beendigung von Hilfen und der Entwicklung von Familienzugehörigkeit erklären viele Konflikte.

> Hilfe beendet, Pflegekind lebt weiterhin in der Wohnung, intensive Kontakte zu den Mitgliedern der Pflegefamilie, Familienmitgliedschaft.

Das ist eine Kombination, die auf eine Beheimatung des Kindes in der Pflegefamilie hindeutet. Die Rechtsgrundlage und die damit verbundenen finanziellen Leistungen sind entfallen, aber die Pflegefamilie und das z. B. volljährige Pflegekind haben entschieden, dass das – rechtlich: ehemalige – Pflegekind bei der Pflegefamilie wohnen bleibt. Die Grundlage der Entscheidung ist das Gefühl von Familienzugehörigkeit. Von den erwachsen gewordenen Pflegekindern wird dies oft als Bewährungsprobe der tatsächlichen Familienzugehörigkeit empfunden (vgl. Reimer 2011).

Mit der Analyse des Zusammenspiels der vier Ebenen lassen sich auch unabhängig vom Abbruchthema weitere *Strukturmerkmale bestehender Pflegeverhältnisse* herausarbeiten.

So brachten Gasteltern, die Flüchtlingsjugendliche aufgenommen hatten, manchmal ihre Enttäuschung zum Ausdruck, dass sich keine emotionalen Beziehungen und schon gar kein Gefühl der Familienzugehörigkeit entwickelt hätten („benutzt uns als 3-Sterne-Hotel"). Die Rechtsgrundlage der Betreuung war gegeben (Ebene 1), der Jugendliche wohnte bei ihnen (Ebene 2), aber die von ihnen erwartete Ebene 3 oder gar 4 hat sich nicht entwickelt.

In Bereitschaftspflegefamilien ist die Entwicklung von Gefühlen der Familienzugehörigkeit nicht intendiert. Wenn die z. B. sehr jungen Kinder aber ungeplant lange dort verblieben sind, haben sie nicht nur wichtige emotionale Beziehungen und oft Bindungen entwickelt, sondern manchmal auch ein Gefühl der Familienzugehörigkeit. Der nächste Übergang in eine Dauerpflegefamilie oder zurück in die Herkunftsfamilie ist dann mit der Transformation der emotionalen Beziehungen und zusätzlich mit der Loslösung von einer nicht vorgesehenen Familienzugehörigkeit verbunden. Das verkompliziert die Prozesse sehr (vgl. Petri/Pierlings 2016).

Weitere Kombinationen sind vorstellbar. Die hier behandelten lassen sich in einer Tabelle so zusammenfassen:

Ebene 1 Recht	Ebene 2 Haushalt	Ebene 3 Kontakt	Ebene 4 Zugehörigkeit	Typus
x	x	x	x	Ideal Pflegefamilie (Parents-Role-Identity)
x	x	x	–	Ideal Pflegefamilie (Carer-Role-Identity)
–	–	–	–	Abbruch idealtypisch
–	x	x	x	Beheimatung idealtypisch
–	–	x	–	Sven + Simon (nach dem Auszug)
–	–	x	x	Josefie zeitweise
x	x	–	–	Einige Gastfamilien („wie im Hotel")
–	–	x	(x)	Konflikthafte Beendigung Bereitschaftspflege

x = vorhanden; – = nicht vorhanden

4. Konsequenzen

Nach der Untersuchung von Phänomenen, die für das Erleben der beteiligten Menschen und den gravierenden Folgen so bedeutsam sein können, ist die Frage nach der Anwendung in der Praxis besonders naheliegend. Das soll zum Abschluss in Richtung zweier Referenzsysteme skizziert werden: auf die Praxis professioneller Dienste und die weitere wissenschaftliche Forschung.

4.1 ... für die Profession der Pflegekinderhilfe

Die Fachkräfte in der Pflegekinderhilfe haben eine eigene Expertise, Konsequenzen aus den hier dargestellten Forschungsergebnissen für ihre Praxis zu ziehen. Hier sollen einige Vorschläge skizziert werden, die vielleicht für die Praxis nützlich sein können.

Versteht man unter *Matching* die Beeinflussung von Stabilität durch die Auswahl der passenden Pflegefamilie für ein konkretes Kind, dann kann das

Interdependenzmodell dazu anregen, im Wissen um einige negative Prädikatoren Stabilitätsrisiken zu identifizieren und ein Konzept für die individuelle Begleitung der Familie zu entwickeln. Die Passung von Role-Identity der Pflegeeltern und den Bedürfnissen und Bedürftigkeiten des Kindes spielen dafür eine besonders wichtige Rolle.

Während der *Begleitung der Pflegefamilie* insgesamt und aller einzelnen Mitglieder kann das Verstehen von Indikatoren für Stabilitätsverluste, erodierende Sinnkonstruktionen und Zentrifugalkräfte dazu beitragen, dass Handlungsoptionen im Vorfeld von möglichen Abbrüchen gesehen und genutzt werden. Dies setzt auch eine entsprechende personelle Ausstattung voraus, die eine kontinuierliche und hinreichend intensive Begleitung und Unterstützung der Pflegefamilie durch eine Vertrauensperson zulässt. Die zentralen Handlungsoptionen liegen im Vorfeld und am Beginn von krisenhaften Entwicklungen, nicht in den eskalierten Phasen.

Für die *Beratung und Vorbereitung von Pflegeeltern* ergeben sich Hinweise auf spezifische Themen: die Sinnkonstruktion der Pflegeeltern, die identitätsbezogenen Entwicklungsaufgaben der jugendlichen Pflegekinder, die – in diesem Text nur am Rande kurz erwähnten – Krisen im Kontakt zwischen Herkunfts- und Pflegefamilie, die Passungs(-wieder-)herstellung als ständiger Prozess und die Gestaltung der Kontakte auch nach einem Abbruch.

Für die *Fortbildung und Beratung* können die vier Ebenen der Integration, Räume für die Selbstreflexion über die Bedürfnisse und Befürchtungen von Erwachsenen und Kindern in Pflegefamilien eröffnen. Auch die aktive Auseinandersetzung mit dem Übergang aus der Pflegefamilie können sie vielleicht in einer konstruktiven und angstvermindernden Weise anregen.

Schließlich wird für die *Krisenintervention* deutlich, dass eine Fokussierung auf das „schwierige Kind" wirksame andere Handlungsoptionen verdecken kann. Hier wären ein Überhang an Wissen und Deutungen durch die Fachkräfte fruchtbar, die Alternativen zu diesen pathologisierenden kindzentrischen Problemdefinitionen ermöglichen.

4.2   ... für die Forschung

Zur Erklärung des Abbruchs von Pflegeverhältnissen liegen zahlreiche und gut abgesicherte empirische Einzelbefunde vor. Diese können aber nur sehr begrenzt zum Verstehen jener vielschichtigen Prozesse beitragen, die zu einem Verlust an Stabilität in Pflegeverhältnissen und schließlich zum Abbruch führen können. Hierfür benötigen wir Interdependenzmodelle, die Prozesse mit unterschiedlichen Akteuren und Entwicklungen auf der Mikro-, Meso- und Makroebene im Zusammenspiel erfassen.

So kann der Weg von der deskriptiven Darstellung empirischer Befunde zu einer Entwicklung von Theorien mit größerer Reichweite (wie sie ansatzweise im Vierebenen-Modell erfolgt ist) beginnen und eine Verknüpfung mit bestehenden Theorien – hier Theorien zu Attributionsprozessen oder zu kritischen Lebensereignissen – angeregt werden.

Die Entwicklung solcher Modelle steht noch am Anfang. Ich plädiere dafür, in diese Richtung weiterzuforschen und Forschungsergebnisse hypothesenbildend in solche Interdependenzmodelle zu integrieren. Das kann die Basis für eine erziehungswissenschaftliche Theorie zur Entwicklung und Sozialisation in Pflegefamilien werden, die der Dynamik, Dramaturgie und Komplexität von Abbruchprozessen gerecht wird.

Literatur

Barth, R. P./Lloyd, E. C./Green, R. L./James, S./Leslie, L. K./Landsverk, J. (2007): Predictors of Placement Moves Among Children With and Without Emotional and Behavioral Disorders. In: Journal of Emotional and Behavioral Disorders, 15, S. 46–55.

Bernedo, I. M./García-Martín, M. A./Salas, M. D./Fuentes, M. J. (2015): Placement stability in non-kinship foster care: variables associated with placement disruption. In: European Journal of Social Work, 18, S. 1369–1457.

Berridge, D./Cleaver, H. (1987): Foster home breakdown. Oxford: Blackwell.

Bronfenbrenner, U. (1993): Die Ökologie der menschlichen Entwicklung. Natürliche und geplante Experimente. Frankfurt am Main: Fischer.

Doelling, J. L./Johnson J. H. (1990): Predicting success in foster placement: The contribution of parent child temperament characteristics: In: American Journal of Orthopsychiatry 60, S. 585–593.

Eggertsen, L. (2008): Primary factors related to multiple placements for children in out-of-home care. In: Child Welfare, 87, S. 71–90.

Elias, N. (1981): Soziale Prozeßmodelle auf mehreren Ebenen. In: Schulte, W. (Hrsg.): Soziologie in der Gesellschaft. Bremen (Deutscher Soziologentag, Bremen 1980, 20). S. 764–767.

Elias, N. (1986): Was ist Soziologie? München.

Filipp, S. H./Aymanns, P. (2010): Kritische Lebensereignisse und Lebenskrisen. Vom Umgang mit den Schattenseiten des Lebens. Stuttgart: Kohlhammer.

Gassmann, Y. R. (2010): Pflegeeltern und ihre Pflegekinder: Empirische Analysen von Entwicklungsverläufen und Ressourcen im Beziehungsgeflecht Münster, New York, München, Berlin: Waxmann.

Gassmann, Y. (2018): Verletzbar durch Elternschaft. Balanceleistungen von Eltern mit erworbener Elternschaft. Weinheim/Basel: Beltz Juventa.

Hurlburt, M. S./Chamberlain, P./Degarmo, a. o. (2010): Advancing prediction of foster placement disruption using brief behavioral screening. In: Child Abuse & Neglect, 34, S. 917–926.

James, S. (2004): Why do foster care placements disrupt? An investigation of reasons for placement change in foster care. In: Social Service Review, 78, S. 601–627.

Kalland, M./Sinkkonen, J. (2001): Finnish children in foster care: evaluation the breakdown of long-term placements. In: Child Welfare, 80 (5). S. 513–527.

Niederberger, J. M./Bühler-Niederberger, D. (1988): Formenvielfalt in der Fremderziehung. Zwischen Anlehnung und Konstruktion. Stuttgart: Enke.

Oosterman, M./Schuengel, C./Wim Slot, N./Bullens, R. A. R./Doreleijers, T. A. H. (2007): Disruptions in foster care: A review and meta-analysis. In: Children and Youth Services Review, 29 (1), S. 53–76.

Pardeck, J. T. (1985): A profile of the child likely to experience unstable foster care. In: Adolescence 20 (7), S. 689–696.

Petri, C./Pierlings, J. (2016): Chance Bereitschaftspflege Siegen: Universi (ZPE-Schriftenreihe 44).

Reimer, D./Petri, C. (2017): Wie gut entwickeln sich Pflegekinder? Siegen: Universi (ZPE-Schriftenreihe 47).

Reimer, D. (2011): Pflegekinderstimme. Arbeitshilfe zur Qualifizierung von Pflegefamilien. Düsseldorf: PAN Pflege- und Adoptivfamilien NRW e. V.

Reimer, D. (2017): Normalitätskonstruktionen in Biografien ehemaliger Pflegekinder. Dissertation. Weinheim/Basel: Beltz Juventa.

Reimer, D./Schäfer, D. (2015): The use of biographical narratives to explain favourable and unfavourable outcomes for children in foster care. In: adoption & fostering 39 (2), S. 5–20.

Rock, S./Michelson, D./Thomson, S. a. o. (2015): Understandig foster placement instability for looked after children: A systematic review and narrative synthesis of quantitative and qualitative evidence. In: British Journal of Social Work45, S. 177–203

Rooij, F./van Maaskant, A./Weijers, I./Weijers, D./Hermanns, J. (2015): Planned and unplanned terminations of foster care placements in the Netherlands: Relationships with characteristics of foster children and foster placements. In: Children and Youth Services Review, 53, June, S. 130–136.

Schäfer, D./Petri, C./Pierlings, J. (Hrsg.) (2015): Nach Hause? Rückkehrprozesse von Pflegekindern in ihre Herkunftsfamilie. Siegen: Universi (ZPE-Schriftenreihe 41).

Schofield, G./Beek, M./Ward, E./Biggart, L. (2013): Professional foster carer and committed parent: role conflict and role enrichment at the interface between work and family in long-term foster care. In: Child & Family Social Work, 18, S. 46–56.

Sinclair, I./Wilson, K. (2003): Matches and Mismatches: The Contribution of Carers and Children to the Success of Foster Placements. In: British Journal of Social Work 33, S. 871–884.

Stone, N. M./Stone, S. F. (1983): The Prediction of successful foster placement. Social Casework, 64, S. 11–17.

Terling-Watt, T. (2001): Permanency in kinship care: An exploration of disruption rates and factors associated with Placement Disruption. In: Children and Youth Services Review, 23, H. 2, S. 111–126.

van Santen, E./Pluto, L./Peucker, C. (2019): Pflegekinderhilfe – Situation und Perspektiven. Empirische Befunde zu Strukturen, Aufgabenwahrnehmung sowie Inanspruchnahme. Weinheim/Basel: Beltz Juventa.

van Santen, E. (2017): Determinanten der Abbrüche von Pflegeverhältnissen – Ergebnisse auf der Basis der Einzeldaten der Kinder- und Jugendhilfestatistik. In: Neue Praxis, H 2, S. 99–123.

Walsh, J. A./Walsh, R. A. (1990): Studies of the maintenance of subsidized foster placements in the Casey Family Welfare. In: Child Welfare 69, S. 99–114

Webster, D./Barth, R./Needell, B. (2000): Placement stability for children in out-of-home care: A longitudinal analysis. In: Child Welfare 79, S. 614–632.

Weiner, B. (1994): Sünde versus Krankheit: Die Entstehung einer Theorie wahrgenommener Verantwortlichkeit. In: Försterling, F./Stiensmeier-Pelster, J. (Hrsg.): Attributionstheorie. Göttingen: Hogrefe, S. 1–26.

Wippler, R. (1978): Nicht-intendierte soziale Folgen individueller Handlungen. In: Soziale Welt, S. 155–179.

Wolf, K. (2012): Professionelles privates Leben? Zur Kolonialisierung des Familienlebens in den stationären Hilfen zur Erziehung. In: Zeitschrift für Sozialpädagogik 4, S. 395–420.

Die Fallgeschichte als Zugang zum sozialpädagogischen Verstehen von Abbruchprozessen in der Pflegekinderhilfe

Andrea Dittmann und Daniela Reimer

Vorbemerkungen

Der folgende Beitrag erscheint möglicherweise etwas ungewöhnlich im Kontext eines Buchbandes, der auf einem Forschungsprojekt basiert, deshalb einige erläuternde Bemerkungen vorweg: Im Forschungsprojekt „Abbrüche von Pflegeverhältnissen im Kindes- und Jugendalter" wurde im Rahmen der qualitativen Erhebung spannendes Fallmaterial erhoben. Das Material veranschaulicht in besonderer Weise die Komplexität von Abbruchprozessen.

Im deutschen Projektteil haben wir aus multiperspektivisch erhobenen Fällen, die für den Forschungsteil themenzentriert, multiperspektivisch analysiert und interpretiert wurden, Fallgeschichten erarbeitet. Die Fallgeschichten haben wir für die Arbeit in Workshops mit Fachkräften der Pflegekinderhilfe genutzt. Wir gehen davon aus und haben es in unserer eigenen Fort- und Weiterbildungserfahrung oft erlebt, dass die Arbeit mit komplexen Fallgeschichten in der Aus- und Weiterbildung von Fachkräften der Sozialen Arbeit im Allgemeinen und der Pflegekinderhilfe im Besonderen dazu beitragen können, den Blick zu schulen und die Perspektive auf die gesamte Geschichte zu lenken. Das Material zum Thema Abbrüche eignet sich zum Anregen von Perspektivwechsel und eröffnet neue Zugänge zum Phänomen Abbrüche.

Um die Arbeit mit Fallgeschichten aus dem Forschungsprojekt einem breiteren Fachpublikum zu ermöglichen und einen Anregungsraum zu öffnen für die Arbeit mit Fallgeschichten, wird hier ein Fall in seiner gesamten Komplexität vorgestellt. Er wird bewusst nicht interpretiert und analysiert. Er wird eingangs gerahmt mit einer Einführung zum Sozialpädagogischen Verstehen durch Fallgeschichten. Im Anschluss daran wird anknüpfend an den Fall herausgearbeitet, wie in Fort- und Weiterbildung von Fachkräften[1] der Pflegekinderhilfe mit Fällen gearbeitet werden kann und welchen besonderen Mehrwert

---

1 Mit Fachkräften der Pflegekinderhilfe werden alle professionellen Mitarbeitenden in diesem Bereich bezeichnet. Überwiegend handelt es ich um Sozialarbeitende und Sozialpädagoginnen und -pädagogen (mit Hochschulstudium).

diese Fokussierung mit sich bringt. Die Erfahrungen aus den projektbezogenen Workshops fließen ebenfalls in den Artikel ein.

1. Einleitung

Wenn ein Pflegeverhältnis abbricht, verbindet alle Beteiligten eine oft lange gemeinsame, meist recht komplexe Geschichte – aus Sicht der beteiligten Professionellen eine sog. Fallgeschichte. In der Fallgeschichte verstricken sich die individuellen Lebensgeschichten der Adressatinnen und Adressaten – hier sind das in der Regel die von Pflegekind, Pflegemutter, Pflegevater, ggf. leiblichen oder anderen Kindern in der Pflegefamilie, leiblicher Mutter und Vater des Pflegekindes, ggf. Geschwister, manchmal Verwandten und weiteren wichtigen Personen – mit der gemeinsamen Geschichte, der Helfergeschichte, der Geschichte von gelungenen oder gescheiterten Interventionen sowie der Historie von Entscheidungen. Mit den Geschichten verstricken sich auch die subjektiven, manchmal widersprüchlichen Deutungen und Erlebensformen der einzelnen Beteiligten miteinander und ergeben ein buntes, mehr oder weniger widersprüchliches Geflecht.

Die Arbeit der Fachkräfte in der Pflegekinderhilfe ist immer Fallarbeit. Jede Entscheidung und jede Intervention hat genauso wie jede nicht getroffene Entscheidung und nicht durchgeführte Intervention das Potenzial die Fallgeschichte zu beeinflussen und zu prägen – positiv wie negativ. Fachkräfte tragen also in ihrer Arbeit eine große Verantwortung für die Menschen, mit denen sie es zu tun haben und für deren Geschichten. Obwohl dies den Fachkräften in der Regel bewusst ist, gerät in der Praxis häufig unter akuten Handlungszwängen viel stärker die aktuelle – oft schwierige – Situation in den Blick als die gesamte Fallgeschichte. Entsprechend werden dann situative Entscheidungen getroffen oder ebensolche Interventionen vorgenommen, die im Augenblick sinnvoll und geboten erscheinen können, aber vor dem Hintergrund der Lebensgeschichten der Beteiligten und ihrer gemeinsamen Fallgeschichte mindestens fragwürdig erscheinen.

Angesichts der spezifischen Dynamik des im Folgenden vorgestellten Falles, die zu einem überraschenden Ende führt, mögen sich die Leserinnen und Leser fragen, inwieweit es sich hier überhaupt um einen Abbruch-Fall handelt. Wir stellen ihn dennoch bewusst in diesen Kontext, um zu verdeutlichen, dass Abbrüche von Pflegeverhältnissen prozesshaft verlaufen und nicht gleichzusetzen sind mit endgültigen Kontaktbeendigungen zwischen den Beteiligten.

2. Der Sozialpädagogische Blick

Die Fallvorstellung sowie die Fallbearbeitung mit Fachkräften erfolgten unter der spezifischen Perspektive eines sozialpädagogischen Blicks. Der sozialpädagogische Blick zeichnet sich durch ein besonderes sozialpädagogisches Verstehen aus, das – wie Niemeyer (2015) treffend beschreibt – nicht entschuldigend oder rechtfertigend ist, sondern ein nachvollziehendes Verstehen darstellt, anhand der Biografie, den Verstrickungen, der Familiengeschichte und den jeweiligen subjektiven Deutungen dazu. Diese Art von Verstehen erlaubt es, neue Zugänge zu den Menschen und ihren Lebenssituationen, ihrem oft auf den ersten Blick eigensinnigen und unverständlichen Verhaltensweisen zu gewinnen, dadurch auch Unverstandenes und Irritierendes als Bewältigungshandeln – mit Chancen und Risiken – zu begreifen und so neue Zugänge für pädagogisches und sozialarbeiterisches Handeln in der Interaktion mit den Menschen zu eröffnen, die neue Handlungsoptionen nach sich ziehen können. Um sinnvoll zu intervenieren sind das Verstehen der Lebensgeschichte und komplexes Fallverstehen notwendig.

Basis für ein solches Verstehen ist die auch im Alltag immer wieder zu beobachtende Tatsache, dass menschliches Leben nicht geradlinig verläuft, sondern vielmehr von Höhen und Tiefen, Turbulenzen, Wendungen und Schleifen geprägt ist. Es hält häufig Unerwartetes bereit, Stolpersteine und Hindernisse, die es zu überwinden gilt. Keine Lebensgeschichte gleicht der anderen – zu unterschiedlich sind die gestellten Aufgaben und die gesammelten Erfahrungen (vgl. Baacke/Schulze 1993, S. 105). Dieser Umstand verweist auf einen maßgeblichen Aspekt, der für ein Verständnis des sozialpädagogischen Blickes bedeutsam ist. So scheint die Anmerkung, dass Menschen in ihrem Leben unterschiedliche Probleme zu bewältigen haben zunächst banal zu sein (vgl. Wolf 2003, S. 94). Die Feststellung, dass die Anforderungen, die es zu bewältigen gilt, genauso individuell sind wie die Lebensgeschichten selbst, veranlasst allerdings dazu, die Beschaffenheit jener Probleme genauer zu betrachten (Wolf 2003, S. 94): „Ohne sich diese Aufgaben vor Augen zu führen, kann man das Scheitern an der Bewältigung nicht richtig verstehen, und es kommt zu der Verengung der Wahrnehmung auf individuelle Defizite." Die Fokussierung einer Defizitorientierung, also das Betrachten der Probleme, die jemand verursacht, anstatt die Hinwendung zu denen, die jemand hat, ist jedoch für das Verstehen eines Falles nicht dienlich (vgl. hierzu auch Niemeyer 2015, S. 76 f.).

Gleichzeitig wird durch die Bewusstmachung der differenten Lebensaufgaben deutlich, dass Menschen im Lebensverlauf mit Schwierigkeiten und Problematiken konfrontiert werden können, die aufgrund des eigenen Erfahrungshintergrundes im Vorfeld undenkbar waren und – auch mit der Aufbringung der größten Phantasie – das Maß des Vorstellbaren überschreiten. So ermöglicht die Konfrontation mit anderen Lebenswelten einen Blick über den Tellerrand (vgl. hierzu auch Baacke/Schulze 1993, S. 56). Dieses Hinausblicken und das daraus entwickelte Verständnis für das individuelle Gewordensein des betroffenen Menschen (vgl. hierzu auch Braun/Graßhoff/Schweppe 2011, S. 35) sind für die Soziale Arbeit unabdingbar. Die Herausforderung besteht darin, eine verstehende Perspektive einzunehmen und eigene herausgebildete Deutungsmuster und Bewertungsmaßstäbe zurückzustellen. Es geht nicht darum, eine Beurteilung abzugeben, sondern viel mehr verstehen zu lernen (vgl. auch Wolf 2007, S. 282 ff.).

Um die Problematiken, die das Leben stellt, bewältigen zu können, ist der Mensch auf Ressourcen angewiesen (vgl. Wolf 2003, S. 95). Grundsätzlich werden unter dem Begriff Ressource all diejenigen Mittel verstanden, die dazu verhelfen, „Probleme zu bewältigen, Belastungen zu verhindern und abzumildern und Aufgaben zu lösen" (Wolf 2012, S. 51). Ressourcen können auf ganz unterschiedlichen Ebenen erschlossen werden: in der Person selbst (wie etwa angeeignete Fähig- und Fertigkeiten, biologische Merkmale oder individuelle Eigenschaften) sowie im direkten oder weitergefassten sozialen Feld. Häufig sind Menschen dazu in der Lage, auf die erforderlichen Ressourcen zurückzugreifen, um ein auftretendes Problem zu bewältigen, so dass das kritische Moment nicht bewusst wahrgenommen wird. Erst ein massives Ungleichgewicht zwischen den benötigten und den faktisch verfügbaren Ressourcen – also ein Mangel an geeigneten Bewältigungskompetenzen – führt dazu, dass sich die Schwierigkeiten zuspitzen und für das Individuum nicht mehr zu bewältigen sind. Für den sozialpädagogischen Blick wesentlich ist die Auffassung, dass ein Scheitern an der Bewältigung nicht auf das Unvermögen des jeweiligen Menschen, seine Einschränkungen oder seine Unzulänglichkeit zurückzuführen ist, sondern vielmehr als Folge von maßgeblichen, fehlenden Ressourcen verstanden wird (vgl. auch Wolf 2012, S. 51; Wolf 2003, S. 95 f.): „Nicht gelingende Bewältigung wird also nicht a priori als Unfähigkeit, Störung oder in der Person verankertes Defizit angesehen, sondern als Missverhältnis von Belastung und Ressource" (Wolf 2012, S. 51). Diese innere Einstellung bewirkt meist eine andere Bewertung und induziert somit auch einen anderen, positiveren Umgang mit der jeweiligen Person (vgl. Wolf 2003, S. 96).

Entsprechend tragen Fachkräfte Verantwortung dafür, dass den Adressatinnen und Adressaten der Zugang zu den erforderlichen Ressourcen erleichtert wird, um die Bewältigungskompetenz zu stärken (vgl. Wolf 2003, S. 96). Dies ist hochkomplex: was in dem einen Fall hilfreich war, garantiert bei einem anderen keineswegs den gleichen Erfolg. So gibt es in der pädagogischen Praxis weder ein Patentrezept, nach dem vorgegangen werden kann, noch eine standardisierte Checkliste, die es abzuhaken gilt (vgl. auch Müller 2017, S. 22). Vielmehr sind die Wirkungen pädagogischer Maßnahmen nicht planbar, teilweise können sie sogar die gegenteilige Wirkung von dem erzielen, was eigentlich beabsichtigt war und erreicht werden sollte (vgl. hierzu auch Wolf 2006, S. 294 f.). Entsprechend kann die Basis für die Schaffung von geeigneten Unterstützungsleistungen nur durch den Zugang zu den subjektiven Deutungen der eigenen Geschichte, den Konstruktionen und den Lebenswelten der betroffenen Personen gefunden werden. Fachkräfte müssen ergo in der Lage sein, einen Perspektivwechsel vorzunehmen, um Annahmen treffen zu können, wie die Adressatinnen und Adressaten die jeweilige Handlung verstehen und interpretieren. Gelingt dies nicht, fühlen sich diese häufig mit ihren Ängsten und Sorgen nicht ernst genommen und die jeweilige Intervention droht zu scheitern, beziehungsweise kann Effekte hervorrufen, die nicht intendiert waren. In solchen Fällen verursacht die eigentlich – vermeintlich gut gemeinte – Hilfestellung weitere Belastungen, anstatt den Zugang zu Ressourcen zu erleichtern (vgl. Wolf 2006, S. 296).

Da nur die Adressatinnen und Adressaten über Fragen der Lebensbewältigung Auskunft geben können, muss ihnen die Definitionsmacht über ihre eigenen Probleme (zurück-)gegeben werden. Durch ein Verstehen der Lebensgeschichte, der Sinnkonstruktionen und Bewältigungsstrategien können Angebote geschaffen werden, die den Adressatinnen und Adressaten eine Anschlussmöglichkeit an die eigenen Sinnhorizonte erlaubt: „Dabei wird davon ausgegangen, dass, indem verstanden wird, wie und warum sich ein Leben so und nicht anders ereignet hat, man als Professioneller in der Lage ist, diese biographische Strukturierung in der Lebenspraxis des Klienten positiv unterstützend zu beeinflussen" (Fischer/Goblirsch 2004, S. 51). Auch Heiner/Schrapper (2004) verweisen auf die Relevanz der Rekonstruktion des subjektiven Erlebens und Empfindens und der Entwicklung eines umfassenden individuellen Verständnisses. So ist es von Bedeutung, den „Eigen-Sinn, die Widersprüche, Spannungen und Brüche in der Lebens- und Lerngeschichte eines Menschen zu ‚entschlüsseln' […]. Nur an solche individuellen Sinnkonstruktionen der Menschen anknüpfend kann Soziale Arbeit Angebote zur Entwicklung, zum Um- und Neulernen sozial respektierter und individuell akzeptierter Überlebensstrategien machen." (S. 208). Der „Professionalitätsgewinn [liegt entsprechend] darin, mit dieser Andersartigkeit von Lebensfeldern zu rechnen und über Strategien zu verfügen, mit denen man eine fremde Welt verstehen und mit den Menschen dort neue Handlungsmöglichkeiten aufspüren kann" (Wolf 2003, S. 100; vgl. hierzu auch Völzke 1997, S. 271). Bei der Schaffung von Angeboten handelt es sich letztlich um eine Koproduktion – denn eine geeignete Hilfestellung kann nur gemeinsam mit den Adressatinnen und Adressaten entwickelt werden (vgl. Müller 2017, S. 66 f.). Häufig existieren mehrere Realitäten und Überzeugungen im Hinblick auf die Wahrnehmung der aktuellen Problematik, die es anzunehmen, zu berücksichtigen und in den Hilfeverlauf zu integrieren gilt (vgl. Heiner/Schrapper 2004, S. 209). In Kooperation zu gehen – dies ist die Voraussetzung für die Suche und die Herstellung von unterstützenden und nützlich empfundenen Angeboten (vgl. Schrapper 2004, S. 10). „Fallverstehen in der Sozialen Arbeit ist in der Praxis immer ein Spagat zwischen einer fachlich fundierten Beurteilung auf der einen Seite und der Bereitschaft, die eigenen Urteile und Bewertungen im Dialog mit den Betroffenen zur Diskussion zu stellen auf der anderen Seite" (Heiner/Schrapper 2004, S. 209). Dieser Prozess ist als ständiger Austausch zu verstehen und die gemeinsam erarbeiteten Entscheidungen und Einschätzungen haben hierbei prinzipiell einen hypothetischen Charakter. Eine dauerhafte Rückvermittlung an die Adressatinnen und Adressaten, eine Überprüfung der Wege zur Zielerreichung sowie eine möglicherweise erforderliche Korrektur sind unabdingbar (vgl. Heiner/Schrapper 2004, S. 209).

Ein Unterstützungsangebot zu entwickeln bedarf den „Respekt vor der Lebenserfahrung der Klienten, die Bereitschaft, ihre Lebenssituation (auch) aus ihrer Perspektive verstehen zu wollen und zu können und Veränderungen einfühlsam [...] anzuregen" (Wolf 2003, S. 103). Die Adressatinnen und Adressaten selbst fungieren als Expertinnen und Experten ihrer Lebensgeschichte (vgl. hierzu auch Völzke 1997, S. 276). Die Bewusstmachung des subjektiven Erlebens und Empfindens der jeweiligen Person – unabhängig davon, ob dies für die zuständige Fachkraft auf den ersten Blick plausibel erscheint – ist für eine professionelle und fachlich fundierte Arbeit unersetzlich (vgl. Müller 2017, S. 93). Denn den Adressatinnen und Adressaten ein Gehör zu schenken und ihnen genügend Zeiten und Räume für Gespräche anzubieten, in denen sie „ihre Sicht der Dinge angstfrei erzählen können [...] ist selbst schon eine wirksame Intervention" (Müller 2017, S. 96). Der Wunsch des Verstehen-Wollens sowie das Verstehen-Lernen werden maßgeblich von dem jeweiligen Blick der sozialpädagogischen Fachkraft beeinflusst. Nicht nur der betroffene Mensch ist mit seiner ganz individuellen Lebensgeschichte Teil der professionellen Helferbeziehung, auch die zuständigen Sozialarbeitenden stehen als Personen mit ihren eigenen Werten, Normen und Auffassungen im Zentrum des Geschehens. So erfolgt Verstehen „immer in den Kategorien desjenigen [...], der versteht" (Thiersch 1984, S. 23). Die Ansichten der Fachkräfte sind stets von eigenen normativen Prägungen durchzogen (vgl. Reimer 2017) und beinhalten ganz eigene Meinungen darüber, was interventionsbedürftig ist. Von diesem Umstand kann sich kein Pädagoge und keine Pädagogin vollkommen frei machen (vgl. Reimer 2017, S. 117 ff.). Dies stellt grundsätzlich kein Hindernis dar, relevant ist jedoch, sich über diese Mechanismen stets bewusst zu sein, sie kritisch zu beleuchten und zu reflektieren. So müssen die Fachkräfte in der Sozialen Arbeit „über die Fähigkeit zur Selbstreflexion verfügen [...]: die Fähigkeit sich mit sich selbst, mit den eigenen Gefühlen und den biografisch geprägten Verhaltensmustern auseinander zu setzen, sich kritisch zu hinterfragen, immer wieder aufs Neue" (Müller 2017, S. 68).

Die Anforderungen an die Fachkräfte in der Praxis sind ergo hochkomplex. Das (Immer-wieder-)Erlangen der Fähigkeit „Menschen aus ihrer eigenen, subjektiven Logik, aus ihren Selbstdeutungen, zu begreifen" (Heiner/Schrapper 2004, S. 204), erfordert einen intensiven Lernprozess und eine selbstreflexive Haltung. Dafür ist die Arbeit mit konkreten Fallgeschichten hilfreich, da sie es ermöglicht, – ohne Handlungsdruck – eben dieses Verstehen zu erwerben, zu verfestigen, zu verinnerlichen und immer wieder neu zu erlangen.

Trotz der Komplexität ist es für die Professionalität in der Pflegekinderhilfe zentral, Abbruchprozesse sozialpädagogisch zu verstehen. Abbrüche werden häufig als ein Scheitern des Systems oder der Pflegefamilie verstanden oder sie werden dem Kind und seinem (angeblichen) schwierigen Verhalten zugeschrieben (vgl. Bombach/Reimer in diesem Band). Fachkräfte wie Pflegeeltern nehmen sich mit solchen vorschnellen Zuschreibungsprozessen häufig die Chance, die Prozesse, die bei den einzelnen Beteiligten zum Abbruch beigetragen haben, zu verstehen und so ein differenziertes Bild vom Abbruch zu entwickeln, das auch passende Anschlussunterstützungen für alle Beteiligten enthält. Für die Fachkräfte kann das Verstehen von Abbruchprozessen darüber hinaus als ein Lernprozess verstanden werden, der generell die Sensibilität für schwierige Situationen und Krisen in Pflegefamilien erhöht und die Möglichkeit bietet, durch frühzeitige Unterstützung Abbrüche in anderen Fällen zu verhindern.

3.　Fallgeschichte Josefie

Die nachfolgende Fallgeschichte basiert auf der Aufbereitung von drei Interviews, die im Jahr 2015 von einem wissenschaftlichen Mitarbeiter der Forschungsgruppe Pflegekinder an der Universität Siegen geführt wurden. Interviewt wurden die Pflegemutter Tina Adams[2], die damals 17-jährige Pflegetochter Josefie und deren langjährige zwei Jahre ältere Freundin Sabine, mit der Josefie seit dem Alter von 7 Jahren viel Zeit verbringt. Auf dieser Grundlage wird die Fallgeschichte rekonstruiert und aus den jeweiligen Perspektiven erzählt.

Vorbemerkungen zum Text

Die Fallgeschichte wird chronologisch aufbereitet; zum besseren Verständnis wird sie in unterschiedliche zeitliche Abschnitte gegliedert und jeweils mit einer Überschrift versehen. Die eindeutig nachvollziehbaren Fakten oder übereinstimmend geschilderten Sachverhalte werden möglichst neutral dargestellt. Die jeweils individuelle Perspektive der Beteiligten wird als solche gekennzeichnet und teilweise durch wörtliche Zitate aus den Interviews veranschaulicht.

2　Alle Namen wurden anonymisiert.

3.1 Der Start ins Leben

Josefie wird im Juni 1997 geboren. Ihre Eltern – Rolf und Bettina Walder – sind verheiratet und leben zusammen mit ihrer einjährigen Tochter Victoria. Rolf Walder ist seit vielen Jahren drogenabhängig und konsumiert unterschiedliche illegale Suchtmittel und Alkohol. Auch Bettina Walder nimmt regelmäßig Drogen zu sich. Der Alltag des Paares ist u. a. geprägt von immer wieder aufbrechenden Konflikten, die teilweise auch mit körperlicher Gewalt von Seiten Rolf Walders ausgetragen werden.

Nach der Geburt von Josefie werden bei ihr eindeutige Drogenentzugssymptome festgestellt und in einer Kinderklinik wird ein neonataler Drogenentzug eingeleitet. Es folgen sieben Wochen, in denen Josefie in der Klinik kontrolliert substituiert und über eine Magensonde versorgt wird. Während dieses Aufenthalts kommt ihre Mutter der Versorgung der Neugeborenen aus Sicht der Klinik nur unzureichend und unzuverlässig nach; sie verpasst die vereinbarten Fütterungszeiten und eine eingesetzte Hilfe zur Unterstützung in dieser Zeit führt nicht zu einer Veränderung der Situation. Der Vater begleitet seine Frau nicht bei den Klinikbesuchen.

Nach erfolgreichem Abschluss des Drogenentzugs wird von Seiten der Kinderklinik und des Allgemeinen Sozialen Dienstes des Jugendamtes[3] die Versorgungslage des Säuglings im elterlichen Haushalt als ungesichert eingeschätzt. Josefie wird unmittelbar nach ihrer Entlassung aus dem Krankenhaus im Juni 1997 in einer Bereitschaftspflegefamilie untergebracht, in der sie insgesamt dreieinhalb Monate bleibt. Die in dieser Zeit vorgenommene Perspektivklärung hat das Ergebnis, dass Josefies Eltern aktuell und auf absehbare Zeit nicht in der Lage sein werden, ihr Kind ausreichend zu versorgen und Josefie in einer Pflegefamilie mit langfristiger Perspektive ihren Lebensmittelpunkt finden soll. Die Mutter hat die Personensorge[4] für Josefie inne und erklärt sich mit der Unterbringung ihrer Tochter in einer Pflegefamilie einverstanden. Der zuständige Pflegekinderdienst erhält den Auftrag, eine geeignete Pflegefamilie zu suchen.

---

3   Den sogenannten „Allgemeinen Sozialen Dienst des Jugendamtes", kurz ASD gibt es in Deutschland in jeder grösseren Kommune oder auf Landkreisebene. Die Mitarbeitenden ASD sind Ansprechpersonen bei allen Kinderschutzfragen, können bei Bedarf Hilfen für Kinder und Familien gewähren, nehmen Einschätzungen des Kindeswohls vor und haben auch die Befugnis, Kinder bei akuter Gefährdung ihres Wohls in Obhut zu nehmen.

4   = Sorgerecht.

3.2 Übergang in die Pflegefamilie

Auf Initiative einer Fachkraft, die in dem Pflegekinderdienst[5] (kurz: PKD) des zuständigen Jugendamtes tätig ist, wird Kontakt aufgenommen zum – mit ihr nachbarschaftlich und freundschaftlich verbundenen – Ehepaar Tina und Rainer Adams. Die beiden haben das Bewerberverfahren für potenzielle Pflegeeltern vor kurzer Zeit erfolgreich beendet und warten auf die Aufnahme eines Pflegekindes. Das Paar ist ungewollt kinderlos und hat sich nun dazu entschieden, ein möglichst junges Pflegekind möglichst langfristig in ihrer Familie aufnehmen zu wollen.

Ich wollte Mama sein", so beschreibt die Pflegemutter im Rückblick ihre Motivation. Tina Adams, zu dem Zeitpunkt 37 Jahre alt, ist Diplompädagogin und war bis zur Aufnahme von Josefie in verschiedenen Arbeitsbereichen der stationären Erziehungshilfe tätig. Der Pflegevater arbeitet als Diplom-Verwaltungswirt. Er ist selbst unter erschwerten Bedingungen aufgewachsen (sein Vater war alkoholkrank, seine Mutter mit der Haushaltsführung überfordert) und kann sich die Aufnahme eines Pflegekindes gut vorstellen. Die Familie lebt am Rande einer Großstadt in einer Wohnanlage rund um einen gemeinsamen Hof, in der fünf weitere Familien leben; das Zusammenleben ist von freundschaftlicher Gemeinschaft und einem intensiven sozialen Miteinander geprägt.

Tina und Rainer Adams freuen sich über die Anfrage des Pflegekinderdienstes und lernen als erstes potenzielles Pflegekind Josefie kennen. Nach einer Anbahnungsphase von zwei Monaten nehmen sie im Dezember 1997 Josefie – mit dem Einverständnis der leiblichen Mutter – im Alter von 5½ Monaten als Pflegekind auf.

3.3 Die ersten zehn Lebensjahre in der Pflegefamilie

Die Pflegemutter entscheidet sich nach der Inpflegenahme von Josefie zunächst für eine „Familienpause" und gibt für die nächsten neun Jahre ihre Berufstätigkeit auf.

Josefie lebt sich schnell in der Pflegefamilie ein und es folgen zehn Jahre, in denen sich Josefie in Pflegefamilie, Schule und sozialem Umfeld unauffällig entwickelt. Sie besucht den Kindergarten, dann die Grundschule, ist gut eingebunden in die Hofgemeinschaft und erlebt, wie Josefie selbst, ihre Pflegemutter und auch die Freundin von Josefie berichten, eine weitgehend unbeschwerte

---

5   Der Pflegekinderdienst (PKD) ist als kommunaler Dienst oder als Einrichtung eines freien Trägers für die in Deutschland obligatorische dauerhafte Begleitung und Beratung von Pflegekindern und Pflegefamilien tätig.

Kindheit. Der Pflegekinderdienst besucht die Familie einmal im halben Jahr zum Hilfeplangespräch, greift aber nicht weiter in die Entwicklung ein.

Josefies Sicht

> „Ich war halt einfach ein glückliches Kind, ich habe viel gelacht, ich hatte ne super Beziehung zu meinen Eltern" (gemeint sind ihre Pflegeeltern). „Abgesehen von diesen Jugendamtsbesuchen und von den Besuchen meiner leiblichen Mutter hatte ich ne total normale Kindheit."

Die Besuche der PKD-Fachberaterin[6] werden von Josefie von klein auf als „Angriff" und Kontrolle interpretiert:

> „Und ich glaub, dass es ganz stark zu diesem Freiheitsdrang eben kam wegen diesem Kontrollgefühl, dass ich von klein auf ja hatte." – „Jeder hat dir Fragen gestellt und dann solltest du formulieren, ‚ja, wo willst du denn in nem halben Jahr sein', und das hat mich irgendwann so eingeengt."

Josefie hat in ihren ersten acht Lebensjahren einmal im Monat Kontakt zu ihrer Mutter und ihrer Schwester in Form von mehrstündigen Besuchen in der Pflegefamilie. Die beiden Schwestern spielen gern miteinander. Die Pflegeeltern und die Mutter begegnen sich mit gegenseitiger Wertschätzung und Akzeptanz. Josefies Mutter trennt sich von ihrem Mann, als Josefie sieben Jahre alt ist; sie lernt ihren Vater nie persönlich kennen. Darüber hinaus hat Josefie regelmäßig ca. zweimal im Jahr Kontakt zu ihrem Opa und einem Onkel mütterlicherseits.

Zu diesem Zeitpunkt fühlt sich Josefie in ihrer Erinnerung zunehmend belastet durch die Besuche, weil sie den Eindruck hat, dass ihre Schwester auf ein gemeinsames Leben drängt:

> „Es hat so angefangen, dass es mir mit den beiden nicht gut ging, als meine Schwester dann auf einmal nicht mehr gehen wollte oder mich mitnehmen wollte ... ab da hab ich dieses Gefühl gehabt, dass die mich zu sich ziehen wollten."

Auf ihren Wunsch hin werden die Besuche auf neutralen Boden verlegt.

---

6 Pflegekinderdienst (PKD) Fachberaterinnen und -berater beraten und betreuen Pflegefamilien. Es sind in der Regel Sozialarbeitende, Sozialpädagoginnen und -pädagogen (mit Hochschulabschluss), seltener Psychologinnen und Psychologen. Der Umfang der Betreuung ist regional unterschiedlich.

Die Sicht der Pflegemutter

„Die wollte hier nicht mehr weg" – so auch die Sicht von Tina Adams auf Josefies Schwester. Die Kontakte fanden dann in einem Bürgerschaftshaus statt; dort wollte die Schwester aber nicht mehr mit Josefie spielen. Die Pflegemutter erinnert sich: „Sie war aufgrund ihrer eigenen Probleme sehr dem Essen also zugetan, die hat also nur gegessen und gegessen und das war für Josefie totaler Frust."

Im Alter von acht Jahren will Josefie die Kontakte nicht mehr und trägt den Wunsch nach Kontaktabbruch mit Hilfe ihrer Pflegemutter im Jugendamt vor. Dort wird dieser Wunsch akzeptiert. Unabhängig davon bleiben die leibliche Mutter und die Pflegeeltern im Kontakt und auch der Opa mütterlicherseits erklärt wiederholt seine Dankbarkeit, dass sich Josefie bei den Pflegeeltern so positiv entwickeln könne.

In den nächsten Monaten nach dem Kontaktabbruch formuliert Josefie, mittlerweile 10 Jahre alt, erstmals den Wunsch, den Namen der Pflegefamilie anzunehmen und von den Pflegeeltern adoptiert zu werden. Dieser Wunsch wird von ihrer Mutter, die nach wie vor die Personensorge hat, abgelehnt.

3.4 Destabilisierung

Als Josefie zehn Jahre alt ist, wird der Pflegevater, der bis dahin mit einem hohen Gehalt allein für den Lebensunterhalt der Familie gesorgt hat, aus Krankheitsgründen frühzeitig berentet und Tina Adams nimmt ihre Berufstätigkeit in der stationären Erziehungshilfe wieder auf. Sie arbeitet im Schichtdienst und Rainer Adams gewährleistet nun die Präsenz im Alltag für Josefie.

Josefie besucht eine Gesamtschule und ist eine gute Schülerin.

Josefies Sicht

Josefie beginnt, sich mit ihrer besonderen Lebenssituation als Pflegekind auseinanderzusetzen, und beschreibt diesen Prozess im Rückblick als psychisch belastend:

> „Das fing an, mich schlecht zu fühlen, das war so mit zehn… Weil man da ja in dem Alter auch irgendwie anfängt, nachzudenken, ‚was ist passiert und warum bin ich überhaupt da, wo ich bin?'"

Die Sicht der Pflegemutter

Zwei Jahre später treten erstmals Erziehungsschwierigkeiten in der Pflegefamilie auf. Tina Adams beschreibt diese so: „Als sie in die Vorpubertät kam, da fing es an, dass Josefie immer weniger zu begrenzen war und sich immer weniger an Regeln gehalten hat." Die Konflikte zwischen den Pflegeeltern und Josefie häufen sich. Tina Adams sucht Beratung durch den PKD, erlebt diese aber als wenig hilfreich.

In dieser Zeit kommt es wieder zu Kontakten zwischen der jetzt 12-jährigen Josefie und ihrer Mutter und Schwester.

Josefies Sicht

Josefie sieht sich rückblickend als diejenige, die die Beziehung zu ihrer Mutter wieder aufnimmt. Sie wünscht sich zunächst möglichst viel Kontakt, auch zu ihrer Schwester, empfindet diesen aber gleichzeitig als psychisch belastend: „… und da fing das, glaub ich auch, wirklich mit meiner Depression an."

In der Folge besucht Josefie eine Mädchenberatungsstelle, hat aber bald den Eindruck, dass sie einen höheren Unterstützungsbedarf habe. Sie beginnt eine Therapie bei einer Kinder- und Jugendpsychotherapeutin.

Die Sicht der Pflegemutter

In der Erinnerung der Pflegemutter, gehen diese erneuten Kontakte zwischen Josefie, ihrer Mutter und ihrer Schwester auf die Initiative des Opas von Josefie, der kontinuierlich zweimal im Jahr seine Enkelin besucht, zurück. Die beiden Schwestern wünschen sich lange gemeinsame Zeiten; dies wird von Seiten der Pflegemutter als zu belastend abgelehnt. Die Beteiligten einigen sich auf Besuche alle 14 Tage.

Insgesamt begegnen sich die Pflegeeltern und Josefies Mutter weiterhin wertschätzend; sie werden z. B. zu den Geburtstagsfesten der Schwester eingeladen, was die Pflegeeltern zwar manchmal als „Zwangskontext" wahrnehmen, Josefie zuliebe aber auf sich nehmen.

Die Sicht der Freundin

Josefies Freundin Sabine sieht in der erneuten Kontaktaufnahme von Josie – wie sie Josefie nennt – mit ihrer Mutter und Schwester einen Zusammenhang zu der erneuten Hochzeit der Mutter und dem damit verbundenen Neuanfang für sich und die Tochter Victoria: „… dass ihre leibliche Mutter auch wieder anfängt, aber trotzdem ohne Josie. Ich meine, Josie will gar nicht zu ihrer Mutter, aber trotzdem im Hinterkopf ist es dann so, ist doch irgendwie doof."

Als Josefie 13 Jahre alt ist, spitzen sich die Konflikte in der Pflegefamilie zu. Sie hält sich nicht mehr an Regeln oder Absprachen und nimmt immer seltener am Familienleben teil. Josefie besucht nur noch unregelmäßig die Schule und die Pflegeeltern wissen oft nicht, wo sie sich stattdessen aufhält.

3.5 Ausbruch aus der Pflegefamilie

Im Jahr 2011 – Josefie ist nun 14 Jahre alt – hält sich Josefie immer seltener in der Pflegefamilie auf und beginnt, auch nachts nicht mehr nach Hause zu kommen. Ihr Schulbesuch wird immer unregelmäßiger, bis sie ihn völlig einstellt.

Josefies Sicht
Josefie beginnt, aus der Pflegefamilie auszubrechen:

> „Absprachen haben bei mir nicht mehr funktioniert ... ich habe diesen Drang verspürt, irgendwie aus dieser ganzen Situation raus zu wollen."

Sie beginnt, zu kiffen und weitere Drogen zu nehmen, um die ganze Situation zu vergessen. Sie schwänzt zunehmend die Schule und hält sich schon morgens in der Stadt auf. Sie schließt sich anderen Jugendlichen, die nicht zur Schule gehen, an und hält sich immer länger außerhalb der Pflegefamilie auf. Wenn sie dort ist, kommt es regelmäßig zu Streit zwischen ihr und der Pflegemutter, was sie als so belastend erlebt, dass sie schließlich gar nicht mehr nach Hause geht.

Sie lebt nun vor allem auf einem Platz, an dem sich auch andere Jugendliche, die keinen festen Wohnsitz und Schlafplatz haben, aufhalten. Sie steigert ihren Drogenkonsum, um die Situation zu bewältigen bzw. zu verdrängen. Ihre Zeit auf dem Platz beschreibt sie als existentiell belastend:

> „Im Großen und Ganzen ging's mir ziemlich schlecht, ich hing viel rum. – Ich bin dadurch an diese ganzen Leute gekommen mit ihren Drogen und ihrer Scheiß-auf-alles-Einstellung, war dann halt groß teils bei denen. – Klar, man hatte kein Geld, ich hatte viel Hunger auch zu der Zeit, und hab viel draußen geschlafen. So im Sommer ging das dann noch verhältnismäßig. – Aber im Winter war ich viel krank, war's total kalt. – Ich hab ganz viel Gewicht dann verloren und eh einfach nen Nährstoffmangel gehabt und hab das dann halt wieder versucht, mit Drogen zu verdrängen."

Zu Beginn ihres Kontaktes zu den anderen Jugendlichen hat sie den Eindruck, dass die sie verstehen, weil sie sich in einer ähnlichen Situation befinden. Mehr und mehr fühlt sie sich von diesen Jugendlichen aber in ihrer Weiterentwicklung gehindert und teilweise zurückgehalten, wenn sie fragen: „Ha, was – willst du denn wieder ins System?" Später bricht sie alle Kontakte zu den Jugendlichen ab.

Die Sicht der Pflegemutter
Die Konflikte in der Pflegefamilie eskalieren, als Josefie nachts nicht mehr nach Hause kommt. Die Pflegeeltern sind in großer Sorge, weil sie nicht wissen, wo sich Josefie aufhält. Gleichzeitig hält Josefie telefonisch den Kontakt mit der

Pflegemutter intensiv aufrecht. „Die hat mich, sag mal in der Hochphase, 30, 40, 50, 60 mal am Tag angerufen: ‚Mama, ich liebe dich.‘ – ‚Josefie, wo bist du, ich hol dich‘ – aufgelegt."

Die Pflegeeltern glauben zu wissen, dass Josefie bei älteren Männern übernachtet und wollen sie schützen. Als Josefie sich kurz bei der Pflegefamilie aufhält soll sie auf Wunsch der Pflegemutter – unterstützt durch die Klassenlehrerin, mit der die Pflegemutter im engen Kontakt steht – mit dem Einverständnis der Jugendlichen stationär in der Kinder- und Jugendpsychiatrie (KJP) aufgenommen werden. Die Kinderärztin stellt einen Überweisungsschein mit der Indikation „häusliche Gewalt" aus. Die Pflegemutter lehnt diese Indikation strikt ab und die Ärztin stellt eine neue Überweisung aus. Die KJP lehnt die stationäre Aufnahme von Josefie ab. „Das ist wohl ein pädagogisches und kein psychiatrisches Problem."

Josefie verlässt daraufhin sofort erneut die Pflegefamilie. Die zuständige Fachberaterin vom Pflegekinderdienst wird in dieser Phase von der Pflegemutter als passiv und ideenlos wahrgenommen: „Ich hab gesagt, was jetzt ansteht und die hat abgenickt."

Kurze Zeit später kommt es zu einem Zuständigkeitswechsel.

Der Vater der Pflegemutter ist erkrankt und die Pflegemutter begleitet seinen Sterbeprozess. Nach seinem Tod nimmt Tina Adams ihre trauernde Mutter auf.

Josefie kommt in der Trauerphase der Pflegefamilie sporadisch nach Hause und verhält sich dann massiv aggressiv, vor allem gegenüber dem Pflegevater; dieser zieht sich aus Angst vor Kontrollverlust in ein Zimmer bei Freunden zurück, wenn Josefie sich ankündigt.

„Wo Josefie so massiv aggressiv war, dass mein Mann gesagt hat: ‚Ich schaffe das nicht, wenn die da ist, weiß ich nicht, ob ich der mal ein paar klebe und das darf nie passieren."

Eines Tages eskaliert ein Konflikt zwischen den beiden derart, dass Josefie droht, ihren Pflegevater zu schlagen und das Mobiliar aus dem Fenster zu werfen. Die Pflegemutter ruft einen Krankenwagen und ein Sanitäter bespricht mit Josefie, dass ihr in der KJP geholfen werden könne. Josefie ist einverstanden, besteht aber darauf, dass die Pflegeeltern nicht mit zur Aufnahme kommen. Eine Ärztin der KJP ruft die Pflegemutter an und zeigt sich irritiert, dass die Pflegeeltern Josefie nicht zur Aufnahme begleitet haben. Die Pflegemutter fährt auf der Stelle in die KJP und es kommt zum Konflikt zwischen ihr und der Ärztin. Josefie wird sofort entlassen und verlässt allein die KJP.

Im Anschluss daran kommt sie gar nicht mehr nach Hause und die Pflegemutter begibt sich immer wieder auf die Suche nach ihr. Sie weiß, dass sich Josefie sehr häufig auf einem Platz gemeinsam mit anderen jugendlichen Obdachlosen aufhält und nimmt regelmäßig Kontakt zu den dort aktiven Streetworkern auf, die sie über die dortigen Strukturen aufklären und von denen sie sich gut verstanden fühlt. Die Pflegeeltern melden Josefie regelmäßig als vermisst. Josefie wird beim Ladendiebstahl erwischt und die Bundespolizei nimmt Kontakt zu den Pflegeeltern auf.

In dieser Zeit ist die Partnerschaft der Pflegeeltern belastet und beide Eheleute sehr erschöpft. Josefie steht im Mittelpunkt aller Aktivitäten und es bleibt keine Zeit mehr für die Pflege der Partnerschaft. Teilweise kommt es zu unterschiedlichen Einschätzungen über die notwendigen nächsten Schritte, aber insgesamt kommt es immer wieder zu einer tragfähigen Balance zwischen Tina und Rainer Adams.

Die Sicht der Freundin

Sabine sieht in dem Ausbruch von Josefie vor allem deren Versuch, aus der „perfekten Welt" der Pflegefamilie auszubrechen:

> „Meine Theorie ist, dass es ihr zu viel heile Welt war und das macht die öfters, wenn alles zu perfekt ist, dann bricht die aus, macht die total das Chaos … ‚Es ist mir zu perfekt, ich will jetzt auf der Straße leben in Armut'."

Sabine beobachtet die äußerlichen Veränderungen von Josefie („Undercut und komplett schwarze Klamotten"), deren zunehmenden Drogen- und Alkoholkonsum und das Einlassen auf ständig wechselnde „Typen" mit wachsender Skepsis. Die meisten Freundesbeziehungen von Josefie zerbrechen in dieser Zeit, Sabine aber hält den Kontakt und Josefie sucht mehrfach bei ihr Zuflucht. Sabine hat selbst massive Konflikte in ihrer Herkunftsfamilie und lebt auf ihren eigenen Wunsch hin in einer Heimgruppe. In der Vergangenheit verbrachte sie viel Zeit bei der Pflegefamilie und schätzt Josefies Pflegeeltern, die sie auch mehrfach mit in den Urlaub genommen haben, sehr.

3.6   Tod von Josefies Vater

Während Josefies Aufenthalt auf dem Platz stirbt ihr Vater an einer Überdosis. Er war bis zu seinem Tod drogenabhängig und hat zuletzt ohne festen Wohnsitz gelebt. Josefie erfährt von seinem Tod von der fallzuständigen Fachkraft des ASD, die ihr – in Anwesenheit der Pflegeeltern – anbietet, ihren Vater, den sie nie kennengelernt hat, nun aufgebahrt sehen zu können. Josefie lehnt dies ab.

Josefies Sicht

> „Mein leiblicher Vater, zu dem hatte ich nie Kontakt, der hat sich auch nie gemeldet und 2011 ist der, mein ich, dann auch gestorben."

Die Sicht der Pflegemutter

„Das war sehr drastisch und ein Einschnitt für Josefie, also sie hat ihn nie besucht, also auch hinterher nicht am Grab."

Die Sicht der Freundin

Sabine gegenüber spricht Josefie immer wieder von „Hass" gegenüber ihrem Vater, dem sie vorwirft, sie nie besucht zu haben, auch nicht in den sechs Jahren, in denen er noch mit ihrer Mutter zusammen gelebt hat. Sabine geht davon aus, dass sich der Vater bewusst eine Überdosis verabreicht hat und sie berichtet, dass er bei seinem Tod ein Foto von seinen beiden Töchtern in der Hand gehalten habe.

3.7 Stationäre Unterbringung

Kurze Zeit nach dem Tod des Vaters soll Josefie – nach wie vor 14-jährig – auf Initiative der Pflegemutter zur Deeskalation der zugespitzten Situation in einer stationären Einrichtung der Erziehungshilfe untergebracht werden. Die aktuell zuständige ASD-Fachkraft (insgesamt kommt es hier im Pflegeverhältnis viermal zu einem Wechsel) wählt als geeignete Einrichtung eine sog. 100-Tage-Gruppe mit Clearing-Auftrag. In dieser Gruppe leben zu diesem Zeitpunkt vor allem unbegleitete minderjährige Geflüchtete. Die Pflegemutter sieht die Entscheidung für diese Einrichtung als eine Fehlplatzierung an. Josefie fühlt sich in der Wohngruppe nicht wohl, läuft immer wieder weg und verlässt nach kurzer Zeit die Einrichtung, um wieder auf der Straße zu leben.

Auf erneute Initiative der Pflegemutter wird eine Verfahrenspflegerin eingesetzt, die einen richterlichen Beschluss für die Einweisung Josefies in eine sog. fakultativ geschlossene Einrichtung erwirkt. Die Mutter von Josefie wird von Tina Adams in den Entscheidungsprozess einbezogen und gibt als Personensorgeberechtigte ihre Zustimmung zu dieser Unterbringung. Josefie flieht zunächst für einige Wochen und wird zur Fahndung ausgeschrieben. Die Polizei sucht sie. Eines Nachts wird sie aufgegriffen und in der Einrichtung aufgenommen.

Josefies Sicht

Während ihrer „Flucht" verbringt Josefie die letzten Tage bei ihrem Onkel, zu dem sie, seit sie in der Familie Adam lebt, regelmäßigen Kontakt hat. Nach einigen Tagen nimmt der Onkel Kontakt zu ihren Pflegeeltern, die er sehr schätzt, auf und Josefie wird mit der Polizei wieder ins Heim gebracht.

Dort wird sie zunächst isoliert in einem abgetrennten Bereich mit vergitterten Fenstern untergebracht. Kurze Zeit später lernt sie dann die anderen dort lebenden Jugendlichen kennen und erlebt das als belastend:

„Und die anderen sind da immer eigentlich nur auf den Sack gegangen, wir hatten nen total aggressiven Jungen da, … der halt einfach um sich geprügelt hat und ein Mädchen, das den ganzen Tag nur geschrien hat. Man ist wirklich bekloppt geworden, da drin."

In der Folgezeit erleidet sie dort zwei „Nervenzusammenbrüche", nach denen sie jeweils aus der Einrichtung flieht und von der Polizei zurückgebracht wird.

Josefie hat den Eindruck, dass die polizeiliche Suche eine weitere Stufe in der von ihr erfahrenen jahrelangen Kontrolle durch die sozialen Dienste darstellt:

„Ich hatte schon früh das Gefühl, irgendwie die Kontrolle zu verlieren über mein Leben und über alles mit den ganzen Kontrollen vom Jugendamt." – „Und ich hab mich so in diesem ganzen Kontrollsystem, so hab ich's halt empfunden, gefangen gefühlt, dass ich so meine Flucht versucht hab und als es dann irgendwann auch wieder anfing, natürlich, dass mich die Polizei gesucht hat, dass mich jeder gesucht hat, hab ich mich noch mehr in die Enge getrieben gefühlt und hab da einfach meinen Weg nicht rausgefunden."

Auch in dieser Zeit kooperieren die leibliche Mutter und die Pflegeeltern gut miteinander; Josefie resümiert im Rückblick:

„Die haben sich gut verstanden, ich glaub einfach auch, weil die das gleiche Ziel immer hatten: die wollten immer, dass es mir gut geht. Und da bin auch ganz froh drum, dass es so war."

Die Sicht der Pflegemutter

Während der Suche nach Josefie ist die Kooperation zwischen Pflegemutter und Polizei zunächst gut; die Pflegemutter wird gebeten, sich stets zu melden, wenn sie etwas über Josefies Aufenthaltsort erfährt. Nach vielen Telefonaten verschlechtert sich die Kommunikation und es kommt zu Schuldzuweisungen durch die Polizei. Der Pflegevater legt eine Dienstaufsichtsbeschwerde ein.

Als Josefie aufgegriffen und in die Einrichtung gebracht wird, fahren die Pflegeeltern sofort dorthin und erklären Josefie, dass die Unterbringung ihrem Schutz und der Stabilisierung der Situation dienen soll und sie perspektivisch wieder mit ihr zusammen leben wollen.

Josefie läuft immer wieder – unter geschickt vorgebrachten Vorwänden – aus der Einrichtung fort. Zeitweise besucht sie ihre Pflegeeltern, die ihr deutlich machen, dass sie sie zurückbringen müssen, da sonst nach ihr gefahndet wird. Daraufhin meldet sich Josefie mehrere Wochen nicht mehr in der Pflegefamilie und die Pflegeeltern wissen nicht, wo sie sich aufhält; die Pflegemutter ist dadurch sehr belastet und hat manchmal Sorge, dass Josefie nicht mehr lebe.

Die Pflegeeltern erhalten – ohne entsprechenden Bescheid – kein Pflegegeld mehr und werden nicht mehr als Pflegeeltern geführt. Die Pflegeeltern schalten die Amtsleitung ein, diese macht die Entscheidung rückgängig.

Große Unterstützung erfährt die Pflegemutter durch ihre Familie, ihre Nachbarn und ihren Freundeskreis. Auch der Pflegeelternkreis, dem sie angehört, stützt sie in dieser Phase. In dieser Zeit beginnt Tina Adam eine systemische Beratungsausbildung und nutzt ihre Ausbildungsgruppe als weitere Ressource.

Die Sicht der Freundin

Auch während der Zeit, in der Josefie in der sog. fakultativ geschlossenen Wohngruppe lebt, hat Sabine Kontakt zu ihr. In dieser Zeit klagt Josefie, dass ihre Pflegeeltern sie „abgeschoben" und – so wie ihre leiblichen Eltern – „im Stich gelassen" hätten; diese Perspektive lehnt Sabine ab und setzt sich kritisch mit Josefie über deren eigene Verantwortlichkeit auseinander.

3.8   Rückkehr in die Pflegefamilie

Eines Nachts im März 2012 verlässt Josefie nach ca. 4 Monaten die Einrichtung und kehrt in die Pflegefamilie zurück. Sie bittet darum, wieder aufgenommen zu werden und dauerhaft in der Familie bleiben zu dürfen. Der Pflegevater ist allein zu Hause und entscheidet nach Rücksprache mit seiner Frau, Josefie trotz des richterlichen Beschlusses nicht in die Einrichtung zurückzubringen.

Nach zahlreichen Gesprächen der Pflegeeltern stimmt die Verfahrenspflegerin dem Vorgehen zu und der richterliche Beschluss wird in der Folge aufgehoben. Josefie setzt ihre – zwischenzeitlich abgebrochene – Therapie fort.

Zwei Wochen nach der Rückkehr Josefies wird sie in ihrer vorherigen Schule wieder aufgenommen und ihre Klassenlehrerin setzt sich erfolgreich dafür ein, dass sie trotz der langen Abwesenheit aus pädagogischen Gründen in ihre alte Klasse (Klasse 9) versetzt wird. Sollte Josefie den Anschluss an die Leistungsanforderungen nicht erfüllen, wird das Risiko in Kauf genommen, dass sie dann die Klasse wiederholen muss.

Eine SPFH[7] im Umfang von 20 Wochenstunden wird eingesetzt. Ziele sind die gemeinsame Entwicklung von Regeln und Tagesstruktur für Josefie. Eine Fachkraft arbeitet mit Josefie, eine weitere mit den Pflegeltern. Diese wird von der Pflegemutter nicht akzeptiert: „Die wurde aus meiner Sicht immer grenzüberschreitender und verletzender und irgendwann hab ich die rausgeschmis-

---

7   Sozialpädagogische Familienhilfe. Ähnlich der Sozialpädagogischen Familienbegleitung in der Schweiz.

sen." Der Träger entsendet eine andere Fachkraft, mit der die Kooperation gelingt. Die ambulante Hilfe trägt aus der Sicht der Beteiligten in hohem Maße zur Restabilisierung der Familiensituation bei.

Im Zuge der Rückkehr bittet Josefie ihre Mutter erneut, sie zur Adoption freizugeben; die Mutter lehnt dies weiterhin ab, stimmt aber der Namensänderung zu und Josefie nimmt im Alter von 15 Jahren den Nachnamen ihrer Pflegeeltern an.

Josefies Sicht

Kurz vor der selbst initiierten Rückkehr Josefies in die Pflegefamilie wächst ihre Zuversicht, dass es für ein gemeinsames Leben mit den Pflegeeltern doch noch eine ausreichende Basis gebe:

> „Da kam dieser Klick-Moment für mich, so ,hey, deine Eltern lieben dich, du kriegst das irgendwie hin' – dann bin ich mitten in der Nach bin ich nach Hause gefahren und hab meinen Eltern alles erzählt."

Nach der Rückkehr versucht Josefie aktiv, ihre Erfahrungen zu verarbeiten und an ihr vorheriges Leben in der Pflegefamilie, in der Schule und ihrem alten Freundeskreis wieder anzuknüpfen:

> „Ich hab versucht, irgendwie wieder ins Schulleben zu kommen und viel Zeit mit meinen Eltern verbracht und das hat dann wieder über ein Jahr gedauert und dann haben wir's letztendlich auch geschafft also."

Als wichtige Unterstützung in diesem Prozess erlebt Josefie die SPFH, die sie und ihre Pflegeeltern von zwei unterschiedlichen Fachkräften, Renate und Andi, erhalten:

> „Und dann war's so, dass ich mich anfangs zweimal die Woche mit Renate auch außerhalb getroffen hab, dann ist Andi zwei Mal die Woche nach Hause … und alle zwei Wochen hatten wir dann einen Termin zu viert. … Und das hat uns dann so geholfen, wieder zusammenzufinden."

Die Sicht der Pflegemutter

In der Nacht, in der Josefie plötzlich im Haus der Pflegeeltern auftaucht, überzeugt sie ihren allein anwesenden Pflegevater schnell davon, dass sie ernsthaft zurückkehren will. Tina Adam erinnert sich sinngemäß an folgende Aussage Josefies:

> „Ich wollte doch immer zu euch zurückkommen, ich hab mich nur nicht getraut. Papa, bitte bring mich nicht weg, ich möchte doch hier bleiben."

Die Pflegeeltern entscheiden gemeinsam, dass Josefie jetzt wieder bei ihnen leben soll und leiten alle notwendigen rechtlichen Schritte ein. Josefie wünscht sich erneut die Adoption. Der Pflegevater ist sofort zur Adoption bereit, die Pflegemutter ist zunächst ambivalent:

> „Das ist weiterhin mein Wunsch und ich kann das aber eben im Moment nicht, das geht nicht. Ich will, ich kann das aber nicht."

Josefies Mutter lehnt zu diesem Zeitpunkt die Adoption weiterhin ab.

In der ersten Zeit nach der Rückkehr lebt Josefie ohne Tagesstruktur und es fällt ihr schwer, sich wieder an die Rituale und Regeln der Pflegefamilie anzupassen. Hier werden die beiden Fachkräfte der SPFH als sehr stützend wahrgenommen.

Die Sicht der Freundin

Auch aus Sabines Sicht tut sich Josefie schwer damit, wieder in den familiären Alltag zurückzufinden. Sie verweigert sich, sich am Haushalt zu beteiligen, sich an Zeiten zu halten und beginnt erneut, Drogen zu konsumieren und viel Zeit außerhalb der Pflegefamilie zu verbringen.

Sabine und Josefie sind sich einig, dass die Fachkräfte im Jugendamt nicht vertrauenswürdig sind, anders beurteilt Sabine die ambulante Helferin, die auch äußerlich eher Zugang zu Josefie und ihrer „Szene" findet. Sabine vermutet, dass Josefie auch von den Lebensgeschichten der anderen Jugendlichen, die sie auf dem Platz und in den Einrichtungen kennengelernt hat, profitiert hat und ihre eigene Lebenssituation auf diesem Hintergrund anders reflektieren konnte:

> „Und Josie hat halt immer die Option ‚Du kannst nach Hause kommen'."

In der belastenden Anfangsphase nach der Rückkehr übernimmt Sabine eine vermittelnde Rolle zwischen Josefie und ihren Pflegeeltern und unterstützt den Annäherungsprozess:

> „Dann hab ich halt gesagt: ‚Komm, Josie. Deine Eltern haben so viel für dich getan, was hast du alles gegen deine Eltern gemacht. Komm, mach doch einfach. Ich penn' hier, morgen frühe gehen wir Brötchen holen'. ... Das haben wir dann so gemacht, ihre Eltern haben sich tierisch darüber gefreut."

3.9 Restabilisierung

Josefie findet schnell Anschluss an den Leistungsstand ihrer alten Klasse und wird zum Abschluss des Schuljahres in die nächste Klasse versetzt. Sie ist eine sehr gute Schülerin.

Nach einer kurzen Phase, in der Josefie erneut Drogen nimmt und viel unterwegs ist, stellt sie ihren Drogenkonsum völlig ein und unternimmt wieder viele Aktivitäten mit ihren Pflegeeltern und ihren Freundinnen und Freunden, auch aus dem Wohnprojekt.

Josefie trifft sich – jenseits der Hilfeplangespräche – ein letztes Mal mit ihrer Mutter und versucht erneut, sie dazu zu bewegen, der Adoption zuzustimmen. Im Alter von 16 Jahren beendet Josefie die Therapie und hat nach eigenen Aussagen ihre Depression überwunden. „Seitdem läuft auch alles ganz normal."

3.10 Josefie wird adoptiert

2013 gibt Josefies Mutter ihre Tochter zur Adoption frei und Josefie wird im darauffolgenden Jahr im Alter von 17 Jahren von ihren Pflegeeltern adoptiert. Es kommt zu einem Adoptionsfest, an dem die Familie der Pflegeeltern, Josefies Opa und ihr Onkel, die Nachbarn und Freundinnen und Freunde teilnehmen.

Über die Teilnahme der Mutter und der Schwester an diesem Fest gibt es sich widersprechende Aussagen von Josefie und Tina Adam: Während laut Josefie die beiden auch teilgenommen haben, erinnert sich die Pflegemutter daran, dass Josefie ihre Mutter und Schwester ausdrücklich nicht dabei haben wollte und sie diesen Wunsch schweren Herzens akzeptiert habe.

Nach der Adoption besteht zum Zeitpunkt des Interviews (2015, Josefie ist mittlerweile 18 Jahre alt) zwischen Josefie und ihrer Mutter sowie der Schwester kein Kontakt mehr. Im Gegensatz zu früher lässt Josefie immer mehr körperliche Nähe zu ihren Pflegeeltern, insbesondere zu ihrer Pflegemutter, zu.

Die 18-jährige Josefie plant in Kürze ihr Abitur zu machen und danach auszuziehen, um in der Nähe der Pflegeeltern mit ihrem Freund zu leben.

4. Überlegungen zum Fall

Die vorgestellte Fallgeschichte bietet ein Beispiel dafür, wie komplex und von einer rasanten Dynamik gekennzeichnet Abbruchfälle häufig sind. Sie zeigt auf, wie die unterschiedlichen Beteiligten ihre jeweils eigene Interpretation der Geschichte vornehmen, die sich auch in objektiven Details von den Wahrnehmungen der Geschichte der jeweils anderen unterscheiden, ja ihr sogar widersprechen kann. Einige Situationen, z. B. die (Nicht-)Anwesenheit der leiblichen

Mutter bei der Adoptionsfeier, werden von den verschiedenen Befragten unterschiedlich erinnert. Es ist davon auszugehen, dass die Erinnerung jeweils eine spezifische Funktion hat, so könnte beispielsweise Josefies Erinnerung an die Anwesenheit der leiblichen Mutter darauf hindeuten, dass das Einverständnis der Mutter zur Adoption für Josefie wesentlich ist, auch um sich auf die Pflegefamilie, die nun zur Adoptivfamilie geworden ist, vollständig einlassen zu können.

Deutlich wird in der Fallgeschichte auch, welche Themen für die Jugendliche bedeutsam sind. So geht es um Fragen der (unbedingten) Zugehörigkeit, um die komplexe Auseinandersetzung mit den verschiedenen Mitgliedern der leiblichen Familie sowie den Wunsch nach Autonomie.

Aus der Perspektive der Pflegemutter zeigt sich deren Ringen zwischen dem eigenen professionellen Anspruch und dem (Pflege-)Mutter-Sein-Wollen, die Rollenkonflikte zwischen der Mutterrolle und der professionellen Rolle in der Auseinandersetzung mit den Fachkräften der Pflegekinderhilfe, die Bewältigung verschiedener Lebensereignisse, die sich intensiv auf das Pflegeverhältnis und die eigene Rolle ausgewirkt haben (Erkrankung des Pflegevaters, Wiederaufnahme der Berufstätigkeit, Todesfälle in der eigenen Familie) und dem Ringen um Handlungsfähigkeit in den Strukturen der Kinder- und Jugendhilfe sowie an der Schnittstelle zur Psychiatrie. Es zeigt sich aber auch das Durchhaltevermögen, die Geduld, die auch als Kampf um und für das Pflegekind gedeutet werden können – und gleichzeitig die eigene ambivalente Haltung zur Frage der Adoption.

Die Perspektive der Freundin veranschaulicht auf der Peer-Ebene die Auseinandersetzung mit Josefies Weg, und ihrer Situation mit und zwischen zwei Familien. Interessant ist, dass die Freundin zwar durchweg mit Josefie in Kontakt ist, aber nicht ihre Perspektive einnimmt, sondern Deutungen entwickelt, die sie als kritische Begleiterin erscheinen lassen. Die Tatsache, dass die Freundin selbst eine schwierige Familiensituation erlebt und zeitweilig im Heim aufwächst, kann als Hintergrund für die durchweg positive Deutung der Pflegefamilie verstanden werden.

Last but not least ermöglicht die Fallgeschichte einen Blick auf die Wahrnehmungen und Deutungen von Josefie und ihrer Pflegemutter hinsichtlich der Interventionen der unterschiedlichen beteiligten professionellen Akteure. Josefie deutet die Aktivitäten des Jugendamtes als überflüssige Störung und unangemessenen Eingriff in ihr Leben in der Pflegefamilie und äußert im weiteren Verlauf, als sie polizeilich gesucht wird, Sorge vor dem kompletten Kontrollverlust. Sie nimmt eine kritische Perspektive ein auf die anderen Jugendlichen in der Wohngruppe und beschließt, die Hilfe eigenständig abzubrechen.

Die Pflegemutter, selbst Fachkraft in der Erziehungshilfe, zeigt an vielen Stellen der Fallgeschichte Eigeninitiative und hinterfragt immer wieder die Entscheidungen der Sozialen Dienste. An mehreren Punkten kommt es aus ihrer

Sicht zu Missverständnissen zwischen ihr und den professionellen Akteuren (z. B. der Kinder- und Jugendpsychiatrie, der Polizei, des Pflegekinderdienstes) bezüglich ihres Selbstverständnisses als Pflegemutter und sie wehrt sich – erfolgreich – z. B. mit Dienstaufsichtsbeschwerden. Die Perspektive der involvierten Professionellen wurde nicht erhoben, es ist aber davon auszugehen, dass sich deren Sichtweise deutlich davon unterscheidet.

5. Wie kann eine Fallgeschichte in Aus- und Weiterbildung genutzt werden? Chancen und Grenzen

Wie kann nun ganz konkret durch den Einsatz einer Fallgeschichte wie der von Josefie eine Sensibilisierung für die Dynamik von Abbruchprozessen bei angehenden oder schon erfahrenen Fachkräften erzeugt werden? Und: welche Konsequenzen kann dieses dadurch angeregte erweiterte Fallverstehen nach sich ziehen?

Der didaktische Einsatz von multiperspektivisch aufbereiteten Fallgeschichten in der Aus- und Weiterbildung von Fachkräften erfüllt grundsätzlich mehrere Funktionen: Zunächst geht es um ein erweitertes Fallverstehen durch die Rekonstruktion biografischer Strategien, Muster und Ressourcen der betroffenen handelnden Akteure. Ziel davon ist, Erkenntnisse über die Selbstbilder und Selbsterklärungen der Adressaten zu gewinnen (vgl. Schrapper 2004, S. 46 ff.) und darüber deren Handlungen und Entscheidungen nachzuvollziehen. Es geht aber auch um die Vermittlung von Einblicken in die sozialpädagogische Praxis und ihre Rahmenbedingungen, um das Nachvollziehen (im wörtlichen Sinne) der jeweiligen Interventionen der Professionellen und deren (Wechsel-)Wirkungen. Hier ist die zentrale Intention die kritische Reflexion der Aktivitäten der beteiligten Sozialen Dienste, nicht um diese zu bewerten, sondern um daraus Rückschlüsse für die eigene zurückliegende oder künftige Interventionsplanung und deren Evaluation (vgl. Müller 2017, S. 98 ff.) ziehen zu können.

Grundsätzlich haben Abbruch-Fallgeschichten vor diesem Hintergrund mindestens drei Funktionen:

Fallgeschichten schaffen Betroffenheit und beteiligen die Fachkräfte: Die Soziale Arbeit hat es mit Menschen, Subjekten, Schicksalen zu tun. Wenn wir über Fälle und Abbrüche sprechen, sprechen wir genau darüber: individuelle Verläufe, individuelle Erfolgs- und oft auch Leidenswege. Die Arbeit mit der Fallgeschichte fordert Studierende wie Fachkräfte dazu heraus, sich genau dieser Arbeit zu stellen, Betroffenheit zuzulassen, auch sinnlich den Leidensdruck in den Geschichten wahrzunehmen, nachzuspüren und mitzuverfolgen. Ziel des Einlassens auf diese Auseinandersetzung mit Einzelschicksalen ist es gerade nicht, in eine Betroffenheitsrhetorik zu verfallen oder aus lauter Mitleiden gar handlungsunfähig zu werden – das wäre geradezu fatal für jedes professionelle Arbeiten. Ziel muss vielmehr sein, dass Fachkräfte sich berühren lassen, sich darüber ihrer ethischen und moralischen Verantwortung bewusstwerden, dem nachspüren können, welche Resonanzen die Fallgeschichte des Abbruchs in ihnen auslöst. Just von diesem Standpunkt aus können sie dann einen empathischen, einfühlsamen Blick auf die vorliegende Fallgeschichte genauso wie auf aktuelle Fälle aus der Praxis bekommen, der gerade nicht dazu dient, in Mitleid zu verfallen, sondern den Menschen, mit denen Soziale Arbeit es zu tun hat, mit dem gebührenden Respekt zu begegnen, auch dafür wie sie in ihren oft desolaten, schwierigen und überfordernden Lebenssituationen agieren und sie diese bewältigen.

Fallgeschichten regen Perspektivübernahmen an: Dazu gehört auch, dass Fallgeschichten dazu anregen, die jeweils verschiedenen Perspektiven eines Falles zu übernehmen. Konkret stellt sich dann die Frage: Wie wäre es mir als Pflegemutter in diesem Fall ergangen? Wie hätte ich agiert? Was hätte mich verletzt, was hätte mir geholfen, was hätte mich gefreut? Wo wäre ich gegen Wände gelaufen? Wie hätte ich als Kind, Jugendliche an Josefies Stelle agiert und reagiert? Wie muss es sich anfühlen, so zerrissen zu sein, dass man als Jugendliche einerseits nichts sehnlicher will, als zur Pflegefamilie zurückzukehren und sich dieser zugehörig fühlen, eine Rückkehr aber gleichzeitig nicht ertragen zu können?

Diese Fragen dienen nicht nur dazu, den Fall und die eigene Rolle als Fachkraft besser zu verstehen, sondern eröffnen möglicherweise auch einen Zugang zu den im Einzelfall als irritierend, verstörend oder nicht hilfreich wahrgenommenen Deutungen und Handlungen der Akteure. Daran wird dann nicht zuletzt deutlich, was von den Einzelnen im Fall eigentlich bewältigt wird und auch wie es bewältigt wird. So kann beispielsweise im Fall Josefie das gewollt professionelle Verhalten und Auftreten der Pflegemutter, mit dem sie auch Konkurrenzsituationen zu den Fachkräften produziert, als ein Versuch mit der erlebten Ohnmacht umzugehen verstanden werden. Oder es kann hinterfragt werden, ob es in diesem Fall nicht vielleicht an einigen Stellen einen Missbrauch kindlicher Partizipation und damit eine Überforderungssituation gibt, wenn Josefie noch als Kind darüber entscheidet, dass sie die leibliche Mutter nicht mehr sehen möchte und Fachkräfte genauso wie die Pflegemutter dieser Entscheidung quasi blind folgen – und selbst entlastetet sind, aber die Verantwortung für die Entscheidung beim Kind verorten. Auch kann die Komplexität des Zugehörigkeitsthemas darüber verstanden werden, Josefie will zur Pflegefamilie gehören – einerseits, andererseits findet bei allen Beteiligten ein Ringen um Zugehörigkeit statt. So wird deutlich wie belastend die Rolle eines Kindes in einer nichtleiblichen Familie in Kombination mit dem unsicheren Rechtsstatus für das innere Erleben der Menschen und zur Zerreißprobe für das gemeinsame Leben werden kann.

Fallgeschichten regen dazu an, Widerstände und Widersprüche auszulösen, zuzulassen und zu bearbeiten: Die Fallgeschichte regt aber nicht nur zur Identifikation an, sondern auch dazu, auf Widerstände zu stoßen und mit diesen zu arbeiten. Im gesamten Projekt „Abbrüche von Pflegeverhältnissen im Kindes- und Jugendalter" ist es uns immer wieder – in allen drei beteiligten Ländern – begegnet, dass Fachkräfte das Thema Abbrüche zwar für hochrelevant hielten, aber gleichzeitig darauf verwiesen, selbst nie Abbrüche zu erleben. Das steht im Widerspruch zu der in allen beteiligten Ländern als hoch eingeschätzten Abbruchquote. Der Fall Josefie ist geradezu prädestiniert dazu, Widersprüche auszulösen: Ist das überhaupt ein Abbruch? Wenn ja, was ist daran ein Abbruch? Und was macht einen Abbruch überhaupt aus? (vgl. Wolf in diesem Band). Aber auch darüber hinaus: So wie das Amt hätten wir nicht agiert, das gab es nur früher, die Fallgeschichte liegt ja schon zurück, so arbeitet heute keiner mehr, etc.

So wurde in einem Projektworkshop mit Fachkräften, in dem die Analyse des Falls Josefie im Zentrum stand, vehement in Frage gestellt, warum von den Professionellen die ersten Zeichen der aufkommenden Krise nicht wahrgenommen und darauf mit geeigneten Interventionen reagiert wurde. Nicht thematisiert wurde dagegen die Tatsache, dass die Pflegemutter selbst eine professionelle Berufskollegin ist, die ebenfalls in der Jugendhilfe tätig ist. Eine Auseinandersetzung damit hätte Fragen nach dem unsicheren und vermeidenden Umgang mit Kolleginnen und Kollegen, die zu Klientinnen und Klienten werden, ausgelöst und vielleicht (Tabu-)Themen wie Konkurrenz innerhalb der Berufsgruppe und Rollenunklarheit offen gemacht.

Wenn diese Widerstände in Ausbildungs- und Fortbildungssituationen nicht zur Seite geschoben und als irrelevant erklärt, sondern genutzt werden, um bewusst in der Gruppensituation damit zu arbeiten, dann kann sich dies als überaus fruchtbare Auseinandersetzung mit der eigenen Arbeit und den Strukturen, in denen Soziale Arbeit, Jugendhilfe und die Pflegekinderhilfe im Speziellen eingebunden ist, herausstellen. Dann wird zum Beispiel plötzlich deutlich, dass ein Abbruch nicht nur bei Pflegeeltern und Pflegekindern potenziell Scham und Versagensgefühle auslöst, sondern auch bei den Fachkräften. Und es wird möglich produktiv über heikle Themen der professionellen Sozialen Arbeit ins Gespräch zu kommen – auch darüber, was mich als gute Sozialarbeiterin ausmacht und was es bedeutet, wenn in der Bearbeitung eines Einzelfalls das Gefühl entsteht, die eigene Professionalität zu verlieren.

Soweit die grundsätzlichen Überlegungen. Wird nun der Fokus auf den potenziellen Nutzen von multiperspektivisch angelegten Fallgeschichten rund um Abbruchprozesse in Pflegefamilien gerichtet, sollen zunächst exemplarisch einige bewährte Vorgehensweisen im Umgang mit diesem Material und deren Intentionen kurz skizziert werden:

Kursteilnehmende oder Studierenden erhalten die Fallgeschichte in schriftlicher Form und bekommen nun zur Bearbeitung des Materials einen oder mehrere dieser Aufträge:

- die Geschichte in einzelne Sequenzen (z. B. orientiert an relevanten Ereignissen, Wendepunkten, kritischen Lebensereignissen) zu unterteilen, um mögliche Wechselwirkungen von Ereignissen und bedeutsame Tempoveränderungen zu erfassen;
- mit Hilfe eines Zeitstrahls die Fallentwicklung aus den unterschiedlichen Perspektiven nachzuzeichnen, um die zeitliche Dynamik des Falles und das jeweilige Selbstbild der handelnden Akteure nachvollziehen zu können;
- Durchführung einer kollegialen Fallwerkstatt, bei der sich einzelne Teilnehmende mit den im Fall beteiligten Personen stellvertretend identifizieren, um auf diese Weise die unterschiedlichen Perspektiven und deren Verflechtungen herauszuarbeiten. Ziel ist hier die Re-Inszenierung der Dynamik eines Falles zur Unterstützung eines distanzierten Deutungsprozesses (vgl. Schrapper 2004, S. 46 ff.);
- eine Chronologie der Familien-, Pflegefamilien- und Helfergeschichte zwecks Bewusstmachung der Deutungsmuster der Professionellen und der Wechselwirkungen zwischen Helfer- und Klientensystem (vgl. Schrapper 2004, S. 46 ff.) herauszuarbeiten;
- Widersprüche zwischen den Perspektiven der verschiedenen Akteure zu identifizieren und Deutungen zu entwickeln, welche Funktion die Widersprüche für die Akteurinnen und Akteure haben und was sie für die gesamte Fallgeschichte bedeuten. Die vorgestellte Fallgeschichte präsentiert sich überwiegend auffällig widerspruchsfrei. Oft sind in den Geschichten von Abbrüchen aber frappierende Widersprüche enthalten, die auch Hinweise auf die Gesamtdynamik geben;
- eine Analyse der potenziell veränderten Belastungen und Ressourcen vorzunehmen, um die Falldynamik in den Kontext der oben beschriebenen herzustellenden Balance von Belastungen und erforderlichen Ressourcen (vgl. Wolf 2012, S. 51) setzen zu können;
- die Aktivitäten und Interventionen der Sozialen Dienste und ggf. der Justiz zusammenzufassen, um eine Analyse deren Einflussnahme auf den Fallverlauf vornehmen zu können.

All diese Analyseschritte sind unserer Erfahrung nach geeignet, die differenzierte Wahrnehmung der angehenden oder bereits erfahrenen Fachkräfte systematisch zu schärfen und z. B. Signale, die auf deutliche Veränderungen, eskalierende Konflikte oder Krisen in Pflegeverhältnissen hindeuten, herauszufiltern. Die möglichst frühzeitige Erkennung solcher Zuspitzungen ist Voraussetzung für eine zeitnahe begründete Interventionsplanung unter Einbeziehung aller

Beteiligten und im Idealfall geeignet, den Abbruch eines Pflegeverhältnisses zu verhindern.

Allerdings ist davon auszugehen, dass der Einsatz von Fallgeschichten in den Kontexten von Ausbildung und Fort- und Weiterbildung differenziert betrachtet werden muss.

Im Ausbildungskontext dienen die damit einhergehenden Auseinandersetzungen mit der „Mehrdeutigkeit und Komplexität von Problemkonstellationen" (Ader 2006, S. 43) vor allem der Entwicklung eines erweiterten Fallverständnisses.

Bereits in der Pflegekinderhilfe tätige Fachkräfte, die an diesen Fallgeschichten im Rahmen von Fort- oder Weiterbildung arbeiten, können die so gewonnenen Erkenntnisse unmittelbar in ihre Praxis transferieren: Sie können mit Hilfe ihrer geschärften Wahrnehmung auf Dynamiken im Beziehungsgeflecht von Pflegefamilien oder auf zeitliche Tempoveränderungen ein Frühwarnsystem entwickeln, das ihnen als Basis für ihre nächsten geplanten fachlichen und zeitlichen Handlungsoptionen dient. Sie können die differenzierte Betrachtung der Geschichten der unterschiedlichen Beteiligten nutzen, um sich der jeweiligen Deutungen bewusst zu werden und darüber die möglichen (Wechsel-)Wirkungen von Interventionen einzuschätzen. Sie haben die Möglichkeit, durch einen systematischen Abgleich von veränderten Belastungen und vorhandenen Ressourcen gezielt Pläne für die Bereitstellung notwendiger Unterstützungsleistungen, Entlastungen etc. zu machen.

Am Ende dieser Überlegungen steht das klare Plädoyer für den Einsatz von Fallgeschichten rund um Abbrüche in Pflegeverhältnissen in unterschiedlichen Lernkontexten, um auf diese Weise Fachkräfte für die komplexen Prozesse zu sensibilisieren und zu befähigen, die Gestaltungsräume der Sozialen Arbeit möglichst professionell zu nutzen.

Literatur

Ader, S. (2006): Was leitet den Blick? Wahrnehmung, Deutung und Intervention in der Jugendhilfe. Weinheim/München: Juventa.

Baacke, D./Schulze, T. (1993): Aus Geschichten lernen. Weinheim/München: Juventa.

Braun, A./Graßhoff, G./Schweppe, C. (2011): Sozialpädagogische Fallarbeit. München: Ernst Reinhardt GmbH und Co KG Verlag.

Fischer, W./Goblirsch, M. (2004): Konzept und Praxis der narrativ-biografischen Diagnostik. In: Schrapper, Ch. (Hrsg.): Sozialpädagogische Diagnostik und Fallverstehen in der Jugendhilfe. Anforderungen, Konzepte, Perspektiven. Weinheim/München: Juventa, S. 49–59.

Heiner, M./Schrapper, Ch. (2004): Diagnostisches Fallverstehen in der Sozialen Arbeit. Ein Rahmenkonzept. In: Schrapper, Ch. (Hrsg.) (2004): Sozialpädagogische Diagnostik und Fallverstehen in der Jugendhilfe. Anforderungen, Konzepte, Perspektiven. Weinheim/München: Juventa.

Müller, B. (2017): Sozialpädagogisches Können. Ein Lehrbuch zur multiperspektivischen Fallarbeit. 8., aktualisierte und erweiterte Auflage. Freiburg im Breisgau: Lambertus Verlag.

Niemeyer, Ch. (2015): Sozialpädagogisches Verstehen. Eine Einführung in ein Schlüsselproblem Sozialer Arbeit. Weinheim/Basel: Beltz Juventa.

Reimer, D. (2017): Normalitätskonstruktionen in Biografien ehemaliger Pflegekinder. Weinheim/Basel: Beltz Juventa.

Schrapper, Ch. (2004): Sozialpädagogische Diagnostik zwischen Durchblick und Verständigung. In: Heiner, M. (Hrsg.): Diagnostik und Diagnosen in der Sozialen Arbeit. Ein Handbuch. Berlin: Eigenverl. des Dt. Vereins für Öffentliche und Private Fürsorge, S. 40–55.

Thiersch, H. (1984): Verstehen oder kolonialisieren? Verstehen als Widerstand. In: Müller, S./Otto, H.-U. (Hrsg.): Verstehen oder Kolonialisieren? Grundproblem sozialpädagogischen Handelns und Forschens. Bielefeld: Kleine, S. 19–36.

Völzke, R. (1997): Biografisches Erzählen im beruflichen Alltag. Das sozialpädagogische Konzept der biographisch-narrativen Gesprächsführung. In: Jakob, G., Wensierski, H.-J. (Hrsg.): Rekonstruktive Sozialpädagogik. Konzepte und Methoden sozialpädagogischen Verstehens in Forschung und Praxis. Weinheim/München: Juventa, S. 271–286.

Wolf, K. (2003): Sozialpädagogische Interventionen. In: Lauermann, K. (Hrsg.): Sozialpädagogik in Österreich. Perspektiven in Theorie und Praxis. Klagenfurt/Celovec: Mohorjeva/Hermagoras (Studien zur Sozialpädagogik, 3), S. 92–105.

Wolf, K. (2006): Wie wirken pädagogische Interventionen? In: Jugendhilfe Heft 6, S. 294–301.

Wolf, K. (2007): Die Belastungs-Ressourcen-Balance. In: Kruse, E./Tegeler, E. (Hrsg.): Weibliche und männliche Entwürfe des Sozialen. Opladen: Verlag Barbara Budrich, S. 281–292.

Wolf, K. (2012): Sozialpädagogische Interventionen in Familien. Weinheim/Basel: Beltz Juventa.

Abbrüche von Pflegeverhältnissen in der Schweiz – ausgewählte Befunde einer Aktenanalyse

Renate Stohler, Bujare Ibrahimi und Thomas Gabriel

1. Einleitung

Ein Blick in die internationale Literatur verweist darauf, dass zwischen 20 bis 50 % der Pflegeverhältnisse abbrechen oder – neutraler formuliert – vorzeitig und nicht plangemäss beendet werden (vgl. Christiansen/Havik/Anderssen 2010; Oosterman et al. 2007; Rock et al. 2015). Wie häufig Abbrüche in der Schweiz vorkommen und was mögliche Ursachen dafür sind, ist nicht bekannt. Dies, weil auf nationaler Ebene keine Jugendhilfestatistik existiert (vgl. Gabriel/ Stohler in diesem Band) und bislang auch keine umfangreichen wissenschaftlichen Untersuchungen auf nationaler Ebene zum Thema durchgeführt wurden. Vor diesem Hintergrund wurde zwischen 2014 und 2017 das internationale Forschungsprojekt[1] „Unerwartete Abbrüche von Pflegeverhältnissen im Kindes- und Jugendalter" realisiert. Im Rahmen der Schweizer Teilstudie wurden Interviews mit Pflegeeltern und Pflegekindern sowie eine Aktenanalyse durchgeführt.

Bisherige quantitative Studien zu Abbrüchen von Pflegeverhältnissen aus anderen Ländern basieren häufig auf Informationen aus Akten von Pflegekindern. Mittels statistischer Verfahren werden Faktoren ermittelt, die in Zusammenhang mit Abbrüchen stehen. Diese werden bei unterschiedlichen Akteuren verortet – primär beim Pflegekind selber, bei der Herkunftsfamilie des Pflegekindes, den Pflegeeltern und seltener auch bei der Pflegekinderhilfe (vgl. z.B. Konijn et al. 2018; Rock et al. 2015; von Santen 2013). Die Befunde dieser Studien liefern wichtige Hinweise auf mögliche Risikofaktoren. Abbrüche haben jedoch selten nur eine Ursache, sondern sind das Ergebnis des Zusammenwirkens von verschiedenen interdependenten Faktoren (vgl. Wolf in diesem Band). Wie die verschiedenen Faktoren zusammenwirken, konnte bislang in quantitativen Studien noch nicht ermittelt werden (vgl. van Santen 2017). Weiter repräsentieren die Resultate dieser Studien primär die Perspektive der Fachpersonen,

---

1 Die Studie wurde von 2014 bis 2017 von der ZHAW Soziale Arbeit, der Universität Siegen und der Universität London realisiert. Es wurden in allen drei Ländern Daten erhoben. Die Studie wurde von der Jacobs Foundation finanziert.

die die Akten führen, während die Perspektive der Betroffenen fehlt (vgl. Bombach/Gabriel/Stohler 2018; Rostill-Brookes et al. 2011; Unrau 2007). Anders als in den erwähnten Studien ging es bei der im Rahmen des Projekts durchgeführten Aktenanalyse nicht darum, probabilistisch Faktoren zu identifizieren, die das Risiko für Abbrüche erhöhen oder mindern. Vielmehr war es Ziel, eine erste Datenbasis zu Abbrüchen von Pflegeverhältnissen in der Schweiz aufzubauen und Einsicht in die Zusammenhänge zwischen Einflussfaktoren im Prozess zu gewinnen. Im folgenden Artikel werden ausgewählte Ergebnisse der durchgeführten Aktenanalyse vorgestellt und darauf aufbauend Anregungen für die Pflegekinderhilfe skizziert.

Im Anschluss an die Einleitung wird das Thema Aktenführung in der Sozialen Arbeit und in der schweizerischen Pflegekinderhilfe thematisiert. Im folgenden empirischen Teil werden der Feldzugang, die Entwicklung des Erhebungsinstruments, die Datenaufbereitung und -auswertung sowie ausgewählte Ergebnisse präsentiert. Der Artikel schliesst mit einem Fazit und Anregungen für die Pflegekinderhilfe ab.

2. Akten – Grundlage für Entscheidungen und Legitimation von Interventionen der Sozialen Arbeit

Aktenführung und Berichterstattung gehören zu den Aufgaben von Sozialarbeitenden. Akten und Berichte werden in der Regel im Auftrag von Behörden oder Organisationen erstellt und haben unterschiedliche Funktionen. Einerseits dient eine professionelle Aktenführung als Grundlage für das Formulieren von Zielen sowie für das Treffen von Entscheidungen mit oder für Klientinnen und Klienten sowie für die Evaluation und Reflexion der eigenen Arbeit (vgl. Weger 2016, S. 26). Auf Ebene der Organisation bilden Akten die Grundlage für die Erstellung von internen Statistiken (Monitoring und die Qualitätssicherung). Weiter dienen Akten als Grundlage für das Verfassen von Berichten, Anträgen oder Beschwerden gegenüber Behörden oder externen Adressaten (vgl. Gibson/Samuels/Pryce 2018; Weger 2016, S. 26). Zudem stützt sich auch die Forschung auf die Analyse von Akten.

In Akten und Berichten wird die Lebenssituation von Klientinnen und Klienten dargestellt und bewertet – vielfach auch ohne ihre Zustimmung (vgl. Weger 2016, S. 27) –, und sie sind Grundlage für Entscheidungen. Es ist daher wichtig, dass der Sachverhalt verständlich formuliert, erklärt und bewertet wird und klar zwischen Fakten und möglichen Interpretationen oder Bewertungen unterschieden wird. Gleichzeitig muss ersichtlich werden, auf welchen zentralen sozialarbeiterischen Grundwerten die Empfehlungen basieren, wie diese durch spezifisches Fach- und Erklärungswissen der Sozialen Arbeit fachlich begründet werden und welche Wirkung mit ihnen erzielt werden könnte (vgl.

Weger 2016, S. 27). Dies zumindest ist der Anspruch. Im Rahmen der Aktenführung gilt es demzufolge zu klären, welche Informationen von Relevanz sind
und erhoben werden sowie in welchem Sprachstil und mit welchen Begriffen
diese Informationen zu verfassen sind. Trotz der hohen skizzierten Bedeutung
von Akten verweisen verschiedene Autoren darauf, dass Dokumentation und
Aktenführung nicht zu den favorisierten Tätigkeiten von Sozialarbeitenden gehören und oft auch in der Ausbildung keinen grossen Stellenwert haben (vgl.
Gibson/Samuels/Pryce 2018; Ley/Seelmeyer 2014, S. 51).

Aktenführung in der schweizerischen Pflegekinderhilfe

In der Verordnung über die Aufnahme von Pflegekindern (PAVO) (2020) finden sich bezüglich Aktenführung folgende Vorgaben. Gemäss Artikel 21 der
PAVO führt die Behörde Akten über die in Pflegefamilien platzierten Kinder,
wobei folgende Angaben erfasst werden müssen: „Personalien des Kindes- und
der Pflegeeltern, Beginn und Ende des Pflegeverhältnisses, Ergebnisse der Besuche und allfällige Massnahmen". Artikel 20d verpflichtet zudem die Dienst-
leistungsanbieter in der Familienpflege (DAF) „Verzeichnisse" zu führen. Erfasst
werden müssen Personalien des Kindes, der Pflegeeltern und der leiblichen Eltern sowie die für die Platzierung relevanten Daten (Beginn, ggf. Umplatzierung, Beendigung). Begleiten die DAF Pflegeverhältnisse, so sind sie gemäss
Artikel 20d, Absatz 3 (PAVO) zu einer ausführlicheren Dokumentation verpflichtet (z.B. über ärztliche Diagnosen und Anordnungen, die das Pflegekind
oder dessen Betreuung betreffen, über besondere Vorkommnisse sowie über
wichtige Entscheidungen und die Meinung des Pflegekindes dazu). Den Kantonen steht es frei, im jeweiligen kantonalen Recht, weitere Daten zu erheben.

3.   Feldphase, Analyse und Ergebnisse

Im Rahmen des internationalen Forschungsprojekts „Unerwartete Abbrüche
von Pflegeverhältnissen im Kinder- und Jugendalter" wurde in der Schweizer
Teilstudie auch eine Aktenanalyse durchgeführt mit dem Ziel, eine erste Datengrundlage zu Abbrüchen von Pflegeverhältnissen zu erstellen. Insgesamt wurden 76 dokumentierte Abbrüche von Pflegeverhältnissen ausführlich analysiert
mit dem Ziel, Einblick in die Komplexität von Abbruchprozessen zu erhalten.

3.1   Feldzugang

Der Zugang zu den Akten von Pflegekindern für Forschungszwecke ist unter
Einhaltung der Vorgaben des Datenschutzes für Forschungszwecke möglich.
Um die Aktenanalyse durchzuführen, wurden verschiedene Akteure der Pflege-

kinderhilfe in der deutschsprachigen Schweiz kontaktiert und um Zugang zu den von ihnen geführten Akten zu Pflegeverhältnissen, bei denen es zu einem Abbruch gekommen ist, angefragt. Aus forschungspraktischen Gründen wurden grössere und in Fachkreisen anerkannte Institutionen angefragt, die langfristige Platzierungen für Kinder und Jugendliche begleiten. Weiter wurde beim Aufbau des Samples darauf geachtet, dass sowohl Pflegeverhältnisse in der Stadt als auch auf dem Land berücksichtigt sind. Die Auswahl erfolgte aufgrund von Recherchen und Hinweisen aus den beruflichen Netzwerken der Forschenden. Insgesamt wurden fünf Institutionen in den Kantonen Zürich, Bern, St. Gallen und Zug angefragt. Die Leiterinnen und Leiter der verschiedenen Institutionen reagierten unterschiedlich auf die Anfrage. Im Gespräch wurde deutlich, dass der Begriff „Abbruch" in der Praxis negativ konnotiert ist oder andere Begriffe wie zum Beispiel „Umplatzierung" verwendet werden. Nach einer Klärung des Begriffs „Abbruch" waren alle angefragten Institutionen bereit, an der Studie mitzuwirken. Für die Aktenanalyse wurde folgende Definition von Abbruch verwendet:

Abbruch wird als Unterform des neutralen Begriffs „Platzierungswechsel" definiert. Ein Abbruch liegt dann vor, wenn ein auf die Dauer des Pflegeverhältnisses bezogenes, vereinbartes Ziel nicht erreicht werden kann. Oder anders formuliert: Das Pflegeverhältnis wird früher als von der zuständigen Fachperson geplant beendet.

Es zeigte sich, dass in allen angefragten Fachstellen Akten von Abbrüchen vorlagen. Mit allen Institutionen wurde unter Einhaltung der Vorgaben des Datenschutzes eine Vereinbarung für die Analyse der Akten unterzeichnet. Alle Mitarbeitenden des Forschungsteams haben zudem eine Vertraulichkeitserklärung unterzeichnet.

Die Verantwortlichen der Fachstellen haben dem Forschungsteam Dossiers von Pflegekindern, bei denen es zwischen 2009 und 2016 zu einem Abbruch gekommen ist, für die Analyse zur Verfügung gestellt. Die Auswahl erfolgte durch die Fachpersonen, entsprechend folgender Kriterien:

- Geplante Dauer des Pflegeverhältnisses: länger als 3 Monate.
- Pflegeverhältnis endet früher als von der zuständigen Fachperson geplant.

Es wurden demzufolge ausschliesslich Akten analysiert, in denen es zu einem Abbruch kam. Alle Akten wurden von Mitgliedern des Forschungsteams in den verschiedenen Institutionen vor Ort eingesehen. Die Dokumente lagen entweder elektronisch und/oder in Papierform vor. Für die Analyse wurden alle vorliegenden Dokumente (z. B. Journaleinträge, Berichte von Hausbesuchen, Kurzprotokoll von Telefongesprächen, etc.) aufmerksam durchgelesen. Die Informationen aus den Akten wurden in ein vom Forschungsteam entwickeltes Analyseraster übertragen. Die Raster sind anonym und erlauben keinerlei Rückschlüsse auf Institutionen oder Personen.

3.2 Entwicklung des Analyserasters

Basierend auf dem Verständnis von Abbruch als Prozess (vgl. Gabriel und Stohler in diesem Band) wurde im Rahmen der Aktenanalyse auf unterschiedliche Momente und Phasen des Pflegeverhältnisses fokussiert.

Um die Aktenanalyse durchzuführen, wurde in einem mehrstufigen Verfahren ein Analyseraster entwickelt. Ziel war es, die für Abbruchprozesse relevanten Informationen standardisiert und effizient zu erfassen. Für die Entwicklung des Rasters wurde die vorhandene Literatur zu Abbrüchen von Pflegeverhältnissen ausgewertet und erste Fälle sehr detailliert analysiert. Aufbauend auf diese Arbeiten wurde eine erste Version des Rasters entwickelt. Dieses wurde in einer ersten Testphase geprüft und anschliessend nochmals angepasst.

Charakteristisch für das entwickelte Raster ist, dass es sowohl auf aus der Literatur bekannte Faktoren fokussiert als auch Aspekte enthält, die im bisherigen Fachdiskurs kaum berücksichtigt wurden (z.B. Informationen zur Vorgeschichte, zum Matching, zum Einverständnis beteiligter Parteien und Einschätzungen von Sozialarbeitenden zum Pflegeverhältnis). Das Analyseraster umfasst elf Themenblöcke:

1. Das Analyseraster beginnt mit *Informationen zum Pflegekind (allgemein) vor Beginn des Pflegeverhältnisses.* Dabei werden Informationen wie Jahrgang und Geschlecht (vgl. van Santen 2013), Nationalität, Hobbies, Hinweise auf Bezugspersonen und dokumentierte Auffälligkeiten erfasst.
2. Danach geht es um die *Lebenssituation vom Pflegekind vor Beginn des Pflegeverhältnisses.* Neben der Wohnform (unmittelbar vor der Platzierung) ist die Anzahl der Platzierungswechsel (vgl. Ekins 2009; Vanderfaeillie/Holen/Coussens 2008) und auch die Art der Platzierung (vgl. Price et al. 2008; van Santen 2013) von Bedeutung.
3. Im Teil *Informationen Herkunftsfamilie – zum Zeitpunkt der Platzierung* werden Informationen zur Kindsmutter, zum Kindsvater und zu den Geschwistern erhoben.
4. Darauf folgt die Erhebung von Informationen zum *Grund für den Start des Pflegeverhältnisses* (vgl. Ekins 2009; James 2004; Oosterman et al. 2007). Auch ob der Grund für die Platzierung kommuniziert wird, wird in diesem Teil erhoben.
5. Im nächsten Teil werden *Informationen zur Pflegefamilie allgemein* erfasst, das heisst Informationen zu den Pflegeeltern, zu leiblichen Kindern, weiteren Pflegekindern und/oder Adoptivkindern.

6. Danach geht es um Fragen zum *Matching*. Das heisst um die Begründung, ob Abklärungen von alternativen Platzierungsmöglichkeiten gemacht wurden, ob das betroffene Kind, Pflegefamilie und Herkunftsfamilie mit der Platzierung einverstanden sind und die Einschätzung der Fachperson.

7. Anschliessend geht es um den *Beginn des Pflegeverhältnisses*. Da werden das Datum (Monat/Jahr), der Ort, die Art des Pflegeverhältnisses und die Dauer festgehalten. Weiter wird erfasst, inwiefern das Pflegekind und die Pflegeeltern Support erhalten (vgl. Ekins 2009; van Santen 2013). Ein weiterer wichtiger Punkt in diesem Themenblock ist der Besuchskontakt zur Herkunftsfamilie und die Einschätzungen bei Hausbesuchen.

8. Im darauffolgenden Block geht es um die *Hinweise auf Ereignisse/Dynamik während dem Pflegeverhältnis*. Erhoben werden Ereignisse, welche der Pflegefamilie, dem Pflegekind und/oder der Herkunftsfamilie zugeordnet werden können. Ziel ist es auch Dynamiken zwischen der Pflegefamilie und der Herkunftsfamilie, zwischen den Pflegeeltern und dem Pflegekind und dem Pflegekind und den Pflegegeschwistern zu erfassen.

9. Im anschliessenden Themenblock wird das *Ende des Pflegeverhältnisses* (schriftliche Begründung) erfasst. Relevant sind das Datum und die Art und Weise der Beendigung. Es wird bestimmt, ob die Gründe für das Ende bei den Pflegeeltern, beim Pflegekind oder bei den Herkunftseltern liegen (vgl. James 2004; Vanderfaeillie/Holen/Coussens 2008; van Santen 2013). Auch das Einverständnis der Herkunftseltern und die Einschätzung über das Ende des Pflegeverhältnisses aus Sicht der Fachperson wird erhoben.

10. Anschliessend werden Informationen zur *Anschlusslösung* und zur Kontaktsituation zwischen dem Pflegekind und den Pflegeeltern erfasst (vgl. Vanderfaeillie/Holen/Coussens 2008).

11. Zum Schluss ermöglicht das Raster, drei zentrale *Konfliktthemenfelder* vom jeweiligen Fall zu benennen.

3.3 Datenaufbereitung und -auswertung

Die in der Feldphase von drei Personen erhobenen Daten wurden manuell ins SPSS eingegeben und somit in Zahlenwerte übertragen (vgl. Lück/Baur 2008, S. 14–34). Das Raster enthält offene Fragen mit einem Textfeld, da die Akten teilweise sehr umfangreich waren und man keine wichtigen Informationen verlieren wollte. Da das SPSS-Programm bei offenen Fragen nur eine begrenzte Anzahl an Zeichen aufweist, wurden diese Variablen in einer Excel-Tabelle festgehalten. Für die Auswertung wurden bei SPSS Häufigkeitstabellen berechnet. Im Folgenden werden ausgewählte Ergebnisse dargestellt.

3.4 Resultate

Unter Berücksichtigung von finanziellen und zeitlichen Ressourcen konnten Informationen aus 76 Akten von Pflegeverhältnissen, bei denen es zu einem Abbruch gekommen ist, analysiert werden. Die Abbrüche erfolgten im Zeitraum zwischen 2009 und 2016. Die Akten stammen von fünf unterschiedlichen Institutionen. Alle fünf Fachstellen haben ein eigenes System der Aktenführung entwickelt. Da die Grundgesamtheit nicht bekannt ist, können keine Aussagen zur Repräsentativität des Samples gemacht werden.

3.4.1 Informationen zum Pflegekind vor Beginn des Pflegeverhältnisses

Von den *insgesamt* 76 Pflegekindern, auf die sich die Akten beziehen, waren 47 % männlich und 53 % weiblich.

Beim Eintritt in die Pflegfamilie, in welcher der Abbruch erfolgte, waren die Pflegekinder zwischen wenigen Monaten und bald 18 Jahren alt. Etwas mehr als die Hälfte (54 %) der Pflegekinder kam im Teenageralter (13–17 Jahre) in die Pflegefamilie. 39 % waren zum Zeitpunkt der Platzierung im Primar- oder Vorschulalter (0–12 Jahre) und bei 7 % fehlten diesbezüglich die Angaben.

Die Mehrheit der Pflegekinder (59 %) waren Schweizerinnen oder Schweizer. 28 % der Pflegekinder hatten eine andere Nationalität und bei 13 % der Pflegekinder fehlten diesbezüglich die Angaben.

Weiter wurden von den Fachpersonen dokumentierte Auffälligkeiten des Pflegekindes, die bereits vor Beginn des Pflegeverhältnisses bekannt waren, erfasst. In rund 70 % der Akten sind in knappen Worten Auffälligkeiten des Pflegekindes notiert. Eine Kategorisierung der erfassten Informationen ist jedoch nicht möglich, da sie sich in Bezug auf Ausführlichkeit, Begrifflichkeit und normativem Standpunkt der Betrachtung sehr stark unterscheiden. Vielfach beziehen sich die Informationen auf problematisches Verhalten des Pflegekindes, auf Entwicklungsverzögerungen oder kognitive Beeinträchtigungen. In wenigen Fällen lagen Berichte von abklärenden Stellen vor.

Nicht problemorientierte Beschreibungen des Pflegekindes – wie zum Beispiel Angaben zu Vorlieben oder Eigenarten – sind deutlich seltener. In mehr als der Hälfte der Dossiers (54 %) finden sich zum Beispiel keine Angaben zu Hobbies der Pflegekinder. In den Dossiers, in denen Bemerkungen gemacht werden, werden entweder konkrete Aktivitäten benannt (z.B. Fussball/sportliche Aktivitäten, Computer spielen, mit anderen zusammen sein) oder aber auf fehlende Hobbies bzw. problematische Freizeitaktivitäten verwiesen.

3.4.2 Lebenssituation vom Pflegekind vor Beginn des Pflegeverhältnisses

Wie aus Abbildung 1 ersichtlich wird, lebten 33 % der Kinder vor der Platzierung bei der leiblichen Mutter. Die Darstellung zeigt, dass hier Mehrfachantworten möglich waren. Das heisst, es gab Kinder, welche nur bei der leiblichen Mutter gelebt haben. Es gab aber auch Fälle, bei denen die Kinder unter der Woche in einer Pflegefamilie gelebt und am Wochenende bei den leiblichen Eltern gewohnt haben. Beim leiblichen Vater lebten 21 % der Kinder und 8 % bei Verwandten. Bei 20 % konnte aus den Akten entnommen werden, dass diese in einer Pflegefamilie gelebt haben und 22 % in einem Heim. 16 % der Kinder lebten vor der Platzierung an anderen Orten (zum Beispiel im Gefängnis oder in der Kinder- und Jugendpsychiatrie). Bei 7 % der Akten waren keine Informationen zur Wohnform des Pflegekindes vor der Platzierung enthalten.

Abbildung 1: Wohnform vor Platzierung (Mehrfachnennungen; n = 76)

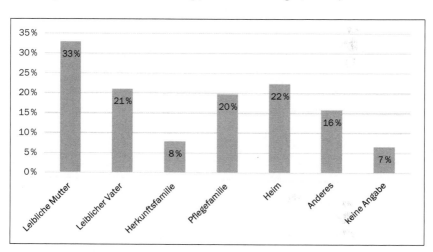

Der Abbruch erfolgte bei etwas mehr als einem Fünftel (22 %) der Pflegekinder bei der ersten Platzierung (vgl. Tabelle 1). Ein weiteres Fünftel der Fälle (20 %) hatte vor dem Abbruch bereits einmal einen Platzierungswechsel bzw. Abbruch erlebt und weitere 17 % deren zwei. Weitere 9 % der Kinder und Jugendlichen hatten bereits mehr als drei Platzierungswechsel hinter sich. In einem Fall sind es gar deren 21.

In 32 % der Akten konnte nicht rekonstruiert werden, wie oft Kinder/Jugendliche vor dem Abbruch bereits einen Wechsel erlebt hatten.

Tabelle 1: Anzahl Platzierungswechsel vor dem erfassten Abbruch

Anzahl Wechsel	Häufigkeit	Prozent
0	17	22 %
1	15	20 %
2	13	17 %
3 und mehr	1	9 %
keine Angabe	24	32 %
Gesamt	76	100 %

Insgesamt kann festgehalten werden, dass die Vorgeschichte der untersuchten Platzierung in den meisten Fällen nur sehr knapp, lückenhaft oder teilweise gar nicht dokumentiert ist. Informationen zur Vorgeschichte finden sich in verschiedenen Dokumenten. Dabei ist nicht immer eindeutig erkennbar, woher die Angaben stammen, was deren Wert fraglich macht. Weiter sind die Beschreibungen der Pflegekinder stark problemorientiert und äusserst heterogen. Umfassende Informationen zur Ausgangslage und darauf aufbauende Analysen zum Bedarf, im Sinne eines Eintrittsberichts, in dem alle relevanten Informationen enthalten sind, finden sich in den analysierten Akten meistens nicht.

3.4.3 Grund für die Platzierung

Die Pflegekinder wurden aus unterschiedlichen Gründen in die Pflegefamilie platziert oder umplatziert. Da das Raster in Bezug auf den Grund für die Platzierung im Verlauf des Erhebungsprozesses angepasst wurde, beziehen sich die folgenden Aussagen auf eine Teilmenge (44 Akten) der analysierten Akten (vgl. Abbildung 2). In 73 % der Fälle waren Vorfälle in der Herkunftsfamilie, die dazu führten, dass eine altersentsprechende Betreuung des Kindes nicht mehr vollumfänglich gewährleistet war, Grund für die Platzierung. Der Entzug der elterlichen Obhut war bei 11 % der Grund für den Start des Pflegeverhältnisses. Bei weiteren 5 % der Fälle war ein Vorfall in einer Institution und bei 9 % der Fälle ein Vorfall in der Pflegefamilie als Grund angegeben. Bei fünf Prozent gab es andere Gründe. In 11 % aller Akten konnten keine Angaben zum Grund gefunden werden.

Abbildung 2: Grund Start Pflegeverhältnis (Mehrfachnennungen; n = 44)

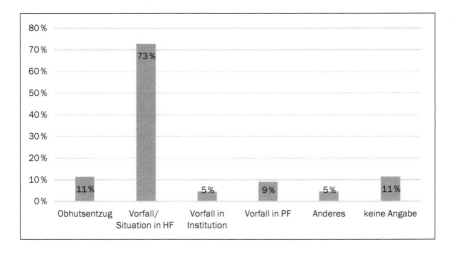

3.4.4 Informationen zur Pflegefamilie

Etwas mehr als drei Viertel der Pflegekinder (78 %) wurden bei Pflegeeltern (Pflegemutter/-vater) platziert, 15 % bei einer Pflegemutter und lediglich zwei Pflegekinder (3 %) bei einem Pflegevater. Bei 5 % der Fälle konnten keine Informationen zur Pflegefamilie ermittelt werden.

28 % der Pflegeeltern waren mit dem Pflegekind verwandt. Mehrheitlich bestand aber kein verwandtschaftliches Verhältnis zwischen Pflegeeltern und Pflegekind (59 %) und in 13 % der analysierten Dossiers fehlen diesbezüglich die Angaben.

In der Mehrheit der Pflegefamilien (54 %) lebten neben dem Pflegekind, bei dem es zu einem Abbruch kam, noch weitere Kinder (leibliche Kinder und/oder Pflegekinder). In 26 % der Familien lebten keine weiteren Kinder und bei einem Fünftel der Familien (20 %) fehlen dazu die Angaben.

In Bezug auf die Erfahrung der Pflegeeltern können folgende Aussagen gemacht werden. Rund zwei Fünftel (42 %) der Pflegeeltern haben vor der Aufnahme des Pflegekindes bereits einmal als Pflegeeltern gearbeitet. Für weitere 15 % der Pflegeeltern war es das erste Pflegekind, das sie aufnahmen. Bei weiteren 43 % fehlen die Angaben.

3.4.5 Matching

Es interessierte weiter, nach welchen Kriterien die Passung zwischen Pflegekind und Pflegefamilie hergestellt wurde.

In 16% der insgesamt 76 Dossiers fanden sich keine Hinweise auf eine Begründung der Fachpersonen für die Passung. In weiteren 26% der Fälle lebte das Kind inoffiziell bei Verwandten oder Bekannten und das Pflegeverhältnis wurde nachträglich „offizialisiert". Dies bedeutet, dass die Fachpersonen für das Pflegekind keine geeignete Familie suchen musste, sondern geprüft wurde, ob das Kind weiter bei den Verwandten oder Bekannten leben kann.

Darüber wie die Passung zwischen Pflegekind und Pflegeeltern begründet wird, ergab die Analyse Folgendes. Bei Begründungen für die Platzierung in der Pflegefamilie notierten Fachpersonen Punkte wie die Nähe oder auch der geographische Abstand zum bisherigen Umfeld, die Berücksichtigung von Wünschen der Herkunftsfamilie oder dass explizit eine professionelle Pflegefamilie gesucht wurde. Die Begründungen für die Passung sind aber insgesamt wenig ausführlich und kaum inhaltlich aussagekräftig.

Inwieweit von den Fachpersonen alternative Möglichkeiten für die Platzierung geprüft wurden, bleibt aufgrund der Informationen in den Akten meistens unbekannt. In rund drei Vierteln der Dossiers finden sich keinerlei Hinweise dazu. Lediglich in 14% der Fälle ist dies eindeutig der Fall und in 13% der analysierten Akten ist vermerkt, dass keine Alternative bestand.

Es wurde im Rahmen der Analyse weiter erfasst, ob die Platzierung mit Einverständnis des Kindes erfolgte. Einem Drittel der analysierten Dossiers ist zu entnehmen, dass das Pflegekind mit der Platzierung einverstanden war. In zwei Dritteln der Fälle fehlen dazu die Angaben. Nur in einem Fall ist dokumentiert, dass das Pflegekind mit der neuen Platzierung nicht einverstanden war. Auffallend ist weiter, dass in Bezug auf das Einverständnis der Herkunftsfamilie mit der Platzierung in 60% der Dossiers nichts vermerkt ist. In 25% der Fälle war die Herkunftsfamilie einverstanden, in 7% der Fälle lehnte sie die Platzierung des Kindes explizit ab.

Im Hinblick auf das Thema Abbruch sind weiter die Einschätzungen der Sozialarbeitenden zu den neu etablierten Pflegeverhältnissen von Interesse. Hier zeigt sich, dass es neben positiven Beurteilungen auch Pflegeverhältnisse gibt, bei denen die zuständigen Fachpersonen bereits bei Platzierungsbeginn Bedenken in Bezug auf die Stabilität äussern. Zum Beispiel, weil die Pflegefamilie den Anforderungen nicht vollständig entspricht, wie zum Beispiel nachfolgendes Zitat zeigt: *„keine PF im üblichen Sinne"*; *„entspricht nicht unseren Idealen"*; *„ich habe kein gutes Gefühl" (A02.).* Häufig werden diese Bedenken bei krisenhaften Entwicklungen aktualisiert und zum Teil als ursächlich für problematische Verläufe herangezogen.

3.4.6 Hinweise auf Ereignisse/Dynamiken während des Pflegeverhältnisses

Im Rahmen der Analyse wurden Ereignisse während des Pflegeverhältnisses erfasst.

Abbildung 3: Ereignisse/Probleme des Pflegekindes (Mehrfachnennungen; n = 75)

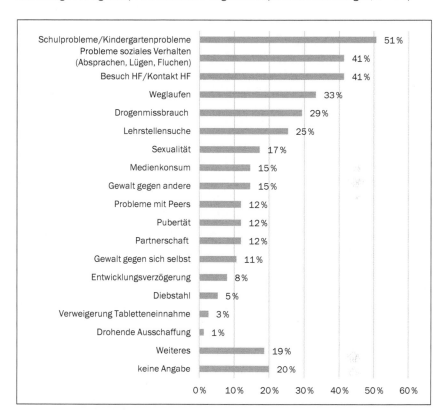

Ereignisse Pflegekind: Es dominieren primär Notizen der Fachpersonen über Probleme oder Ereignisse, die das Pflegekind betreffen. Die Probleme oder Ereignisse wurden den Fachpersonen vielfach von den Pflegeeltern per Telefon oder in Gesprächen mitgeteilt. In den 75 analysierten Dossiers finden sich insgesamt 278 Hinweise. Schulprobleme (51%), problematisches Sozialverhalten (41%), Konflikte in Zusammenhang mit Besuchen bei der Herkunftsfamilie (41%), Weglaufen (33%), Drogenmissbrauch (29%), Lehrstellensuche (25%), Sexualität (17%), Medienkonsum (15%) und Gewalt gegen andere (15%) werden am häufigsten erwähnt. In 20% der Akten gibt es keine Nennungen bezüglich Ereignissen/Problemen in Bezug auf das Pflegekind. Bei 19% der Fälle werden andere Ereignisse/Probleme genannt, wie zum Beispiel „Vorliebe für Puppen/ Frauenkleider", „hat Angst vor Männern", oder „fühlt sich in PF zunehmend unwohl" (vgl. Abbildung 3).

Ereignisse Pflegefamilie: Bezüglich Ereignissen in den Pflegefamilien konnten aus den Akten weniger Informationen entnommen worden. In 53 % der Akten gab es keine Informationen dazu. Zu den häufigsten Ereignissen in den Pflegefamilien, welche in den Akten vorhanden waren, zählen starke Belastung (16 %), Krankheit (9 %), eigener Nachwuchs (3 %) und Kommunikationsschwierigkeiten (3 %). Weitere Gründe werden bei 17 % der Fälle aufgeführt. Dazu gehören enge Wohnverhältnisse, Pflegegeld sowie Veränderungen in der Herkunfts- oder in der Pflegefamilie. Auch Spannungen zwischen den Pflegeeltern werden genannt. Dabei geht es um Erziehungsfragen und unterschiedliche Erziehungsvorstellungen.

Dynamiken zwischen Pflegefamilie und Herkunftsfamilie: Während des Pflegeverhältnisses sind in 24 % (= 18 Dossiers) von insgesamt 74 analysierten Dossiers Konflikte zwischen Pflege- und Herkunftsfamilie vermerkt. Am häufigsten werden in diesem Zusammenhang Konflikte wegen Absprachen (14 %) oder Besuchen (8 %) erwähnt.

Abbildung 4: Konflikte zwischen Pflegeeltern und Pflegekind (Mehrfachnennungen; n = 74)

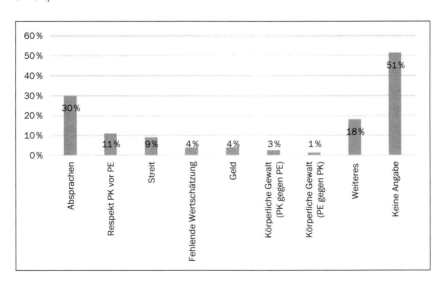

Dynamiken zwischen Pflegeeltern und Pflegekind: Abbildung 4 zeigt die Befunde zu den Konflikten zwischen Pflegeeltern und Pflegekind. Auch hier fällt auf, dass in 51 % der analysierten Fälle keine Informationen dazu zu finden sind. Am häufigsten sind Verweise auf Konflikte wegen Nicht-Einhalten von Absprachen (30 %) sowie wegen fehlendem Respekt des Pflegekindes gegenüber den Pflegeeltern (11 %) und Streit (9 %).

3.4.7 Ende des Pflegeverhältnisses

Die Pflegeverhältnisse dauerten zwischen wenigen Monaten und fünfzehn Jahren bevor es zum Abbruch kam. In mehr als der Hälfte der Pflegeverhältnisse (53 %) erfolgte der Abbruch innerhalb eines Jahres nach der Platzierung. Bei rund einem Viertel der Fälle (24 %) wurde das Pflegeverhältnis nach zwei bis fünf Jahren beendet. Bei weiteren 13 % der Fälle kam es nach mehr als fünf Jahren zum Abbruch. Bei 11 % der Fälle konnte die Dauer des Pflegeverhältnisses anhand der Akten nicht ermittelt werden.

Als der Abbruch erfolgte waren 71 Prozent der Pflegekinder 13 Jahre alt oder älter. Etwas mehr als ein Fünftel (22 %) der Abbrüche erfolgte im Alter zwischen drei und zwölf Jahren. Bei 7 % der Fälle konnte das Alter bei Abbruch aufgrund fehlender Angaben nicht rekonstruiert werden.

Abbildung 5: Abbruch in Form von (Mehrfachnennungen; n = 74)

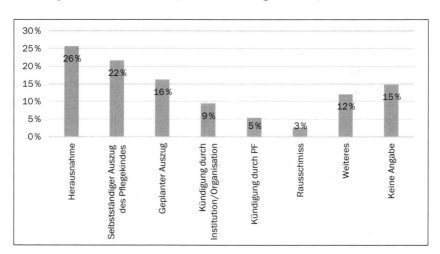

Der Abbruch des Pflegeverhältnisses erfolgte in unterschiedlicher Form (vgl. Abbildung 5). Aus der Abbildung wird deutlich, dass Pflegekinder im Fall eines Abbruchs von den Fachpersonen aus der Pflegefamilie unverzüglich „herausgenommen" werden (26 %), Pflegekinder selbständig auszuziehen bzw. aus der Pflegefamilie weglaufen (22 %) oder nach einer bestimmten Zeit geplant ausziehen (16 %). In wenigen Fällen werden die Pflegekinder von den Pflegeeltern „rausgeschmissen" (3 %). Lediglich 14 % der Angaben verweisen darauf, dass mit dem Abbruch auch eine Kündigung des Pflegeverhältnisses einherging – entweder durch die Pflegeeltern (5 %) oder durch die Organisation (9 %). 12 % aller Akten verweisen auf weitere Formen von Abbrüchen, beispielsweise, dass Jugendliche aus den Ferien im Ausland nicht mehr in die Pflegefamilie zurückkehren oder aufgrund von psychischen Problemen stationär behandelt werden müssen. In 15 % der analysierten Fälle war keine Form genannt.

In Bezug auf die Begründung für den Abbruch zeigte die Analyse der Akten, dass diese von den Fachpersonen häufig nicht explizit und ausführlich ausformuliert wird. Vielmehr finden sich in den Akten – wenn überhaupt – kurze Notizen.

Begründung Pflegekind: Bei den Begründungen für Abbrüche finden sich in den Akten Hinweise zum Verhalten des Pflegekindes (vgl. Abbildung 6). Bei 45 % aller Fälle fehlen Angaben dazu. Probleme in der Schule (15 %) oder Weglaufen (13 %) wurden am häufigsten erwähnt. Weiter finden sich Hinweise auf Probleme mit Absprachen/Lügen oder Fluchen (11 %) sowie auf Schwierigkeiten in Zusammenhang mit Besuchen bei der Herkunftsfamilie (8 %). Drogenmissbrauch, Gewalt gegen sich selbst und Probleme im Bereich der Lehrstellensuche werden jeweils bei 7 % aller untersuchten Akten aufgeführt.

Begründung Pflegefamilie: In 40 % der analysierten Akten finden sich auch Begründungen für den Abbruch, die auf Ereignisse oder Belastungen in Pflegefamilien verweisen (vgl. Abbildung 7). Starke Belastung oder Überforderung durch das Pflegekind (16 %), Krankheit (11 %) oder das Alter von Pflegeeltern (5 %) werden am häufigsten angeführt. Vermerkt sind weiter Scheidung oder Tod von Pflegeeltern (je 3 %). In 11 % aller Fälle wurden weitere Gründe betreffend Ereignissen in Pflegefamilien genannt, beispielsweise „Pflegegeld", „ungeklärter Vorfall mit einem Mitarbeitenden" oder „Kündigung, arbeitet nicht mehr als Tagesmutter" (vgl. Abbildung 7).

Begründung Dynamiken zwischen Pflegeeltern und Pflegekind: Für die Begründung des Abbruchs finden sich Hinweise auf Konflikte zwischen Pflegekind und Pflegeeltern. Am häufigsten vermerkt sind Konflikte wegen Nicht-Einhalten von Absprachen (19 %) und Streit zwischen Pflegekind und Pflegeeltern (7 %). Bei 8 % aller Fälle werden weitere Gründe aufgeführt. Jedoch zeigt sich auch hier, dass es wenige Informationen dazu gibt. In 72 % aller analysierten Akten lassen sich nämlich dazu keine Angaben finden (vgl. Abbildung 8).

Abbildung 6: Begründung Abbruch: Ereignisse Pflegekind (Mehrfachnennungen; n = 75)

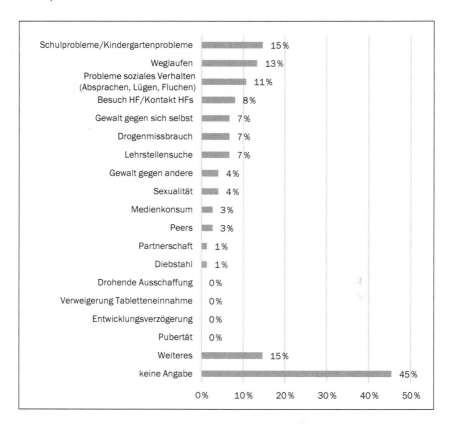

Abbildung 7: Begründung Abbruch: Ereignisse Pflegefamilie (Mehrfachnennungen; n = 75)

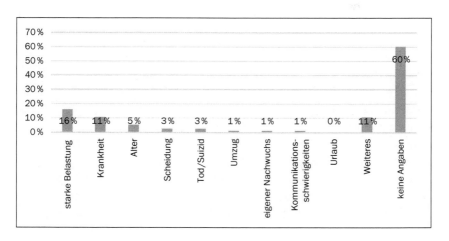

Abbildung 8: Abbruch: Konflikte zwischen Pflegeeltern und Pflegekind (Mehrfachnennungen; n = 75)

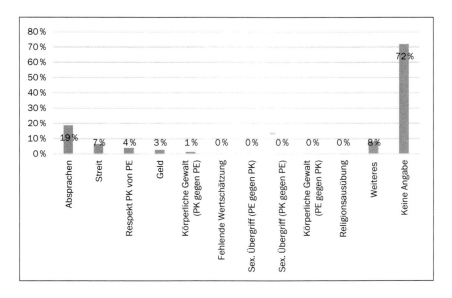

Abbildung 9: Begründung Abbruch: Konflikte zwischen Pflege- und Herkunftsfamilie
(Mehrfachnennungen; n = 74)

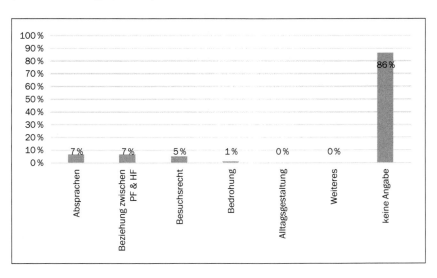

Begründung Dynamiken zwischen Pflegefamilie und Herkunftsfamilie: Aus den Dokumentationen der Fachpersonen geht weiter hervor, dass aus Sicht der Fachpersonen Konflikte zwischen Pflege- und Herkunftsfamilie zu Abbrüchen geführt haben (vgl. Abbildung 9). Mit jeweils 7 % aller analysierten Fälle sind diesbezüglich Konflikte in Zusammenhang mit Absprachen und problematische Beziehung zwischen der Pflegefamilie und der Herkunftsfamilie vermerkt. Als weiterer Grund wird das Besuchsrecht bei 5 % aller Fälle genannt. Bei 86 % der Aktenanalyse wird keine Angabe dazu gemacht.

3.4.8 Anschlusslösung für das Pflegekind

Aus den Akten geht hervor, dass die Kinder/Heranwachsenden nach einem Abbruch häufig in einem (Schul-)Heim oder vorübergehend auch in einer Klinik untergebracht wurden (29 Nennungen). 18 Jugendliche wurden in eine andere Pflegefamilie platziert und 15 kehrten zu einem Elternteil zurück. Bei den anderen Jugendlichen sind mehrere Optionen vermerkt oder die Angaben zum neuen Wohnort fehlen.

Aus der Mehrheit der analysierten Akten geht nicht hervor, ob das betroffene Pflegekind mit dem Abbruch bzw. der Beendigung des Pflegeverhältnisses einverstanden war. In 17 Fällen ist vermerkt, dass das betroffene Pflegekind mit der Auflösung des Pflegeverhältnisses einverstanden war. Gemäss den Akten waren acht Pflegekinder (10 %) mit der Auflösung des Pflegeverhältnisses nicht einverstanden.

Darüber wie die leiblichen Eltern die Beendigung des Pflegeverhältnisses beurteilten, finden sich in den Akten kaum Angaben. Liegen Angaben vor, so beziehen sich diese auf die leibliche Mutter des Pflegekindes. In 11 Fällen war die Kindsmutter mit der Auflösung des Pflegeverhältnisses einverstanden, in zwei Fällen nicht. In rund vier Fünftel der Fälle finden sich jedoch keine Informationen zum Einverständnis der Kindsmutter.

Darüber, ob die betroffenen Pflegekinder der Anschlusslösung zustimmten, lassen sich in den meisten Fällen (70 %) keine Angaben machen. Während 25 % der Jugendlichen gemäss Informationen aus den Akten mit der Anschlusslösung einverstanden waren, trifft dies für 5 % der Kinder/Jugendlichen nicht zu.

Ob der Kontakt zwischen Pflegekind und Pflegeeltern nach dem Abbruch bestehen bleibt, bleibt in drei Viertel der Fälle offen bzw. es finden sich in den Akten keine Angaben dazu. In rund einem Viertel der Fälle (24 %) ist vermerkt, dass der Kontakt nach dem Abbruch weiter bestehen bleibt. In einem Fall wird diesbezüglich noch eine Abklärung gemacht.

4. Fazit

Wie in der Einleitung dargelegt, dienen Aktenanalysen bzw. statistische Daten zu Pflegeverhältnissen häufig dazu, Faktoren zu ermitteln, die das Risiko eines Abbruchs erhöhen. Die Ermittlung solcher Faktoren war explizit nicht das Ziel der ersten in der deutschsprachigen Schweiz durchgeführten Aktenanalyse zu Abbrüchen von Pflegeverhältnissen. Vielmehr ging es darum, eine erste Datenbasis zu Abbrüchen von Pflegeverhältnissen zu erstellen. Die präsentierte Analyse dieser Daten ermöglicht einerseits einen deskriptiven Einblick über Merkmale von Abbruchprozessen. Andererseits verweist sie aber auch darauf, dass die Komplexität von Abbruchprozessen mittels aus Akten ermittelten Informationen nur ansatzweise erfasst werden kann.

Nachfolgend werden die wichtigsten Erkenntnisse zusammengefasst und mit Bezügen zum aktuellen Forschungsstand präsentiert. Weiter werden Anregungen für die Weiterentwicklung der Aktenführung formuliert.

Beim Zugang zum Feld zeigte sich, dass der Begriff „Abbruch" in der Praxis der schweizerischen Pflegekinderhilfe negativ konnotiert ist und in organisationsinternen Statistiken für die Beendigung von Pflegeverhältnissen in der Regel nicht verwendet wird. Anstelle des Begriffs „Abbruch" werden in der Praxis zum Beispiel die neutraleren Begriffe „Umplatzierung" oder „Platzierungswechsel" verwendet; eine Tendenz die sich auch in der Literatur abzeichnet (vgl. Bombach/Gabriel/Stohler 2018). Das Vermeiden des Begriffs „Abbruch" hat zu einem Verdeckungszusammenhang geführt. Während die Leitungen teilweise betonten, dass es in ihrer Institution kaum Abbrüche gibt, konnten die fallführenden Sozialarbeitenden durchaus Fälle präsentieren, die folgender Definition entsprachen: Ein Abbruch liegt dann vor, wenn ein Pflegeverhältnis früher als von der zuständigen Fachperson geplant beendet wird. Basierend auf dieser Definition wurden – unter Einhaltung der Vorgaben des Datenschutzes – 76 Dossiers von Pflegekindern, bei denen es zum Abbruch kam, umfassend analysiert. Die Dossiers stammen von fünf Fachstellen aus der deutschsprachigen Schweiz. Die Durchführung der Aktenanalyse war nur dank der Bereitschaft und des Engagements der angefragten Fachstellen möglich. Die Mitarbeitenden wählten die Fälle anhand von Kriterien aus und stellten dem Forschungsteam in ihren Räumlichkeiten Arbeitsplätze für die Erfassung der Daten zur Verfügung. Die Informationen aus den Akten wurden von drei Personen anhand eines aufwändig erstellten Rasters erfasst und deskriptiv ausgewertet. Die Resultate geben somit einen Überblick über 76 Abbruchprozesse, die zwischen 2009 und 2016 stattgefunden haben. Da die Grundgesamtheit nicht bekannt ist, können keine Aussagen zur Repräsentativität des Samples gemacht werden. Weiter gilt es kritisch zu berücksichtigen, dass das Sample verhältnismässig klein ist und daher bei gewissen Informationen die empirische Basis bzw. die Zahl der Fälle sehr klein ist. Ebenso beziehen sich die Ausführungen ausschliesslich auf Pflegeverhältnisse, bei denen es zu einem Abbruch gekommen ist.

In Bezug auf Geschlecht und Nationalität der Pflegekinder lässt sich das untersuchte Sample wie folgt charakterisieren. 47 % der Pflegekinder, deren Dossier analysiert wurde, sind männlich und 53 % sind weiblich. Die Mehrheit (59 %) sind Schweizerinnen und Schweizer. Knapp 30 Prozent hatten eine andere Nationalität und bei 13 Prozent fehlten diesbezüglich die Angaben. Beim Aufbau des Samples waren Geschlecht und Nationalität der Pflegekinder keine Kriterien. Zusammenfassende Darstellungen des internationalen Forschungsstandes zeigen, dass Geschlecht und Nationalität nicht als eindeutige Risikofaktoren für Abbrüche genannt werden können (vgl. z. B. Konijn et al. 2018; van Santen 2017).

Die Analyse zeigt weiter, dass 71 % der Pflegekinder im Teenageralter waren, als der Abbruch erfolgte. Dieser Befund stimmt mit den Ergebnissen verschiedener Studien überein, die belegen, dass sich das Risiko für einen Abbruch des Pflegeverhältnisses mit zunehmendem Alter des Pflegekindes bei der Platzierung erhöht (Rock et al. 2015). Etwas mehr als die Hälfte der Pflegekinder wurden auch erst im Teenageralter bei der Pflegefamilie platziert. Dieser Befund stimmt mit Ergebnissen internationaler Studien überein, die zeigen, dass sich das Risiko für einen Abbruch bei Platzierungen in der Adoleszenz erhöht (vgl. Konijn et al. 2018; Oostermann et al. 2007; Rock et al. 2015; van Santen 2017). Die Ergebnisse der durchgeführten Aktenanalyse zeigen aber auch, dass Abbrüche auch bei jüngeren Pflegekindern vorkommen können: rund ein Fünftel der Pflegekinder war zum Zeitpunkt des Abbruchs zwischen drei und zwölf Jahre alt.

Platziert wurden die Kinder primär aufgrund von Vorfällen oder der Situation in der Herkunftsfamilie (73 %). Bei rund einem Fünftel der Kinder kam es bei der ersten Platzierung zum Abbruch, und nahezu die Hälfte der Pflegekinder (46 %) hatte vor dem analysierten Abbruch bereits mindestens einen Abbruch bzw. Platzierungswechsel erlebt. Auffallend ist auch, dass sich in rund einem Drittel der Akten die Zahl der Platzierungswechsel nicht rekonstruieren lässt. Dass bereits erlebte Platzierungswechsel das Risiko für einen Abbruch erhöhen können, ist in verschiedenen Studien belegt (Oosterman et al. 2007; Rock et al. 2015; van Santen 2017). Die aktuelle Metaanalyse von Konijn et al. (2018) bestätigt diesen Befund jedoch nicht eindeutig. Gut belegt sind jedoch die Folgen häufiger Platzierungswechsel für die betroffenen Kinder und Jugendlichen (Rock et al. 2015). Dennoch gilt es auch zu berücksichtigen, dass Abbrüche von betroffenen Pflegekindern nicht ausschliesslich negativ bewertet werden (vgl. Bombach/Reimer; Stohler/Werner in diesem Band).

Über die Merkmale und Problemlagen der Pflegekinder bei Platzierungsbeginn lassen sich aufgrund der Datenlage keine verbindlichen Aussagen treffen. Die von den Fachpersonen notierten Merkmale sind so heterogen, dass sie nicht zuverlässig kategorisiert werden können. Deutlich wird aber, dass die erfassten Informationen vor allem auf Probleme verweisen, während sich beispielsweise Informationen zu Hobbies der Pflegekinder nur in wenigen Dossiers finden. Standardisierte Eintrittsberichte, in denen beispielsweise die Vorgeschichte und der Bedarf des Pflegekindes dokumentiert sind, fehlen in den Akten weitgehend.

In Bezug auf die Dauer des Pflegeverhältnisses bis zum Abbruch ergab die Analyse des Samples folgende Befunde: In etwas mehr als der Hälfte der Pflegeverhältnisse erfolgte der Abbruch im ersten Jahr der Platzierung. Bei einem weiteren Viertel nach zwei bis fünf Jahren und bei 13 % der Fälle kam es nach mehr als fünf Jahren zum Abbruch. Vor dem Hintergrund dieser Befunde scheint das erste Jahr des Pflegeverhältnisses jedoch ein besonders sensibles Jahr zu sein. Dies gilt es bei der Begleitung von Pflegeeltern und Pflegekind zu berücksichtigen. Insbesondere dann, wenn das Pflegekind bei der Platzierung bereits älter ist, schon mehrere Platzierungen erlebt hat oder wenn bereits zu Beginn des Pflegeverhältnisses Bedenken von Seiten der zuständigen Fachperson bestehen.

Kommt es zu einem Abbruch, so kann dieser grundsätzlich von unterschiedlichen Akteuren initiiert werden. Die Analyse der untersuchten Dossiers zeigt, dass rund ein Fünftel der Pflegekinder die Pflegefamilie auf eigene Initiative verlassen und so den Abbruch aktiv initiiert hat. Dass vor allem ältere Pflegekinder den Abbruch des Pflegeverhältnisses durch Weglaufen herbeiführen, ist in der Literatur belegt (vgl. van Santen 2017). In diesem Zusammenhang interessiert warum Pflegekinder weglaufen. Informationen dazu finden sich in den analysierten Akten jedoch kaum.

Die Mehrheit der Pflegekinder (78 %) war bei einem Pflegeelternpaar platziert. In etwas mehr als der Hälfte der Pflegefamilien lebten weitere Kinder (leibliche oder andere Pflegekinder).

Im untersuchten Sample kamen die Abbrüche mehrheitlich (59 %) in nicht-verwandtschaftlichen Pflegeverhältnissen vor. Ein Blick in die aktuelle Literatur zeigt, dass in nicht-verwandtschaftlichen Pflegeverhältnissen das Risiko für einen Abbruch höher ist als in nicht verwandtschaftlichen (vgl. Konijn et al. 2018; Rock et al. 2015). In Bezug auf das untersuchte Sample gilt es jedoch zu berücksichtigen, dass gewisse Institutionen, deren Akten analysiert wurden, explizit keine Pflegekinder bei Verwandten platzieren, während dies bei anderen üblich ist. In Bezug auf die Erfahrung der Pflegeeltern können nur wenige Aussagen gemacht werden. Aus der Analyse geht hervor, dass rund zwei Fünftel der Pflegeeltern bereits Erfahrung als Pflegeeltern hatten. Aus 15 % der Dossiers wurde ersichtlich, dass die Pflegeeltern erstmals ein Pflegekind betreuten. In 43 % der Dossiers konnten diesbezüglich keine Informationen gefunden werden.

In Bezug auf die Passung zwischen Pflegkind und Pflegefamilie zeigt die Analyse, dass sich in den meisten Dossiers (84 %) knappe Hinweise zur Begründung für die Wahl der Pflegefamilie finden. Inwieweit Pflegekinder und ihre Herkunftsfamilien mit der Platzierung einverstanden waren, lässt sich in der Mehrheit der Fälle den Akten nicht entnehmen.

Einschätzungen der Fachpersonen zum Pflegeverhältnis bei Beginn der Platzierung liegen nur für 30 Pflegeverhältnisse vor. In zehn Fällen haben Fachpersonen bereits zu Beginn des Pflegeverhältnisse Bedenken in Bezug auf die Stabilität geäussert.

Welche Informationen zum Verlauf des Pflegeverhältnisses können den Akten entnommen werden?

Die analysierten Akten unterschieden sich in Bezug auf den Umfang. Dies ist einerseits mit der unterschiedlichen Dauer der Pflegeverhältnisse zu begründen, andererseits aber auch mit der Art und Weise der Aktenführung. Um Informationen zum Verlauf des Pflegeverhältnisses zu gewinnen, wurden in den Akten dokumentierte Ereignisse, die das Pflegekind selber, die Pflegefamilie oder die Herkunftseltern betreffen erfasst. Die Hinweise fanden sich in Protokollen von Standortgesprächen, Sitzungen mit verschiedenen Beteiligten, in E-Mails oder in Aktennotizen zu Telefongesprächen.

In 80 % der analysierten Akten finden sich Verweise auf Probleme oder Ereignisse, die das Pflegekind betreffen. Am häufigsten thematisiert werden Probleme in der Schule oder im Kindergarten, Verhaltensprobleme des Pflegekindes und Probleme in Zusammenhang mit den Kontakten zur Herkunftsfamilie. Auch Verweise darauf, dass Pflegekinder weglaufen, Drogen konsumieren oder Probleme bei der Lehrstellensuche haben sind häufig. In rund der Hälfte der Dossiers finden sich Informationen zu Konflikten zwischen Pflegeltern und Pflegekind, wobei es vor allem um das Nicht-Einhalten von Absprachen geht.

Im Gegensatz dazu finden sich zu Ereignissen/Problemen der Pflegefamilie in der Mehrheit der Dossiers keine Angaben. Sind Ereignisse in den Pflegefamilien vermerkt, so sind dies Verweise auf starke Belastung, Krankheit oder auf Veränderungen der Konstellation in der Pflegefamilie, zum Beispiel durch die Geburt leiblicher Kinder oder die Aufnahme eines weiteren Pflegekindes. Hinweise auf Konflikte zwischen Pflegeeltern und Herkunftseltern finden sich in einem Viertel der Dossiers.

Wie werden die Abbrüche in den Akten begründet?

Die Aktenanalyse zeigt weiter, dass aus Sicht der Fachpersonen relevante Ereignisse/Probleme im Verlauf des Pflegeverhältnisses dokumentiert werden, wenn auch in unterschiedlicher Form. Im Gegensatz dazu finden sich zum eigentlichen Abbruch in den Akten deutlich weniger Informationen, häufig sind es kurze Notizen. Begründet wird der Abbruch am häufigsten mit Verweis auf problematisches Verhalten des Pflegekindes (in 55 % der Dossiers). In 40 % der Dossiers beziehen sich die Begründungen auch auf Ereignisse/Probleme in der Pflegefamilie (z. B. zu starke Belastung, Krankheit) und in rund einem Drittel der Dossiers werden Konflikte zwischen Pflegekind und Pflegeeltern bzw. Konflikte zwischen Pflege- und Herkunftsfamilie angeführt.

Darüber, wie die Pflegekinder und ihre Herkunftsfamilien den Abbruch beurteilen, finden sich in den Akten mehrheitlich keinerlei Hinweise. So ist zum Beispiel nur in 17 Fällen vermerkt, dass das Pflegekind mit der Auflösung des Pflegeverhältnisses einverstanden ist. In den übrigen Dossiers finden sich keinerlei Angaben dazu.

Ob der Kontakt zwischen Pflegekind und Pflegeeltern nach dem Abbruch weiter bestehen bleibt oder gewünscht ist, bleibt in drei Vierteln der Fälle offen.

Welche Erkenntnisse liefern die dargestellten Befunde zum Thema Abbruch von Pflegeverhältnissen?

Stellt man die Ergebnisse des skizzierten Samples den aus der Literatur bekannten und gut belegten Risikofaktoren (Alter, Problemverhalten des Kindes, nicht verwandtschaftliche Pflegeverhältnisse) gegenüber, so zeigt sich, dass diese auch im untersuchten Sample zu finden sind.

Weiter zeigen die Ergebnisse auch deutlich, dass sich die Eckpunkte von Abbruchprozessen (z. B. Alter, Dauer des Pflegeverhältnisses, Anschlusslösung) aus den Akten verhältnismässig gut herausfiltern lassen. Im Gegensatz dazu sind Aussagen zur Vorgeschichte oder zu Eigenschaften des Kindes aufgrund fehlender Informationen nur bedingt oder nicht möglich. Ebenso sind Probleme oder Ereignisse im Verlauf des Pflegeverhältnisses schwieriger zu bestimmen. Hier finden sich vor allem Verweise auf Probleme des Pflegekindes. Diese werden den Fachpersonen meistens von den Pflegeeltern mitgeteilt. Die vermerkten Probleme können zwar herausgefiltert werden, jedoch sind Aussagen über deren Ursachen wie auch der Kontext, in dem sie sich manifestieren, nicht möglich. Ebenso lassen sich die Reaktionen der Fachpersonen sowie die Art der Begleitung im Rahmen von Aktenanalysen allenfalls noch grob für den Einzelfall rekonstruieren. Fallübergreifend können jedoch aufgrund der Komplexität der Fälle keine verbindlichen Aussagen gemacht werden. Auch über das Zusammenspiel verschiedener Faktoren lassen sich mittels den Daten aus den Akten keine verbindlichen Aussagen machen. Deutlich wird aber, dass Abbrüche nicht aus dem „Nichts" heraus erfolgen, sondern das Resultat eines kürzeren oder längeren Prozesses sind, in dem verschiedene Akteure interagieren.

Die auf Aktenanalysen basierenden Studien nennen häufig Problemverhalten des Pflegekindes als wichtigsten Risikofaktor für Abbrüche. Dieser Befund hängt – wie Unrau (2007) – darlegt auch mit der Datengrundlage dieser Studien zusammen. Auch im untersuchten Sample ist eine eindeutige Fokussierung auf das Pflegekind als „Problem" erkennbar. Häufig sind diesbezüglich Probleme in der Schule oder mit dem Einhalten von Regeln und Absprachen vermerkt. Dieser Befund lässt sich auch auf die Art der Aktenführung zurückführen. Fachpersonen vermerken primär Informationen über problematisches

Verhalten des Pflegekindes, das ihnen von den Pflegeeltern oder anderen Akteuren mitgeteilt wird. Läuft das Pflegeverhältnis gut, so finden sich – ausser den Protokollen von offiziellen Gesprächen (z. B. Standortgespräche) keine Informationen zum Verlauf des Pflegeverhältnisses.

Die Perspektive der Pflegekinder, so ein weiterer zentraler Befund, fehlt in den analysierten Akten weitgehend. So sind zum Beispiel Informationen zum Einverständnis des Kindes bei der Platzierung sowie beim Abbruch nicht vorhanden und auch detailliertere Protokolle zu Gesprächen mit Pflegekindern finden sich im Datenmaterial kaum. Wenn Protokolle vorliegen, dann sind sie wenig systematisiert und sehr knapp verfasst. Aufgrund der Informationen aus den Akten entsteht der Eindruck, dass vor allem über die Pflegekinder, und weniger mit ihnen gesprochen wird. So taucht zum Beispiel die Frage der Zugehörigkeit zur Pflegefamilie, die bei den befragten Pflegekindern in Zusammenhang mit dem erlebten Abbruch eine zentrale Rolle spielt (vgl. Bombach/Reimer in diesem Band), in den analysierten Akten nicht auf. Für ein umfassendes Verständnis von Abbrüchen von Pflegeverhältnissen ist es daher zentral, dass die Perspektiven und Erfahrungen der Beteiligten mitberücksichtigt werden. Auch eine Befragung von Fachpersonen der Pflegekinderhilfe würde interessante Einblicke ermöglichen.

Aktenführung in der Pflegekinderhilfe: Erkenntnisse und Anregungen

Die Analyse hat gezeigt, dass die Aktenführung in der Pflegekinderhilfe äusserst heterogen ist. Die einzelnen Fachstellen haben je eigene Erfassungssysteme entwickelt und es gibt Vorgaben für die Fallführung. Diese ermöglichen den Sozialarbeitenden aber dennoch viel Raum für eine individuelle Dokumentation. Welche Daten und Ereignisse wie erfasst werden, variiert daher von Fachstelle zu Fachstelle. Auffallend ist auch, dass zu vielen Punkten im erstellten Raster in den analysieren Akten keine Informationen gefunden werden konnten.

Übergreifend kann gesagt werden, dass die Informationen zur Vorgeschichte und zu den Eigenschaften des Kindes nicht standardisiert erfasst werden und somit lückenhaft sind. Hier könnte ein Raster mit zentralen Angaben zu Vorgeschichte, Entwicklungsstand, Auffälligkeiten und Ressourcen des Pflegekinds Basis für eine umfassende Bedarfs- oder Ist-Analyse legen, deren Ergebnisse protokolliert und als Ausgangsbasis für weitere Entscheidungen dienen könnten. Insbesondere auch dann, wenn Fachpersonen – wie dies in einigen Fällen der Fall war – bereits zu Beginn Bedenken in Bezug auf die Passung bzw. die Stabilität haben. Weiter fällt auf, dass sich in den Akten in Bezug auf die Begründung des Abbruchs nur wenige Informationen finden und die Einschätzungen von Pflegekindern, Pflegeltern und Herkunftseltern in der Regel fehlen. Die Analyse zeigt auch, dass bei Beendigung des Pflegeverhältnisses in den meisten Dossiers nicht vermerkt ist, ob und wie der Kontakt zwischen Pflegekind und Pflegeeltern weiter bestehen bleibt. Diese Frage gilt es bei Beendigung des Pflegeverhältnisses von den Fachpersonen zu klären, um nicht intendierte Beziehungsabbrüche aufgrund ungeklärter Ausgangslage zu vermeiden (vgl. Stohler/Werner in diesem Band). In Bezug auf den Abbruch könnte ein zusammenfassender Bericht mit den Einschätzungen aller Beteiligten sowie eine Reflexion der Fachperson zur Art und Weise der Begleitung vor und während dem Abbruch unter Umständen wichtige Hinweise liefern, einerseits für die nächste Fachstelle, die das Pflegekind nach dem Abbruch weiter betreut, andererseits auch für die Begleitung neuer Pflegeverhältnisse.

Dass die Perspektive des Kindes in den Akten kaum berücksichtigt ist, ist als zentrales, aber für die untersuchte Praxis negatives Ergebnis zu bewerten. Vor dem Hintergrund von Artikel 12 der Uno-Kinderrechtskonvention (2020) als auch der Ergebnisse der Befragung der Pflegekinder (siehe Bombach/Reimer in diesem Band) regen wir an, die Perspektive des Kindes in den Akten konsequent zu erfassen. Dies bedeutet, die Sichtweise des Kindes im Verlauf des Pflegeverhältnisses immer wieder zu erfragen und zu protokollieren. Der Einbezug der Perspektive des Kindes bietet eine differenziertere Grundlage für begründete Entscheidungen der zuständigen Fachpersonen zum Wohle des Kindes.

Partizipation der betroffenen Kinder ist dabei kein Selbstzweck. Mit der Teilhabe an Entscheidungen über ihr Leben wird die Bereitschaft, sich auf das Aufwachsen an einem anderen Ort mit anderen Menschen einzulassen aus sozialpädagogischer Sicht erst möglich (vgl. Gabriel/Tausendfreund 2019).

Die Ergebnisse des Gesamtprojektes zeigen deutlich, dass diese Bereitschaft bereits bei Beginn der Platzierung vorhanden sein sollte und falls nicht, so braucht es Bemühungen der Erwachsenen, diese Bereitschaft des Kindes im Prozess herzustellen.

Literatur

Bombach, C./Gabriel, T./Stohler, R. (2018): Acknowledging the complexity of processes leading to foster care breakdown. In: International Journal of Child, Youth & Family Studies 9 (1), S. 38–60.

Christiansen, Ø./Havik, T./Anderssen, N. (2010): Arranging stability for children in long-term out-of-home care. In: Children and Youth Services Review 32(7), S. 913–921.

Ekins, A. (2009): Placement stability. PART: Practice and Research Together. Retrived from http://www.partcanada.org/member-login?denied=ptype_line_234_no_front_user

Gabriel, T./Tausendfreund, T. (2019): Partizipation aus sozialpädagogischer Perspektive: über die „Bereitschaft sich erziehen zu lassen". In: Reimer D. (Hrsg.): Sozialpädagogische Blicke. Weinheim/Basel: Beltz Juventa, S. 231–241.

Gibson, K./Samuels, G. M./Pryce, J. M. (2018): Authors of accountability: Paperwork and social work in contemporary child welfare practice. In: Children and Youth Services Review 85, S. 43–52. doi: 10.1016/j.childyouth.2017.12.010

James, S. (2004): Why do foster care placements disrupt? An investigation of reasons for placement change in foster care. In: The Social Service Review 78(4), S. 601–627. doi:10.1086/424546

Konijn, C./Admiraal, S./Baart, J./Rooij, F./Stams, G.-J./Colonnesi, C./Lindauer, R./Assink, M. (2018): Foster care placement instability: A meta-analytic review. In: Children and Youth Services Review 96, S. 483–499. 10.1016/j.childyouth.2018.12.002.

Ley, T./Seelmeyer, U. (2014): Dokumentation zwischen Legitimation, Steuerung und professioneller Selbstvergewisserung. In: Sozial Extra 38, S. 51–55.

Lück, D./Baur, N. (2008): Vom Fragebogen zum Datensatz. In: Akremi, L./Baur, N./Fromm, S. (Hrsg.): Datenanalyse mit SPSS für Fortgeschrittene 1. Wiesbaden: VS Verlag für Sozialwissenschaften, S. 22–58.

Oosterman, M./Schuengel, C./Slot, N. W./Bullens, R. A. R./Doreleijers, T. A. H. (2007): Disruptions in foster care: A review and meta-analysis. In: Children and Youth Services Review 29, S. 53–76. doi: 10.1016/j.childyouth.2006.07.003

PAVO (Pflegekinderverordnung) (2020): Verordnung vom 19. Oktober 1977 über die Aufnahme von Pflegekindern. Stand am 1. Januar 2014. https://www.admin.ch/opc/de/classified-compilation/19770243/201401010000/211.222.338.pdf (Abfrage: 17.02.2020).

Price, J. M./Chamberlain, P./Landsverk, J./Reid, J./Leve, L./Laurent, H. (2008): Effects of a foster parent training intervention on placement changes of children in foster care. In: Children Maltreatment 13(1), S. 64–75. doi:10.1177/1077559507310612

Rock, S./Michelson, D./Thomson, S./Day, C. (2015): Understanding Foster Placement Instability for Looked After Children: A Systematic Review and Narrative Synthesis of Quantitative and Qualitative Evidence. In: British Journal of Social Work 45, S. 177–203. doi: 10.1093/bjsw/bct084

Rostill-Brookes, H./Larkin, M./Toms, A./Churchman, C. (2011): A shared experience of fragmentation: Making sense of foster placement breakdown. In: Clinical child psychology and psychiatry 16, S. 103–127. doi: 10.1177/1359104509352894

Uno-Kinderrechtskonvention (2020): Übereinkommen vom 20. November 1989 über die Rechte des Kindes. Stand am 25. Oktober 2016. https://www.admin.ch/opc/de/classified-compilation/19983207/index.html (Abfrage: 17.02.2020).

Unrau, Y. (2007): Research on placement moves: Seeking the perspective of foster children. In: Children and Youth Services Review 29, S. 122–137. doi: 10.1016/j.childyouth.2006.08.003

van Santen, E. (2013): Factors associated with placement breakdown initiated by foster parents: Empirical findings from Germany. In: Child & Family Social Work 20(2), S. 191–201. doi: 10.1111/cfs.12068

van Santen, E. (2017): Determinanten der Abbrüche von Pflegeverhältnissen – Ergebnisse auf der Basis der Einzeldaten der Kinder- und Jugendhilfestatistik. In: Neue Praxis. Zeitschrift für Sozialarbeit, Sozialpädagogik und Sozialpolitik 2, S. 99–123.

Vanderfaeillie, J./Holen, F./Coussens, S. (2008). Why do foster care placements break down? A study on factors influencing foster care placement breakdown in Flanders. In: International Journal of Child & Family Welfare 11, S. 77–87.

Weger, G. (2016): Aktenführung und Berichterstattung. In: SozialAktuell 48 (2), S. 26–27.

Matching – Passungsherstellung und die Stabilität von Pflegeverhältnissen

Clara Bombach und Klaus Wolf

1. Einleitung und Aufbau

Die Stabilität von Pflegeverhältnissen wird von vielen Faktoren beeinflusst, die in komplexer Weise zusammenspielen (vgl. Wolf in diesem Band). Einer der besonders bedeutsamen Faktoren ist das Matching. Darunter kann vorläufig ein „Passungsprozess zwischen Pflegeeltern und Pflegekindern" (Helming 2010, S. 233) verstanden werden. Kindler (2010, S. 321) skizziert die entscheidende Frage so: „Welche Pflegeeltern mit welchen Ressourcen, Kompetenzen, Qualifikationen, Wünschen und Einschränkungen, Grenzen in Bezug auf die Aufnahme passen möglicherweise zum Kind?" Diese – wie zu zeigen sein wird unterkomplexe – Vorstellung, suggeriert, dass das Matching lediglich ein Teil des Entscheidungsprozesses bei der Platzierung des Kindes ist. Mit der Unterbringung ist er abgeschlossen: Es ist – hoffentlich – „die ‚richtige Familie' für ein bestimmtes Kind" gefunden worden (Niedersächsisches Ministerium für Soziales, Frauen, Familie und Gesundheit 2008, S. 9).

Wir werden zeigen, dass dieser Vorstellung ein zu mechanisches und statisches Modell der Passungsherstellung zugrunde liegt und werden ein Prozessmodell skizzieren, das besser in der Lage ist, die Stabilität von Pflegeverhältnissen zu erklären. Stabilität und Instabilität werden dabei nicht als zwei dichotome Zustände verstanden – entweder das Pflegeverhältnis ist stabil oder es ist instabil – sondern als ein offener Prozess. Der kann als Bewegungen auf einem Kontinuum beschrieben und analysiert werden, deren idealtypische Endpunkte vollständige Stabilität oder vollständige Instabilität sind – mit allen graduellen Differenzierungen dazwischen. Dafür brauchen wir geeignete Prozessbegriffe (vgl. Elias 1977). Dies sind bei unserem Thema, der Erklärung von Abbruchprozessen durch geringe Passung, Begriffe wie: Stabilisierung, Destabilisierung, Restabilisierung. Ein relativ stabiler Zustand, kann allmählich erodieren oder plötzlich ins Trudeln kommen und eskalierend weg- und zusammenbrechen (ähnlich Schütze (2006) für die Verlaufskurve des Leidens). Die Mitglieder der Pflegefamilie können einzeln oder als gesamte Familienfiguration Möglichkeiten der Beeinflussung und Steuerbarkeit wahrnehmen und die Stabilitätsverluste bewältigen oder sich allmählich oder plötzlich durch die Destabilisierung in einer für sie nicht mehr beeinflussbaren Situation wahrnehmen, in der sie kaum noch Handlungsoptionen haben und Erfahrungen des Erleidens dominieren. Der Zusammenbruch ist damit das vorläufige Ergebnis eines komplexen Prozesses, den wir hier als Prozess des Passungsverlustes analysieren. Für all diese Phänomene haben wir in den empirischen Daten, die wir und unsere Kolleginnen und Kollegen im Rahmen der internationalen Studie „Abbrüche von Pflegeverhältnissen im Kindes- und Jugendalter" gewonnen haben, vielfache Hinweise gefunden.

Zunächst soll der Stand der internationalen Forschung zum Matching skizziert werden. Darin werden bereits an einigen Stellen Hinweise auf die Notwendigkeit eines dynamischen Prozessmodells deutlich. Anschließend soll das vor dem Hintergrund des Forschungsstandes und der empirischen Daten der Breakdown-Studie entwickelte Prozessmodell der Passung beschrieben werden. Dann werden wir zeigen, wie interessante Phänomene, die in der Breakdown-Studie beschrieben wurden, mit diesem Modell theoretisch gedeutet werden können. Schließlich werden Vorschläge gemacht, wie diese Interpretationen für zwei unterschiedliche Referenzsysteme genutzt werden können: 1. Für die Praxis der Beratung und Begleitung von Pflegeverhältnissen, so dass neue Handlungsoptionen für die Sozialen Dienste und mittelbar und unmittelbar für die Mitglieder der Pflegefamilie entstehen und Leiden reduziert werden können. 2. Die Anschlussmöglichkeiten für die internationale Forschung sollen skizziert werden, um konkret für Prozesse der Stabilisierung von Pflegeverhältnissen und allgemein für die Entwicklung von Prozessmodellen Anregungen zu geben.

2. Schlaglichter auf den Forschungsstand zum Thema Matching: Die vermeintliche Passung von Pflegeeltern und Pflegekindern

Trotz des Ziels, mit Hilfe von Pflegeverhältnissen für Kinder Stabilität in herausfordernden Lebenssituationen herzustellen, kommt es häufig zu Abbrüchen von Pflegeverhältnissen im Kinder- und Jugendalter. Unabhängig von der Benennung – Abbruch, Unterbruch, Platzierungswechsel – sind sich die meisten Forschenden zum Thema einig: „[…] a placement move is a complex phenomenon that is difficult to conceptualize and a challenge to study" (Unrau 2007, S. 122). Zahlreiche Studien setzen sich mit der Frage auseinander, weshalb es zu Abbrüchen kommt, welche Faktoren zu mehr Stabilität beitragen können bzw. welche davon Instabilitäten von Pflegeverhältnissen erzeugen und schlussendlich zu Abbrüchen führen. Einer der häufig genannten Gründe ist die nicht sichergestellte Passung (Matching) zwischen Pflegekind und Pflegeeltern zu Beginn des Pflegeverhältnisses (vgl. Gassmann 2012; Raslan-Allgäuer 2016, S. 88; Sinclair/Wilson 2003; Thoburn 2016; Zeijlmans et al. 2017).

Ein Ausgangspunkt der Frage, weshalb es immer wieder dazu kommt, dass die Passung zwischen Pflegekind und Pflegeeltern nicht sichergestellt werden kann ist das Fehlen von Pflegefamilien (vgl. Hollows/Nelson 2006; Sinclair/Wilson 2003, S. 883; Zeijlmans et al. 2017). Sinclair/Gibbs/Wilson (2005) zeigten z. B. exemplarisch für England auf, dass in ihren Untersuchungen 50 % der Fachkräfte angaben, sie hätten bei der Platzierung eines Pflegekindes gar nicht die Wahl zwischen verschiedenen Pflegefamilien gehabt. In 20 % der Fälle hätten die Sozialarbeiterinnen und Sozialarbeiter angegeben, ein wenig Spielraum, etwas Auswahl („some choice") zu haben. In weiteren 30 % der Fälle war ihnen nicht klar, ob überhaupt Alternativen in Frage gekommen wären. Minty (1999) zeigte in seinem Review zu Untersuchungen von Pflegeverhältnissen in Kanada, Frankreich, den USA und Großbritannien, dass sich Pflegeeltern aus den dargelegten Gründen zu Pflegeverhältnissen bereiterklärten bzw. überredet wurden, die sie ursprünglich gar nicht gewünscht hatten, z. B. wenn sie sich für mehrere Kinder entschieden, obwohl sie sich eigentlich nur zutrauten ein Kind aufzunehmen oder Teenager aufnahmen obwohl sie eigentlich nur Kleinkinder betreuen wollten: „A shortage of foster carers reduces the possibilities for matching between foster family and foster child. It also increases the dangers of ‚stretching', that is, persuading foster carers to accept children outside the categories they have committed themselves to take." (Minty 1999, S. 991)

In den Niederlanden wurde in der Studie von Zeijlmans et al. (2018) ein sogenannter Matcher mit der ernüchternden Aussage zur Passungsrealität zitiert: „And the shortage [of carers] means that the ideal picture, as far as that ever was, well, more and more … resembles very little from what we actually manage to achieve in the end" (S. 5).

Die Prüfung der Eignung potenzieller Pflegefamilien ist für deren Bewilligung sowohl in Deutschland als auch seit 1978 in der Schweiz zwar Pflicht (Art. 316 ZGB). Die Massstäbe bzw. Kriterien und Merkmale für die Auswahl von Pflegefamilien wirken jedoch beliebig, wie Gassmann (2012) für die Schweiz feststellte: Ausschlaggebend seien Familienbilder, die Erfahrungen mit Kindern oder unterschiedliche Erziehungsvorstellungen (S. 14). Zeijlmans et al. (2018) beschrieben, dass Matching in den Niederlanden anhand von „harten Fakten" sichergestellt wird, indem man z. B. Alter, Religion, Gesundheit des Kindes, Herkunft und geographische Nähe zum bisherigen Ort des Aufwachsens auf die Passung der Pflegefamilie hin überprüft. Inwiefern diese Momentaufnahmen Aussagen über das zukünftige Zusammenleben mit Pflegekindern und das Gelingen des Pflegeverhältnisses und die weitere Entwicklung dieser Familienkonstellation verlässlich voraussagen lässt ist durchaus fragwürdig (vgl. Gassmann 2012, S. 15).

Zusätzlich wird für die Passung herausfordernd beschrieben, dass Platzierungen vielfach unter grossem Zeitdruck realisiert werden müssen (vgl. Hollows/Nelson 2006; Waterhouse/Brocklesby 2001). Die z. B. bei Scholte (1997) oder Bullock (2016) empfohlenen detaillierten Schritte der Abklärungen zur Passung vor der Platzierung sind in Fällen von Notfallplatzierungen nicht konsequent realisierbar. Dies ist besonders alarmierend vor dem Hintergrund der Realität, dass Kurzzeitplatzierungen in der Schweiz immer wieder zu Langzeitplatzierungen werden. Ausserdem fehlt es den Pflegekinderdiensten und damit auch den Pflegeeltern häufig an Informationen über das Kind und seine Vorgeschichte (vgl. Andersen 2014; Farmer/Pollock 1999; Kalland/Sinkkonen 2001).

Das bedeutet in der Konsequenz, dass die bestmögliche Passung häufig maximal einen guten Kompromiss darstellt. Das bestätigen auch Zeijlmans et al. (2018) mit ihrer Studie in den Niederlanden: Die Ergebnisse aus einer Interviewreihe mit 22 sogenannten Matchers zeigen, dass sie zwar durchaus das geplante Vorgehen beim Matching („matching as planned") darlegen konnten. In der Realität beschrieben sie aber zahlreiche Abweichungen von dieser Idealform. Vor allem wenn die Platzierungen unter Zeitdruck vollzogen wurden und, ebenfalls eine häufig genannte Realität, zu wenige Informationen über das Kind und seine Vorgeschichte vorlagen. Dann wurden geplante Vorgehensweisen nicht einlösbar, Erwartungen heruntergeschraubt und es kam zu zahlreichen Kompromissen. Intuition und Bauchgefühl der Entscheidungsträgerinnen und -träger spielen in solchen entscheidenden Prozessen eine nicht zu unterschätzende Rolle (vgl. Gassmann 2012; Zeijlmans et al. 2018), bzw. Pragmatismus anstatt standardisierte Planung und Praxis sind häufige Realität (vgl. ebd., S. 6).

Die kleine Auswahl, der Zeitdruck und die fehlenden Informationen widersprechen den Idealvorstellungen vom Matching in Pflegeverhältnissen also häufig. Es ist davon auszugehen, dass unter diesen Umständen auch kaum realistische Zielperspektiven für das Pflegeverhältnis vermittelt und aufgezeigt werden können, was wiederum ein häufig genannter destabilisierender Faktor für ein Pflegeverhältnis ist (vgl. Held 2005).

Wenige Studien beziehen bislang die Perspektive der Pflegeeltern mit ein, wenn Abbrüche von Pflegeverhältnissen im Kinder- und Jugendalter untersucht werden. Wenn ihre Perspektive in Studien mit einbezogen wird, wird v. a. auf deren Beurteilung vom Verhalten der Pflegekinder fokussiert und bislang wenig auf ihre eigenen Erfahrungen mit Abbrüchen (vgl. Khoo/Skoog 2014, S. 256).

Van Santen (2013) konnte in seinen Untersuchungen in Deutschland zeigen, dass Pflegeeltern dann Abbrüche initiierten, wenn ein Missverhältnis entstand zwischen dem was sie den Pflegekindern als Unterstützung und Begleitung anbieten konnten, und dem, was das Pflegekind tatsächlich benötigte an Unterstützung beim gelingenden Heranwachsen zu einem verantwortungsbewussten Individuum (S. 8). Die Ergebnisse decken sich auch mit denen von Brown und Bednar (2006) in Kanada. Ergebnisse aus einer Untersuchung in Schweden zeigen, dass die Pflegeeltern, die einen Abbruch erfahren haben, im Rückblick einfordern, mehr in den Matching Prozess zu Beginn des Pflegeverhältnisses einbezogen zu werden: „More involvement of foster parents in the matching process; including that foster parents need complete information to decide, for themselves, if they are the right family to meet the needs of specific children." (Khoo/Skoog 2014, S. 267). Und nicht nur wünschen sich Pflegeeltern mehr Unterstützung und Informationen zu Beginn des Pflegeverhältnisses. In verschiedenen Studien wird gezeigt, dass sich Pflegeeltern, die einen Abbruch erfahren haben, während des gesamten Pflegeverhältnisses von Fachpersonen nicht ausreichend unterstützt fühlten (vgl. Gehres 2007; van Santen 2013; 2017; Grimm 2003; Kalland/Sinkkonen 2001).

Wilson/Sinclair/Gibbs (2000) konnten ausserdem zeigen, dass Pflegeeltern sich nicht spontan und leichtherzig für das Ende der Unterbringung eines Pflegekindes entschieden, sondern dass sie Entscheidungen lange aufschoben und selbst nach Lösungen suchten und grosse Schuldgefühle hatten, wenn sie es nicht schafften das Kind wie geplant zu betreuen und zu unterstützen (vgl. auch Rostill-Brookes et al. 2011).

3. Theoretisches Modell zum Matching

Ziel des Beitrags ist es, ein theoretisches Modell des Matchings zu entwickeln. Es ist hier bezogen auf Pflegefamilien, kann aber auch darüber hinaus als theoretische Verortung für andere Prozesse der Passungsherstellung verwendet werden. Einige Beobachtungen aus der Untersuchung sollen anschließend im Lichte dieses Modells interpretiert werden.

Das nachfolgend beschriebene Modell wird in der Figurationssoziologie verortet, wie sie Norbert Elias (z.B. 1977; 1981) konzipiert hat. Zum einen wird dort begründet, dass einzelne Zustände nur im Kontext eines Prozesses verstanden werden können, in dem sie sich entwickelt haben und weiterentwickeln werden. Ohne diese dynamische Dimension könnten viele Phänomene dekontextualisiert von den Prozessen ihrer Genese nicht gut verstanden und gedeutet werden. Das erfasst den Blick zurück auf die Vorgeschichte der aktuellen Situation. Außerdem soll die aktuelle Situation nicht vorschnell als Endpunkt einer Entwicklung und fester Status (miss)verstanden werden, weitere Veränderungen sind systematisch zu erwarten, nichts steht fest.

Zum anderen fordert die Figurationssoziologie eine Betrachtung in Interdependenzgeflechten. Auf der konkreten Ebene bedeutet dies, die Prozesse in Figurationen handelnder Akteure zu betrachten und nicht ausschließlich voreilig auf eine einzelne dyadische Beziehung zu fokussieren (hier z.B. Pflegekind – Pflegemutter), sondern weitere Akteure in den Blick zu nehmen (hier z.B.: die anderen Kinder in der Pflegefamilie, den Pflegevater, die Eltern und andere Verwandte). Die Handlungen können für das zu erklärende Phänomen (hier: Passungsbalancen) sehr unterschiedlich relevant sein, aber ihr (auch partieller)

Einfluss ist in den Blick zu nehmen und nicht durch eine Fokussierung auf lediglich zwei Akteure auszublenden.

Auf einer abstrakteren Ebene bedeutet die Betrachtung in Interdependenzgeflechten, das komplexe Zusammenspiel vieler Einflussfaktoren zu untersuchen, dabei ggf. Makro-, Meso- und Mikroebenen einzubeziehen. Auf der Makroebene können für das Matching gesetzliche Regelungen über die Elternrechte und die Konsequenzen für die Perspektivklärung relevant sein.

Ein theoretisches Modell des Matchings hat vor diesem hier sehr kurz skizzierten figurationssoziologischen Hintergrund folgende Merkmale:

1. Passung als Prozess
2. Multiperspektivität von Passung
3. Phasen im Prozess
4. Einbettungszusammenhänge

Dies soll im Folgenden weiter erläutert werden.

3.1 Passung als Prozess

Statische Modelle der Passung und Passungsherstellung sind ungeeignet, zukünftige Entwicklungen differenziert zu antizipieren und führen leicht dazu, dass Optionen in der Beratung und Begleitung von Pflegeverhältnissen übersehen werden. Insbesondere bei der Feststellung der Eignung dieser Familie für dieses Kind werden häufig statische Modelle verwendet – etwa in der Metapher von Schlüssel und Schloss: Wenn sie zueinander passen, dann wird das Pflegeverhältnis stabil sein. Wenn es sich später als instabil erweist, wird dies auf Fehler in der früheren Passungsherstellung zurückgeführt. Für die Beratung kann dies bedeuten, dass die volle Aufmerksamkeit auf die Passungsherstellung am Anfang gerichtet. Wenn die Passung geklärt und festgestellt ist, erscheint eine weitere Beratung und Begleitung für die Stabilität des Pflegeverhältnisses nicht mehr unbedingt notwendig: Schlüssel und Schloss passen zusammen und das bleibt auch so.

Wenn am Anfang die Perspektive des Kindes – z.B. hinsichtlich der Länge der Betreuung in der Pflegefamilie – und die Wünsche der Pflegeeltern ähnlich sind, die Vorstellung der Pflegeeltern zum Alter des Kindes, zu besonderen Merkmalen – etwa von Behinderungen –, zu der Bereitschaft, die Eltern mit einzubeziehen und die Wünsche der Eltern auf Mitgestaltung kompatibel sind, führt dies zu günstigen Startbedingungen für das Pflegeverhältnis. Dieser Zusammenhang gilt insbesondere auch für den negativen Fall der Inkompatibilität. Wenn zentrale Erwartungen und Bedürfnisse schon am Beginn nicht zusammenpassen, steigt die Wahrscheinlichkeit, dass das Pflegeverhältnis von Anfang an instabil ist und sich die Instabilität im weiteren Pflegeverhältnis fortsetzt. Dies wird – wie wir später darstellen werden – bei den Entscheidungen unter Zeitdruck und faulen Kompromissen bei der Platzierung trotz deutlicher Hinweise auf sehr unterschiedliche Vorstellungen deutlich. Deswegen sind diese Klärungen am Anfang wichtig, sie sind aber allein nicht hinreichend.

Auch wenn am Anfang ein hohes Maß an Übereinstimmung besteht, kann dies nicht einfach in die Zukunft verlängert werden. Die einzelnen Menschen entwickeln sich weiter, die oft emotional aufgeladenen Familienbeziehungen entwickeln sich weiter, im beruflichen und privaten Leben der einzelnen Mitglieder geschehen unerwartete Ereignisse – wie z. B. neue berufliche Chancen, Krankheiten, Schwangerschaft, Krisen in der Beziehung der Pflegeeltern und vieles mehr können auftreten. Auch bei den Akteuren außerhalb der Pflegefamilie gibt es Veränderungen – z. B. die Mutter zieht mit einem neuen Partner zusammen, der andere Ambitionen im familialen Leben hat als der vorherige, die Fachkräfte in den Sozialen Diensten wechseln. Nichts steht still und bleibt so wie es immer war, sondern alles fließt – in sehr unterschiedlichen Geschwindigkeiten: manchmal als allmähliche, kaum wahrgenommene Veränderung und manchmal in einem plötzlichen Bruch, der alles ändern kann.

Wenn ein einzelnes Ereignis (raum-zeitliche Verdichtung) die Veränderungen auslöst, kann dies als kritisches Lebensereignis verstanden werden, d. h. die Personen-Umwelt-Passung ist plötzlich außer Balance geraten und muss neu austariert werden (vgl. Filipp/Aymanns 2018). Dies ist ein weiterer theoretischer Anschluss für das Verstehen von Matchingprozessen.

Die Ursachen für den Verlust der Passung können in Veränderungen der einzelnen Person oder in Merkmalen der Umwelt liegen. Sie können sich auf das Pflegeverhältnis auswirken und tun das auch häufig, aber keineswegs liegen die Ursachen ausschließlich im Pflegeverhältnis. Um diese vielfältigen Veränderungen in sehr unterschiedlichen Kontexten, die oft gerade nicht unmittelbar im Zusammenhang mit z. B. der Beziehung oder Bindung des Pflegekindes und der Pflegemutter stehen, zu beachten und hinsichtlich ihrer kurz- und langfristigen Folgen zu reflektieren, benötigen wir ein Prozessmodell des Matchings (ähnlich Gassmann 2012, S. 15; Bullock 2016, S. 16; Zeijlmans et al. 2018, S. 7). Die Passung muss immer wieder hergestellt werden. Die Veränderungen bei den einzelnen Menschen, in den Beziehungen innerhalb der Pflegefamilie, in der Herkunftsfamilien-Pflegefamilien-Figuration und in weiteren Geflechten im Umfeld der Familien erfordern es, die Passung immer wieder neu auszubalancieren. Das ist eine der wichtigen Balanceleistungen, die in der Herstellung des familialen Lebens („doing family") und der Konstruktion von Zugehörigkeit immer wieder erbracht werden müssen.

3.2 Multiperspektivität

Das Erleben und die Deutungen, wann eine hohe Kompatibilität der Vorstellungen besteht, wann und durch was sie erodiert oder wegbricht, was zu tun ist, um sie wiederherzustellen oder eine grundsätzlich neue Balance zu finden, kann sich zwischen den unterschiedlichen Akteuren unterscheiden. Sehr unterschiedliche und kontrastive Deutungen können ihrerseits ein Indikator für verloren gegangene Passungen sein und einen besonders hohen Aufwand bei der Wiederherstellung anzeigen.

Für das Verstehen solcher Entwicklungen ist daher eine multiperspektivische Betrachtung notwendig – sowohl in der Forschung als auch in der professionellen Beratung. Man muss die Perspektiven der verschiedenen Akteure kennenlernen und rekonstruieren wollen und benötigt dafür ein konstruktivistisches Grundverständnis: Die Welt und die konkrete Familie können im Erleben und der Deutung der verschiedenen Menschen sehr unterschiedlich erscheinen. Für den einen besteht z. B. noch eine fraglose Passung, für den anderen ist sie vielleicht schon länger zweifelhaft.

Die Konstruktion von Subsystemen kann den Blick für die Unterschiedlichkeit erleichtern aber auch verstellen. In einer Gegenüberstellung, von der Sichtweise des Pflegekindes einerseits und der der (restlichen) Pflegefamilie andererseits, können Unterschiede bei den anderen Familienmitgliedern nivelliert werden. Sie erscheinen homogener als sie bei näherer Betrachtung sind. Das zeigen z. B. die Untersuchungen zum Erleben leiblicher Kinder der Pflegeeltern (vgl. Marmann 2005; für die Bereitschaftspflege: Lehmann 2017): Die Kinder nehmen manchmal Unterschiede zwischen ihren Interpretationen und denen ihrer Eltern oder zwischen den Eltern wahr, die sie nach außen aber nicht kommunizieren, weil dies als Illoyalität erschiene.

Neben der dynamischen Dimension des Prozessmodells ist die Multiperspektivität ein zentrales Merkmal für ein theoretisches Modell des Matchings. Dadurch wird die Komplexität, der das Modell gerecht werden muss, noch einmal deutlicher gesehen.

Die Folgen einer statischen und eindimensionalen Darstellung sollen an einem Beispiel illustriert werden. Eine verbreitete Deutung der Pflegeeltern für verlorene Passung ist die Pubertät ihres Pflegekindes (vgl. z. B. Krüger/Büttner 2016). In deren Erlebens- und Attributionsmuster wird dann oft eine lange Phase der Stabilität und Passung erlebt, die durch die Pubertät – also eine Veränderung in der Person des inzwischen jugendlichen Pflegekindes – bedroht wird. Diesem geradezu schicksalhaft verlaufenden physischen und psychischen Veränderungsprozess im Pflegekind fühlen sich die Pflegeeltern ausgeliefert. Er hat in den Ursachen nichts mit ihnen zu tun, betrifft sie und ihr Leben aber stark.

In der Betrachtung eines statischen Modells gerät ein stabiler Zustand mehr oder weniger plötzlich („die Pubertät bricht aus") in einen neuen Zustand. Die

Begleitung und Beratung richtet sich – folgt der begleitende Dienst dieser Deutung – auf die Pubertätsfolgenbearbeitung.

Orientiert sich der Dienst hingegen an einem multiperspektivischen Prozessmodell kann er mit den beteiligten Menschen auch die kleinen Veränderungen betrachten und reflektieren. Er fokussiert nicht nur auf Änderungen in der Person des Pflegekindes („Pubertät", „wohl doch Fetales Alkoholsyndrom" usw.), sondern auf das größere Spektrum an Einflussfaktoren und kann die Aufmerksamkeit auch auf die bisherigen Erfahrungen und Erfolge im immer wieder neuen Ausbalancieren der Passung, gerade auch in den Phasen ohne krisenhafte Verschiebungen, richten.

3.3 Phasierung

Betrachtet man das Matching als langen Prozess, der bei den Entscheidungen über die Auswahl der geeigneten Pflegefamilie beginnt und über das Zusammenleben im gemeinsamen Haushalt hinausragen kann, macht es Sinn, unterschiedliche Phasen der Passungsherstellung und des Passungsverlustes zu unterscheiden. Es geht dann um die Unterscheidung von Phasen und die Beschreibung von Übergängen zwischen den Phasen. So können unterschiedliche Muster in Matchingprozessen analysiert werden, die durch die spezifische Folge der Phasen gebildet werden. Wir gehen davon aus, dass diese Muster in jedem einzelnen Fall anders ausfallen und eine Struktur des einzelnen Pflegeverhältnisses bilden. Im Folgenden sollen einige solcher möglichen Phasen skizziert werden. Die Darstellung kann nicht vollständig sein – dafür wäre eine umfassendere Empirie zu Matchingprozessen nötig – aber sie kann das Phasierungskonzept illustrieren.

Am Anfang ist in der Fremdpflege eine Phase eines ersten Matchings durch Organisationen der Sozialen Arbeit zu erwarten. Für die Praxis Sozialer Dienste spielen dabei die Konzepte der allgemeinen und der spezifischen Eignungsprüfung und -prognose eine wichtige Rolle: Nach welchen Kriterien wird die grundsätzliche Eignung von Pflegeelternbewerbern geprüft und auf welche Merkmale richtet sich die Aufmerksamkeit im Entscheidungsprozess, welche Familie für dieses konkrete Kind geeignet ist? Sie müssen schließlich über die Platzierung eines Kindes in einer bestimmten Pflegefamilie entscheiden, sich eine Vorstellung von den Merkmalen der Pflegefamilie erarbeiten, die für das unterzubringende Kind passen könnte. Dabei können ganze Bündel von Merkmalen bedacht oder vernachlässigt werden. So können die Wünsche der Pflegefamilie oder einzelner ihrer Mitglieder in Bezug auf das Alter, Geschlecht, Behinderung, vielleicht auch auf die Ethnie oder Religion des für sie in Frage kommenden Kindes berücksichtigt werden. Die Wünsche der Eltern, ob in ihren Augen die Unterbringung ihres Kindes in einer Pflegefamilie überhaupt in Frage kommt, welche Merkmale – etwa in Bezug auf räumliche Nähe, kulturelle oder religiöse Ausrichtung, Bereitschaft, sie selbst bei der Erziehung ihres Kindes weiterhin zu beteiligen – die Pflegefamilie ihres Kindes haben soll. Spätestens bei Kindern im Alter von drei oder vier Jahren stellt sich auch die Frage nach der Beteiligung der Kinder an den für sie oft existenziellen Entscheidungen (vgl. Gabriel 2013). Gerade hierzu zeigt die im Folgenden im Detail präsentierte Untersuchung gravierende Defizite. Diese Entscheidungen werden fast immer als Matching bezeichnet und oft mit einem statischen Modell durchgeführt: Am Ende steht die Entscheidung, ob die Pflegefamilie hinreichend geeignet ist oder nicht. In die Entscheidungen fließen auch Sachzwänge ein, die aus einem zu geringen Angebot an geeigneten Pflegefamilien entstehen. Dabei kann es dann zu den vorher beklagten faulen Kompromissen kommen. Das Matching erscheint in der Organisationslogik abgeschlossen, wenn es zur Platzierung in der Pflegefamilie gekommen ist. Das hier dargestellte Prozessmodell betrachtet den Prozess hingegen lediglich als begonnen.

Eine Anmerkung erscheint noch wichtig: In der Verwandten- und Netzwerkpflege gibt es oft lange vor einem offiziellen Entscheidungsprozess durch Soziale Dienste bereits begonnene Matchingprozesse und Entscheidungen. Dies wird hier nicht weiter ausgeführt, ist in diesem wichtigen Teil der Pflegekinderhilfe aber zu berücksichtigen. Das Prozessmodell kann für dieses Matching vor dem offiziellen Matching den Blick öffnen.

Wenn aus Sicht der Sozialen Dienste das Matching mit der Platzierung des Kindes abgeschlossen ist, tritt es für die Pflegefamilie, das Kind und die Eltern in eine nächste Phase. Auch hier unterscheiden sich die Logiken der Organisation (Platzierungsentscheidung abgeschlossen, Prozess bis auf weiteres beendet) von der der beteiligten Menschen. Mit dem Einzug des Kindes beginnt für das Kind der Eintritt in eine neue Familienkultur (vgl. Reimer 2008), für die Pflegefamilie beginnt ein Prozess der Transformation einer Familie zur Pflegefamilie (wenn dort bisher kein Pflegekind, aber andere Kinder gelebt haben) oder von einem Erwachsenhaushalt zu einem Familienhaushalt (vgl. Wolf 2015), für die Eltern ggf. die Transformation in eine neue Elternrolle und eine gravierende Umstellung des privaten Lebens. Hier finden vielfältige Prozesse statt, die oft Merkmale von kritischen Lebensereignissen erfüllen und immer wieder Neujustierungen, Such- und Integrationsbewegungen, Rollenklärungen und Abstimmungsprozesse erfordern – also komplexe Passungsherstellungsprozesse, nicht nur schlichte Eingewöhnung. Wenn das Modell des Matchings im Zusammenleben der Familie nur auf die Eingewöhnung des Pflegekindes reduziert wird, werden alle Aktivitäten der Passungsherstellung nur vom Pflegekind verlangt: Die Familie ist wie sie ist und das Kind ist neu und soll sich einfügen. Das ist problematisch. Wenn die Familie sich hingegen als ein flexibles, lernfähiges System betrachtet, das sich mit der Aufnahme eines neuen Mitglieds wandelt, werden die Integrationsleistungen breiter angelegt. Ein leistungsfähiger Sozialer

Dienst kann den Prozess, wenn er diesem Selbstverständnis folgt, begleiten und unterstützen.

Gelingt dies, kann diese Phase in dem Gefühl enden, dass eine Passung erreicht ist und eine Übergangsphase abgeschlossen ist. Richard Müller-Schlotmann (1998) hat analysiert, wie unterschiedlich dieser Prozess für Kinder verläuft, die vorher primär Gewalterfahrungen oder für die, die Vernachlässigungserfahrungen gemacht hatten. Das zeigt, dass und wie bisherige Lebenserfahrungen diese Prozesse beeinflussen können.

Im Erleben der Pflegeeltern, vielleicht auch des Kindes und seiner Eltern kann damit der Passungsherstellungsprozess als abgeschlossen erscheinen. Nun ist die Integrationsphase beendet, das Kind hat seinen Ort im Leben und Haushalt gefunden, ist möglicherweise zu einem Mitglied der Pflegefamilie geworden. Auch das ist nicht zwangsläufig so, wie die Untersuchung von Reimer (2016) zum Normalitätserleben gezeigt hat. Tatsächlich ist der Prozess aber nicht abgeschlossen. Er befindet sich vielleicht in einer Konsolidierungsphase ohne gravierende Veränderungen. Aber die Menschen entwickeln sich weiter. Die Kinder werden älter und finden neue Antworten auf ihre jeweiligen allgemeinen und pflegekinderspezifischen Entwicklungsaufgaben (vgl. Gassmann 2010). Die Pflegeeltern entwickeln Sinnkonstruktionen für ihre Tätigkeit als Pflegeeltern und den Belastungen und Freuden, die damit verbunden sind (vgl. Gassmann 2018; Schäfer 2011). Auch die Eltern suchen und ändern Antworten auf Fragen, warum es sich so mit ihnen und ihren Kindern entwickelt hat (vgl. Faltermeier 2001). Aus dem Zusammenspiel dieser Entwicklungen kann sich eine Drift entwickeln, die die Gemeinsamkeiten und damit die Passung reduziert. Sie kann eine gewisse Zeit unbemerkt bleiben oder von den Familienmitgliedern unterschiedlich intensiv wahrgenommen werden. Eine gute Begleitung kann die Verschiebungen und Strömungen im Untergrund vielleicht bemerken, zum Thema machen und beim Neuausbalancieren behilflich sein. Das kann – wie es bei den Abbruchprozessen analysiert und an anderen Stellen des Buches beschrieben wird – dramatische Formen annehmen, aber das muss nicht der Fall sein. Weil Entwicklung stattfindet, Menschen neue Erfahrungen machen und bisherige neu interpretieren ist lediglich eines sicher: Es bleibt nichts einfach konstant. Wenn die Beratenden einem Prozessmodell folgen, werden sie davon nicht sehr überrascht und können die Prozesse so begleiten, dass ihre Adressatinnen und Adressaten immer wieder Handlungsoptionen finden. Ein Einfrieren der einmal erreichten Passung ist nicht möglich, aber es kann (und muss) immer wieder eine neue Passung auf einer neuen Grundlage gefunden werden.

Die Partizipation der Kinder und Jugendlichen ist dabei sowohl für die Herstellung der Passungsbalance am Anfang als auch die Bewältigung der Drift eine Schlüsselkategorie. Sie sind eigene Akteure, machen sich ihre eigenen Gedanken und haben Gefühle. Hier wirkt sich ein paternalistisches Verständnis von Kindern in Not sehr ungünstig aus. Wenn die Erwachsenen meinen, sie wüssten sowieso immer am besten, was gut für das Kind ist – allemal für das traumatisierte, gestörte Kind – erscheinen deren Hinweise auf einen Passungsverlust und deren Beteiligung an der Neujustierung überflüssig. Das ist ein gravierender Fehler und kann zu Ohnmachtserfahrungen führen. Gerade wenn die Beziehungen auseinanderdriften und Gemeinsamkeiten erodieren, ist eine aktive Teilhabe der Kinder für den Erfolg der Restabilisierung in einer neuen Passungsbalance wichtig. Geschieht dies nicht, werden eskalierende Entwicklungen wahrscheinlicher.

Trotz einer am Anfang geringen Übereinstimmung der Perspektiven kann sich eine Passung entwickeln („fängt an zu Laufen"). Das bedeutet nicht, dass eine sorgfältige, in partizipativen Prozessen entwickelte gemeinsame Vorstellung nicht so wichtig sei, unterstreicht aber eine relative Offenheit des Prozesses. Eine gute Begleitung kann zunächst schwierige Passungsprobleme entschärfen.

Schließlich endet die Passungsherstellung auch nicht mit dem Auszug, des z.B. erwachsenen Pflegekindes aus dem gemeinsamen Haushalt. Die Kontakte verändern sich, die Beziehung zur Herkunftsfamilie wird oft wieder neu justiert, das Gefühl von Zusammengehörigkeit wird stärker oder schwächer oder steht zur Disposition. Es gibt, wie die Untersuchung zur Entwicklung der Pflegekinder im Erwachsenenalter zeigt, auch dann noch erhebliche Turbulenzen (vgl. Reimer/Petri 2017). Die dabei zu beantwortenden Fragen der Pflegeeltern und des (ehemaligen) Pflegekindes können auch als Prozesse der anhaltenden Passungsherstellung und des Ringens um gemeinsame Deutungen der Zeiten im Zusammenleben und danach gedeutet werden.

3.4 Einbettungszusammenhänge

Es ist schon an einigen Stellen angedeutet worden, dass die Ursachen für einen Passungsverlust nicht nur in intrapsychischen Veränderungen einzelner Familienmitglieder (unzureichendes Erklärungsmodell „Pubertät") oder in einzelnen dyadischen Beziehungen in der Pflegefamilie liegen, sondern auch in Prozessen außerhalb der Pflegefamilie. Ein theoretisches Modell muss diese Interdependenzen systematisch in den Blick nehmen. Hier werden sie als Einbettungszusammenhänge bezeichnet.

Im Bild einer Kameraführung, die zunächst ausgehend von der Fokussierung auf das Pflegekind die Kamera immer weiter zurückzieht, so dass ein immer größeres Interdependenzgeflecht sichtbar wird, erscheinen die Einbettungszusammenhänge so:

- Im Mittelpunkt steht zunächst das Pflegekind. Seine Entwicklung erfordert immer wieder neue Passungsbalancen in der Pflegefamilie und – was später deutlich werden wird – auch im weiteren Umfeld außerhalb der Pflegefamilie (z. B. neue Freunde, Schulwechsel).

- In der nächsten Stufe werden die Beziehungen in der Pflegefamilie erfasst: zu den einzelnen Pflegeeltern und ggf. zu anderen Kindern in der Pflegefamilie. Hier kann es weitere Veränderungen geben, die neue Passungsbalancen erfordern.
- Die Kamera noch etwas weiter zurückgezogen, geraten die Beziehungen von Pflegefamilie und Herkunftsfamilie in den Blick. Die Pflegefamilie ist eine Figuration in einer größeren Figuration: der Herkunftsfamilien-Pflegefamilien-Figuration (vgl. Wolf 2015). Veränderungen in der Herkunftsfamilie und in deren weiterer Verwandtschaft können auf die Pflegefamilie und das Pflegekind ausstrahlen, wenn z. B. unerwartet Aktivitäten zur Rückführung des Kindes gestartet werden.
- Auf der nächsten Ebene werden dann die anderen Beziehungen wahrgenommen: die der Kinder z. B. in der Schule oder im Freundeskreis und die Arbeitsbeziehungen, Freunde, Freizeitbeziehungen der einzelnen Pflegeeltern.
- Die Kontakte zu Sozialen Diensten, vielleicht einem Pflegeelternverband, vielleicht medizinischen und therapeutischen Fachkräften und Organisationen werden nun sichtbar und können auf die Passungsbalancen ausstrahlen.
- Noch etwas entfernter können die Strukturen im engeren und weiten Sozialraum Einfluss nehmen, etwa die allgemeinen Freizeitangebote für die Kinder, Treffpunkte der Pflegeeltern, sozialen und politischen Veränderungen in den Lebensbedingungen des Ortes.
- Schließlich – in einer relativ großen Bewegung der Kamera – können Änderungen der Gesetzgebung, die z. B. die Rechte von Kindern, Eltern, Pflegeeltern und die Rechtsprechung verändern grundsätzlich Einfluss nehmen, z. B. auf die Gestaltung von Umgangskontakten oder Rückführungsentscheidungen.

Einzelne Menschen erscheinen so in einem Geflecht von anderen Menschen und Strukturen, die von unmittelbaren Interaktionen und Beziehungen bis zu Makrostrukturen reichen. Die unterschiedlichen Ebenen können im Einzelfall relativ wichtig oder unwichtig sein. Grundsätzlich können sie aber alle Prozesse in der Pflegefamilie beeinflussen und sind deswegen zu beachten. Die Einbettungszusammenhänge außer Acht zu lassen, führte zu einer Dekontextualisierung der Entwicklungen in der Pflegefamilie und würde wichtige Erkenntnisse verhindern und zu der in der Pflegekinderhilfe nicht gerade seltenen Engführungen auf Einzelfaktoren beitragen.

Im Folgenden werden nun Einblicke in die Empirie aus den Untersuchungen zu Abbrüchen von Pflegeverhältnissen im Kindes- und Jugendalter in der deutschsprachigen Schweiz gewährt, um den Blick, den das hier gezeigte theoretische Modell auf Passungsprozesse ausweitet, empirisch zu illustrieren und seine Relevanz herauszuarbeiten.

4. Das Prozessmodell in der Anwendung: Empirische Befunde aus den Untersuchungen in der Schweiz

Wie haben die Pflegefamilien und Pflegekinder den Matchingprozess im internationalen Forschungsprojekt „Unerwartete Abbrüche von Pflegeverhältnissen im Kindes- und Jugendalter" erlebt? Wie wurde aus ihrer Sicht die Passung sichergestellt, welche Erfahrungen wurden beschrieben, wenn es darum ging Passungsprozesse anzustossen oder wiederherzustellen?

Von 2014 bis 2017 forschte ein internationales Team des Instituts für Kindheit, Jugend und Familie der ZHAW Soziale Arbeit[1], der Universität Siegen in Deutschland und der Universität London in England unter dem Titel „Foster Care Placement Breakdown".[2] Ziel der Studie war es, mögliche Gründe zu ermitteln, die dazu beitragen, dass Pflegeverhältnisse zum Abbruch kommen. Welche Faktoren spielen bei Abbrüchen eine Rolle und wie gestalten sich die Prozesse, die zu einem Abbruch führen? Ziel der Studie war es darüber hinaus, die Handlungsoptionen der Sozialen Dienste zu verbessern. Weitere Details zur Studie finden sich im einleitenden Text dieses Buches (Gabriel/Stohler).

In der Studie wurde eine qualitative Mehrebenen-Analyse durchgeführt, basierend auf dem konzeptionellen Rahmen des GOETE Projekts (vgl. Walther 2009). Mit Hilfe dieses Zugangs wurde die Interaktion zwischen Subjekten und sozialen Konfigurationen auf unterschiedlichen Ebenen untersucht. Unterschiedliche qualitative Dimensionen von Beziehungen auf Mikro-, Meso- und Makro-Ebene wurden untersucht, um Abbruchprozesse zu erfassen. Durch diese Methode konnten verschiedene Perspektiven auf diesen Ebenen untersucht und auch deren Interaktionen dargestellt werden. Gerade an den Verbindungspunkten zwischen den Ebenen wurden „theoretisch sensitiv" (vgl. Strauss/Corbin 1990) unterschiedliche Dimensionen von Bedeutung und Signifikanz im Abbruchprozess aus der jeweils untersuchten Perspektive gezeigt und miteinander in Verbindung gebracht.

---

1   Genauer: Zürcher Hochschule für Angewandte Wissenschaften (ZHAW), Departement Soziale Arbeit, Institut für Kindheit, Jugend und Familie.
2   Informationen zum Forschungsprojekt unter www.zhaw.ch/no_cache/de/forschung/forschungsdatenbank/projektdetail/projektid/861/ [03.05.2020].

4.1 Einbezug von Pflegekindern und Pflegeeltern in den Schweizer Studienteil

Über verschiedene Netzwerke wurden (ehemalige) Pflegekinder in der deutschsprachigen Schweiz auf das Forschungsprojekt aufmerksam gemacht und auf die Möglichkeit hingewiesen, im Rahmen von Interviews über ihre Erfahrungen mit beendeten Pflegeverhältnissen berichten zu können.[3] Von insgesamt 13 halbstrukturierten Interviews wurden zwölf an den Orten geführt, die die (ehemaligen) Pflegekinder selber vorschlugen; ein Gespräch fand telefonisch statt, weil die Person sich im Ausland befand. Die ehemaligen Pflegekinder wurden gebeten, ihr Leben vor, während und nach dem Abbruch zu beschreiben. Insgesamt wurde zu 20 Pflegeverhältnissen auch die Pflegeelternperspektive erfasst, teilweise wurden Pflegeeltern als Paar interviewt, teilweise stellte sich pro Abbruchserfahrung nur ein Teil der Pflegeeltern – meistens die Pflegemutter – für ein Gespräch zur Verfügung. Die Pflegeeltern waren zum Teil sehr erfahrene Pflegeeltern, die bereits zahlreiche Kinder betreut hatten, andere hatten zum ersten (und nach eigenen Angaben auch zum letzten) Mal ein Pflegekind in ihrer Familie aufgenommen (weitere Details zum Sample vgl. Stohler/Werner in diesem Band).

Die Pflegeeltern und die Pflegekinder hatten alle unterschiedliche Pflegeverhältnisse erlebt und beschrieben. Aus Datenschutzgründen wurde nur in einem Fall – wegen eines ausdrücklichen Angebots der beiden Parteien (Pflegeeltern und Pflegekind) – ein Interview zu demselben Pflegeverhältnis aus beiden Perspektiven geführt.

Um die zugesicherte Anonymität zu gewährleisten, sind alle im vorliegenden Artikel genannten Namen und zum Teil auch Details zu den interviewten Personen abgeändert worden (z. B. Zahl der Geschwister). Die Zitate wurden für diesen Artikel aus dem Schweizerdeutschen ins Hochdeutsche übersetzt und werden sprachlich geglättet wiedergegeben.

Das methodische Vorgehen wurde an anderer Stelle ausführlich dargelegt (vgl. Gabriel/Stohler und Bombach/Reimer im vorliegenden Band).

4.2 Pflegekinder, die die Erfahrung machen, fremdbestimmt platziert zu werden

In der Schweiz wurden ehemalige Pflegekinder danach gefragt, wie das Pflegeverhältnis aus ihrer Sicht eigentlich zustande gekommen war. In den Interviews erstaunte die Frage die Pflegekinder immer wieder: Warum sie genau in diese

---

3 Der Aufruf lautete: „Hast Du mal in einer Pflegefamilie gelebt und bist früher dort weggegangen als geplant oder gedacht?"

Pflegefamilie gekommen waren, war ihnen auch im Rückblick häufig nicht klar. Aus der Sicht der Pflegekinder war nicht zu entnehmen, dass Fachpersonen aus ihrer Perspektive viel Zeit und Mühe in die Passungsherstellung zu Beginn des Pflegeverhältnisses investiert hätten.

Diejenigen, die als Säuglinge und Kleinkinder in die Pflegefamilien platziert wurden, erinnerten sich meistens nicht mehr an den Beginn. Die älteren Pflegekinder, die sich an die Platzierung erinnern konnten, beschrieben, dass sie an der Wahl der Pflegefamilie wenig bis gar nicht beteiligt waren. Sie äusserten aber zahlreiche Vermutungen: Sie hätten durch die Platzierung in dieser Familie nicht die Schule wechseln müssen, lebten in unmittelbarer Nähe zur Herkunftsfamilie, kannten die Pflegefamilie schon von Ferienplatzierungen und/ oder weil sie mit der Herkunftsfamilie befreundet bzw. bekannt war oder weil sie konkrete Voraussetzungen erfüllte, die sich die Pflegekinder gewünscht hatten. Diese Wünsche bezogen sich darauf, dass sie mit ihren Geschwistern in der Familie leben konnten oder dass die Pflegefamilie Haustiere hatte. Es fiel in den Interviews mit Pflegekindern auf, dass die Liste der Dinge, die sie von dem neuen Lebensort zum Zeitpunkt der Platzierung wussten, erstaunlich klein war: Sie wussten wie viele Menschen in der Familie lebten, ob sie Haustiere hatte, teilweise auch welche Berufe die Pflegeväter ausübten. Die Liste der Informationen, die sie nicht hatten, zu denen die Pflegekinder gerne mehr gewusst hätten oder die sie dann mit dem Platzierungsbeginn interessierte, war deutlich länger:

„Ich wusste nicht viel (lacht). Also ich wusste, dass sie halt viele Tiere haben, und er seine Hundezucht, und dass sie im kaufmännischen Bereich arbeitet und das wars dann auch so ungefähr schon alles" (Diana).

„Also ich nehme an, weil meine Grosseltern und die Pflegefamilie in der gleichen Freikirche sind. Und die kannten sich halt aus dem Dorf und so. Und … ja dann hat man wahrscheinlich einfach gedacht, das ist die optimale Lösung" (Julia.)

„Meine Pflegemutter wurde von der FPO[4] angefragt, ich glaube die kennen sich auch gut. Also sie kennen sich auch privat und dann hat sie sie mal angefragt und nachher hats geheissen ja … So also so hab ich das mitbekommen, so sei das gewesen (lacht)" (Peter).

Die interviewten Pflegekinder – sofern sie sich noch daran erinnern konnten – hatten unterschiedliche Erfahrungen bei der Platzierung gemacht. Allen Erfahrungen war jedoch gemeinsam, dass „die" – gemeint waren damit jeweils agierende Erwachsene von Behörden und Organisationen – letztendlich entschie-

---

4   FPO ist die Abkürzung für Familienplatzierungsorganisation.

den und bestimmten, was sich in der häufig verwendeten semantischen Figur des „es hat geheissen" bzw. „die haben entschieden" deutlich zeigte. Häufig geschah die Platzierung unerwartet und schnell. Wenn nicht immer für sie selbst, so habe die Platzierung aus der Sicht der Fachkräfte und Pflegeeltern, so vermuteten die ehemaligen Pflegekinder, doch sicher irgendwie Sinn gemacht.

Bei den passungsrelevanten Entscheidungen erfahren die Kinder sich also nicht als selbstwirksame Akteure, sondern das Handlungs- und Entscheidungszentrum liegt bei den Organisationen und Pflegefamilien, in seltenen Fällen auch bei der Herkunftsfamilie. Für das Ergebnis – größere oder geringere Passung – sind sie also auch nicht zuständig, beteiligt und mitverantwortlich.

In den Interviews mit den Pflegekindern wurden auch Ohnmachtserfahrungen geschildert, die mit der Platzierung in die Familie verbunden waren: Es gab Kinder, die nichts von ihrer Platzierung wussten, bis sie in der Pflegefamilie waren. Ein Mädchen erinnerte sich noch an die Information ihrer leiblichen Mutter, sie würden jetzt gemeinsam eine befreundete Familie besuchen. Dass die Mutter dort dann bei einem vermeintlichen Gang aufs WC aber die Wohnung verlassen und ihre Tochter bei einer Pflegefamilie lassen würde, war auch viele Jahre nach Ende des Pflegeverhältnisses für das Mädchen schwer verständlich und im wahrsten Sinne des Wortes nicht zu fassen.

Einige der Pflegekinder hatten mehrere Umplatzierungen erlebt. Die Erfahrung, nicht beteiligt zu werden, wiederholte sich dabei. Jugendliche, die einen konflikthaften Abbruch erfahren hatten, erlebten, dass sie bei der Suche nach einer Anschlusslösung aussen vor blieben, was dem Gefühl einer Bestrafung gleichkam: Die Jugendlichen, die einen Abbruch erlebten, nachdem sie gelogen, gestohlen, sich aktiv Regeln widersetzt hatten – hatten sie auch noch so gute Gründe dafür – erfuhren strafende Herausnahmen aus Pflegefamilien, bei der sie ihre Rechte auf Beteiligung offensichtlich verwirkt hatten. Die Jugendlichen hatten den Eindruck, dass sie den Fachkräften schon so viel Mühe und Kummer bereitet und „denen" schon so viel Geld gekostet hatten mit ihrem Verhalten, dass die festgelegte Entscheidung nun einfach zu akzeptieren sei, wie es eine interviewte junge Frau einordnete:

„Das haben die mir so entschieden. Die haben dann alles, alles ausgesucht" (Elli).

4.3 Pflegekinder, die nur eine vermeintliche Wahl haben

Pflegekinder ab dem Teenager-Alter erlebten auch, dass sie von ihren Beistandspersonen in die Wahl der Pflegefamilie mit einbezogen wurden. Es wurde jedoch deutlich, dass die Vorauswahl der Familien – die sich, folgt man den Schilderungen der Jugendlichen – nur minimal voneinander unterschieden, bereits im Vorfeld stattgefunden hatte:

„Also, ich durfte schon erst die Familie kennenlernen. Und dann haben sie gefragt: ‚Ja willst Du denn da hin?‘ Da hab ich gesagt: ‚Ja okay, wir können es ausprobieren‘ und eine Woche später bin ich dann gleich in die Familie gekommen“ (Elli).

Ein Mädchen erinnerte sich, dass sie an einer Sitzung mit ihrer Beiständin an einem Tisch Figuren aufgestellt bekam, die die Konstellationen der zwei Pflegefamilien verdeutlichen sollten:

„Die hat dann Figuren aufgestellt und meinte: ‚Das ist die eine Familie und das ist die andere. Zu der einen Familie gehören die, zu der anderen die. Die eine ist Familie x und die andere Familie y.‘ Und dann hab ich so gesagt: ‚Okay, die kenne ich beide! Ich gehe lieber zu der einen, weil es dort eben die Vorteile gibt und ja.‘ […] Ich kannte die eine Familie besser, ihren Sohn kannte ich schon seit Kindergartenzeiten, und ich dachte das würde besser gehen, weil die andere kannte ich wirklich zu schlecht und die kannte ich eben besser“ (Sandra).

In diesem Fall waren beide Pflegefamilien dem Kind bekannt – was die Beiständin offenbar nicht wusste und sich für das Kind als Vorteil herausstellte. Das Pflegekind hatte den Eindruck, sich vor dem Hintergrund seines Wissens entscheiden zu können, weil es die Vorteile der einen Familie kannte. Wäre dies nicht der Fall gewesen ist fraglich, wie eine solche Aufstellung von Figuren Kinder in die Situation bringt, dass sie Entscheidungen treffen können. Das Mädchen im Interview beschrieb es als zufälliges Glück, dass sie wusste, für welche Familie sie sich entschied.

Andere Jugendliche berichten, dass ihnen eigentlich „alles egal“ war, sofern eine von ihnen festgelegte Voraussetzung erfüllt war. Ein Mädchen wollte nach jahrelanger Heimerfahrung „Familie erfahren und Familienleben erlernen“ und war deshalb mit dem Vorschlag einer Pflegefamilie einverstanden. Ein Junge wollte unbedingt mit seiner Schwester platziert werden: „[…] Nur das wollte ich. Und ansonsten war mir eigentlich alles egal […].“ (Michael). Die erste Pflegefamilie, die ihm das ermöglichte, erfüllte damit alle Kriterien, die er selbst wünschte.

Andere ehemalige Pflegekinder berichteten davon, dass sie bei einer oder zwei Pflegefamilien „schnuppern“, sie „ein bisschen austesten“ gehen durften. Das bedeutete, dass die Pflegefamilie besucht wurde, die Wohnung und der neue Schulweg gezeigt wurde:

„Ich hab mir halt beide Pflegefamilien je einen Tag angeschaut und dann war es einfach bei der einen kein gutes Gefühl. Und dann habe ich mich halt für die andere entschieden“ (Diana).

Die Vorstellungen vom „Schnuppern“ entsprachen dann aber selten dem gelebten Alltag und der Realität. Ein Mädchen, dass sich für eine Pflegefamilie entschieden hatte, weil sie den Eindruck hatte, man würde auf ihrem Bauernhof mit den vielen Kindern und Tieren locker und gemütlich beisammen sein und vertraut zusammenleben war dann ziemlich erschrocken darüber, als sie merkte, dass ihre Pflegemutter ihr am Anfang nicht traute, sehr streng war und ihr erstmal „feste Zügel anlegte" (Leyla). Auch andere ehemalige Pflegekinder berichten, dass die „Eingewöhnungsphase" zu Beginn des Pflegeverhältnisses herausfordernd war. Die Kinder fühlten sich einsam und fremd, wie diese junge Frau es eindrücklich erinnert:

> „Es war ein bisschen komisch und auch schwierig. Weil du hast dich halt völlig fremd gefühlt. Du kanntest niemanden und alles und dann halt am Anfang ist es eh immer so, dass du ungefähr zwei Wochen dortbleiben musst bist du wieder nach Hause darfst und so und dann, keine Ahnung, ich habe halt manchmal ein bisschen Mühe bis ich mich so an die neuen Situationen gewöhnt habe und ja, alles ist neu, kennst nichts und niemanden" (Diana).

4.4 Pflegekinder, die einfach bleiben

Jugendliche Pflegekinder beschrieben, dass sie sich selbst für eine Pflegefamilie entschieden, indem sie bei einer Kurzzeitplatzierung (z. B. während eines Timeouts oder während einer Ferienplatzierung) erklärten, sie wollten viel lieber in dieser Familie bleiben als in die eigentliche Pflegefamilie zurückzukehren. Es gab Pflegekinder, die auf diesem Wege erfolgreich ein Ende eines Pflegeverhältnisses hervorbrachten, in dem sie nicht länger leben wollten. Sie suchten sich selbständig Anschlusslösungen oder „besetzten" einfach einen Pflegeplatz und stellten somit das Hilfesystem und damit auch die neue Pflegefamilie vor gemachte Tatsachen (vgl. Bombach/Reimer in diesem Band; Bombach et al. 2018; Bombach et al. 2020):

> „Dann bin ich dorthin gekommen, wäre eigentlich nur für zwei Wochen geplant gewesen und ich hab dann aber doch so schon in der ersten Stunde gefunden: Ich will hierbleiben" (Leyla).

Den Pflegekindern war bewusst, dass die Pflegefamilie in solchen Fällen keine Möglichkeit hatte sich auf das neue Pflegeverhältnis ausreichend vorzubereiten:

> „Das hat sich eigentlich so ergeben, also, es war keine bewusste Entscheidung meiner Pflegefamilie mich jetzt irgendwie, also, dass sie jetzt mal ein Pflegekind gewollt hätten oder dass sie bewusst nach einem Ausschau gehalten hätten. [...] Die sind einfach da reingerutscht" (Lana).

122

Dies wirft auch Fragen zur Entscheidungsgrundlage der Pflegeeltern auf, die für die nachhaltige Stabilität des Pflegeverhältnisses relevant werden können.

4.5 Pflegeeltern, die passen, weil sie Platz haben

Die Pflegeeltern wurden in den Interviews gebeten zu erzählen, wie sie zu der Pflege von den Kindern gekommen sind, mit denen sie einen Abbruch des Pflegeverhältnisses erlebt hatten. Einige von ihnen waren vor dem Beginn des Pflegeverhältnisses bereits erfahrene Pflegeeltern, andere hatten Interesse daran zukünftig Pflegeeltern zu werden, wieder andere hatten gar nicht vor Pflegeeltern zu werden. Wie händeringend Pflegeeltern gesucht wurden, war auch den Pflegeeltern klar:

„Pflegefamilien gibt's zu wenige. Eigentlich gibt's einige Kinder die eigentlich eher in eine Familie passen als in eine Institution" (Pflegevater von Susi).

In einem Interview wurde ein Fall beschrieben, in dem für Pflegekinder in einer Gemeinde mit Hilfe von Ausschreibungen an schwarzen Brettern im lokalen Supermarkt und mit Hilfe von Flugblättern Pflegeeltern gesucht wurden.

In anderen Beispielen wird spürbar, wie die angefragten Pflegeeltern von Zeit zu Zeit auch unter Druck gerieten, als Personen aus der Gemeindeverwaltung bei ihnen telefonisch anfragten, ob sie sich nicht vorstellen könnten ein bedürftiges Kind aufzunehmen:

„Dann hat uns die Gemeinde angefragt ob wir ein Zimmer frei hätten, ob wir die Möglichkeit hätten und wir haben dann zugesagt" (Pflegemutter von Tim).

Auch andere Pflegeeltern berichteten in den Interviews, dass sie „stadtbekannt" waren, sie einen guten Ruf hatten, man sie überall gut kannte (Pflegemutter von Marvin, Pflegemutter von Tina). Die direkt an sie gerichtete Anfrage für ein Pflegeverhältnis wurde als Respektbekundung an sie und ihre Familie betrachtet. Die Anfragen zu verneinen, konkret das Ablehnen eines bedürftigen Kindes, hätte möglicherweise ein Verlust dieser Anerkennung bedeutet.

Alle von den interviewten Pflegeeltern hatten zunächst einmal „Platz" für ein oder mehrere Pflegekinder – eine grundsätzliche Voraussetzung für das Minimum an Passung: passt räumlich. Raum und Platz im Haus oder der Wohnung zu haben, „einen Platz frei haben": Diese Voraussetzungen mussten erfüllt sein, um ein Pflegeverhältnis überhaupt ins Auge zu fassen. Die Pflegeeltern erinnerten sich an Anfragen von Fachstellen und Behörden, die sie bei einer Anfrage für ein Pflegeverhältnis auch darauf hinwiesen: „Ihr habt doch Platz". Der

Platz erscheint dann als zentrale Kategorie und nicht als eine unverzichtbare Bedingung neben vielen weiteren.

4.6   Pflegeeltern, die passen, weil sie die richtigen sind

Eine weitere Aussage, die von den Pflegeeltern im Nachhinein häufig zitiert wurde, war der Eindruck der Fachpersonen das Kind könne doch zur Familie *„passen"*. Die Pflegeeltern selbst überprüften diese Anfragen mit dem Abgleich ob das Alter der Pflegekinder zu dem Alter der anderen in der Familie lebenden Kinder passte und welche Ressourcen zur Verfügung standen: Hätte die Mutter aufhören müssen zu arbeiten? Wäre die Familie bereit, auch mehrere Kinder aufzunehmen?

Einige Pflegeeltern berichteten, dass sie ohne vorher mit einer Familienplatzierungsorganisation (FPO)[5] oder Behördenmitgliedern je in Kontakt gewesen zu sein und das Interesse an einer Pflegefamilienplatzierung signalisiert hatten, kontaktiert und direkt angefragt wurden, ob sie sich nicht eine Platzierung in ihrer Familie vorstellen könnten. Eine Pflegemutter erinnert sich: „Wir haben jetzt nicht irgendwie ein Pflegekind gesucht" (Pflegemutter von Marvin). Als sie von einer Freundin, die bei einer FPO arbeitete, immer wieder die Geschichte eines Jungen hörte, über den die sich viele Gedanken machte, sprach sie immer wieder mit ihr darüber. Als die Freundin sie dann darauf aufmerksam machte, sie habe doch „Platz" und „das würde sicher passen", überlegte sie ob es eine Option wäre den Buben bei sich aufzunehmen:

> „Die hatten das Gefühl, der würde zu uns passen, wir hätten ja noch ein bisschen Platz. […]. Das war für uns also nie angedacht und dann ist aber sehr schnell für uns alle klar gewesen, dass wir es probieren wollen" (ebd.).

Die Informationen über das Kind, die die Pflegeeltern bei den Anfragen erhielten, betrafen die besonderen körperliche Konditionen (z. B. Übergewicht, Bedarf für besondere medizinische Betreuung), Verhaltensauffälligkeiten oder wo sie gerade grosse Probleme hatten, z. B. mit der Herkunftsfamilie oder in der Schule. Einige Informationen über Krankheiten und die Belastungen der leiblichen Eltern konnten in den Interviews wiedergegeben werden und waren vor

---

5   Gemäss Keller (2012) umfasst der Begriff Familienplatzierungsorganisation, kurz FPO, alle privaten Organisationen, „die im Auftragsverhältnis Kinder in Pflegefamilien platzieren und weitere Dienstleistungen im Rahmen der Platzierung anbieten" (S. 6). In der Schweiz hat sich an Stelle der Bezeichnung FPO mittlerweile auch der Begriff „Dienstleister in der Pflegefamilie", kurz DAF, etabliert. DAF und FPO werden als Begriffe synonym verwendet (vgl. Seiterle 2017, S. 30).

Platzierungsbeginn bekannt. Immer wieder erzählten Pflegeeltern davon, dass man ihnen „süsse Kinder" angekündigt hatte, die einen Platz wie den bei ihnen einfach brauchten. Oder es wurde angekündigt, wie „schlecht es dem Kind geht", es wurde von „ihrem Schicksal" erzählt, was die Pflegeeltern berührte. Manchmal wurden auch Fotos der Kinder gezeigt oder ein Termin zum „Anschauen" der Kinder vereinbart.

Einer der interviewten Pflegeväter fühlte sich ausgesprochen gut informiert, war der Meinung, dass „man es gar nicht besser hätte vermitteln können, was da für ein Paket kommt" (Pflegevater von Jonas). Aber auch dieser Pflegevater berichtet, wie die anderen interviewten Pflegeeltern auch, dass das tatsächliche Zusammenleben dann wieder ein ganz eigener „Realitätsschock" war. Darin wird die Prozessdimension sehr deutlich: Man weiß eigentlich alles („was für ein Paket"), aber dann kommt es doch anders.

Und es fiel dann auch vielen auf, was sie nicht wussten und einige von ihnen machten die Erfahrung, dass wichtige Informationen erst mit der Zeit zum Vorschein kamen.

Es gab Pflegeeltern, die davon berichteten, dass sie den Eindruck hatten, die Pflegekinder würden gerade *ihre* Unterstützung brauchen. Pflegeeltern, die als Sozial- oder Heilpädagoginnen und -pädagogen fachliches Hintergrundwissen mitbrachten waren sich sicher, dass sie deshalb Anfragen erhielten, weil sie Erfahrung und besondere Kenntnisse mitbrachten. Eine Pflegemutter erhielt eine Anfrage für ein Kind mit einer Behinderung. Sie hatte zuvor bereits ein Kind mit dieser Behinderung begleitet und fühlte sich von den Fachpersonen als ebensolche angesprochen und wertgeschätzt (Pflegeeltern von Betti).

Pflegeeltern fühlten sich „von der Geschichte berührt" (Pflegemutter von Marvin), die ihnen von den Kindern bekannt war und waren bei den ersten Begegnungen mit den Kindern sehr bewegt. Die hier im Folgenden zitierte Pflegemutter hatte gerade ihr Interesse bei einer FPO ausgesprochen, sich vorstellen zu können mal irgendwann Pflegekinder bei sich aufzunehmen:

> „Und dann klingelt das Telefon, ist jemand von der Institution an der Leitung: ‚Wir haben da eine Anfrage von einem Geschwisterpaar, wir sollten Pflegeeltern haben. Wollen sie die Kinder mal anschauen?' Eben, die haben auch kurz präsentiert, ihr Alter und so und ja, war eben etwas abrupt alles. Und dann sind wir dorthin gegangen, haben die zwei Kinder gesehen, ja, die zwei Knöpfe, […] ein sehr bewegender Moment. […] Also ich meine wer kann bei zwei so süssen Kindern nein sagen, das war dann schon wirklich ein Bauchentscheid. Also, das ist dann relativ schnell entschieden gewesen, dass wir das machen. Ja, ja, ja" (Pflegemutter von Stephan).

Gefühle von Sympathie und Anteilnahme waren dann immer wieder der entscheidende Grund dafür sich für das Pflegeverhältnis bereitzuerklären. Ein Pflegevater bezeichnete das im Rückblick als naiv und idealistisch:

„Ich glaube letztendlich sind wir sehr naiv da rein gestartet. Und mit sehr viel Herz, das machen wir heute ganz anders, muss ich sagen. Mit sehr viel Idealismus. Wir haben das so ein bisschen in dem Stil gearbeitet im Sinne: Wir gegen die ganze Welt. Und schon auch mit dem Punkt, dass er [das Pflegekind] einfach unser Herz berührt hat. Das war eben einfach alles so ein bisschen auf der Gefühlsebene" (Pflegevater von Jonas).

Das Pflegekind berührt das Herz und die angefragten Pflegeeltern sagen spontan zu. Das ist ein guter Start, aber auf längere Sicht erweist er sich auch als naiv, vielleicht zu sehr nur auf der Gefühlsebene. Trägt das über die ganze Zeit? Die Sinnkonstruktionen der Pflegeeltern müssen ein weiteres Fundament bekommen, damit die damalige Entscheidung und das heutige Leben auch als gut begründbar, vernünftig und richtig erscheinen.

Eine Pflegemutter hörte nach der ersten Begegnung ebenfalls in sich hinein, fragte sich:

„Sprechen die Kinder mich gleich an? Kann ich das? Kann ich da was zum Laufen bringen oder läuft da was zwischen uns, fängt da was an zu laufen zwischen uns? Vielleicht auch ein Stück weit Sympathie? […] Ich denke es macht ja auch noch einen Unterschied: Was weiß man eigentlich von dem Kind? […] Man lässt sich ein auf ein Überraschungspaket" (Pflegemutter von Hans).

Besonders eindrücklich sind auch die Schilderungen aus verwandtschaftlichen Pflegeverhältnissen. Hier gab es Hinweise auf besondere Verantwortungsgefühle bei der Übernahme der verwandten Pflegekinder. Eine Frau beobachtet über Jahre ihre Nichte dabei wie sie verschiedene Pflegeverhältnisse wechselte, Probleme in der Schule entstanden, sie anfing zu klauen und zu lügen und erklärte sich dann schlussendlich bereit, das Mädchen bei sich aufzunehmen, obwohl sie eigentlich nie Pflegemutter hatte werden wollen: „Naja, auf jeden Fall habe ich dann einfach gesagt: ‚Dann nehme ich sie, Punkt.' Ob das gehe? […]" Nachdem die Fachstelle die Räumlichkeiten angeschaut hatte und Abklärungen vorgenommen wurden „[…] hiess es dann, ich könnte sie haben und dann kam sie auch schon, hat sich sehr gefreut, dass sie bei mir sein kann" (Pflegemutter von Alma).

Der Funke, der am Anfang überspringt, oder das klare Verantwortungsgefühl am Start sind wichtig und bilden eine erste Basis. Aber in den Mühen des Alltags, in the long run des Pflegeverhältnisses tragen diese Gefühle allein oft nicht sicher genug. Da müssen weitere Erklärungen für andere und für sich selbst gefunden werden, warum es damals richtig war das Kind aufzunehmen, vielleicht oft warum es trotzdem – trotz der aktuellen Schwierigkeiten – heute auch noch richtig ist. Die Weiterentwicklung dieser Sinnkonstruktionen, ihre Ergänzungen als Alternative zu den zweifelhaft gewordenen Begründungen und aktuell andersartigen Gefühlen interpretieren wir als eine wichtige Dimension der andauernden Passungsherstellung. Der Hinweis, am Anfang waren sie sich doch so sicher und wollten es unbedingt, nützt dafür nicht viel. Es müssen immer wieder neue Antworten auf die Frage gefunden werden „Warum machen wir das eigentlich?"

4.7 Wenn alles ganz schnell geht: Passung? Es ging einfach los!

Auch wenn vereinzelt Pflegeeltern den Eindruck hatten gut auf das bevorstehende Pflegeverhältnis vorbereitet zu sein so ging es allen zwanzig befragten Pflegeeltern so, dass die Realisierung des Pflegeverhältnisses dann schlussendlich als „ziemlich schnell", „plötzlich" „Schlag auf Schlag" „von einem Tag auf den anderen", „abrupt", „zack zack" erfahren wurde: „Dann ist das relativ rasch gegangen, es gab keine lange Kennenlernzeit." Diese Geschwindigkeit löste bei Pflegeeltern auch Stress, Ängste und Unsicherheiten aus, führte auch zu Druck und dem Gefühl, eigentlich gar nicht mehr in aller Ruhe dafür einstehen zu können, was man eigentlich wollte:

> „Ja, dass wir gerade ja sagen mussten, zack, und jetzt müssen wir sofort. Dann war sie wirklich von einem Tag auf dem anderen bei uns" (Pflegevater von Paula).

Die Pflegeeltern versuchten dann, mit den Situationen zurecht zu kommen. Eine Pflegemutter beschrieb den Start des Pflegeverhältnisses mit dem Gefühl in die Situation hineinzugeraten und sich damit abfinden, bzw. sich darin einfinden zu müssen: „Ich bin einfach reingerutscht" (Pflegemutter von Sevim). Ein Pflegevater beschrieb den Start des Pflegeverhältnisses so: „Man wird halt ins kalte Wasser geworfen" (Pflegevater von Susi).

Neben Pflegeeltern, die einen besonderen Draht und Sympathie beim ersten Kennenlernen sogleich fühlten und sofort ein Zusammengehörigkeitsgefühl hatten und den Pflegeeltern mit fachlichem Hintergrund, die der Meinung waren, die Pflegekinder bräuchten gerade sie als Pflegeeltern, gab es aber auch immer wieder Pflegeeltern, die meinten, dass die Auswahl des Pflegekindes Zufall war und es auch hätte jedes andere Kind sein können:

> „Und so war es dann. Wir hatten ein Zimmer frei. Und das war jetzt einfach die Franziska, es hätte auch jemand anderes sein können" (Pflegemutter von Franziska).

4.8 Pflegekinder und Pflegeeltern, denen die Perspektiven nicht klar sind

Pflegeeltern und Pflegekinder berichten häufig davon, dass ihnen die Perspektive der Platzierung nicht klar war: Wie lange würde das Kind bei den Pflegeeltern leben? Während die Pflegeverträge Langzeitperspektiven auftaten, z. B. bis einschließlich Ende der Ausbildung des Kindes vereinbart wurde, sah die Realität manchmal ganz anders aus: Herkunftsfamilien wünschten die zeitnahe Rückplatzierung oder die Kinder erzählten den Pflegeeltern, dass sie zeitnah eine Rückkehr in die Herkunftsfamilie erwarteten. In einem Fall hatten die Pflegeeltern den Eindruck, sie würden das Pflegekind nur kurzzeitig betreuen, hatten das Kind dann aber mehrere Jahre bei sich:

„Es war ursprünglich nicht so geplant. [...] Wir sind eigentlich davon ausgegangen, dass es nach zwei Jahren eine Rückplatzierung geben würde" (Pflegemutter von Stephan).

In ein paar Beispielen waren die Perspektiven über mehrere Jahre hinweg nicht geklärt oder alle Beteiligten hatten unterschiedliche Auffassungen davon, wie lang das Pflegeverhältnis bestehen sollte, was für die Pflegeeltern ausserordentlich belastend war.

In einigen Beispielen waren zunächst Kurzzeitplatzierungen geplant, die sich Schritt für Schritt immer wieder verlängerten:

„Und dann ist er (der Pflegesohn) geblieben. Der hätte eigentlich dann nach den Ferien irgendwann mal kommen sollen und der ist gar nicht mehr gegangen" (Pflegemutter von Tim).

Besonders herausfordernd war für Pflegeeltern, wenn sie sich nicht gegen ein Kind entscheiden und sich gegenüber ihrem „Auftraggeber" nicht unglaubwürdig machen wollten, und sich andererseits nicht einzufordern getrauten, was sie eigentlich an Unterstützung benötigten. Sie waren hin- und hergerissen zwischen der Freude einerseits, dass sich Kinder bei ihnen wohlfühlten und einfach bleiben wollten: „Er wollte halt unbedingt zu uns kommen" (Pflegevater von Jonas). Gleichzeitig erfuhren sie dadurch aber auch sehr herausfordernde Veränderungen in ihrem Leben.

Pflegeeltern berichteten von der Vorstellung zunächst einmal ein gemeinsames Kennenlernen einzuplanen, wobei sie sich auf die im Vertrag festgehaltene „Probezeit" beriefen, bevor sie dann gemeinsam entscheiden wollten, ob die Platzierung längerfristig ins Auge gefasst werden konnte:

„Hab ich zur Sevim (der Pflegetochter) gesagt: ‚Gut komm mal zuerst schnuppern, schau mal rein ob dir das hier gefallen würde [...] und dann können wir schauen ob es zu Stande kommt" (Pflegemutter von Sevim).

Aus den Interviews mit den Pflegeeltern geht klar hervor, dass dieses „Ausprobieren" und die gemeinsame „Probezeit" nur in Ausnahmefällen realisiert werden konnte, wie in dem Fall von diesem Pflegeverhältnis, in dem ein Pflegevater sich erinnert:

„Und ich glaube einfach so, ein bisschen von der Art und Weise her, haben wir uns gleich sehr gut verstanden. Und Jonas (der Pflegesohn) fand dann auch, dass er sich das vorstellen könnte. Dann hatten wir so eine zweiwöchige Probezeit wo er dann quasi mal zwei Wochen bei uns in den Ferien war. Obwohl er noch einen Platz oder ein Zimmer im Heim hatte. Und dann hat ihm das so gefallen in den zwei Wochen, auch mit unseren Kindern die wir damals schon hatten, dass er sich wirklich so wohl gefühlt hat und dann haben wir uns entschieden, dass wir den Weg gehen" (Pflegevater von Jonas).

Das ‚Ausprobieren' war in der Form aber häufig gar nicht möglich, es wurden Verträge unterschrieben, häufig über mehrere Jahre vereinbart, dass das Pflegekind im Pflegeverhältnis verbleiben würde. Ausserdem bestand häufig ein realer Zeitdruck bei Platzierungen: Wenn ein Kind z.B. eingeschult wurde oder nach der Sommerpause ein neues Schuljahr begann und ein Schulwechsel durch die Platzierung anstand. Eine Familie, die durchaus Bedenkzeit gebraucht hätte, fühlte sich durch den Schulstart des Kindes dazu gedrängt sich für die Platzierung zu entscheiden.

Für die Passung bedeutet dies, dass die Pflegeeltern (und vielleicht das Kind und andere auch) sich noch gar nicht sicher sind, ob es passt, da geht es schon los. Die Passung muss und kann erst unterwegs hergestellt werden. Wenn dann die Überzeugung und das Gefühl entstehen, dass es nicht passt, sind Korrekturen schwierig und können tief in das Leben des Kindes und der Pflegefamilie eingreifen. Dann kann die Arbeit an der Passungsherstellung notwendig werden und grundsätzlich auch erfolgreich sein. Dies ist aber ein mühsamer und oft beratungsintensiver Prozess.

5. Fazit: Blinder Fleck gegenwärtiger Praxis der Passungsherstellung zwischen Pflegeeltern und -kind

Der am Anfang eingeführte Forschungsstand zum Thema Matching und Abbrüchen in der Pflegekinderhilfe deckt sich mit den Ergebnissen aus dem Studienteil in der Schweiz: Pflegekinder und Pflegeeltern berichten – wenn überhaupt – dass es Passungsbemühungen in der Phase der Vorbereitungen auf das anstehende Pflegeverhältnis gab: Pflegeeltern wurden über ein paar Eckdaten des „Schicksals" des Kindes informiert und Pflegekinder erinnern sich, dass sie im günstigsten Falle wussten wie viele Personen in der neuen Familie lebten, ob es dort Haustiere gab und wo die Familie wohnte. Ein paar der Pflegeeltern hatten sich zum Zeitpunkt, „als das Telefon klingelte" und ihnen von einem „süssen Kind" erzählt wurde, gerade erst bei einer Informationsveranstaltung über Pflegeelternschaft unverbindlich informiert. Die Prüfung der Eignung der Pflegeeltern an und für sich dürfte in diesen Fällen auch erst nachträglich vollzogen worden sein.

Das statische Verständnis einer Passung zu Beginn des Pflegeverhältnisses kann mit dem empirischen Befund erweitert werden, dass es fachlich auszureichen scheint, wenn eine beteiligte Partei (Pflegeeltern und/oder Pflegekind) einverstanden und der Meinung ist, dass das Pflegeverhältnis passt: In den Akten in der Schweiz wurde ersichtlich, dass die Fachpersonen auch offen ihre Zweifel zum Pflegeverhältnis äusserten, aber trotzdem eine Platzierung bewilligten (vgl. Stohler/Ibrahimi/Gabriel in diesem Band). In anderen Beispielen schilderten Pflegekinder, dass sie mit der Platzierung einverstanden, aber zu Beginn weder Fachpersonen noch Pflegeeltern darüber informiert waren, wenn z.B. ein Kind in einer Entlastungsfamilie verbleiben wollte, obwohl nur eine Ferienplatzierung und eine anschließende Rückkehr in die Pflegefamilie vorgesehen war.

Dass Kinder und Erwachsene, wie oben im theoretischen Modell erarbeitet, ausreichend informiert waren bzw. sich ausreichend informiert fühlten, alle ihre Erwartungen darlegen und Wünsche besprechen konnten, ist in den in der Schweiz untersuchten Pflegeplatzierungen nicht bekannt. Aus den Interviews entsteht zudem der Eindruck, dass wichtige Bezugspersonen des Kindes nicht in die Entscheidungs- und Passungsfindung mit einbezogen waren. Eher könnte, wie oben dargelegt, von „faulen Kompromissen", die unter Zeitdruck entstanden sind, die Rede sein. Das Verständnis der Pflegekinderhilfe, Passung gerade zu Beginn herstellen zu können und darin dann auch perspektivisch fortwährende Passung zu antizipieren, wird aus den Fallanalysen ersichtlich. In den Interviews wird für diese Zeit zu Beginn des Pflegeverhältnisses tatsächlich noch von einem vergleichsweise häufigeren Fachpersonenkontakt gesprochen. Danach ebben die Besuche ab, bzw. werden nur auf Anfrage der Pflegeeltern erstattet und v.a. in „schwierigen Zeiten" werden von Seiten der Pflegeeltern die Kontakte als rar erfahren. Pflegekinder erfahren das Interesse der Fachpersonen an ihnen dann besonders gross, wenn sie sich nicht „gut und angepasst verhalten" (vgl. Bombach/Reimer in diesem Band). Und Pflegeeltern beschreiben sich als zurückhaltend dann, wenn sie z.B. im Konfliktfall eigentlich Unterstützung benötigen. Diese Themen werden an anderer Stelle im vorliegenden Band ausführlich diskutiert und an dieser Stelle nicht wiederholt (vgl. Stohler/Werner in diesem Band). Dass die Passung im Verlaufe gerade bei den Pflegeverhältnissen, die mit einem Abbruch enden, verloren gehen kann und der Bedarf einer prozesshaften Nachjustierung bzw. dem frühzeitigen Erkennen der nicht länger vorhandenen und nicht wieder herstellbaren Passung gross ist, um Übergänge einzuleiten und zu begleiten, ist von besonderer Relevanz.

6. Konsequenzen für die professionelle Praxis und die weitere Forschung

Zum Abschluss möchten wir einige Konsequenzen aus den vorgestellten Ergebnissen und Überlegungen für zwei unterschiedliche Referenzsysteme vorschlagen.

6.1 Konsequenzen für die professionelle Praxis

Für die Praxis der Beratung und Begleitung von Pflegeverhältnissen, machen wir einige Vorschläge, die sicher durch weitere Ideen von Fachkräften aus der Praxis der Pflegekinderhilfe in der Schweiz und in Deutschland ergänzt werden können.

Die Vorschläge beziehen sich zum einen auf die Phase der Planung und des Beginns des Pflegeverhältnisses und zum anderen auf den weiteren Verlauf des Pflegeverhältnisses im Umgang mit Stabilisierungs-, De- und Restabilisierungsprozessen.

Um für ein Kind eine Pflegefamilie zu finden, die für die Betreuung dieses Kindes günstige Voraussetzungen mitbringt, ist es notwendig, dass überhaupt eine Auswahl an Pflegeeltern und Pflegefamilien möglich ist. Bei einem starken Mangel an Pflegefamilien ist es sehr unwahrscheinlich, dass eine filigrane Passung erreicht werden kann. Es muss eine der Pflegefamilien genommen werden, die überhaupt zur Verfügung stehen und nicht von vornherein ausgeschlossen sind. Sowohl in der internationalen Literatur als auch in dieser Untersuchung wurde deutlich, wie grob die Passungsherstellung bereits am Beginn des Pflegeverhältnisses oft war. Die Zahl der Pflegefamilien wird auch von makrostrukturellen Bedingungen beeinflusst: die finanzielle Ausstattung der Pflegefamilien, die Qualität ihrer Betreuung und die rechtliche Stellung der Pflegeltern spielen hier zusammen. Die erheblichen Unterschiede der Unterbringungsraten in Pflegefamilien im internationalen Vergleich zeigen die Variationsbreite (vgl. Thoburn 2007). Auch Familienkonzepte und -ideale in den Pflegekinderdiensten und der gesamten Gesellschaft beeinflussen, wer als grundsätzlich geeignete Familie in Frage kommt: auch Ein-Elternfamilien, berufstätige Pflegemütter, gleichgeschlechtliche Paare, Familien mit Migrationsgeschichte? Die Antwort auf die Frage ob die Vielfalt an familialen Lebensformen in der Gesellschaft auch in der Pflegekinderhilfe abgebildet ist, bestimmt die Sektoren in denen

Suchbewegungen nach geeigneten Familien stattfinden und damit auch die Erfolgsquote. Solche Interdependenzen mit anderen Themen spielen eine Rolle und können hier nur kurz erwähnt werden.

Spezifischer fassen lassen sich die Merkmalsgruppen, die bei differenzierten Überlegungen zur Passungsherstellung zu bedenken wären:

- Merkmale in der Person des Kindes: etwa sein Alter, seine bisherigen Lebenserfahrungen und ihre Folgen, Behinderungen, Geschlecht und Migrationshintergrund. Können und wollen sich die potenziellen Pflegeeltern ein Zusammenleben mit diesem Kind vorstellen?
- Merkmale in der Zusammenarbeit mit den Eltern und dem Herkunftssystem: Können sich die Eltern eine gedeihliche Zusammenarbeit mit diesen Pflegeeltern vorstellen und umgekehrt?
- Perspektive: Passen die geplante Perspektive – zeitliche Dauer, Rückkehroptionen, Beheimatung – und die Vorstellungen der Pflegeeltern zusammen? Werden Eltern und Pflegeeltern an der Perspektivklärung intensiv beteiligt und tragen sie das Ergebnis mit?

Werden diese Merkmale berücksichtigt, finden die Einschätzungs- und Entscheidungsprozesse vor dem Hintergrund eines Geflechtes von sich gegenseitig beeinflussenden Faktoren statt und eine die Qualität der Prognosen reduzierende Engführung auf einen einzelnen Faktor wird vermieden.

Die Untersuchung zeigt, dass eine 100-prozentige Übereinstimmung nicht unbedingt notwendig und wahrscheinlich auch in einer weit entwickelten Pflegekinderhilfe kaum möglich ist. Die Passung kann sich auch im Verlaufe des Pflegeverhältnisses entwickeln. Der begleitende Dienst kann aber bei deutlichen Diskrepanzen seine Aufgabenfelder in der Begleitung von Anfang an präziser fassen, wenn er sie differenziert analysiert hat.

Eine Schlüsselkategorie für die Stabilität ist die Beteiligung der Kinder und Erwachsenen an der Platzierungsentscheidung, der Umsetzung der Entscheidung und der Bewältigung der Aufgaben und Probleme im Verlauf. Hier waren die Befunde alarmierend, es gab viele Schilderungen von Erfahrungen völlig fehlender Partizipationsmöglichkeiten. Wenn wir davon ausgehen, dass Soziale Dienste nicht böswillig die Kinder, Eltern und Pflegeeltern außen vor lassen, müssten im einzelnen Dienst die Faktoren analysiert werden, die zu erheblichem Zeitdruck und anderen Partizipationsbarrieren führen. Wenn man bedenkt, welcher erhebliche Aufwand in der Bearbeitung und Verwaltung von Instabilitätskrisen oder bei Abbruchprozessen notwendig wird, ist alleine schon unter zeitökonomischen Gesichtspunkten eine hinreichende Beteiligung der zentralen, Stabilität beeinflussenden Akteure sinnvoll – von der menschlichen Seite der Ohnmachtserfahrungen ganz abgesehen, in deren Vermeidung sich sozialpädagogische Legitimation beweisen muss.

Die Beteiligung der Akteure mit ihren unterschiedlichen Sichtweisen und manchmal Interessen erfordert eine Moderation in einem Spannungsfeld (vgl. Wolf 2016), die die Fachkräfte leisten können und sollten. Eine starke einseitige Parteilichkeit kann dies erschweren. Wünschenswert ist auch eine Rolle als faire Moderatorinnen oder Moderatoren, die darauf achten, dass alle zu Wort kommen, die anderen ihnen wohlwollend zuhören und die Übereinstimmungen und die Diskrepanzen herausgearbeitet werden. Dann kann die Analyse, inwiefern es am Beginn passt und wo es nicht so passt, zu einer Sensibilisierung für die zukünftigen Aufgaben der Entwicklung von Passungsbalancen führen. Nicht die Einordnung in einen binären Code – passt versus passt nicht – sondern die differenzierende Einschätzung und die daraus abgeleiteten Aufgaben tragen dazu bei.

Im weiteren Verlauf des Pflegeverhältnisses müssen immer Antworten auf die Entwicklungen und Veränderungen bei den Mitgliedern der Pflegefamilie, in den weiteren Beziehungsgeflechten und bei den Sozialen Dienste gefunden werden. Hierbei sind die Mitglieder der Pflegefamilie immer wieder auf die Beratung und Begleitung durch den Pflegekinderdienst angewiesen und hierbei ist der Dienst eine unverzichtbare Ressource. Gerade wenn die Fachkräfte die Symptome für erodierende Sinnkonstruktionen, auseinanderdriftende Passungen und Bewältigungsversuche der Kinder richtig deuten können, gewinnen sie einen Überhang, der sie in die Lage versetzt die Restabilisierungsbemühungen zu unterstützen und Deutungen, die zu Eskalationen führen würden („das undankbare Pflegekind", „das negative Erbe der Eltern bricht durch", „unsere ganze Mühe war vergeblich"), abzuschwächen oder zu vermeiden. Eine Praxis, die ausschließlich die Passung am Anfang im Blick hat und die Pflegefamilie anschließend allein lässt, lässt sich nun noch weniger legitimieren als vorher. Eine kontinuierliche Begleitung des Pflegeverhältnisses auf der Basis einer allmählich entwickelten Vertrauensbeziehung wird als Schlüsselqualitätsmerkmal erkannt.

6.2 Konsequenzen für die internationale Forschung

Diese Untersuchung und das skizzierte Modell können als Zugang zu Passungsprozessen über die Pflegekinderhilfe hinaus verstanden werden. Am Beispiel der Passung von Kind, seinem Herkunftssystem und der Pflegefamilie wurden Prozessdimensionen beschrieben, die für die Analyse von Stabilität beeinflussenden Dramaturgien auch in anderen Feldern, insbesondere bei familialen Figurationen genutzt werden können. Auch beim Start von Patchworkfamilien oder wenn nach der Trennung der Eltern eine bizentrale Figuration mit zwei Haushalten und Lebensorten für das Kind entsteht, finden länger andauernde Prozesse der Neujustierung der Passung statt, die als Bewältigungsversuche von Destabilisierungsprozessen interpretiert werden können.

Auch für die weitere theoretische Ausformung des Konzeptes der kritischen Lebensereignisse bieten die Ergebnisse Anregungen: Das Personen-Umwelt-Gleichgewicht erscheint nun als ein Zwischenergebnis eines ständigen Prozesses von Gleichgewichtsherstellung, -verlust und -wiederherstellung. Die subjektiven Bewältigungsversuche können so in der Prozessdimension komplexer analysiert und verstanden werden.

Schließlich werden in einer klinisch orientierten und vorrangig auf die Pathologien der Kinder fixierten Forschung die erkenntnisbezogenen Grundlagen oft nicht explizit ausgeführt, begründet und hinsichtlich ihrer Erkenntnismöglichkeiten sowie der durch sie ausgelösten „blinden Flecken" diskutiert. Klinische Treatmentmodelle der Interventionen werden gerade auch in Teilen der internationalen Pflegefamilienforschung als allgemeingültig vorausgesetzt.

Diese multiperspektivische Untersuchung und das skizzierte Prozessmodell regen aber dazu an, Fachdiskussionen über grundlegende Merkmale von Erklärungsmodellen komparativ zu führen. Dann wird deutlich, dass die Interdependenz- und Prozessmodelle sowohl andersartige Erkenntnisse hervorbringen als auch neue und andere Handlungsoptionen professioneller Dienste befördern können. Damit wird eine Entwicklung zu komplexen Interdependenzmodellen, wie sie im internationalen Raum gerade begonnen hat (vgl. Wolf 2018), und ein kritischer Review monokausaler Erklärungsmodelle gefördert.

Literatur

Andersen, S.H. (2014): Complex Patterns: On the Characteristics of Children Who Experience High and Low Degrees of Foster-Care Drift. In: British Journal of Social Work 44, S. 1545–1562.

Bombach, C./Gabriel, T./Keller, S. (2020): Lebenswege nach Heimerziehung in der Schweiz 1950–1990. In: Göbel, S./Karl, U./Lunz, M./Peters, U./Zeller, M. (Hrsg.): Wege junger Menschen aus Heimen und Pflegefamilien. Weinheim/Basel: Beltz Juventa, S. 275–290.

Bombach, C./Gabriel, T./Stohler, R./Werner, K. (2018): Die ungeplante Austrittsgestaltung aus Pflegefamilien. Eine konzeptionelle Lücke in der Pflegekinderhilfe der Schweiz. In: Forum Erziehungshilfen 24, Heft 1, S. 47–52.

Bombach, C./Gabriel, T./Stohler, R./Werner, K. (2020): „Dass mal jemand meine Sicht versteht, wie das für mich ist". Partizipation von Pflegekindern bei Abbrüchen von Pflegeverhältnissen. In: Göbel, S./Karl, U./Lunz, M./Peters, U./Zeller, M. (Hrsg.): Wege junger Menschen aus Heimen und Pflegefamilien. Weinheim/Basel: Beltz Juventa, S. 225–240.

Brown, J.D./Bednar, L.M. (2006): Foster parents perceptions of placement breakdown. In: Children and Youth Services Review 28, S. 1497–1511.

Bullock, R. (2016): Can we plan services for children in foster care? Or do we just have to cope with what comes through the door? In: Social Work and Society. International Online Journal 14 (2), S. 1–17.

Elias, N. (1977): Zur Grundlegung einer Theorie sozialer Prozeße. In: Zeitschrift für Soziologie 6 (2), S. 127–149.

Elias, N. (1981): Soziale Prozeßmodelle auf mehreren Ebenen. In: Schulte, W. (Hrsg.): Soziologie in der Gesellschaft. Bremen (Deutscher Soziologentag, Bremen 1980, 20), S. 764–767.

Faltermeier, J. (2001): Verwirkte Elternschaft? Fremdunterbringung – Herkunftseltern – neue Handlungsansätze. Münster: Votum.

Farmer, E./Pollock, S. (1999): Mix and match: Planning to keep looked after children safe. In: Child Abuse Review, 8 (6), S. 377–391.

Filipp, S.-H./Aymanns, P. (2018): Kritische Lebensereignisse und Lebenskrisen. Vom Umgang mit den Schattenseiten des Lebens. 2. Auflage. Stuttgart: Verlag W. Kohlhammer.

Gabriel, T. (2013): Partizipation – sozialpädagogische Dimensionen. In: Integras (Hrsg.): Leitfaden Fremdplatzierung. Zürich: Integras, S. 133–139.

Gassmann, Y. (2010): Pflegeeltern und ihre Pflegekinder. Empirische Analysen von Entwicklungsverläufen und Ressourcen im Beziehungsgeflecht. Münster: Waxmann

Gassmann, Y. (2012): Pflegeverhältnisse müssen passen. Die Einstimmung von Pflegekind und Pflegefamilie ist ein Prozess. In: SozialAktuell 12, S. 14–16.

Gassmann, Y. (2018): Verletzbar durch Elternschaft. Balanceleistungen von Eltern mit erworbener Elternschaft. Weinheim/Basel: Beltz Juventa.

Gehres, W. (2007): „Scheitern" von Pflegeverhältnissen – Ein Klärungsversuch zur Sozialisation in Pflegefamilien. In: Zeitschrift für Soziologie der Erziehung und Sozialisation 27 (1), S. 73–87.

Grimm, B. (2003): Foster parent training: What the CFS reviews do and don't tell us. In: Youth Law News, April-June, S. 3–29.

Held, J. (2005): Qualitative Study: The placement stability of looked after children (Report for the Department of Education and Skills. London: DfES.

Helming, E. (2010): Pflegefamilien als Gestaltungsleistung. In: Kindler H./Helming, E./Meysen, T/Jurczyk, K. (Hrsg.) (2010): Handbuch Pflegekinderhilfe. München: DJI, S. 221–261.

Hollows, A./Nelson, P. (2006): Equity and pragmatism in judgement-making about the placement of sibling groups. In: Child & Family Social Work 11 (4), S. 307–315.

Kalland, M./Sinkkonen, J. (2001): Finnish Children in Foster Care: Evaluating the Breakdown of Long-Term Placements. Child Welfare League of America, LXXX (5), S. 513–527.

Keller, A. (2012): Familienplatzierungsorganisationen in der Schweiz. Bericht zuhanden der Konferenz der kantonalen Sozialdirektorinnen und Sozialdirektoren.

Khoo, E./Skoog, V. (2014): The road to placement breakdown: Foster parents' experiences of the events surrounding the unexpected ending of a child's placement in their care. In: Qualitative Social Work 13 (2), S. 255–269. doi:10.1177/1473325012474017

Kindler, H. (2010): Die Entscheidung für die Unterbringung eines Kindes in einer Pflegefamilie. In: Kindler, H./Helming, E./Meysen, T./Jurczyk, K. (Hrsg.) (2010): Handbuch Pflegekinderhilfe. München: DJI, S. 281–343.

Krüger, E./Büttner, I. (2016): Pubertät bei Pflegekindern. Münster: LWL Schriftenreihe Ideen & Konzepte, Nr. 54.

Lehmann, A. (2017): Mütterliches Rollenverhalten und das Erleben leiblicher Kinder in der Übergangspflege. Dissertation Universität Siegen, Siegen: universi.

Marmann, A. (2005): Kleine Pädagogen eine Untersuchung über „Leibliche Kinder" in familiären Settings öffentlicher Ersatzerziehung. Frankfurt am Main: IGfH.

Minty, B. (1999): Annotation: Outcomes in Long-term Foster Family Care. In: Journal Child Psychology and Psychiatry 40 (7), S. 991–999.

Müller-Schlotmann, R. (1998): Integration vernachlässigter und misshandelter Kinder in Pflegefamilien. Eine Handreichung für Jugendämter, Beratungsstellen und Pflegeeltern. Regensburg: Roderer.

Niedersächsisches Ministerium für Soziales, Frauen, Familie und Gesundheit (2008): Weiterentwicklung der Vollzeitpflege. Anregungen und Empfehlungen für die Niedersächsischen Jugendämter. Bremen: GISS.

Raslan-Allgäuer, R. (2016): Faktoren für das Gelingen von Pflegeverhältnissen und des Übergangs ins Erwachsenensein. Eine Studie aus der Perspektive von Care Leavern und Expert_innen mit Praxisempfehlungen für die Soziale Arbeit. Tradition.

Reimer, D. (2008): Pflegekinder in verschiedenen Familienkulturen: Belastungen und Entwicklungschancen im Übergang. Siegen: universi (ZPE-Schriftenreihe 19).

Reimer, D. (2016): Normalitätskonstruktionen in Biografien ehemaliger Pflegekinder. Dissertation. Weinheim/Basel: Beltz Juventa.

Reimer, D./Petri, C. (2017): Wie gut entwickeln sich Pflegekinder? Eine Longitudinalsstudie. Siegen: universi (ZPE-Schriftenreihe Nr. 47).

Rostill-Brookes, H./Larkin, M./Toms, A./Churchman, C. (2011): A shared experience of fragmentation: Making sense of foster placement breakdown. In: Clinical Child Psychology and Psychiatry 16 (1), S. 103–127. doi:10.1177/1359104509352894

van Santen, E. (2013): Factors associated with placement breakdown initiated by foster parents – empirical findings from Germany. In: Child & Family Social Work (20), S. 191–201. doi:10.1111/cfs.12068

van Santen, E. (2017): Determinanten der Abbrüche von Pflegeverhältnissen – Ergebnisse auf der Basis der Einzeldaten der Kinder- und Jugendhilfestatistik. In: Neue Praxis. Zeitschrift für Sozialarbeit, Sozialpädagogik und Sozialpolitik 2, S. 99–123.

Schäfer, D. (2011): „Darum machen wir das…" Pflegeeltern von Kindern mit Behinderung – Deutungsmuster und Bewältigungsstrategien. Siegen: universi (ZPE-Schriftenreihe Nr. 30)

Scholte, E. M. (1997): Exploration of Criteria for Residential and Foster Care. In: Journal Child Psychology and Psychiatry 38 (6), S. 657–666.

Schütze, F. (2006): Verlaufskurven des Erleidens als Forschungsgegenstand der interpretativen Soziologie. In: Krüger, H.-H./Marotzki, W. (Hrsg.): Handbuch erziehungswissenschaftliche Biographieforschung, 2. Auflage. Wiesbaden: VS Verlag, S. 205–237.

Seiterle, N. (2017): Ergebnisbericht Bestandesaufnahme Pflegekinder Schweiz 2015. Zürich: PACH Pflege- und Adoptivkinder Schweiz.

Sinclair, I./Gibbs, I./Wilson, K. (2005): Foster Placements: Why they succeed and why they fail (York study 2). London: Jessica Kingsley.

Sinclair, I./Wilson, K. (2003): Matches and Mismatches: The Contribution of Carers and Children to the Success of Foster Placements. In; British Journal of Social Work 33 (7), S. 871–884.

Strauss, A./Corbin, J. (1990): Basic of Qualitative Research. Grounded Theory Procedures and Techniques. Newbury Park, London, New Delhi: Sage Publications.

Thoburn, J. (2007): Globalisation and child welfare. Some lessons from a cross-national study of children in out-of-home care. Norwich: School of Social Work and Psychosocial Studies, University of East Anglia.

Thoburn, J. (2016): Achieving good outcomes in foster care: a personal perspective on research across contexts and cultures. In: Social Work and Society. International Online Journal 14 (2), S. 1–15.

Unrau, Y. A. (2007): Research on placement moves: Seeking the perspective of foster children. In: Children and Youth Services Review 29, S. 122–137.

Walther, A. (2009): „It was not my choice, you know?" Young people's subjective views and decision-making processes in biographical transitions. In Schoon, I./Silbereisen, R. K. (Eds.), Transitions from School to Work: Globalisation, Individualisation, and Patterns of Diversity. Cambridge: Cambridge University Press, S. 121–145.

Waterhouse, S./Brocklesby, E. (2001): Placement choice in temporary foster care: A research study. In: Adoption & Fostering 25 (3), S. 39–46.

Wilson, K./Sinclair, I./Gibbs, I. (2000). The Trouble with Foster Care: The Impact of Stressful ‚Events' on Foster Carers. In: British Journal of Social Work 30, S. 193–209.

Wolf, K. (2015): Die Herkunftsfamilien-Pflegefamilien-Figuration. In: Wolf, K. (Hrsg.): Sozialpädagogische Pflegekinderforschung. Bad Heilbrunn: Verlag Julius Klinkhardt, S. 181–210.

Wolf, K. (2016): Weichenstellungen in der Pflegekinderhilfe. In: Interdisziplinäre Zeitschrift für Familienrecht 11 (2), S. 130–136.

Wolf, K. (2018): Interdependency models to understand breakdown processes in family foster care: A contribution to social pedagogical research. In: International Journal of Child and Family Welfare 18, No 1/2, S. 96–119.

Zeijlmans, K./López, M./Grietens, H./Knorth, E. J. (2017): Matching children with foster carers: A literature review. In: Children and Youth Services Review 73, S. 257–265.

Zeijlmans, K./López, M./Grietens, H./Knorth, E. J. (2018): „Nothing goes as planned": Practitioners reflect on matching children and foster families. In: Child & Family Social Work, S. 1–8.

Kinderperspektiven auf Abbruchprozesse in der Pflegekinderhilfe

Chancen und Belastungen, Bewältigungsstrategien und Handlungsbedarfe für die Praxis

Clara Bombach und Daniela Reimer

1. Einleitung

Wenn ein Pflegeverhältnis abbricht, ist das Kind, das seinen Lebensort wechselt, mit grossen Veränderungen konfrontiert. Bislang wurden Abbruchprozesse kaum aus der Perspektive der Kinder erforscht. Dabei ist gerade diese Perspektive in besonderer Weise relevant, um die Prozessdynamik aus Kindersicht zu verstehen und um die Bedeutung eines Abbruchs für das Kind selbst – das im Mittelpunkt der Hilfe stehen sollte – besser nachvollziehen zu können. Im Folgenden werden die Kinder als Experten und Expertinnen ihrer Lebenswelt begriffen (vgl. Honig/Lange/Leu 1999) und ihre Sicht auf den Abbruch, ihre Deutungen des Abbruchs, ihre Überlegungen zu den Abbruchgründen sowie den Möglichkeiten zur Vermeidung werden ins Zentrum gerückt. Die Kinderperspektive in dieser Form hilft dabei nachzudenken, wie Abbruchprozesse möglicherweise verhindert und, wo dies nicht möglich ist, (noch) besser begleitet werden können, so dass der Abbruch im Rückblick von den Kindern nicht ausschliesslich negativ bewertet wird, sondern darin auch Chancen erkannt werden können. Die Kinderperspektive kann somit neue Zugänge zum Erleben der Betroffenen eröffnen und dazu beitragen in der Praxis neue, möglicherweise auch unkonventionellere Zugänge zur Vermeidung von und zum Umgang mit Abbrüchen zu entwickeln.

Im Folgenden werden wir im Grundlagenteil erläutern, wie Kinder bisher in der Forschung zu Abbrüchen vorkamen, und wir stellen dar, warum die eingeschränkte Beteiligung der Kinder in der bisherigen Forschung zu Abbrüchen problematisch zu bewerten ist. Pointiert wird außerdem vorgestellt, wie sich die Stichprobe unserer Untersuchung zusammensetzt und wie die Erhebung erfolgte.

Im ausführlichsten Teil stellen wir die Perspektive der Kinder vor, wie sie aus dem empirischen Material der internationalen Studie „Abbrüche von Pflegeverhältnissen im Kindes- und Jugendalter"[1] hervorgeht. Dabei beziehen wir

---

1 Informationen zur Studie siehe Gabriel/Stohler in diesem Band.

uns auf Einblicke in Abbruchprozesse aus Kinderperspektive aus Deutschland und der Schweiz. Besonders relevant werden hier Fragen um Normalität und (Nicht-(mehr-))Zugehörigkeit von Pflegekindern zur Pflegefamilie genauso wie Bewältigungsstrategien der Kinder und Jugendlichen für schwierige Familiensituationen und die Beziehungen sowie Bilanzierungen, die mit der Beendigung des Pflegeverhältnisses einhergehen. Der nächste Abschnitt präsentiert pointiert Empfehlungen von Kindern für die Pflegekinderhilfe und die Begleitung von Abbruchprozessen. Abschließend werden Konsequenzen für die Partizipation von Kindern in der Pflegekinderhilfe diskutiert. Ein Fazit mit der Forderung nach einer stärker adressatenorientierten Forschung und einer partizipativen Praxis runden den Beitrag ab.

2. Grundlagen: Überblick zum und Kritik am Forschungsstand

Viele Studien im Themenbereich Abbrüche von Pflegeverhältnissen zeichnen sich dadurch aus, dass sie Problemkonstellationen zu Faktoren zusammenfassen, die aus (einseitiger) Sicht (insbesondere aus Rekonstruktionen von Aktenvermerken) Gründe für Abbrüche darstellen (vgl. zum Beispiel James 2004; Pecora et al. 2005; van Santen 2013/2017). Die betroffenen Kinder erscheinen in solchen Studien häufig tendenziell in einer Defizitperspektive, als psychisch Belastete, Störer und Problemverursacher (vgl. zum Beispiel ebd.). Die Forschungslage, die Gründe für Abbrüche auf Faktoren verkürzt und diese häufig beim Pflegekind selbst verortet, ist laut Unrau (2007) unter anderem dem internationalen Forschungsdiskurs zum Thema geschuldet, der sich massgeblich mit Hilfe vom Aktenstudium und quantitativer Erfassung von Faktoren für Abbrüche auf eine einseitige und auf einen Zeitpunkt bezogene Sicht der dokumentierten Informationen stützt. Auch in neueren Studien wird dies regelhaft übernommen (vgl. zum Beispiel Konijn et al. 2019; López López et al. 2011). Die Gefahr der Überbetonung dieser Sichtweise zeigt sich an der Benennung von Gründen für Abbrüche von Pflegeverhältnissen: Als Hauptgrund, ermittelt in quantitativen Studien der Aktenanalyse, werden Verhaltensauffälligkeiten („behavioural problems") und sogenannte Bindungsproblematiken („attachment problems") (vgl. James 2004; Vanderfaeillie et al. 2017; van Santen 2013) sowie Loyalitäts- und Zugehörigkeitskonflikte (vgl. Blandow 2004; van Santen 2013) von Kindern und Jugendlichen genannt (vgl. Barber/Delfabbro 2003; Pecora et al. 2005).[2] Diese Engführung führt zur Zuschreibung an die Kinder und Jugendlichen, selbst den Abbruch durch ihr Verhalten hervorgerufen zu haben.

---

2   Für eine Übersicht zu Studien, die Faktoren für Abbrüche in der Pflegekinderhilfe identifizieren siehe Oosterman et al. 2006.

Sie birgt die Gefahr, Verantwortung zu delegieren, bzw. Kinder und Jugendliche einseitig in die Verantwortung zu nehmen und damit Struktur- und Systemfaktoren auszublenden (vgl. Wulczyn 2010).

Die eigene Perspektive der betroffenen Kinder und Jugendlichen wird bislang selten erfasst und wurde in der Prägung des Diskurses zu marginal mit einbezogen (Butler/Charles 1999; Goodyer 2014; Unrau 2007; Unrau/Seita/Putney 2008; Rostill-Brookes et al. 2011). Wenn sie miteinbezogen wird, dann wird der Kinderperspektive in einzelnen Fällen lediglich eine sehr begrenzte Reichweite zugestanden (Heun 1984). In der Forschungsliteratur finden sich entsprechend selten Hinweise auf komplexe ambivalente Effekte von Abbrüchen bei den Kindern und die Wechselwirkungen in Abbruchprozessen in Pflegeverhältnissen, die von den Kindern *auch* positiv erlebt werden können; dennoch: Abbruchprozesse haben „[…] the potential to be both helpful and harmful to children in their journey through care" (Unrau 2007, S. 132). Abbrüche sind deshalb zu verstehen als „Problemlösung, die immer zugleich Optionen einschränkt und eröffnet" (Gehres 2007, S. 76).

Die zum Thema Abbrüche in Pflegeverhältnissen vergleichsweise wenig vorhandene qualitative Forschung zeigt also die Komplexität von Abbrüchen, die aus Sicht von Pflegekindern und Pflegeeltern als Prozesse und in grosser Varianz beschrieben werden. „[…] [W]e cannot presuppose that stability is merely the antithesis of instability" (Backe-Hansen 2010, S. 240). Egelund/Vitus (2009) fassen entsprechend zusammen: „We cannot assume that breakdown of care is always a negative result of placement. While this can be the case, more often placement breakdown is a process that takes place over time characterised by multiple contributing factors" (S. 46).

Die Beobachtung, dass Aktenanalysen zu einseitigen Beschreibungen führen, wurde auch im Kontext der Studie „Abbrüche von Pflegeverhältnissen im Kindes- und Jugendalter" gemacht. Hier kam es häufig zu widersprüchlichen Ergebnissen: Wurden fallbegleitende Fachkräfte gebeten, den Abbruchgrund eines Pflegeverhältnisses zu benennen, so bezogen sie sich häufig auf die Situation am Ende des Prozesses, dem Austritt des Kindes aus der Pflegefamilie. Beim qualitativen Aktenstudium erarbeitete das Forschungsteam häufig jedoch weitere und teilweise viel komplexere Zusammenhänge, die sich womöglich nur noch am von der Fachkraft benannten Ereignis entzündeten, während das Ereignis allein für sich stehend, ohne die vorangegangenen Erfahrungen sehr wahrscheinlich nicht das Ende des Pflegeverhältnisses bedeutet hätte (vgl. Ackermann/Robin 2014; Stohler/Ibrahimi/Gabriel in diesem Band). Auch van Santen (2013) weist auf diese wichtige Unterscheidung hin: „The initiative in instigating the breakdown of a placement cannot be equated with the cause of the breakdown. […] The decision may be taken at the end of a chain of (co-determined) decisions, any of which may themselves be shot through with ambivalence" (S. 8).

Die Rolle, der Auftrag und der eingeschränkte Einblick der Fallbeschreibenden, die in den Akten ihre Auffassungen, Beobachtungen, Entscheide und Gesprächsnotizen festhalten, werden bislang viel zu wenig im Kontext der Forschungsergebnisse zu Abbrüchen diskutiert (vgl. zum Beispiel James 2004; Pecora et al. 2005). Abhängigkeiten und Interessen, Rollen und Aufträge der professionell Begleitenden werden in den Studien kaum kritisch reflektiert. Die Forderungen aus qualitativen Studien zum Thema wurden von der quantitativ geprägten Forschungstradition, die die Diskussion zum Thema auch in Europa dominiert, überwiegend überhört (vgl. Wolf 2017); so z.B. die Forderung, direkt Betroffene zu bitten, ihre eigenen Erfahrungen zu schildern und so subjektive Bedeutungsdimensionen zu erfassen. Pflegekinder stehen zwar im Zentrum der Massnahme aber (bisher noch) zu selten im Zentrum der Forschung.

Darüber hinaus werden ermittelte Faktoren auf unterschiedlichen Ebenen für Abbrüche von Pflegeverhältnissen bislang noch selten in einen Zusammenhang gestellt (vgl. Bombach/Gabriel/Stohler 2018). Obwohl davon auszugehen ist, dass aus Systemlogik bestimmte Faktoren – wie z.B. das Verhalten des Kindes oder des Jugendlichen – auch deshalb so klar benannt werden müssen, um etwaige Reaktionen, z.B. in Form von Sanktionen und Eingriffen, zu legitimieren. Die Sichtbarkeit von negativem Verhalten schafft aus Sicht des Systems wichtige Momente der Bewertung und Einordnung und legitimiert auch die eigene Arbeit. Die Schweizer Pflegekinderhilfe beispielsweise hat einen umfangreichen Massnahmenkatalog entwickelt, der auf Verhaltensauffälligkeiten von Kindern gezielte Reaktionen zulässt, z.B. in zeitlich begrenzten Umplatzierungen in ein anderes Setting, in die sogenannten Timeouts (vgl. Bombach/Stohler/Wydler 2015).

Aus den Aktenanalysen und Interviews mit Pflegekindern und Pflegeeltern, die im Rahmen der Studie zu Abbrüchen in der Pflegekinderhilfe geführt wurden, geht ein zusätzlich zentraler Faktor hervor, der bislang ausgesprochen wenig Beachtung findet: Das System Pflegekinderhilfe kann selbst Abbrüche hervorbringen, bzw. anstossen z.B., wenn Vorschriften im Bereich Fremdplatzierung geändert werden und beispielsweise eine neue Bewilligung vorliegen muss, die die Pflegefamilie nicht erbringen kann. So ist ein Fall aus der Schweiz bekannt, in dem sich eine Pflegefamilie für den längerfristigen Verbleib des Pflegekindes als Kleinheim hätte anmelden müssen, was aus verschiedenen Gründen von der Familie abgelehnt wurde und deshalb zur Umplatzierung des Pflegekindes führte. Gilbertson/Barber (2003) stellten bei ihren Untersuchungen in Australien ebenfalls solche Systemfaktoren fest, die Abbrüche hervorrufen konnten: Pflegeeltern berichteten von ineffizienten Vermittlungsverfahren und davon beim Platzierungsbeginn zu wenige Informationen über das Pflegekind erhalten zu haben. In Krisenfällen fühlten sich die Pflegeeltern nicht ausreichend unterstützt und berichteten von spannungsgeladenen Streitgesprächen mit den für sie zuständigen Fachpersonen und ihren enttäuschten Erwartungen an Unterstützungsangebote. Rose (2016) identifizierte ebenfalls diverse Faktoren im System der Pflegekinderhilfe, die Diskontinuitäten hervorbrachten und erwähnte u. a. den ständigen Wechsel von zuständigen Fachpersonen für das Kind und die Pflegefamilie.

3.　Einblick in die Empirie: die Kinderperspektive

3.1　Methoden: Datenerhebung in Retrospektive

Um die Perspektive der Pflegekinder zu erheben, die einen Abbruch ihres Pflegeverhältnisses erlebt hatten, wurde über verschiedene Netzwerke und Kontakt mit kommunalen Pflegekinderdiensten wie solchen in freier Trägerschaft in der deutschsprachigen Schweiz und in Deutschland auf das Forschungsprojekt aufmerksam gemacht und auf die Möglichkeit hingewiesen, im Rahmen von Interviews über ihre Erfahrungen zu erzählen. Der Aufruf lautete: „Hast Du mal in einer Pflegefamilie gelebt und bist früher dort weggegangen als geplant oder gedacht?" Teilweise nahmen die Jugendlichen und jungen Erwachsenen, die sich dadurch angesprochen fühlten, selbst Kontakt mit den Forschenden auf, teilweise wurden junge Erwachsene mit Abbrucherfahrungen von Pflegekinderdienstmitarbeitenden kontaktiert, ob sie in einem Interview über ihre Erfahrungen sprechen möchten.

Zum Zeitpunkt der Interviews (2015–2017) waren die Befragten sowohl in der Schweiz (n = 12) als auch in Deutschland (n = 5) zwischen 14 und 32 Jahren alt. Der Abbruch, den sie erlebt hatten, hatte sich zwischen drei Monaten und 16 Jahren vor dem Interviewzeitpunkt ereignet. Das Pflegeverhältnis mit der kürzesten Dauer brach nach einem Jahr ab. Die längste Platzierung dauerte 16 Jahre, bevor es zu einem Abbruch kam.

Die halbstrukturierten Interviews wurden an den Orten durchgeführt, die von den Jugendlichen und Erwachsenen vorgeschlagen wurden: z. B. am Wohnort, der die Anschlusslösung nach dem Abbruch war (Kinder- oder Jugendpflegeheim, betreutes Wohnen), am privaten Wohnort der Befragten, im Freien an einem Fluss, in einem Café oder in den Büroräumlichkeiten der Hochschule bzw. Universität. Zu Beginn des Interviews wurden Verträge unterzeichnet, die die anonymisierte Nutzung der Daten im Rahmen des Forschungsprojektes gestatten. Die ehemaligen Pflegekinder wurden gebeten, über ihr Leben vor, während und nach dem Abbruch zu erzählen. Die Tonaufnahmen der Interviews wurden transkribiert und anonymisiert und die darin enthaltenen Informationen mit MAXQDA codiert, im Anschluss analysiert und ausgewertet.

Für die Interviews haben sich vor allem ältere (ehemalige) Pflegekinder zur Verfügung gestellt. Abgesehen von zwei Ausnahmen waren zum Zeitpunkt des Interviews alle Befragten mindestens 16 Jahre alt. Auffallend ist im Schweizer

Sample, dass zehn von zwölf Pflegekindern beim Abbruch zwischen 15 und 18 Jahre alt waren; nur zwei Pflegekinder waren jünger. Vier Pflegeverhältnisse darunter waren von den jugendlichen Pflegekindern durch das selbsttätige Suchen und Finden von Anschlusslösungen bzw. dem Wegzug an alternative Wohnorte initiiert worden. Dieser Befund kann dahingehend gedeutet werden, dass Pflegekinder allenfalls erst im Jugendalter in der Lage sind, sich wirkmächtig für eine Veränderung der Lebenssituation einzusetzen, die schon längere Zeit als unbefriedigend erlebt wurde. Oder aber, erst mit dem Jugendalter verändert sich die Passung zwischen dem Pflegekind und der Pflegefamilie und das jugendliche Pflegekind setzt sich dafür ein, die Pflegefamilie verlassen zu können.

Im kleineren deutschen Sample (n = 5) gab es beim Abbruchalter eine grössere Streubreite. So gab es hier auch Fälle, in denen ein Abbruch in der Kindheit erfolgte (n = 2), allerdings wird deutlich, dass der Abbruch in diesen Fällen insbesondere von den Pflegeeltern und den Fachkräften initiiert wurde und die Kinder sich damit konfrontiert sahen, den Abbruch und seine Folgen als von aussen herbeigeführtes Ereignis zu bewältigen. Eine Besonderheit des deutschen Samples ist, dass hier multiperspektivische Fallbeschreibungen erhoben wurden, das heisst in jedem Fall wurden in separaten Interviews sowohl das (ehemalige) Pflegekind, die Pflegeeltern und/oder die Fachkraft befragt, teilweise zusätzlich relevante andere Personen (Freunde oder Verwandte der Pflegeeltern). Auch wenn im Folgenden der Fokus auf der Kinderperspektive liegt, lässt sich nicht vermeiden, in die beispielhaften Fallbeschreibungen auch Aspekte aus den Interviews mit anderen Personen einfliessen zu lassen.

3.2 Abbrüche aus der Perspektive der Pflegekinder

Im Folgenden werden Abbruchprozesse unter verschiedenen Gesichtspunkten aus der Perspektive der Kinder betrachtet. Deutlich wird, dass Abbrüche auch aus der Perspektive der Kinder und Jugendlichen kein plötzliches Geschehen sind, sondern in die Geschichte des Pflegeverhältnisses und häufig auch in die Geschichte vor dem Pflegeverhältnis, in Hoffnungen, Wünschen und Erwartungen eingebettet sind (vgl. Niederberger/Bühler-Niederberger 1988; Reimer 2017). Diese lange Vorgeschichte miteinzubeziehen, hilft dabei, Abbruchprozesse aus der Sicht der Kinder besser verstehen und nachvollziehen zu können. Sichtbar wird darüber hinaus, wie die Kinder für sie schwierige Familiensituationen, in denen ihre Zugehörigkeit zur Familie in Frage gestellt wird, zu bewältigen versuchen.

Familienbilder, Vorstellungen von einer „richtigen Familie" und Zugehörigkeit zur Familie

Kinder, die zu Pflegekindern werden, erleben es, dass ihre Herkunftsfamilie nicht den gesellschaftlichen Vorstellungen und Erwartungen von Familie entspricht (vgl. Faltermeier 1999). Bei vielen Kindern weckt dies einen besonders intensiven Wunsch nach dem Erleben von normativ orientierten Normalitätsvorstellungen (vgl. Reimer 2017). Dies zeigt sich auch im hier diskutierten Sample: Die Hoffnung mit dem Einzug in die Pflegefamilie endlich bei einer „richtigen Familie"[3] zu leben wurde immer wieder geäussert und erwies sich als äusserst wirkmächtig. Verbunden damit waren Vorstellungen einer bestimmten Familienkultur (vgl. Reimer 2008), mit zugewandten Eltern, v. a. einer Pflegemutter, die für das Kind jederzeit ansprechbar ist, sich hinter das Kind stellt und gerne Zeit mit ihm verbringt. Pflegekinder, die zum ersten oder wiederholten Male in eine Pflegefamilie kamen, berichten davon, dass sie sehr genaue Vorstellungen davon hatten, wie diese Pflegefamilie sein sollte (vgl. Reimer 2011, S. 58). In den Interviews wurden hierfür die Umschreibungen „richtige" oder auch „normale" Familie genutzt. Die Pflegekinder wünschten sich alle Teil der Familien zu werden, wünschten sich dazuzugehören und nicht anders behandelt zu werden als andere Kinder in der Familie (vgl. ebd., S. 61 f.). Gleichzeitig hiess das aber nicht, dass sie sich damit nicht oder weniger als Teil ihrer Herkunftsfamilie fühlten (vgl. Reimer/Petri 2017).

Häufig wurden die Erwartungen der interviewten Pflegekinder an die „richtige", „normale" Familie enttäuscht. Sehr schwer fiel es den Kindern und Jugendlichen dann, die Erwartungen klar zu verbalisieren und zu zeigen, was ihnen fehlte bzw. was sie sich wünschten. Eng verbunden mit der Erwartung, (endlich) eine „normale" Familie zu haben, ist der Wunsch, ein „normales" Kind in dieser Familie zu sein. Die familiäre Normalität wird so zu einer Art Gradmesser der eigenen Normalität und zum zentralen Identitätsanker (vgl. Gehres/Hildenbrand 2008; Reimer 2017). Als entsprechend kritisch erweist es sich dann auch, wenn in der Pflegefamilie dauerhaft keine Zugehörigkeit und Normalität entwickelt werden konnte: Werden im alltäglichen Zusammenleben Erfahrungen gemacht, die diesen Vorstellungen widersprechen, hat das für das Pflegekind schmerzhafte Folgen, die lange in Erinnerung bleiben. Erfahrungen, die den Vorstellungen einer „richtigen" Familie widersprachen zeigten sich in Situationen des Alltags. Ein Mädchen erlebte das unfaire Teilen von Lebensmitteln zwischen ihr und den leiblichen Kindern und beschrieb das Nicht-Einschreiten der Pflegeeltern als Desinteresse ihr gegenüber und Beweis dafür, dass sie anders behandelt wurde, als die anderen Kinder in der Familie. Die Inter-

---

3   Hier mit Anführungszeichen versehene Begriffe stammen aus den Interviews mit Pflegekindern.

viewpartnerin Lisa zum Beispiel war verwundert über das aus ihrer Sicht nicht vorhandene Interesse der Pflegemutter an ihrem Aussehen und Auftreten. Ihre leibliche Mutter hatte jeden Morgen ihre Haare gekämmt und ihr Frisuren gemacht, ohne die sie nie das Haus verliess. Bei der Pflegefamilie fühlte sich niemand für das Frisieren des Mädchens zuständig, was Lisa sehr verwunderte:

„Ja also ich bin am Morgen selber aufgestanden, habe mir die Haare selber gebürstet und Zöpfe geflochten, oder so, etwas das man in Anführungszeichen in normalen Verhältnissen eigentlich die Mutter macht, dass sie dir hilft oder so. […] Und sie hat nie, die haben mir nie irgendwie die Haare gemacht oder so, nein, das nicht. Und ich war es mir halt nicht gewöhnt ohne Frisur aus dem Haus zu gehen, weil meine Mutter hat mir halt immer eine Frisur gemacht. […] Und das war am Anfang schwer für mich."[4]

Die Bilder der „richtigen", „normalen" Familie waren mit Vorstellungen verbunden, die auch konfliktreiche Situationen einschlossen. Die Erwartungen waren nicht, dass die Familie ausschliesslich harmonisch miteinander lebt. Auch Konfliktsituationen wurden erwartet, gleichzeitig aber gewünscht, dass man diese gemeinsam bewältigen konnte, wie ein Pflegekind berichtete:

„Es ist halt einfach die Familie, ja, Mama, Papa und zwei Brüder. Ja, eine normale Familie, man hat es sehr lustig, man kann sich auch verkrachen, und ja, halt locker und flexibel."

Leyla beschreibt eindrücklich, wie sie in ihrer Pflegefamilie bemerkte, dass die Familie gemeinsam zu einem neuen Gebilde wurde durch ihren Einzug. Sie kam nicht zu einer Familie dazu und musste sich dort einfinden, wie es andere beschrieben und was vielen anderen schwer viel, sondern sie wurde aufgenommen und alle wurden in dieser neuen Familienkonstellation zu etwas Neuem:

„Ich war immer bei allem dabei, also, sie haben mich immer mitgenommen und ich habe voll dazu gehört zu diesem Bündel, mit allem Positiven und mit allem Negativen. […] Und ja, wir sind zu einer Familie geworden, verkorkst, aber wir sind eine Familie geworden."

Wie Leyla erlebten Pflegekinder diese besondere Zugehörigkeit vor allem dann, wenn sie schon ab einem frühen Alter in der Familie waren, gemeinsam mit an-

---

4 Hinweis zu den Zitaten im Text: Alle Angaben sind anonymisiert. Die Zitate aus der Schweiz wurden aus dem Schweizerdeutschen ins Hochdeutsche übertragen. Kleinere Verhaspler und kurze Pausen werden in diesem Artikel aus Gründen der Lesbarkeit nicht sichtbar gemacht.

deren Kindern und den Erwachsenen in der Familie aufwuchsen, die Pflege-eltern „Mama" und „Papa" nannten. Peter war seit dem ersten Lebensjahr bei seiner Pflegefamilie und im Alter von sieben Jahren wieder zu seiner Her-kunftsfamilie zurückgegangen und verbrachte später einige Jahre im Heim, be-vor er zu der Pflegefamilie zurückging. Er sprach von dieser Familie als „meine Familie" und sah sich als Teil davon. Er beschrieb die Rückplatzierung nach dem erfolgten Abbruch als ein „wieder nach Hause kommen".

Das eigene Zimmer wird in den Gesprächen mit Pflegekindern in der vor-liegenden Studie wie auch in anderen Untersuchungen (vgl. Reimer 2008, S. 110 ff.; Niederberger/Bühler-Niederberger 1988) als wichtige räumliche Mög-lichkeit der Verortung und Zugehörigkeit in der Familie beschrieben. Einen Raum zu haben, der einem „gehört", an dem man sich wohlfühlt war den Pflege-kindern sehr wichtig. Wird dieser entzogen, steht auch die Zugehörigkeit zur und Verortung in der Pflegefamilie in Frage. Pflegekinder berichteten, dass ihre Zimmer getauscht wurden oder diese sogar ganz aufgelöst wurden, als z. B. ein erwachsenes Kind der Eltern nach dem Abbruch der Ausbildung unerwartet wieder in die Familie zurückkam. Lisa musste aus diesem Grund ihr Zimmer räumen und zog ins Schlafzimmer der Pflegeeltern:

> „Und die [Tochter der Pflegeeltern] ist dann wieder zu uns zurückgekommen und hat mein Zimmer bekommen. [...] Und ich musste dann bei meinen Pflegeeltern schlafen."

Elli wohnte eine gewisse Zeit bei ihrem Freund, weil sie sich nicht mehr wohl fühlte bei den Pflegeeltern. Als diese dann als Konsequenz die Zimmer der zwei Pflegekinder tauschten – das Kind, das immer da war, bekam das grössere Zim-mer von Elli – war sie enttäuscht und fühlte sich fehl am Platze und unerwünscht in der Familie. Für Elli war damit der endgültige Beweis erbracht, dass die Fa-milie sie nicht wollte und sie dort nicht hingehörte. Sie fragte die Familie ihres Freundes, ob sie bei ihr leben dürfte, und zog kurz darauf bei dieser Familie ein.

Nicht richtig ankommen und dazugehören oder mittelfristig einen Ausschluss erleben

Die Pflegekinder, mit denen während des Projekts gesprochen wurde, wünsch-ten sich also eine „richtige" und „normale" Familie. Gleichzeitig gestaltet sich der Übergang in die neue Familie als eine besondere Hürde, die die Beteiligten gemeinsam bewältigen müssen. Basierend auf biografischen Interviews mit ehe-maligen Pflegekindern zeigte Reimer (2008/2010/2015), welchen Herausforde-rungen sich Pflegekinder gegenüber sehen, in bestehenden „Familienkulturen" anzukommen, die Regeln des Alltags und des Zusammenlebens zu dechiffrieren und zu verstehen. Entsprechend betonen neuere Konzeptionen von „Familie" (vgl. Seiffge-Krenke/Schneider 2012) auch – wie z. B. bei Schier/Jurczyk (2007) –, dass das Konzept „Familie" sich mehr und mehr zu einer permanenten Herstellungsleistung im Sinne des Doing Family entwickle. An dieser Herstellungsleistung seien alle Individuen in der Familie beteiligt, die sich so in einem Netzwerk „[...] um verlässliche persönliche Fürsorgebeziehungen [...]" zentriere (ebd., S. 11). Solche Konzeptionen sind auch dem Verständnis von Pflegefamilien-Konstellationen zuträglich, in denen das „Gemeinsame" erst gemeinsam entwickelt und verhandelt werden muss.

Diese Herausforderungen schildern auch die Pflegekinder, die den Abbruch ihres Pflegeverhältnisses erlebt haben. Es wird deutlich, dass die Kinder und Jugendlichen sich entweder häufig schon früh in der Familie nicht wohl oder willkommen fühlten oder dass sie sich zwar als Teil der Familie sahen und sich zugehörig fühlten, jedoch zu einem gewissen Zeitpunkt Ausschluss durch Familienmitglieder erfuhren. Dann zum Beispiel, wenn sie sich Regeln widersetzten, unerlaubte Dinge taten oder fortliefen. Die ehemaligen Pflegekinder können in den Interviews ihr Verhalten erklären und einordnen. Sie bringen es häufig in Verbindung mit dem Gefühl nicht erwünscht zu sein und sich nicht zugehörig fühlen zu können oder zu dürfen (vgl. Petri 2019).

Diana berichtete, dass sie von Beginn der Platzierung in der Pflegefamilie an das Gefühl hatte dort nicht richtig ankommen zu können, bis sie an einen Punkt kam, an dem der „Zustand" für sie „nicht mehr tragbar" war:

> „Ja es hat sich dann einfach so ein ungutes Verhältnis entwickelt [...]. Der Zustand war dann halt für mich einfach nicht mehr tragbar und dann musste ich da weg, also ich wollte weg."

Andere berichten davon, dass es in Pflegeverhältnissen für sie zu einem Punkt kam, an dem sie sich nicht mehr zu Hause fühlten:

> „Man muss auch ehrlich sagen, wenn man sich in einer Pflegefamilie nicht wie zu Hause fühlt, dann ist etwas falsch. [...] Ich habe mich auch fast nicht wie zu Hause gefühlt am Anfang, aber dann ist es immer schlimmer geworden. Am Anfang ist es noch gegangen, aber dann. Das heisst die Pflegekinder müssen das wollen und sie müssen sich bei ihnen [, den Pflegefamilien,] wie zu Hause fühlen."

Sich räumlich verorten, in einem Haus, einer Wohnung, einem eigenen Zimmer, war mit dem Einzug in die Pflegefamilie festgelegt und erfolgte für die Pflegekinder nach einem fremdbestimmten Automatismus. Dies geschah, so erinnerten sich fast alle Pflegekinder, selten so, dass das Kind wirklich verstand, weshalb es gerade zu dem Zeitpunkt und weshalb gerade in die Pflegefamilie gekommen war:

> „Man sagte ich solle dorthin ..." – „Es hat geheissen ..." – „Die haben wahrscheinlich gemeint ..."

Unrau/Seita/Putney (2008) zeigten, dass Pflegekinder in den USA den Wechsel des Lebensortes und den Beginn ihrer Pflegeverhältnisse als einen Wechsel ins Ungewisse beschrieben hatten: „[…] moving from one placement to another was an experience into the unknown" (S. 1259). Und Goodyer (2014) beschrieb eindrücklich in ihren Untersuchungen in England, welche Umgangsformen Pflegekinder mit plötzlichen Umplatzierungen, die sie häufig als Schock erlebten, entwickelten. Aus der Erfahrung der Fremdbestimmung heraus darüber wo man wann zu wohnen hatte, waren einige zu „pragmatischen Wohnortwechslern" („experienced movers and appeared quite pragmatic", S. 6) geworden, die sich den Entscheidungen der Fachleute unterwarfen, den ständigen Wechsel von Vertrautem als Teil ihres Lebens als Pflegekind akzeptierten oder sich dafür entschieden am neuen Lebensort gar nicht erst heimisch werden zu wollen (S. 5 f.). Auch aus Studien aus Deutschland liegen Befunde vor, dass die Platzierung in die Pflegefamilie als „existentieller Bruch" im Leben von Pflegekindern erfahren werden kann, wenn ihr Einbezug in den Entscheidungsprozess nicht gewährleistet wird (Helming/Kindler 2014, S. 84 f.). Als Konsequenz beschreiben Helming/Kindler (2014), dass die Pflegekinder resigniert und nach aussen „vernünftig" mit den Entscheiden umgehen, wenn diese von Erwachsenen über ihre Köpfe hinweg getroffen werden (S. 86).

Das Zugehörigkeitsgefühl zur Familiengemeinschaft, in der Regel bereits bestehend aus mehreren anderen, teilweise leiblichen Kindern der Pflegefamilie und den Pflegeeltern, wurde in den Interviews in Deutschland und der Schweiz als Prozess beschrieben, der nicht immer gleichermassen gelingen wollte.

Aus den Interviews geht hervor, dass es Kinder gibt, die sich am Anfang gut einleben, aber dann zu einem bestimmten Zeitpunkt aus der Familiengemeinschaft ausgeschlossen werden. In einem Fall fühlte sich der Pflegesohn Sven jahrelang zugehörig und war selbstverständlicher Teil der Pflegefamilie. Als die Pflegemutter nach der Trennung vom Pflegevater einen neuen Partner hatte, musste sich letzterer erst seine Mitgliedschaft in der Familie erarbeiten. Als ihm dies gelungen war gab es einen Ausschlussprozess: Pflegesohn Sven wurde nicht vom neuen Partner, der nunmehr die Vaterrolle in der Familie einnahm akzeptiert, familiäre Entscheidungsprozesse wurden zunehmend ohne Svens Einbezug getroffen. Seinen Ausschluss als definitiv nahm Sven an der Hochzeit der Pflegemutter mit dem neuen Partner wahr: im Gegensatz zu den leiblichen Kindern der Pflegefamilie durfte er nicht auf die Familienfotos.

Durch alle Abbrucherfahrungen hindurch aus der Perspektive der Kinder zieht sich also das Thema Normalität, Ankommen, Teil der Familie werden und sich zu dieser zugehörig fühlen aus der Perspektive der Kinder. Wenn die Pflegefamilie nicht wie erhofft als eine normale Familie erlebt wird, wenn kein Ankommen möglich ist und kein Zugehörigkeitsgefühl entsteht, dann wird das Leben in der Pflegefamilie für die Kinder zur Herausforderung. Konfliktsituationen werden dann besonders schwierig und der mögliche Ausgang der Konflikte verunsichert. Die Perspektive der Kinder ist schliesslich, dass die Pflegeeltern sich jederzeit für einen „Rausschmiss" – wie es einige Pflegekinder formulierten – entscheiden können, schliesslich hätten sie zuvor gezeigt, dass sie das Pflegekind nicht wirklich als Teil der Familie anerkennen und sich diesem Teil jederzeit entledigen können. Die Zukunftsperspektiven für beide Seiten stellen somit einen maximalen Kontrast dar: Die Pflegekinder würden die Familie verlassen und wegziehen müssen, während die Familie bestehen bleiben und weiterhin am selben Ort denselben Alltag miteinander teilen würde (vgl. Bombach et al. 2018). Wie die Pflegekinder sich mit diesen teilweise sehr verunsichernden Situationen Handlungsmöglichkeiten zurückholten wird im Folgenden gezeigt.

3.3 Bewältigungsstrategien

Kinder und Jugendliche nutzen unterschiedliche Strategien, um mit schwierigen und möglicherweise eskalierenden Prozessen in der Pflegefamilie umzugehen und um Abbrüche zu deuten (vgl. Bombach et al. 2020). Im empirischen Material haben sie verschiedene davon beschrieben.

Selbstzuschreibungen der Schuld am Scheitern
Aus der Attributionspsychologie ist bekannt, dass Menschen schwierige Situationen in verschiedenen Weisen attribuieren und diese Attributionen Auswirkungen auf ihr Handeln haben (vgl. Weiner 1986). Rostill-Brookes et al. (2011) beschreiben in ihrer Untersuchung von 21 jungen Erwachsenen, die einen Abbruch des Pflegeverhältnisses erlebt haben, welche zentrale Rolle bei der Bewältigung die Frage spielt, wer oder was eigentlich für den Abbruch verantwortlich ist. Unrau/Seita/Putney (2008) beschreiben, dass in der Konsequenz für Pflegekinder die Abbrucherfahrung mit dem Verlust an Selbstwert und Selbstvertrauen („loss of self-esteem", S. 1260) einhergeht, und zeigen sich besorgt über die lebenslange Abwärtsspirale („downward spiral", S. 1260), die dieser Verlust an Vertrauen für die Kinder mit sich bringen kann: „Many participants remembered the move experience as a time of feeling ‚unwanted'. Many seemed to internalize this rejection by questioning what was wrong with them, or wondering what they did that ‚caused' them to be moved." (S. 1260) Butler/Charles (1999) verweisen diesbezüglich auf das negative Selbstbild der Jugendlichen („negative self-image", S. 10), das sie in solchen Fällen bei den Pflegekindern beobachteten.

Ähnliches zeigt sich auch im vorliegenden Material, allerdings präsentieren sich die Bewältigungsstrategien weit differenzierter, wie im Folgenden gezeigt wird. Eine mögliche Umgangsform mit einer schwierigen Situation, in der sich Kinder und Jugendliche schon immer oder im Verlauf zunehmend ausgeschlossen fühlen aus der Familie, ist, dass sie sich selbst und ihrem Verhalten die Verantwortung für das Scheitern des Pflegeverhältnisses zuschreiben.

Dies erweist sich als besonders problematisch für die weitere Entwicklung einer positiven Identität – muss diese doch unter der Voraussetzung entwickelt werden, selbst so schwierig zu sein, dass das Zusammenleben mit einer Familie nicht möglich war (vgl. Reimer 2017, S. 281 ff.). Verschärft wird dies, wenn die Familie, mit der das Zusammenleben nicht möglich war, als besonders nahe und liebenswert erlebt wurde.

Ein Fall, in dem es in besonders verdichteter Weise zu einer derartigen Zuschreibung kam, ist die Erfahrung von Thomas. Thomas kam mit einem Jahr in eine Pflegefamilie. Die Pflegefamilie und besonders die Pflegemutter idealisierte er massiv, wenn er zum Beispiel sagte:

„Das war halt bei mir schon der Fall gewesen, dass ich wirklich Glück hatte, dass ich die beste Pflegefamilie wirklich bekommen habe."

Er selbst beschrieb sich im Interview und damit im Rückblick als ein von Anfang an „unruhiges", „auffälliges" und „schwieriges" Kind, das nicht dazu in der Lage war, sich an die bestehenden Normen, Werte und Regeln der Pflegefamilie anzupassen.

Den Abbruch des Pflegeverhältnisses schrieb er ausschliesslich seiner Verhaltensproblematik, die sich im Laufe der Jahre, aus seiner Sicht, verschärfte, zu. Andere Faktoren – die insbesondere aus den Interviews mit den anderen Befragten aus dem Fall bekannt sind (Fachkraft, Pflegemutter, Pflegetante) – wie der fehlende Kontakt zur Herkunftsfamilie, der Thomas sehr belastete, seine chronische Erkrankung, die Thomas in der Kindheit stark einschränkte, die Trennung und Scheidung der Pflegeeltern, die Überforderung der Pflegemutter als allein Erziehende mit ihrem Pflegesohn Thomas und einem weiteren leiblichen Sohn, finden keine Erwähnung. Im Gegenteil, aus Thomas subjektiver Sicht gab es für seine Pflegefamilie keinen anderen Weg mehr, als das Pflegeverhältnis abzubrechen. Die permanente „Überbelastung" – Thomas selbst beschreibt sich in diesem Zusammenhang als „tickende Zeitbombe" – führte dazu, dass die Gesamtsituation nicht mehr tragbar war und Thomas mit seinem neunten Lebensjahr in eine Heimeinrichtung für „schwer erziehbare" Kinder und Jugendliche vermittelt wurde:

„Warum ich aus dieser Pflegefamilie halt rausgekommen war, weil ich einfach ja ne tickende Zeitbombe war so gesagt. Dass ich einfach sehr aggressiv gegenüber [meiner Pflegemutter] war und depressiv und ja und da hat sie's [, die Pflegemutter,] nicht mehr ausgehalten, musste mich dann dem Jugendamt äh wieder abgeben und die und dann wieder ins Heim."

Dem Abbruch folgten diverse weitere Abbrüche in Heimeinrichtungen, u. a. Psychiatrieaufenthalte. Bis zum Interviewzeitpunkt, zu dem Thomas 23 Jahre alt ist, versteht er sich selbst als schwierigen Menschen. Thomas ist zutiefst davon überzeugt, dass er ein Mensch ist, mit dem andere Menschen nicht gut zusammen sein und gemeinsam leben können. Er beschreibt sich als einsam und ressourcenarm in Bezug auf Beziehungen und unzufrieden mit seiner Lebenssituation, in einer Stadt, mehrere hundert Kilometer von der Pflegefamilie entfernt:

> „Hier bin ich komplett alleine. Ich hab keine Freunde, ich mach mir ja mehr Feinde als Freunde und da fühl ich mich auch selber nicht mehr wohl hier."

Die Erfahrungen und Schilderungen von Thomas zeigen das problematische Potenzial einseitiger Zuschreibungen und Attribuierungen. Dabei soll nicht negiert werden, dass er möglicherweise tatsächlich massiv problematisches und aggressives Verhalten gezeigt haben mag und das Zusammenleben für die Pflegemutter sicherlich höchst anstrengend war. Er selbst beschreibt allerdings sein schwieriges Verhalten in späteren Settings als nicht mehr (nur) in ihm selbst begründet, sondern vielmehr als reinen Mechanismus zum Selbstschutz. Aus Thomas' subjektiver Perspektive werden zahlreiche Gründe und Rechtfertigungen ersichtlich, die die zuvor noch als „auffällig" klassifizierten Umgangsformen entschuldbar machen: So war die angewandte Gewalt auf verbaler und körperlicher Ebene – gegen die Pflegemutter, ein anderes Kind in der Familie, später auch in den Heimeinrichtungen gegen Erzieher und andere Kinder – die Folge von Fehleinschätzungen, wahrgenommener Machtlosigkeit, einem mangelnden Verständnis, einem fehlenden offenen Ohr, dem Wunsch, andere beschützen zu wollen und dem Gefühl nicht ernst genommen zu werden.

Der Blick auf die längeren biografischen Linien im Fall Thomas offenbart die möglichen gravierenden langfristigen Implikationen von Abbrüchen: Sich selbst als schwierigen Menschen sehen, Einsamkeit und massive Schuldzuschreibungen, die sich in einem negativen Selbstbild verfestigt haben.

Rückzug, Beobachten und Abwarten

Sich auf sein Zimmer zurückziehen, selten noch nach Hause kommen, bis spät abends und an den Wochenenden bei den Freunden bleiben, waren immer wieder genannte Reaktionen auf die Erfahrung nicht wirklich Teil der Familie zu werden oder zu sein. Stundenlang allein im Zimmer sitzen, lesen, mit Freunden chatten, Playstation spielen, nur noch zum Essen mit anderen Familienmitgliedern zusammenkommen waren Reaktionen, die zum Ziel hatten Konflikten und Diskussionen aus dem Weg zu gehen und möglichst friedlich das Leben in der Pflegefamilie zu überstehen. Unrau/Seita/Putney (2008) beschrieben diese Bewältigungsstrategien als „time of shutting down" (S. 1261) und Rostill-Brookes et al. (2011) als „stilles Leiden" („suffering in silence") der Pflegekinder (S. 122; vgl. auch Leeson 2007).

Das Gefühl der Einsamkeit und nicht vorhanden Zugehörigkeit zur Familie verstärkte sich durch diese isolierenden Handlungen allerdings noch mehr:

> „Ja, wenn Du so ungewünscht bist und Du merkst, dass Du einfach mit niemandem reden kannst, [...] Du fühlst Dich so ausgeschlossen. [...] Wie das fünfte Rad am Wagen."

Sandra berichtete, dass sie in einer stressigen Prüfungsphase die Konflikte in der Pflegefamilie versuchte zu ignorieren und nicht zu viel darüber nachzudenken, um sich auf den Schulabschluss zu konzentrieren. Sie sass viel in ihrem Zimmer, lernte und verabredete sich an Nachmittagen mit ihren Mitschülerinnen und Mitschülern. Ein anderes Pflegekind erzählte:

> „Ja, es hat mich halt schon so wütend gemacht. Dann bin ich halt wieder ins Zimmer hoch und habe mein Zeug irgendwie selber durchgezogen. Weil es hat ja nichts gebracht, wenn du geredet hast, ja."

Andere Pflegekinder berichteten, dass sie sich in der Pflegefamilie verstellten und „schauspielerten", um Konflikten aus dem Weg zu gehen:

> „Und weil ich nicht die grosse Rednerin bin, wenn ich Probleme habe, hab ich mich auch nicht gemeldet in solchen Situationen. Ich bin dann eher die die es in sich rein frisst als die die es rauslässt. [...] Das ist für mich einfach: Maske auf und ab ins Schauspiel."

Maria entschied sich für eine Strategie der Überanpassung und folgte eine Zeit lang pedantisch den „Forderungen" der Pflegeeltern, gegen die sie sich innerlich zutiefst sträubte: „Ich mach es einfach so wie ihr wollt" versicherte sie den Pflegeeltern und widersetzte sich nicht länger ihren Regeln. Innerlich ging es ihr aber immer schlechter und auch die Konflikte liessen so nicht nach: „Wir hatten so viel Streit, das hat mich runtergezogen, also es hat mich wirklich fertig gemacht." Nach einiger Zeit des So-tun-als-ob platzte aber die Blase und die Konflikte kamen wieder auf:

> „Innerlich war ich überhaupt nicht glücklich, aber dann habe ich sie so angelächelt und gesagt: ‚Okay, gut. Ich akzeptiere das.' Aber mein Herz hat es nicht akzeptiert, nur meine Worte haben das."

Einige Pflegekinder beschrieben, wie sie Situationen, die ihnen nicht passten, in denen sie sich unwohl fühlten, abwarteten und darauf hofften, dass sie sich von allein wieder verbesserten. Gleichzeitig wurden Erwartungen an Beiständinnen und Beistände[5] und Sozialarbeitende formuliert, von denen die Pflegekinder erhofft hatten, dass sie die Konflikte und Schwierigkeiten in den Pflegefamilien erkannten und entsprechend darauf reagieren würden. Doch in der Regel war dies eher nur in Ausnahmen der Fall, weshalb sich Pflegekinder nach einer Zeit des Abwartens dafür entschieden, Probleme wenigstens anzudeuten oder sogar aktiv Hilfe zu holen.

Probleme andeuten und Hilfe suchen

Pflegekinder berichteten, wie sie Probleme versuchten gegenüber Sozialarbeitenden und Beiständinnen und Beiständen anzusprechen. Leeson (2007) hat eindrücklich gezeigt, welche Missverständnisse auch entstehen können, wenn Pflegekinder die für sie zuständigen Fachpersonen um Unterstützung bitten. Pierlings (2011) hat anschaulich herausgearbeitet, welche hohe Hürde das Kontaktieren der Fachkräfte für viele Pflegekinder darstellt. Das zeigt sich auch hier. Erschwerend kommt dazu, dass die Andeutungen der Kinder selten erfolgreich waren. Die Pflegekinder erzählten, dass ihre Probleme relativiert wurden, dass potenzielle Lösungen aufgeschoben wurden. Ein ehemaliges Pflegekind erinnert sich:

„Weil es dann von meiner Beiständin und so dann einfach geheissen hat und auch von dem Mann von der [Familienplatzierungsorganisation[6]], der Sozialarbeiter der sie [die Pflegeeltern] betreut hat, die meinten dann auch: ‚Ja so für ein letztes halbes bis dreiviertel Jahr und so suchen wir jetzt nichts anderes, Du ziehst das jetzt durch und so.'"

Die Pflegekinder berichteten, dass es ihnen schwer fiel zu beschreiben was sie konkret störte, was ihre Probleme waren und wie ein möglicher Weg daraus aussehen konnte. Entsprechend schmerzhaft war es dann, wenn die Reaktionen der Zuständigen so ausfielen, wie bei der hier zitierten Diana. Das Gefühl sich nicht verstanden, gehört oder gesehen zu fühlen verstärkte sich dadurch. Nicht selten war anschliessend die Reaktion sich wieder zurückzuziehen und längere Zeiten, manchmal Jahre, weiter abzuwarten und zu hoffen, dass sich die Situation doch noch zum Guten verändern würde.

---

5   Zur Rolle und Funktion der Beistandsperson im Schweizerischen Kindes- und Erwachsenenschutz und insbesondere der Pflegekinderhilfe: Die Beistandsperson übernimmt ein Mandat, „welches Beratung, Begleitung, Vertretung und zuweilen Kontrolle beinhalten kann und führt dieses meist über einen längeren Zeitraum." (Heck 2015, S. 94)
6   Familienplatzierungsorganisation in der Schweiz: Gemäss Keller (2012) umfasst der Begriff Familienplatzierungsorganisation, kurz FPO, alle privaten Organisationen, „die im Auftragsverhältnis Kinder in Pflegefamilien platzieren und weitere Dienstleistungen im Rahmen der Platzierung anbieten" (S. 6). In der Schweiz hat sich an Stelle der Bezeichnung FPO mittlerweile auch der Begriff „Dienstleister in der Pflegefamilie", kurz DAF, etabliert. DAF und FPO werden als Begriffe synonym verwendet (vgl. Seiterle 2017, S. 30).

In wenigen Situationen wird auch beschrieben, dass die Pflegekinder auf offene Ohren stiessen und Beiständinnen und Beiständen Verständnis zeigten. Leyla berichtete, dass sie wiederholt und auch mehrere Tage bis Wochen bei einer Freundin lebte, weil sie die Situation in der Pflegefamilie nicht ertrug: Die Pflegemutter war sehr krank und der Pflegebruder nun nicht länger in sie, sondern in eine andere verliebt. Der Beistand wusste vom Fortbleiben und den Gründen dafür und respektierte Leylas Entscheidung, rief sie regelmässig an, erkundigte sich nach ihrem Befinden und suchte gemeinsam mit ihr nach einer alternativen Lösung.

Diana versuchte im Gespräch mit den Pflegeeltern Probleme direkt anzusprechen und zu beschreiben, was sie belastete, seitdem zwei andere, viel jüngere Pflegekinder in die Familie gekommen waren:

> „Ich habe das versucht anzusprechen halt, einfach das was mir [...] aufgefallen ist, dass sie [, die Pflegeeltern,] keine Zeit mehr für mich haben und die Kleinen wichtiger sind und so und dann haben die gemeint: ‚Ja das stimmt ja gar nicht‘ und so und haben das Zeug einfach geleugnet vor irgendwelchen, wie sagt man, Sozialarbeitern [...]. Und dann meinten sie [...]: ‚Du bist ja so verschlossen zu uns, Du bist ja immer auf Deinem Zimmer oben‘ und so Zeug. Und ja halt die ganze Zeit im Widerspruch zu mir. Und nachher hab ich so gedacht: ‚Für was sage ich überhaupt noch was, sie streiten es ja eh alles ab.‘"

Der Versuch von Dianas Therapeutin, als Mediatorin ein Gespräch mit allen an einem Tisch zu suchen, wurde zwar von den Pflegeeltern abgelehnt, doch Diana fühlte sich sehr unterstützt durch die Beratung einer dritten, aussenstehenden Person die Schweigepflicht hatte und nicht mit den Pflegeeltern über das Gehörte sprechen durfte. Auch berichteten Pflegekinder von helfenden Lehrerinnen und Lehrern, die merkten, dass es dem Kind nicht gut ging und es darauf ansprachen. Besonders häufig nannten Pflegekinder aber Freunde als wichtige, aussenstehend Bezugspersonen und Unterstützende in schwierigen Zeiten in der Pflegefamilie. Mit ihren Schulfreunden hätten sie sich getraut Schwierigkeiten zu besprechen oder wenigstens anzudeuten, was sie beschäftigte oder bedrückte. Die Freunde agierten als unterstützende und Rat gebende Personen und waren in einem Fall auch diejenigen, die die Anschlusslösung ermöglichten: Ein Mädchen wurde von der Familie ihrer Freundin als Pflegekind aufgenommen. Andere Kinder hätten sich gerne ihren Freunden anvertraut, waren sich aber nicht sicher, ob die meistens in „typisch heilen Familien" aufgewachsenen Kinder wirklich verstehen würden, was sie bedrückte. Dass genau in der Handlungsunmöglichkeit der anderen Kinder eine Ressource und eine besondere Intensität vom Vertrauensverhältnis lag wurde ebenfalls beschrieben. Eine junge Frau erinnert sich an ihre Zeit in der Pflegefamilie:

„Ich hab nicht viel über meine Kindheit gesprochen, höchstens mit meinem besten Freund. […] Ich habe viele Wechsel gemacht und nicht gewusst wem ich jetzt was anvertrauen kann und ob ich dann [zu der Person] wirklich lang eine Verbindung haben werde oder nicht. Und ja, ich habe so vieles was passiert ist eigentlich immer für mich behalten."

Mitglieder der Herkunftsfamilie als Unterstützende in Konfliktsituationen anzusprechen und um Hilfe zu bitten war für die Pflegekinder ambivalent. Maria zum Beispiel traute sich nicht, mit ihrem Bruder über ihre Probleme zu sprechen, weil sie ihn nicht beunruhigen wollte und auch nicht abschätzen konnte, wie er reagieren würde. Sie habe sich in den herausfordernden Situationen niemandem anvertrauen können und sich somit noch isolierter und allein gefühlt:

„Niemand, nobody. Dann ist es eben auch schwierig. Das war die schlimmste Zeit für mich. Und auch wenn ich [meinen Bruder] angerufen hätte, ich hätte gar nicht reden können, das konnte ich nicht, hab nur geweint am Telefon und das hat auch nichts geholfen und ich wollte meinen Bruder auch nicht erschrecken, der wäre sonst gleich gekommen und hätte mich dort weggeholt."

Hier zeigt sich, wie Nestmann (2008) herausarbeitet, dass Pflegekinder ihre Netzwerke oft als wenig unterstützend erleben. Gleichzeitig zeigen sich auch die Möglichkeiten zur guten Veränderung schwieriger Erfahrungen, die sich ergeben, wenn sich das Netzwerk als tragfähig erweist. Unrau/Seita/Putney (2008) zeigten für Pflegekinder, die solche Erfahrungen in Abbruchprozessen gemacht hatten, dass es ihnen gelang ihre Erfahrung so einzuordnen, dass sie daraus gelernt hatten, daran gewachsen waren und dem Neustart positiv entgegenblickten (S. 1261 f.)

Bei Diana war es so, dass ihre Herkunftsfamilie Anschlusslösungen für das begleitete Wohnen recherchierte, was aber, so nahm es Diana wahr, vom Beistand lange nicht ernst genommen wurde:

„[…] meine Familie musste sich dann kümmern, dass es irgendwie eine andere Lösung gibt weil meine Beiständin hat das nicht so ernst genommen."

Fortlaufen

Eine grosse Herausforderung stellen für jedes Kinder- und Jugendhilfesystem Kinder und Jugendliche dar, die aus ihrem Heim oder ihrer Pflegefamilie (wiederholt) weglaufen, auf Trebe gehen, abgängig sind (vgl. Hoch 2016; Jordan/Trauernicht 1981). Auch einige Pflegekinder, die interviewt wurden, bzw. über die durch Pflegeeltern berichtet wurde, hatten sich dafür entschieden eine Zeit lang von der Pflegefamilie fernzubleiben, bei Freunden zu wohnen, bei Geschwistern und oder Eltern mehrere Tage zu verbringen oder gar unterzutauchen: Joram wohnte einige Zeit lang in einer Hütte im Wald und versteckte sich dort erfolgreich vor der Polizei die ihn letztlich suchte. Interessant sind die Schilderungen der Jugendlichen darüber, wie es dazu kam. Leyla fühlte sich zwar lang wie ein „echter Teil der Familie", fühlte sich später, als ein anderes Mädchen in die Pflegefamilie kam, „herausgedrängt" und zog zu einer Freundin. Ihre Hoffnung dabei war, dass ihre Pflegemutter, die sie sehr schätzte, dabei merken würde, worüber Leyla nicht sprechen konnte: Sie wollte zwar in der Pflegefamilie sein, aber nicht zusammen mit dem Mädchen, von dem sich Leyla gemobbt fühlte, was die Pflegemutter aber nicht zu bemerken schien. Joram fühlte sich ebenfalls sehr wohl in der Pflegefamilie, im Verlaufe der Zeit machte er, wie er selbst sagte, „viel Scheiss" und wurde mit Hausarrest bestraft und es wurde gedroht, dass er die Familie verlassen müsse, was Joram unter keinem Umstand wollte. Selbst ein Jahr nach dem Abbruch des Pflegeverhältnisses, zum Interviewzeitpunkt, wollte Joram nichts mehr als in die Pflegefamilie zurückzugehen:

„Und dann bin ich zu Hause ein bisschen drunter gekommen, er [, der Pflegevater,] hat mich einfach zusammengeschissen, hat gesagt: ‚Du bleibst jetzt zu Hause' und so Zeug. Und dann habe ich ein bisschen übertrieben reagiert und bin einfach abgehauen. [...] Und dann musste ich mich immer verstecken vor der Polizei. [...] Die haben mich natürlich auch gesucht, genau. [...] Wenn sie da waren [, bei der Hütte im Wald,] bin ich in den Schrank rein, alle Lichter aus [...], ja ich hab mir dann noch die Haare geschnitten [...], dass man mich weniger erkennt, andere Kleider getragen als normal. Und ja, das ging tiptop einfach."

Auch Michael war nach einer gewissen Zeit in der Pflegefamilie, mit der er wegen Diebstahl und Unterschriften Fälschen und weil er sich immer weniger an deren Regeln und Absprachen hielt immer mehr Schwierigkeiten hatte, irgendwann an dem Punkt weggehen zu wollen:

„Es lief einfach alles nicht gut. Dann [...] konnte ich denen [den Pflegeeltern] einfach nicht mehr vertrauen, [...] mit ihnen reden konnte ich auch nicht mehr, deshalb bin ich gegangen, zu meinem Bruder und habe [...] dort gewohnt."

„Blöd tun"

In der Forschungsliteratur zu Abbrüchen von Pflegeverhältnissen werden dort, wo Faktoren für Abbrüche (meistens) isoliert identifiziert werden (siehe oben) Verhaltensauffälligkeiten von Pflegekindern als eine der am häufigsten genannten Gründe für Abbrüche von Pflegeverhältnissen festgehalten. Welche Gründe es für diese Verhaltensweisen geben mag wird in diesen Studien nicht weiter thematisiert. Während Bewältigungsstrategien wie der Rückzug und das Fortlaufen (siehe oben) in den Untersuchungen, die den Blick der Pflegekinder einbeziehen, wiederholt herausgearbeitet wurden, gibt es nur wenige Hinweise darauf, ob bzw. inwiefern das von aussen als nicht angepasst, aggressiv oder negativ bewertete Verhalten als Bewältigungsstrategie in herausfordernden Situationen für die betroffene Person durchaus angemessen sein und nachvollziehbare Gründe haben kann. Es wird in diesen Studien aber durchaus betont, dass Pflegekinder die Erfahrung machen, dass ihr Versuche ihre Emotionen zu artikulieren missverstanden werden und sie sich deshalb für den Rückzug und das Verleugnen ihrer Gefühle entscheiden (vgl. Leeson 2007; Unrau/Seita/Putney 2008).

In der Studie in Deutschland und der Schweiz wurde vor allem in den Interviews mit Pflegeeltern von Situationen berichtet, in denen sich die Eltern durch die Pflegekinder bedroht fühlten, sie sich unsicher waren, wie das Zusammenleben überhaupt weiterhin möglich sein konnte. Jugendliche, die mit Drogen dealten, Jugendliche und/oder ihre Eltern, die die Pflegefamilie bedrohten, Jugendliche, die sich bewaffneten, Jugendliche, die schlecht über die Familie sprachen, in der Schule oder im Dorf erzählten, dass sie in der Familie bestohlen oder gar sexuell missbraucht würden. In solchen schwerwiegenden Situationen wurde das Ende des Pflegeverhältnisses relativ schnell beschlossen und durchgeführt. Von ähnlichen Situationen wurde in den Interviews mit Pflegekindern ebenfalls berichtet.

Peter hatte die Erfahrung gemacht, dass er nur dann von Fachkräften gehört wurde, wenn er sich besonders „dumm" anstellte, wenn er sich bewusst Regeln widersetzte, sich nicht kooperativ zeigte und provozierte. Diesen Rat gab er auch seinem Bruder, der angepasst und in seinen Augen auch nicht besonders glücklich in einem Heim lebte und eigentlich eine andere Form der Unterbringung wünschte:

„Man muss eigentlich hauptsächlich so lange blöd tun, bis man's bekommt."

Wer also richtig „blöd tat", wenn er es auch nicht war, konnte Situationen in eine Richtung verändern, die man als Pflegekind voraussehen konnte oder auch nicht. Ein Junge konnte so die Rückplatzierung in eine Pflegefamilie erlangen, zu der er schon seit Jahren zurück wollte. Für andere Kinder reagierte das Pflegekinderhilfe-System in der Form, dass sanktionierend auf das Verhalten eine Umplatzierung angeordnet wurde und das Kind an einen neuen Lebensort kam, wie z. B. in ein Kinder- und Jugendheim.

Beim aufmerksamen Zuhören können Hintergründe und Erklärungen für gewisse Verhaltensweisen der Pflegekinder erkannt werden, die diese im Moment des Agierens möglicherweise selbst nicht ganz durchdringen, aber die für ihre Situation durchaus Sinn ergeben (vgl. Helming/Kindler 2014). Im Rückblick beschreiben die Pflegekinder Situationen und Reaktionen, die sie selbst als für die Situation nicht angemessen einordnen, gleichzeitig beschreiben sie, dass es gute Gründe gab sich entsprechend zu verhalten.

Leyla beliess es bei der Drohung ihren Pflegeeltern und der Beiständin gegenüber: Wenn sich nicht bald etwas ändere und sie zu einer anderen Pflegefamilie könne, die sie schon kannte, werde sie bald zur „Wildsau":

> „Nach einer Woche wollte ich immer noch dorthin [in die neue Pflegefamilie], nach zwei Wochen habe ich dann angefangen Druck zu machen und meinte: ‚Wenn ihr mich zurückstellt dann mach ich die Wildsau!' Und sie [die Beiständin] hat dann gefunden: ‚Doch, machen wir das doch so, hat mich aus der Pflegefamilie rausgenommen und in die neue getan […]'."

Ihr Ziel konnte Leyla erreichen, indem sie drohte, sich schlecht zu verhalten. In den Interviews wird deutlich, dass die Drohungen von oder das tatsächlich ausagierende Verhalten besondere Aufmerksamkeit bei den betreuenden Personen und Fachkräften hervorrief. Besonders aufmerksam wurden Beiständinnen und Beistände, wenn sie gerade neu die Beistandschaft für das Kind übernommen hatten, noch nicht mit dem „Fall" betraut waren und sich Zeit nahmen und mit dem Kind ein Gespräch führten, um es kennenzulernen. Mehrere Pflegekinder berichteten, dass sie über Jahre abwarteten und andeuteten, entweder selbst eine Anschlusslösung suchten oder eben aggressiv und ausagierendes Verhalten zeigten und erstaunt waren, dass eine neue Beiständin bzw. ein neuer Beistand plötzlich darauf reagierte und die Kinder danach fragte, was in ihnen vorging und was sie sich wünschten. Peter sprach gegenüber den sich häufig wechselnden Beiständen jahrelang davon zu seiner Pflegefamilie zurückzuwollen, was wiederholt abgelehnt wurde. Bei einem erneuten Wechsel fragte die neue Beiständin nach seinem sehnlichsten Wunsch, den er erneut darlegte. Die Beiständin prüfte die Möglichkeiten mit der Pflegefamilie und Peter konnte innerhalb weniger Wochen zurück zu seiner Pflegefamilie ziehen. Auch Jacqueline erlebte, dass ihr über Jahre geäusserter Wunsch, die Pflegefamilie verlassen zu dürfen, von unterschiedlichen Beiständinnen und Beiständen abgelehnt wurde. Als dann wieder eine neue Beiständin kam vertraute sich Jacqueline ihr wieder an und konnte eine Änderung ihrer Situation erwirken:

> „Und die war super, weil, sie hat sich beide Seiten angehört, sie hat mit mir ein Gespräch gehabt und gefragt wie es so ist, und eben, sie wollte mich kennenlernen und auch meine Pflegemutter."

Deutlich wird die Abhängigkeit der Kinder von ihren Beiständinnen und Beiständen. Selten erinnern sich die Pflegekinder an deren Namen, wissen aber noch genau, wen sie „blöd" oder „nett" fanden. Häufig erlebten die Kinder Beistandswechsel. Grundsätzlich berichteten sie von seltenen Besuchen und wenigen Gespräche mit den Beistandspersonen, in denen sie sich ernst genommen und gesehen fühlten, so wie es Jacqueline formulierte: „Nehmen die mich überhaupt wahr?"

All diese Umgangsformen können als Bewältigungsstrategien verstanden werden, mit denen die Kinder versuchen, ihre Handlungsfähigkeit aufrechtzuerhalten (vgl. Biesta/Tedder 2006; Bombach et al. 2020). Bewältigungsstrategien in diesem Sinne können in der Pflegefamiliensituation sowohl produktiv als auch kontraproduktiv sein. Wenn sie kontraproduktiv sind schaffen sie oft zusätzliche Probleme oder verstärken vorhandene Probleme. Oftmals sind Bewältigungsstrategien eigensinnig, nicht lösungsorientiert und nicht auf den ersten Blick nachvollziehbar. Sehr häufig führen sie – wie sich am Beispiel Rückzug, Flucht, Blödtun besonders anschaulich zeigt – zu irritierten Reaktionen der Erwachsenen. Manchmal werden durch solcherlei Reaktionen eskalierende Prozesse noch verschärft. Wichtig ist es, anzuerkennen, dass das Verhalten für die Kinder subjektiv trotzdem sinnvoll erscheint und gerade deshalb genutzt wird. Im pädagogischen Umgang mit den Kindern ist es vorderstes Ziel, solche Bewältigungsstrategien zu erkennen und zu dechiffrieren (vgl. Dittmann/Reimer in diesem Band; Helming/Kindler 2014). Dies gelingt, wenn Erwachsene – Pflegeeltern wie Fachkräfte – das Verhalten sensibel rekonstruieren und nachvollziehend versuchen zu verstehen, was das Kind mit diesem Verhalten zeigen oder worauf es aufmerksam machen möchte, was das Verhalten dem Kind bringt. Korczak (1967) beschreibt pädagogisches Geschick treffend, wenn er den Erwachsenen, die es mit augenscheinlich schwierigen Verhaltensweisen zu tun haben sagt:

„Die allem Anschein nach schönsten Grundsätze müssen überprüft werden. Die einsichtigste Wahrheit, die in ihrer praktischen Anwendung schwer zu realisieren ist, sollte gewissenhaft und kritisch untersucht werden. Wir sind weit erfahrener als Kinder, wir wissen sehr vieles, was Kinder nicht wissen, aber was sie denken und fühlen, das wissen sie besser als wir. Wenn ein Kind etwas will, aber nicht weiß warum, verbirgt es vielleicht die eigentlichen Gründe oder ist sich ihrer nicht sicher. Es ist die Kunst des Erziehers, diese halbbewußten Motive zu erfahren, manchmal nur zu vermuten und oftmals, nach langem Suchen zu entdecken. ‚Dahinter steckt doch etwas!' Je öfter ein Erzieher so denkt, desto rascher wird er sich vervollkommnen, desto sicherer wird er hartnäckige Fehler vermeiden, die in falschen Grundsätzen ihren Ursprung haben." (S. 255 f.)

3.4 Bilanzen und Beziehungen nach dem Abbruchprozess

Der Abbruch stellt für die von uns Befragten in den meisten Fällen beides dar: Enttäuschung, Bruch, Verlust auf der einen Seite, Erleichterung und die Möglichkeit zum Neuanfang auf der anderen Seite.

Nach dem Abbruch müssen Beziehungen neu gelebt und sortiert werden (vgl. Reimer 2019; Wolf in diesem Band). Dies kann sich in den Beziehungen zu den einzelnen Mitgliedern der Pflegefamilie sehr unterschiedlich gestalten. Bei Sven beispielsweise bestand nach dem Abbruch eine intensive Beziehung zur Pflegemutter, die Beziehung zum Pflegevater brach komplett ab – das Zerwürfnis mit Letzterem und der Bruch war so massiv, dass der Pflegevater nicht einmal wissen durfte, dass die Pflegemutter weiter Kontakt pflegte. In anderen Interviews berichteten Pflegekinder, dass weiter Beziehungen bestanden zu anderen Kindern in der Pflegefamilie, aber die Beziehung zu den Pflegeeltern abbrach. In wieder anderen Interviews wurde deutlich, dass die räumliche Trennung zur Chance für die Beziehung wurde und sich die Beziehung gerade durch den nicht mehr gemeinsam gelebten Alltag intensivieren konnte.

Oft blieben die Befragten ambivalent, sie wollten Beziehungen aufrechterhalten, vermissten die Pflegefamilie und konnten oder wollten doch nicht zurückgehen. So berichtete Josie, die von ihrer Pflegefamilie weggelaufen war und eine zeitlang auf der Strasse lebte:

> „War dann halt so schwer dadurch belastet, dass ich mich nicht mehr getraut hab, weil einfach mir gedacht hab: ‚Gut, du hast deinen Eltern so viel angetan und irgendwie kriegst du es nicht hin, wieder heimzukehren und zur Normalität zurückzugehen‘.“

Neben den Beziehungen zu den einzelnen Mitgliedern der Pflegefamilie wird auch die Zugehörigkeit zur gesamten Pflegefamilie als System genauer unter die Lupe genommen. Thomas, der zum Interviewzeitpunkt schon seit mehr als zwölf Jahren nicht mehr bei der Pflegefamilie lebte, fühlte sich zu dieser trotz Abbruch immer noch zugehörig und hatte in der Pflegefamilie seinen einzigen Verankerungspunkt:

> „Ich weiß natürlich, dass ich da nicht für immer bleiben kann und das wird sich auch nicht irgendwo ändern mehr, aber ich kann wenigstens so viel Zeit wie möglich […] dort verbringen […]. In Zukunft möchte ich auf jeden Fall in A-Stadt bei meinen so gesachten Familienteilen um dort dann weiter aufzuwachsen und dann halt dort auch zu sterben.“

Andere Pflegekinder sahen sich nach dem Abbruch nicht mehr zugehörig und wollten deshalb auch nur – wenn überhaupt – Kontakt zu einzelnen Mitgliedern der Familie pflegen. Die Interviewpartnerin Lena hatte beispielsweise alle Kontakte abgebrochen. Zu ihrem eigenen Schutz wie sie beschreibt, blockierte sie sogar jahrelang alle Mitglieder der Pflegefamilie bei Facebook. Zum Interviewzeitpunkt erklärte sie:

> „Ich hab die jetzt mal wieder entblockt, weil ich mir dachte, komm jetzt sind fast fünf Jahre her, ich glaube kaum, dat die noch irgendwas sagen.“

Alle Pflegekinder ziehen für sich eine Bilanz aus dem Abbruch. Der Abbruch verlangt eine Deutung, die Pflegekinder müssen ihn in ihre eigene biografische Erzählung einfügen, müssen daraus einen Sinn gewinnen und in die Abbrucherfahrung ihr eigenes Selbstbild einfügen. Während manche Pflegekinder – wie am Beispiel von Thomas' Erfahrungen oben ausführlich dargestellt – sich auch Jahrzehnte nach dem Abbruch die Schuld dafür zuschreiben und die Abbrucherfahrung so identitätsrelevant wird, dass sie sich dadurch bestärkt fühlen, ein besonders „schwieriger" Mensch zu sein, gelingt es anderen Pflegekindern, den Abbruch für sich positiv zu wenden und zur Ressource werden zu lassen.

Die Interviewpartnerin Hannah beschrieb ihren Abbruch, der im Alter von 16 Jahren durch die Pflegefamilie erzwungen wurde und ohne ihren Einbezug erfolgte, als eine Entlastung aus einer für sie selbst schwierigen Familiensituation und im Rückblick und mit einem sehr analytischen Blick auf die Pflegefamilie auch als eine Befreiung aus einem pathologischen Familiensystem:

> „Meine [Pflege-]Eltern selber haben kein offenes Haus, die haben ein großes Haus, da äh wär eigentlich Platz im Garten, also die haben auch keine Freunde oder so Besuch der kommt oder so, ne das ist da einfach nicht, also ja, ich weiß nicht wo die ihre Sachen gelassen haben aber es fehlt da äio es wurd nicht über sowas gesprochen das ist das ganze Klima in der Familie, also es wurd auch nicht drüber gesprochen mit uns nachdem meine Schwester sich versucht hat umzubringen, das zu erklären, was da stattgefunden hat, ne also, ich hab da nur schemenhafte Erinnerungen ran, aber da ist sehr viel Konflikt einfach, es wird auch über nichts geredet also es ist sehr schweigsam, also es ist auch ne Aufforderung drin mit enthalten, sicherlich, alles andere wäre geschwätzig und preisgebend, also vor dem Hintergrund hätt ich auch, wem hätt ich erzählen sollen, dass ich verprügelt werde? Also das findet man dann so absurd, dass man sich so wichtig macht, so persönlich zu werden, nc das is sowas das is auf jeden Fall ne Folge davon, also so ne Kommunikationskultur [...] und letztendlich war ich nur froh und erleichtert dort wegzukommen."

Weiter beschrieb sie den Abbruch als eine Erfahrung, die zu einem Reifeprozess beitrug. Hannah musste früh lernen, selbständig zu leben, was bei ihr auch beinhaltete ohne familiäre Unterstützung ihr Abitur abzulegen und ihr Studium zu finanzieren und zu bewältigen. Für Hannah führte dies auch dazu, dass sie sich ein intensives, tragfähiges soziales Netzwerk schaffen musste, das heute als Familienersatz dient. Die zum Interviewzeitpunkt 33-Jährige sieht sich aufgrund des Abbruchs und der nicht vorhandenen Beziehung zur Herkunftsfamilie als *„familienlos"*. Die „Familienlosigkeit" muss sie immer wieder rechtfertigen – vor sich und vor anderen – sie ist aber mittlerweile ein Teil der Identität geworden und damit auch ein Teil von Hannahs Einzigartigkeit, wenn auch einer, die sie selbst durchaus ambivalent betrachtet.

3.5 Rat der Pflegekinder an andere Pflegekinder in einer ähnlichen Situation

In den Interviews in der Schweiz wurden die Pflegekinder zum Abschluss gefragt, was sie einem Kind raten würden das eine ähnliche Erfahrung in einer Pflegefamilie macht wie sie selbst. Keines der Pflegekinder riet dabei den Abbruch des Verhältnisses zu vermeiden und sich komplett anders zu verhalten als sie selbst zum damaligen Zeitpunkt getan hatten:

> „Also, ich würde weggehen! Es traumatisiert einen halt irgendwie auch. Weil eben jedes Mal wenn ich darüber rede werde ich mega sentimental. Ich meine, das sind halt so viele Sachen die Du gar nicht erleben müsstest. […] Also ich würde einfach, wenn ich wieder in der Situation wäre […] zum Beistand gehen. Weil der ist ja einer von den Einzigen die Dir wirklich helfen können. Weil Du selber kannst ja nicht wirklich viel machen."

Was im Widerspruch zur eigenen Erfahrung steht ist, dass die Pflegekinder jeweils raten, sich an eine Person zu wenden, die die Situation verändern kann. Konkret genannt werden Beiständinnen und Beistände. Man solle sich an sie wenden, ihnen die Situation schildern und um Hilfe und Unterstützung bitten. Selbst hatten die Pflegekinder, die das raten, jedoch erlebt, dass von ihnen kaum Hilfe ausging, sie vertröstet oder ihre Erfahrungen nicht ernst genommen wurden (vgl. Pierlings 2011):

> „Hab ihm [dem Beistand] gesagt, dass ich irgendwie Angst habe vor meiner Pflegemutter und dass ich nicht mehr dort sein will. Und er hat aber natürlich schon sie in Schutz genommen, weil, eben, er hat wenig nach mir geschaut/sich um mich gekümmert. Er hat einfach, er war ein blöder Beistand. Wirklich. Er hat sich Null drum gekümmert."

Das heisst, dass die Pflegekinder zwar durchaus wissen, wer auch in schwierigen Situationen für sie zuständig wäre, sie selbst aber selten erfahren haben, dass diese Personen sich dann auch zuständig fühlen, und zwar in der Weise, dass die Pflegekinder sich und ihre Bedürfnisse ernst genommen fühlen. Häufig fühlten sie sich über eine längere Zeit im Stich gelassen und allein mit ihren Problemen. Eine junge Frau schlägt vor:

> „Vielleicht dass die Behörde irgendwie vorher einschreitet, dass vielleicht dort Menschen sitzen die ein bisschen mehr verstehen von der Generation Pflegekind die sie betreuen und dass sie nicht einfach zuschauen wie sich die ganze Situation verschlimmert."

Offen Probleme ansprechen wurde von den Pflegekindern immer wieder als Lösung der Herausforderungen genannt. Dass sie es selbst damals nicht gewagt hatten bedauerten sie, hatten gleichzeitig aber auch nach wie vor den Zweifel daran, ob ihnen überhaupt geglaubt worden wäre. Gleichzeitig bedauerten ehemalige Pflegekinder auch, dass sie sich mit dem Ansprechen von Schwierigkeiten so lange Zeit gelassen hatten, bis es zu spät war:

„Aber die [Pflegekinder] sagen ja nichts. Ich habe ja auch nichts gesagt, ich habe ja selbst nichts gesagt. Das ist eben das Problem. Das anzusprechen, keine Angst zu haben, einfach sagen was einen wirklich stört, was sie auf dem Herzen haben."

Die interviewten Pflegekinder waren erstaunt darüber wie selten Beiständinnen und Beistände so zu Besuch kamen, dass ein echter Austausch und reales Stimmungsbild des Kindes und der Familiensituation hätte erfasst werden können. Unklar war den Kindern auch, was mit ihren Informationen geschah. Sie beobachteten nicht selten, dass ihre Pflegeeltern sich gut mit den Beiständinnen und Beiständen und den Sozialarbeitenden verstanden, mit ihnen Kaffee tranken und scherzten, bevor die Person dann mit dem Kind im Zimmer über sein Befinden sprach (vgl. Reimer/Wolf 2011). Die Pflegekinder berichten, dass ihnen dann geschlossene Fragen gestellt wurden, wie „Geht es Dir gut?" In diesen Situationen Schwierigkeiten anzusprechen war aus Sicht der Kinder kaum möglich; sie trauten sich schlicht nicht und waren unsicher, ob die Informationen direkt an die Pflegeeltern weitererzählt würden. Diana hatte erlebt, dass ihre Aussagen von der Beiständin mit denen der Pflegeeltern abgeglichen wurden und sie zum Schluss kam, Diana erzähle nicht die Wahrheit, weil die Pflegeeltern das Gegenteil behauptet hatten. Die Wortwahl von Diana im Rückblick zur Gesprächssituation verweist eher auf ein Verhör bzw. eine Anhörung als auf einen Dialog:

„Dann gab es auch ein Standortgespräch und dann stand halt Aussage gegen Aussage, und ja, das ist dann halt immer ein bisschen schwierig. Und vor allem der Mann also von der [FPO], das ist so eine Organisation die Pflegekinder vermittelt und so, und der stand dann auf der Seite der Pflegeeltern. [...] Und dann ist das für meine Beiständin auch schwierig gewesen: Was soll sie jetzt glauben und wie soll sie reagieren?"

Jacqueline war wegen ähnlicher Erfahrungen der Meinung, dass schlussendlich das Wort eines Pflegekindes nicht viel zähle:

„Ich meine eh, also in meinem Fall jetzt, wenn es dann wirklich eine Mistsituation ist, wirst Du eh nicht ernst genommen. Bist ja eh nur ein Pflegekind."

Einige Pflegekinder rieten einer Person in einer ähnlichen Situation sich nicht beirren zu lassen und für die eigenen Bedürfnisse einzustehen und dabei eigene Wege einzuschlagen, wenn niemand bereit war, sie dabei zu unterstützen, wie Leyla:

> „Ich glaube ich würde das Gleiche raten: ‚Schau auf Dich, schau wirklich auf Dich, schau was für Dich stimmt und wenn es nicht mehr stimmt dann geh. Denn Du machst Dich selber fertig‘.“

Und Sandra riet:

> „Nimm es Dir nicht zu Herzen und mach einfach weiter! [...] Lebe Dein Leben weiter egal wie es ist. [...] Und lass Dich nicht beeinflussen.“

Für Elli war das Wichtigste sich von den Pflegeeltern möglichst früh unabhängig zu machen, sich finanziell auf eigene Beine zu stellen, um bei etwaigen Herausforderungen gehen und eine eigene Wohnung finanzieren zu können. Immer wieder wurde auch darauf verwiesen, dass Freunde und deren Eltern eine grosse Hilfe sein können:

> „Ich glaube man hat immer irgendwelche Freunde, die für einen da sind, die einem helfen [...]. Ich meine, die Eltern von so Vielen haben mir gesagt: ‚Ja komm doch zu uns.‘ Weil ich einfach meinen Freunden davon erzählt habe und dann auch ihren Müttern.“

Eine wichtige Ressource sind Bezugspersonen, die das Pflegekind selbst kennt und wählt: Freunde, Bekannte, Verwandte, Lehrpersonen, Therapeutinnen und Therapeuten, die ein offenes Ohr haben in herausfordernden Situationen, nicht zwangsläufig eingreifen, aber da sind für das Pflegekind und sich auf seine Seite stellen. Der Kontakt zu diesen Personen wird von den Pflegekindern als absolut wichtig und bestärkend beschrieben. Wer diese Kontakte nicht hat oder sich nicht getraut sie zu nutzen bzw. sich ihnen anzuvertrauen, fühlt sich isoliert und allein mit seinen Problemen und hat Schwierigkeiten in vermeintlich ohnmächtigen Situationen Handlungsmacht zu mobilisieren und alternative Lösungen zu erkennen bzw. immer und immer wieder vorzuschlagen.

Deutlich wird hier, dass die Kinder sich selbst als handelnde Subjekte verstehen und von Fachkräften, Beistandspersonen und Pflegeeltern auch als solche wahrgenommen werden möchten.

3.6 Resümee

Im empirischen Material zeigen sich anhand der Thematik Abbruch zentrale biografische Themen von Pflegekindern: das Ringen um Normalität (vgl. Gehres/Hildenbrand 2008; Reimer 2017), die in vielen Fällen prekäre Frage von Zugehörigkeit (vgl. Petri 2019) im dauerhaften Spannungsfeld zwischen Pflege- und Herkunftsfamilie sowie anderen Bezugssystemen (vgl. Reimer/Petri 2017), aber auch die in vielen Fällen als nur eingeschränkt unterstützend wirkenden Netzwerke (vgl. Nestmann 2008) sowie die aus der Sicht der Kinder wahrgenommene ambivalente Position der Fachkräfte, die einerseits als unterstützend gelten und wahrgenommen werden, andererseits immer wieder Quelle von Enttäuschung, Ablehnung und Anerkennungsverweigerung darstellen (vgl. Butler/Charles 1999; Helming/Kindler 2014; Honneth 1992; Leeson 2007; Rostill-Brookes et al. 2011; Smith/Cameron/Reimer 2017) und zu denen viele Kinder nur einen erschwerten Vertrauenszugang finden (vgl. Pierlings 2011). Auf dieses Gemisch aus diversen erschwerten Bedingungen reagieren die Kinder mit Deutungen (vgl. Arnold 1985) und Attributionen (Weiner 1986), die sowohl den Selbstwert stärken als auch schwächen können. Und die Kinder erarbeiten sich Handlungsfähigkeit (vgl. Biesta/Tedder 2006; Bombach et al. 2020), sie bewältigen (Böhnisch 1994) ihre schwierigen Situationen mit mehr oder weniger hilfreichen Strategien. Oft stellen diese Strategien einen „Schrei nach Liebe" (Niemeyer 2019) dar, der allerdings vom Umfeld häufig nicht als solcher erkannt, sondern problematisiert wird. Aus der Innensicht der Kinder ergibt sich daraus, dass sie ihre Strategien intensivieren müssen, was häufig zu ungünstigen Abwärtsspiralen und in den analysierten Fällen dann zum Abbruch führt.

4. Was kann das für die Praxis bedeuten? Eine erste Skizze

Die Perspektive der Kinder auf Abbruchprozesse bewusst auf- und wahrzunehmen und daraus zu lernen erweist sich wie am empirischen Material aufgezeigt als eine wichtige Quelle zum Verstehen der Komplexität von Abbrüchen und der kindlichen – häufig auch ambivalenten und eigensinnigen – Wahrnehmungen. Um diese Ambivalenzen wahr- und aufzunehmen sind Fachkräfte herausgefordert, eine partizipative Praxis der Pflegekinderhilfe, bei der die Sicht des Kindes bei allen Entscheidungen wahr- und ernstgenommen wird zu entwickeln, und zwar in allen Etappen des Prozesses: Schon vor der Vermittlung in eine Pflegefamilie sind Fachkräfte gefordert mit dem Kind ins Gespräch darüber zu gehen, was das Kind sich wünscht. Wenn es in besonderer Weise um Zugehörigkeit geht ist das Ziel – sofern dies mit den Perspektivplanungen für das Kind übereinstimmt –, eine Familie zu finden, wo genau diese möglich und erwünscht ist. Wenn es um normative Familienvorstellungen geht ist es zentral mit dem Kind im Diskurs darüber zu sein und gegebenenfalls zu bleiben. Ist es nicht möglich eine Familie zu finden, die den Vorstellungen des Kindes entspricht, braucht das Kind zusätzliche Ressourcen, mit deren Hilfe die aus Sicht des Kindes nicht (gänzlich) ideale Familiensituation bewältigt werden und positiv gedeutet werden kann. Auch Pflegeeltern sind gefordert, konstruktiv zu überlegen wo Möglichkeiten für Alltagspartizipation geschaffen werden können, die es dem Kind ermöglichen sich zugehörig und als Teil der Familie zu fühlen. Für das Kind ist es wichtig während der gesamten Pflegefamilienunterbringung eine Fachkraft als Ansprech- und Vertrauensperson zu haben, zu der es eine Vertrauensbeziehung gibt. Wenn Kinder wahrnehmen, dass die Fachkräfte auch ihre Bezugspersonen sind, fällt es ihnen leichter sich – unkompliziert – in schwierigen Situationen an sie zu wenden. Fachkräfte wie Pflegeeltern sind gefordert, im gesamten Prozess das Verhalten des Kindes – auch wenn es schwierig und anstrengend ist – nachvollziehend zu verstehen und nachzuspüren, herauszufinden, was das Kind damit sagen will, anstatt das Kind aufgrund seiner Verhaltensweisen zu pathologisieren und Sanktionen einzuleiten (vgl. Reimer 2017; Niemeyer 2019; Dittmann/Reimer in diesem Band). Mit Hilfe dieser Verstehensleistung können Ideen entwickelt werden, wie dem Kind neue Handlungsoptionen und andere Verhaltensmöglichkeiten eröffnet werden können. Wenn ein Abbruch trotz Verstehens und Nachvollziehens unvermeidbar wird und für alle Beteiligten – aber möglicherweise besonders für das Kind – eine Erleichterung darstellt, ist es wichtig, den Abbruch und Übergang eng zu begleiten. Dazu gehören auch Fragen nach Beziehungen, die aufrechterhalten werden sollen und können und Trauer zuzulassen über Beziehungen, die abbrechen, aber auch Fragen der Zugehörigkeit (Reimer 2019; Wolf in diesem Band). Fachkräfte haben *auch* die Aufgabe, Pflegekinder darin zu begleiten und Optionen zu eröffnen, um den Abbruch für sich (eher) positiv zu deuten. Die Mindestanforderung sollte immer sein, dass der Abbruch nicht ausschliesslich negativ gedeutet wird und keine einseitigen Schuldzuweisungen an das Kind erfolgen.

Literatur

Ackermann, T./Robin, P. (2014): Kinder im Kinderschutz. Zur Konstruktion von Agency in amtlichen Entscheidungsprozessen. In: Bühler-Niederberger, D./Alberth, L./Eisentraut, S. (Hrsg.) Kinderschutz. Wie kindzentriert sind Programme, Praktiken, Perspektiven? Weinheim/Basel: Beltz Juventa, S. 64–81.

Arnold, R. (1985): Deutungsmuster und pädagogisches Handeln in der Erwachsenenbildung. Klinkhardt.

Backe-Hansen, E. (2010): How to counteract and prevent foster home breakdown? In: Knorth, E. J./Kalverboer, M. E./Knot-Dickscheit, J. (Eds): Inside Out. How Interventions in Child and Family Care Work. An International Source Book. Antwerp, Apeldoorn: Garant Publishers, S. 239–240.

Barber, J.G./Delfabbro, P.H. (2003): Placement Stability and the Psychosocial Well-Being of Children in Foster Care. In: Research on Social Work Practice 13, S. 415–431.

Biesta G./Tedder, M. (2006): How is agency possible? Towards and ecological understanding of agency-as-achievement. Working Paper 5.

Blandow, J. (2004): Pflegekinder und ihre Familien. Geschichte, Situation und Perspektiven des Pflegekinderwesens. Weinheim/München: Juventa.

Böhnisch, L. (1994): Gespaltene Normalität. Lebensbewältigung und Sozialpädagogik an den Grenzen der Wohlfahrtsgesellschaft. Weinheim/München: Juventa.

Bombach, C./Gabriel, T./Stohler, R. (2018): Acknowledging the complexity of processes leading to foster care breakdown. In: International Journal of Child, Youth & Family Studies 9, H. 1, S. 38–60.

Bombach, C./Gabriel, T./Stohler, R./Werner, K. (2018): Die ungeplante Austrittsgestaltung aus Pflegefamilien – Eine konzeptionelle Lücke in der Pflegekinderhilfe der Schweiz. In: Forum Erziehungshilfen 24, H. 1, S. 47–52.

Bombach, C./Gabriel, T./Stohler, R./Werner, K. (2020): „Dass mal jemand meine Sicht versteht, wie das für mich ist". Partizipation von Pflegekindern bei Abbrüchen von Pflegeverhältnissen. In: Göbel, S./Karl, U./Lunz, M./Peters, U./Zeller, M. (Hrsg.): Wege junger Menschen aus Heimen und Pflegefamilien. Weinheim/Basel: Beltz Juventa, S. 225–240.

Bombach, C./Stohler, R./Wydler, H. (2015): Farming families as foster families: The findings of an exploratory study on care farming in Switzerland. In: International Journal of Child, Youth & Family Studies 6, H. 3, S. 440–457.

Butler, S./Charles, M. (1999): ‚The past, the present, but never the future‘: thematic representations of fostering disruption. In: Child and Family Social Work 4. S. 9–19.

Egelund, T./Vitus, K. (2009): Breakdown of care: the case of Danish teenage placements. In: International Journal of Social Welfare 18. S. 45–56.

Faltermeier, J. (1999): Verwirkte Elternschaft. Fremdunterbringung – Herkunftseltern – neue Handlungsansätze. Münster: Votum-Verlag.

Gehres, W. (2007): „Scheitern" von Pflegeverhältnissen – Ein Klärungsversuch zur Sozialisation in Pflegefamilien. In: Zeitschrift für Soziologie der Erziehung und Sozialisation 27, H. 1, S. 73–87.

Gehres, W./Hildenbrand, B. (2008): Identitätsbildung und Lebensverläufe bei Pflegekindern. Wiesbaden: VS Verlag.

Gilbertson, R./Barber, J.G. (2003): Breakdown of foster care placement: Carer perspectives and system factors. In: Australian Social Work 56 (4). S. 329–339.

Goodyer, A. (2014): Children's accounts of moving to a foster home. In: Child & Family Social Work, S. 1–10. doi:10.1111/cfs.12128.

Heck, C. (2015): Überblick über die Akteure und deren Aufgaben. In: Rosch, D./Fountoulakis, Ch./Heck, Ch. (Hrsg.): Handbuch Kindes- und Erwachsenenschutz. Recht und Methodik für Fachleute, Bern: Haupt, S. 89–97.

Helming, E./Kindler, H. (2014): Die Perspektive der Kinder und Jugendlichen in der Pflegekinderhilfe in Deutschland. In: Bühler-Niederberger, D./Alberth, L./Eisentraut, S. (Hrsg.) Kinderschutz. Wie kindzentriert sind Programme, Praktiken, Perspektiven? Weinheim/Basel: Beltz Juventa, S. 82–100.

Heun, H.-D. (1984): Pflegekinder im Heim. Eine Untersuchung über Anzahl, Ursachen und Auswirkungen abgebrochener Pflegeverhältnisse von Minderjährigen in hessischen Kinder- und Jugendheimen. Univ., Diss. Frankfurt am Main. München: DJI.

Hoch, C. (2016): Strassenjugendliche in Deutschland. Zwischenbericht – zentrale Ergebnisse der 1. Projektphase. Eine Erhebung zum Ausmaß des Phänomens. München: DJI.

Honig, M.S./Lange, A./Leu, H.R. (Hrsg.) (1999): Aus der Perspektive von Kindern? Zur Methodologie der Kindheitsforschung. Weinheim/München: Juventa.

Honneth, A. (1992): Kampf um Anerkennung. Zur moralischen Grammatik sozialer Konflikte. 1. Aufl. Frankfurt am Main: Suhrkamp.

James, S. (2004): Why Do Foster Care Placements Disrupt? An Investigation of Reasons for Placement Change in Foster Care. In: The Social Service Review 78, H. 4, S. 601–627.

Jordan, E./Trauernicht, G. (1981): Ausreisser und Trebegänger. Grenzsituationen sozialpädagogischen Handelns. München: Juventa.

Keller, A. (2012): Familienplatzierungs-Organisationen in der Schweiz. Bericht zuhanden der Konferenz der kantonalen Sozialdirektorinnen und Sozialdirektoren. Fachstelle Integras.

Konijn, C./Admiraal, S./Baart, J./van Rooij, F./Stams, G.-J./Colonnesi, C./Lindauer, R./Assink, M. (2019): Foster care placement instability: A meta-analytic review. In: Children and Youth Services Review 96, S. 483–499.

Korczak, J. (1967): Wie man ein Kind lieben soll. Göttingen.

Leeson, C. (2007): My life in care: Experiences of non-participation in decision-making processes. In: Child and Family Social Work 12. S. 268–277.

López López, M./del Valle, J.F./Montserrat, C./Bravo, A. (2011): Factors Affecting Foster Care Breakdown in Spain. In: The Spanish Journal of Psychology 14 (1), S. 111–122.

Nestmann, F. (Hrsg.) (2008): Kindernetzwerke. Soziale Beziehungen und soziale Unterstützung in Familie, Pflegefamilie und Heim. Tübingen: Dgvt-Verlag.

Niederberger, J.M./Bühler-Niederberger, D. (1988): Formenvielfalt in der Fremderziehung. Zwischen Anlehnung und Konstruktion. Stuttgart: Enke.

Niemeyer, C. (2019): Nietzsche & Co auf der Couch. In: Reimer, D. (Hrsg.) Sozialpädagogische Blicke. Weinheim/Basel: Beltz Juventa.

Oosterman, M./Schuengel, C./Slot, M.W./Bullens, R.A.R./Doreleijers, T.A.H. (2007): Disruption in foster care: A review and meta-analysis. In: Children and Youth Services Review 29. S. 53–76.

Pecora, P.J./Kessler, R.C./Williams, J./O'Brien, K./Downs, C.A./English, D./White, J./Hiripi, E./Roller White, C./Wiggins, T./Holmes, K. (2005): Improving Family Foster Care. Findings from the Northwest Foster Care Alumnis Study. Seattle.

Petri, C. (2019): Zugehörigkeit – eine subjektorientierte Perspektive auf Pflegekinder. In: Reimer, D. (Hrg.) Sozialpädagogische Blicke. Weinheim/Basel: Beltz Juventa.

Pierlings, J. (2011): Leuchtturmprojekt Pflegekinderdienste. Siegen: ZPE-Schriftenreihe.

Reimer, D. (2008): Pflegekinder in verschiedenen Familienkulturen. Belastungen und Entwicklungschancen im Übergang. Siegen: ZPE Schriftenreihe.

Reimer, D. (2010): „Everything was Strange and Different": Young Adults' Recollections of the Transition into Foster Care. In: Adoption & Fostering 34, H. 2, S. 14–22.

Reimer, D. (2011): Pflegekinderstimme. Arbeitshilfe zur Beratung und Begleitung von Pflegefamilien. PAN: Düsseldorf.

Reimer, D. (2015): Übergänge als Kulturwechsel und kritische Lebensereignisse. In: Wolf, K. (Hrsg.): Sozialpädagogische Pflegekinderforschung. Bad Heilbrunn: Julius Klinkhardt, S. 61–84.

Reimer, D. (2017): Normalitätskonstruktionen in Biografien ehemaliger Pflegekinder. Weinheim/Basel: Beltz Juventa.

Reimer, D. (2019): Parcours de vie et ruptures dans la vie des enfants en famille d'accueil. In: Euillet, S. (Ed.) La construction du parcours de l'enfant accueilli: sens et pratiques. Paris: Harmattan.

Reimer, D./Petri, C. (2017): Wie gut entwickeln sich Pflegekinder? Eine Longitudinalstudie. Siegen: Universi. ZPE Schriftenreihe Nr. 47.

Reimer, D./Wolf, K. (2011): Beteiligung von Pflegekindern. In: Kindler, H./Helming, E./Meysen, T./Jurzyk, K. (Hrsg.) Handbuch Pflegekinderhilfe. München: Deutsches Jugendinstitut e. V., S. 506–515.

Rose, J. (2016): Why Endings Matter. Managing Transitions for Looked-After Children. In: The Journal of Educational Psychotherapy 22, S. 67–77.

Rostill-Brookes, H./Larkin, M./Toms, A./Churchman, C. (2011): A shared experience of fragmentation: Making sense of foster placement breakdown. In: Clinical Child Psychology and Psychiatry 16 (1), 103–127. doi:10.1177/1359104509352894.

Schier, M./Jurczyk, K. (2007): ‚Familie als Herstellungsleistung' in Zeiten der Entgrenzung. In: Aus Politik und Zeitgeschichte 34, S. 10–17.

Seiffge-Krenke, I./Schneider, N. (2012): Familie – nein danke?! Familienglück zwischen neuen Freiheiten und alten Pflichten. Göttingen: Vandenhoeck & Ruprecht.

Seiterle, N. (2017): Ergebnisbericht Bestandesaufnahme Pflegekinder Schweiz 2015. Zürich.

Smith, M./Cameron, C./Reimer, D. (2017): From attachment to recognition for children in care. In: The British Journal of Social Work 47, S. 1606–1623. doi.org/10.1093/bjsw/bcx096

Unrau, Y. A. (2007): Research on placement moves: Seeking the perspective of foster children. In: Children and Youth Services Review 29, S. 122–137.

Unrau, Y. A./Seita, J. R./Putney, K. S. (2008): Former foster youth remember multiple placement moves: A journey of loss and hope. In: Children and Youth Services Review 30, S. 1256–1266.

Vanderfaeillie, J./van Holen, F./Carlier, E./Fransen, H. (2017): Breakdown of foster care placements in Flanders: incidence and associated factors. In: European Child & Adolescent, S. 209–220.

van Santen, E. (2013): Factors associated with placement breakdown initiated by foster parents – empirical findings from Germany. In: Child & Family Social Work 20, S. 191–201.

van Santen, E. (2017): Determinanten der Abbrüche von Pflegeverhältnissen – Ergebnisse auf der Basis der Einzeldaten der Kinder- und Jugendhilfestatistik. In: Neue Praxis. Zeitschrift für Sozialarbeit, Sozialpädagogik und Sozialpolitik 2, S. 99–123.

Weiner, B. (1986): An attributional theory of motivation and emotion. New York: Springer.

Wolf, K. (2017): What is meant by social pedagogical research into foster children? In: Social Work and Society 14, H. 2, S. 1–13. Online available: http://www.socwork.net/sws/article/view/479.

Wulczyn, F. (2010): Placement Stability in the Context of Federal Policy. In: LaLiberte, T./Pecora, P. J. (Eds.): CW360° a comprehensive look at a prevalant child welfare issue. Safety. Permanency. Well-Being. Promoting Placement Stability. University of Minnesota, S. 6–7.

Abbruchprozesse: Die Perspektive der Pflegeeltern

Daniela Reimer

1. Einleitung

Krisen und Abbrüche in Pflegeverhältnissen sind nicht nur für Pflegekinder kritische Lebensereignisse (Fillip/Aymanns 2018; Reimer 2015), sondern auch für Pflegeeltern. Darüber, was Abbrüche von Pflegeverhältnissen für Pflegeeltern tatsächlich bedeuten, ist bisher aus der Literatur wenig bekannt. Bei einer geschätzten hohen Abbruchquote (laut Blandow 2004 ca. 30 % der Pflegeverhältnisse) ist dies erstaunlich, ist doch aufgrund dieser Zahl davon auszugehen, dass ein Abbruch viele Pflegeeltern im Laufe ihres Pflegeelterndaseins betrifft. Da der Abbruch einschneidend ist, ist es bedeutsam für die Weiterentwicklung der Pflegekinderhilfe, die Perspektive von Pflegeeltern mit zu betrachten und das Abbrucherleben aus ihrer subjektiven Sicht zu verstehen sowie die Konsequenzen, die sie aus einem Abbruch ziehen, zu rekonstruieren.

Der Text bezieht sich auf empirische Materialien aus dem Projekt „Unerwartete Abbrüche von Pflegeverhältnissen im Kindes- und Jugendalter", welches in der Schweiz (drei Jahre, 2014–2017), in Deutschland und in Grossbritannien (ein Jahr, 2015–2016) durchgeführt wurde (siehe Gabriel/Stohler in diesem Band). Der Fokus ist im Folgenden spezifisch auf der deutschen Erhebung. Im deutschen Projektteil wurden multiperspektivisch Abbruchfälle erhoben. Multiperspektivisch bedeutet, dass für jeden Fall Pflegeeltern (bzw. -mütter) und Fachkräfte, wo möglich auch das Pflegekind selbst und signifikante Andere in narrativen Interviews befragt wurden. Für den Forschungsteil wurden die Abbruchfälle themenzentriert, multiperspektivisch analysiert und interpretiert und es wurden Fallgeschichten rekonstruiert. Die Fallgeschichten wurden neben der wissenschaftlichen Analyse auch für die Arbeit in Workshops mit Fachkräften der Pflegekinderhilfe[1] genutzt.

---

1   Seit einigen Jahren wird in Deutschland bevorzugt der Begriff „Pflegekinderhilfe" genutzt anstatt „Pflegekinderwesen". Der Begriff deutet u. a. an, dass im Zentrum die „Hilfe" und Unterstützung für das Pflegekind steht. In diesem Artikel werden wir diese Begrifflichkeit übernehmen. Mehr zur Nutzung der Fallgeschichten im Bereich Fort- und Weiterbildung vgl. Dittmann/Reimer in diesem Band.

Um Abbruchprozesse verstehbar zu machen, wird im vorliegenden Text im ersten Schritt die Situation von Pflegeeltern ganz allgemein betrachtet, da das Krisen- und Abbruchgeschehen und -erleben nur vor dem Hintergrund dessen, was Pflegeelternsein generell ausmacht, fassbar wird.

In Studien zu „Pflegeeltern" wurde bisher häufig die Pflegemütterperspektive erfragt, eher selten die Pflegeväterperspektive (vgl. Schäfer 2011). Da auch im deutschen Sample des Projekts Abbruchprozesse in Pflegeverhältnissen ausschliesslich Pflegemütter befragt wurden, werden die besonderen Merkmale der (Pflege-)Mutterschaft im Weiteren besonders herausgearbeitet. Im Anschluss folgen einige Beobachtungen zu dem was Krisen in Pflegefamilien bedeuten und zur Krisenanfälligkeit der Pflegefamilie. Exemplarisch wird dann die Pflegemütterperspektive in zwei Fällen aus dem deutschen Sample vorgestellt. Anhand dieser Fälle werden die zentralen Merkmale von Abbruchprozessen herausgearbeitet sowie der Umgang der Pflegemütter mit einer Abbrucherfahrung. Abschliessend wird diskutiert, was dies für die Pflegkinderhilfe strukturell sowie für professionelle Begleitung und Beratung von Pflegefamilien bedeutet. Hier wird auch thematisiert, ob und wie eine professionelle Begleitung Krisen abfedern und möglicherweise sogar Abbrüche vermeiden könnte.

2.   Zur Situation von Pflegeeltern

Menschen, die Pflegeeltern sind oder werden, sind eine heterogene Gruppe, die sich sowohl in sozialstrukturellen Merkmalen (Alter, Bildung, ökonomische Verhältnisse, strukturelle Bedingungen des Lebensortes), ihrer Familienform (traditionelle Familien, nicht verheiratete Paare, gleichgeschlechtliche Paare, allein Erziehende) sowie in ihren Motiven und der Geschichte, die zur Pflegeelternschaft geführt hat, maximal unterscheiden können.

Gemeinsam ist Pflegeeltern, dass sie die soziale Elternschaft für ein Kind übernehmen, das andere leibliche Eltern hat. Leibliche und soziale Elternschaft fallen also in der Pflegelternschaft auseinander (vgl. Blandow 2004). Mehrere Autoren versuchen die Bedeutung des Auseinanderfallens auszudifferenzieren und damit die Spezifika des Pflegeeltern- und Pflegefamilienseins herauszuarbeiten. Nach Gassmann (2018) ist Pflegeelternschaft „erworbene" Elternschaft, als solche zeichnet sie sich durch spezifische Modalitäten aus, sie ist (ebd.)

1. *Sozialpädagogisch mitarrangierte Elternschaft:* Vor dem Zusammenleben mit dem Kind stehen nicht Schwangerschaft und Geburt, sondern Gespräche, Abklärungen, bürokratische Herausforderungen; in diesem Prozess liegt die Entscheidungsmacht über die Elternschaft der sogenannten Pflegeelternbewerberinnen und -bewerber bei den sozialpädagogischen Fachkräften und manchmal ringen diese selbst um eine gute Entscheidung. Auch wenn

das Kind in der Familie lebt, wachen die Fachkräfte über das Kindeswohl. Diejenigen, die die Elternschaft (mit)arrangiert und legitimiert haben, könnten eines Tages zum Schluss kommen, dass das Kind an einem anderen Ort besser aufgehoben ist. Pflegeelternschaft ist entsprechend immer auch eine potenziell bedrohte Elternschaft.

2. *Gewünschte und verantwortete Elternschaft:* Pflegeeltern wird man nicht ungeplant und unüberlegt. Menschen die Pflegeeltern werden, haben einen offensichtlichen Wunsch, Elternschaft zu leben, Elternschaft ist für sie positiv besetzt. Pflegeeltern versprechen, manchmal sogar vertraglich („Pflegevertrag"), gute und verantwortungsvolle Eltern zu sein.

3. *Normorientierte und darzustellende Elternschaft:* Pflegeelternschaft bezieht sich auf Wissen darüber, was in der jeweiligen Gesellschaft als gute Elternschaft und gute Familien betrachtet wird. Im gemeinsamen Alltag wird durch gedankliche, emotionale und praktische Leistungen Elternschaft und Familie „hergestellt" und nach aussen „dargestellt" *(doing family* und *displaying family).* Man zeigt und beweist sich als Familien gegenseitig sowie Aussenstehenden, dass man eine Familie ist und als solche zusammenlebt und zusammengehört. Da das Nach-Aussen-Zeigen der erfolgreich hergestellten Familie eine wichtige Komponente des Pflegefamilienseins ist, handelt es sich beim Pflegeelternsein auch um eine exponierte Elternschaft.

4. *Reflexive und verletzbare Elternschaft:* Sowohl die Elternschaft als auch die eigenen Motive zur Elternschaft sind von Anfang an bedacht, besprochen, geplant. Probleme werden antizipiert, mit Schwierigkeiten wird gerechnet, manche Pflegeeltern entscheiden sich bewusst für ein „schwieriges" Kind. Verletzungen werden in dieser Konstellation erlebt und auch erwartet. Allerdings können die Verletzungen über das erwartete Maß hinausgehen, Vertrauen in die eigene Person, die Familie und das Kind zerstören – und damit die Elternschaft auch gefährden. Die besondere Verletzbarkeit der Pflegeelternschaft macht diese Elternschaft auch in besonderer Weise fragil.

5. *Dynamische und prozessorientierte Elternschaft:* Elternschaft ist dynamisch. Erworbene Elternschaft kann aufgrund der spezifischen Konstellation und der Vielzahl an beteiligten Personen die Verletzbarkeit erhöhen, gleichzeitig bietet sie persönliche Entwicklungsmöglichkeiten.

In dieser Ausdifferenzierung zeigt sich: Pflegeelternschaft stellt ein komplexes und entsprechend verletzliches Gebilde dar, das vielen Spannungsfeldern ausgesetzt ist. In der Rede von der Verletzbarkeit (vgl. Gassmann 2018) wird die prekäre Situation der Pflegeeltern besonders anschaulich. Um mit ihrer besonderen Verletzbarkeit und den Spannungsfeldern umzugehen, müssen Pflegeeltern permanent Balanceleistungen erbringen (ebd.). Die Spannungsfelder, in denen Pflegeelternschaft sich bewegt, beschreiben Gehres/Hildenbrand (2008) vielleicht noch pointierter als Gassmann (2018) in den von ihnen formulierten

Widersprüchen des Lebens in Pflegefamilien, die sowohl auf Pflegeeltern als auch auf Pflegekinder wirken: die Elternschaft wird durch Vertrag begründet als psychosoziale Dienstleistung an einem zunächst fremden Kind – dies widerspricht allen grundlegenden Vorstellungen unserer Gesellschaft von der Elternschaft als einem natürlichen Prozess; Pflegefamilien stellen eine potenzielle Konkurrenz mit anderen Angeboten der Jugendhilfe dar – das macht Pflegefamilien zu Dienstleistern und setzt sie als Konkurrenten, zum Beispiel zu der wesentlich teureren Heimerziehung, Pflegefamilien müssen sich in diesem Markt als günstige aber – idealerweise – bessere Konkurrenz bewähren; die Konfrontation des Kindes mit unterschiedlichen Sozialisationsmodellen – dies bedingt, dass es Pflegekindern in weitaus grösserem Mass als leiblichen Kindern offen steht, sich an verschiedenen Lebensmodellen auszurichten, viele tendieren vor allem im Jugend- und jungen Erwachsenenalter zu einem Austesten verschiedener Modelle (vgl. Reimer/Petri 2017); im Gegensatz zu leiblichen Familien gibt es keine unbedingte Solidarität des gemeinsamen Lebensweges und keine erotische Solidarität auf der Generationenachse – dies bedingt, dass die gesellschaftliche Norm des Zusammenlebens als Familie und der Zugehörigkeit zur Familie immer wieder in Frage gestellt werden kann, durch alle Beteiligten, und dass die Nähe, die durch tatsächliche oder vermeintliche genetische Veranlagungen entsteht, wegfällt (sich ähnlich sehen, Charakter- und Persönlichkeitseigenschaften sowie Talente und Begabungen benennen können, die im Alltagsdialog auf genetische Ähnlichkeiten zurückgeführt werden).

Die beschriebenen Widersprüche und Spannungsfelder der Pflegelternschaft bewirken besondere emotionale Dynamiken bei Pflegeeltern. Hünersdorf/Studer (2011) zeigen an zwei kontrastiv gewählten biografischen Interviews mit Pflegemüttern, dass Liebe – ganz im Kontrast zur Liebesnorm in biologischen Familien – keine selbstverständliche Voraussetzung in Pflegefamilien darstellt, aber ermöglicht werden kann. Pflegeverhältnisse befinden sich dabei in einem Spannungsfeld zwischen einerseits funktionalisierter Liebe, die weitgehend ohne Ansprüche an Bindungen auskommt, gleichzeitig aber auch distanziert bleibt und andererseits einer Einverleibung des Pflegekindes – beide Extreme bergen Risiken. Deutlich wird, dass zentrale Aufgabe einer sozialpädagogischen Begleitung von Pflegeverhältnissen eine ständige Reflexion von Nähe und Distanz sein müsste.

Nicht zuletzt sind Pflegeeltern und Pflegefamilien, wie Jespersen (2011) zeigt, neben der schwierigen Balance von Nähe und Distanz einer Vielzahl von Belastungen ausgesetzt: Schwierigkeiten und merkwürdiges Verhalten des Pflegekindes, Verletzung der Gefühle durch das Pflegkind, enttäuschte Erwartungen, Selbstzweifel, Unsicherheit, Verlust sozialer Kontakte, negative Reaktionen Aussenstehender auf das Pflegeelternwerden und -sein, ungerechte Behandlung des Kindes durch andere, Einmischung von aussen, Umgangskontakte, fehlende Orientierungsmittel, belastende Rahmenbedingungen sowie pflegeelternunspezifische Belastungen. Den Belastungen stehen Ressourcen gegenüber, die an einigen Stellen die Belastungen kompensieren können (vgl. Wolf 2007), an anderen nicht, als Ressourcen diskutieren die Pflegeeltern im Internetforum (vgl. Jespersen 2011): liebevolle Reaktionen des Pflegekindes, persönliche Ressourcen, eigene Entwicklung durch das Pflegeelternsein, familiärer Zusammenhalt, Verständnis und Unterstützung von Anderen, Anerkennung für das soziale Engagement, Kontakt und Austausch mit anderen Pflegeeltern, Fachkräfte, medizinische Hilfen, unterstützende Herkunftsfamilie des Kindes, finanzielle Ressourcen und Erfolgserlebnisse mit dem Kind.

Werden die von der biologischen Elternschaft abweichenden Modalitäten der Pflegeelternschaft, die Widersprüche, Spannungsfelder, die komplexe Balance von Nähe und Distanz sowie die zahlreichen Belastungen zusammengesehen, zeigt sich der hohe Anspruch, der mit einer Pflegelternschaft einhergeht. Nicht nur macht Pflegeelternsein verletzbar, in den Belastungen zeigt sich auch, dass Pflegeelternsein im Alltag herausfordernd ist und entsprechend bei einer Überbelastung in Kombination mit fehlenden Ressourcen situativ prekär und fragil werden kann.

3.   Pflegemütter und ihre spezifische Situation

Zwar hat sich die Situation von Eltern und auch die von Pflegeeltern in den vergangenen Jahrzehnten gewandelt. Elternschaft wird – im Vergleich zur Situation vor noch wenigen Jahrzehnten – heute vermehrt als partnerschaftliches Projekt von Müttern und Vätern betrachtet. In der alltäglichen Umsetzung liegt allerdings bis heute die Familienarbeit überwiegend bei den Müttern. Mütter arbeiten in Deutschland zu einem hohen Anteil höchstens in Teilzeit und verrichten in den Familien den grössten Anteil der Care-Tätigkeiten (vgl. World Economic Forum 2019). Damit hängen nicht nur Praktiken der Arbeitsteilung in Familien zusammen, sondern auch Normen und Werte einer Gesellschaft und möglicherweise mehr als alles andere eine spezifische kulturell vorgeformte Vorstellung von der Mutterrolle. Für Vinken (2001) ist die Mutterrolle in Deutschland – wie auch in anderen sehr protestantisch geprägten Ländern – in höchstem Masse religiös besetzt, quasi parallel zum Kapitalismus in Webers protestantischer Ethik:

„Die deutsche Mutter, so meine These, ist ein altehrwürdiges Produkt des Protestantismus. Ihre Wiege ist die Reformation. [...] Martin Luther begründete das Phänomen, indem er die Erziehung der Kinder durch die Eltern zum Gottesdienste erhob [...] Die Familie und nicht mehr das Kloster stand fortan als heiliger Raum der Welt gegenüber" (ebd. 9 f.).

Das, was die Mutter tut, wenn sie Kinder erzieht, gilt also in protestantisch geprägten Ländern – auch wenn diese heute tendenziell säkularisiert sind – als „heilig". Zusammenfassend beschreibt Vinken die Rolle der Mutter in unserer Gesellschaft folgendermassen:

> „Als weltrettende Agentur ist sie in protestantisch bestimmten Ländern letztes Säkularisat, verweltlichte Vernunft ehedem geistlicher Bestimmungen [...] Ihre Kindererziehung sorgt für eine bessere Zukunft. Ihr Reich der Liebe erschafft im Hier und Jetzt eine bessere Welt. Dabei folgt sie nichts als der Stimme ihrer Natur. Die Mutter ist die Figur, in der Biologie ethisch und Ethik biologisch wird." (ebd. 309).

Zentrales Merkmal in dieser Mutterrolle ist die altruistische Aufopferung für die Kinder und die Familie. Dass solche Muster auch weiterhin in vielen Familiengefügen und in der gesellschaftlichen Debatte um Familie relevant sind, veranschaulicht sich beispielsweise in den anhaltenden Diskussionen um die Vereinbarkeit von Beruf und Familie, die intensiv medial und im Besonderen in Bezug auf die Mütter geführt wird, genauso wie in der provokanten Wirkung von Müttern aus der sogenannten „Slacker-Bewegung", die offensiv vertreten, dem ihnen bekannten Mütterideal nicht entsprechen zu wollen (vgl. Mead-Ferro 2008).

Mit dieser gesellschaftlich vorgeprägten Mutterrolle geht einher, dass Mütter, deren Kinder nicht bei ihnen aufwachsen, bis heute eine gesellschaftliche Norm brechen (vgl. Reimer 2017). Pflegemütter springen hier ein: Ihre Rolle kennzeichnet sich dadurch, dass sie lange davon geprägt war, dass die Pflegemutter in Relation zur leiblichen Mutter die „Bessere" sein und diesen Status immer wieder unter Beweis stellen musste (vgl. Blandow 1972). Die gewünschte, verantwortete und reflexive Elternschaft (vgl. Gassmann 2018) der Pflegemutter geht daher oft damit einher, dass Pflegemütter ihr Muttersein besonders verantwortungsvoll gestalten und bestrebt sind dem eigenen, gesellschaftlichen und vom Träger der Jugendhilfemassnahme vorausgesetzten Anspruch der guten Mutter zu genügen. Viele verstehen ihre Rolle als Ersatzmutter (vgl. Nienstedt/ Westermann 2011). Damit unterliegen sie einem besonderen Risiko, einem überhöhten Mutterideal entsprechen zu wollen, sich in hohem Masse aufopfernd zu verhalten und sich stark verantwortlich für das Kind, sein Wohlergehen und seine Entwicklung zu fühlen. Entsprechend identifizieren sie sich mit der Pflegemutterrolle intensiv, oft wird auch der eigene Selbstwert oder ein Teil davon an das Gelingen des familialen Herstellungsprozesses und die gute Entwicklung des Kindes geknüpft – dadurch werden Pflegemütter in besonderer Weise verletzbar und die Elternschaft wiederum besonders krisenanfällig.

4.   Krisen in Pflegefamilien

Die dargestellten besonderen Bedingungen des Pflegeeltern- und Pflegefamilienseins sowie die daraus hervorgehenden Widersprüche und Spannungsfelder, verbunden mit der Tatsache, dass Familien ohnehin als solche krisenanfällig sind und in Familien eher die Krise als die Normalität der Regelfall ist (vgl. Winkler 2019), lassen davon ausgehen, dass alle Pflegefamilien regelmässig Krisen durchlaufen – und diese erstaunlich gut bewältigen.

Anknüpfend an die Theorie kritischer Lebensereignisse (vgl. Fillip/Aymanns 2018) ist davon auszugehen, dass diverse Situationen in Pflegefamilien regelhaft kritische Lebensereignisse darstellen, insbesondere:

- Aufnahme eines Pflegekindes
- Abnabelungsprozess des Pflegkindes und „empty nest Syndrom"
- Schicksalsschläge innerhalb des Familiennetzwerkes (Krankheiten, Todesfälle, Beziehungskonflikte)
- Ggf. Abbruch des Pflegeverhältnisses

In kritischen Lebensereignissen müssen die damit Konfrontierten – hier insbesondere die Pflegeeltern – ihre Person-Umwelt-Balance neu herstellen, sie sind handlungsunfähig oder davon bedroht, handlungsunfähig zu werden und herausgefordert zu neuer Handlungsfähigkeit zu kommen, indem sie ihr Selbstbild korrigieren und/oder Dinge in ihrer Umwelt verändern und an die neue Situation anpassen. Solche Prozesse können als Normalität (vgl. Reimer 2017; Winkler 2019) verstanden werden und sind selbstverständlicher Bestandteil des Familien- und aufgrund der spezifischen Bedingungen noch mehr des Pflegefamiliendaseins.

Fraglich ist, wann Krisen und kritische Lebensereignisse dazu führen, dass die Pflegeeltern den Ausschluss des Pflegekindes erwägen oder von Pflegekind oder Fachkräften der Ausschluss des Kindes beschlossen wird. Ebenfalls fraglich ist, wie es Pflegeeltern nach einem Abbruch gelingt, ihre Person-Umwelt-Balance wiederherzustellen.

Um dies zu erhellen, werden nun zwei Fallbeispiele aus dem deutschen Sample des Projekts Abbrüche in Pflegeverhältnissen vorgestellt und analysiert, die Darstellung erfolgt jeweils aus der Perspektive der Pflegemütter.

5.   Zwei exemplarische Fälle: Die Pflegemütter Frau Beutlin und Frau Meyer

5.1   Perspektive einer Pflegemutter: Frau Beutlin

Frau Beutlin und Frau Müller lernen sich gemeinsam mit ihren Kindern (jeweils ein Mädchen und ein Junge) auf dem Spielplatz kennen, sie haben gleichaltrige Söhne, die beiden Frauen freunden sich an.

Bei Frau Beutlins Sohn wird ADS diagnostiziert, ihr fällt es schwer die Diagnose zu akzeptieren und sie begibt sich in einen jahrelangen kräftezehrenden Abklärungs- und Behandlungsprozess, der Sohn bekommt schlussendlich über Jahre Ritalin.

Als die beiden Jungen neun Jahre alt sind, fällt Frau Müller aufgrund einer Thrombose ins Wachkoma, in dem sie rund ein halbes Jahr liegt. Frau Beutlin kümmert sich immer wieder um Frau Müllers Sohn Sven, der in einer Heimeinrichtung untergebracht wird. Frau Müllers Tod ist zu erwarten, sie verstirbt kurz vor Svens zehntem Geburtstag. Frau Beutlin fühlt sich verpflichtet den Jungen zu sich zu nehmen, auch weil ihn aus seiner eigenen Verwandtschaft niemand aufnehmen kann und will. Sie wendet sich an das Jugendamt, die Einrichtung des Pflegeverhältnisses dauert ein halbes Jahr:

> „Dann hab ich irgendwann gesagt das kann ja nicht sein jetzt, dass der Junge ins Heim muss. Also für mich war das eigentlich sowas, was nicht geht, was man sich selber ja auch wünscht wenn einem sowas passiert, dass irgendwer da ist und das auffängt."

Die Entscheidung nur Sven bei sich aufzunehmen und nicht auch seine ältere Schwester fällt Frau Beutlin nicht leicht. Letztlich entscheidet sich das Jugendamt gegen die gemeinsame Unterbringung der Geschwister.

Die Pflegefamilie zieht in eine grössere Wohnung um für drei Kinder ausreichend Platz zur Verfügung zu haben. Sven erhält für ein halbes Jahr therapeutische Hilfen zur Trauerbewältigung, die dann als ausreichend angesehen werden. Die Pflegemutter sieht weiteren Bedarf, der nicht gewährt wird. In der Folge nehmen Konflikte zwischen Sven und dem Pflegevater zu, aber auch der leibliche Sohn wird vom Vater „untergebuttert". Es folgt die Trennung der Pflegeeltern als Sven elf Jahre alt ist. Gründe sind unter anderem, dass der Pflegevater die gemeinsame Entscheidung für das Pflegeverhältnis nicht mittragen kann:

> „Der hatte das zwar auch mitentschieden, aber ich glaub er konnte damit nicht so umgehen mit dieser ganzen Situation und konnte auch die Kinder nicht als Gleiches sehen. So also das kam teilweise dann auch noch dazu und das war auch nachher einer der Gründe warum ich mich dann getrennt hab."

Trotz der vorangegangenen Probleme in Ehe und Familie sieht Frau Beutlin die Zeit der Trennung zunächst vor allem für die drei Kinder als schwierig. Frau Beutlin lebt ein Jahr alleine mit den Kindern. Diese Zeit erinnert sie gleichwohl als entspannt „alleine war eigentlich super". In dieser Zeit möchte Sven die Pflegemutter Mama nennen. Frau Beutlins leibliche Tochter „rastet aus" und auch der Sohn bewertet den Wunsch kritisch: „Wieso darf der jetzt Mama sagen?"

Gleichzeitig sind die beiden Jungen sehr eng befreundet, gehen in die gleiche Klasse, geben sich als Brüder aus. Sven möchte seinen eigenen Nachnamen in der Schule nicht mehr verwenden und stattdessen Beutlin heissen, es kommt aber zu keiner Namensänderung, das Thema „verliert sich wieder". Frau Beutlin hat ein Jahr nach der Trennung einen neuen Partner, der selbst keine Kinder hat. Der neue Partner geht „neutral" auf alle Kinder gleichermassen zu, aus Sicht von Frau Beutlin ist dies eine gute Voraussetzung für eine Art „Neustart" für die ganze Familie, vor allem auch für Sven. Die Familie unternimmt in dieser Zeit viel, die leiblichen Kinder finden Zugang zum neuen Partner. Frau Beutlin hat den Eindruck, dass hier Svens Schwierigkeiten beginnen. Sven hat kein Wissen über den eigenen Vater („one night stand"), sucht aus Frau Beutlins Sicht immer wieder nach „so einem männlichen Part", den weder der erste Mann noch der neue Partner ausfüllen können, möchte zeitweilig wieder Kontakt zum leiblichen Vater der Schwester (der in Svens ersten vier Lebensjahren bei der Herkunftsfamilie gelebt hat), intensiviert dann den Kontakt zu seinem leiblichen Onkel. Den Grund für die Annäherung sieht Frau Beutlin in seinem „Zwiespalt" zwischen beiden Familien.

In dieser ohnehin schwierigen Phase verstirbt Frau Beutlins Vater, was für Sven ein grosser Verlust ist. Als Sven etwa 14 Jahre ist nehmen die Konflikte in der Pflegefamilie zu. Svens Beziehung zu Frau Beutlins neuem Partner entwickelt sich nicht so, wie die der leiblichen Kinder. Frau Beutlin erlebt Sven als stur, „er steht sich selber im Weg", z.B. wenn er Familienausflüge u.ä. boykottiert. Sven geht Gesprächen aus dem Weg, zieht sich in sein Zimmer zurück, fühlt sich oft ungerecht behandelt. Frau Beutlin fühlt sich ihm gegenüber zunehmend körperlich unterlegen. Sven verbringt immer mehr Zeit bei seinem Onkel. Dieser bietet Sven z.B. seine Wohnung als Rückzugsort (Sven schwänzt Schule und hält sich dort auf) und unterwandert die Regeln der Pflegefamilie (Handyverbot als Strafe etc.). Der Onkel stellt sich gegen die Pflegefamilie, ist der Pflegemutter als Mensch nicht sympathisch, sie sieht ihn vor allem vor dem Hintergrund der Gesamtfamiliengeschichte, in der es u.a. das Thema Missbrauch gibt, wie Frau Beutlin von ihrer Freundschaft zur verstorbenen Frau Müller weiss. Sven grenzt sich erkennbar von der Pflegefamilie ab:

„Und wenn ich gesagt hab so jetzt bleib doch mal n Wochenende hier oder so ne dann war schon Stress und dann lässt man es einfach auch so, weil das ist ja dann auch n Stück weit seine Familie, die wollte ich nicht bei mir haben also es war ja dann auch schon schwierig".

Und:

„Er hatte bei seinem Onkel die Freiheiten schlechthin der konnte da die ganze Nacht durchzocken, der hatte die tollsten Spiele, der hatte hier so Egoshooter und alles wofür ich nicht stehe, was ich unmöglich finde. Aber das konnte er bei seinem Onkel halt. Und dann wollte er natürlich immer dahin."

Frau Beutlin erlebt, dass die Herkunftsfamilie gegen die Pflegefamilie „stichelt", aus der Wahrnehmung der Pflegemutter ist für Sven diese Situation, „dass sich zwei Familien nicht grün sind", schwer zu ertragen. Aus ihrer Sicht wird verstärkt „gegen die Pflegefamilie gearbeitet", was sie aus Sicht von Svens Schwester, die sie als „kämpferisch" für ihren Bruder erlebt, verstehen kann.

Frau Beutlins leiblicher Sohn erhält mit 14 Jahren die Diagnose „frühkindliche Depression". Die Erkrankung wird in enger Verbindung zum getrennt lebenden Vater gesehen, mit diesem kommt es in der Auseinandersetzung über die Erkrankung zu erneuten Konflikten. Ritalin wird, verbunden mit massiven Entzugssymptomen, abgesetzt.

Sven beginnt im Alter von ca. 14 Jahren die Pflegefamilie zu bestehlen (Geld, Playstation-Spiele etc.). Frau Beutlin kann sich Svens Verhalten nicht erklären, vermutet er habe das Gefühl gehabt zu wenig Taschengeld zu bekommen bzw. habe sich spezielle Marken kaufen wollen, die ihm wichtig gewesen seien und daher gestohlen. Die Familie unternimmt verschiedene Massnahmen im Umgang mit den Diebstählen, es werden Zimmer abgeschlossen und in das bis dato gemeinsame Zimmer der Jungen eine Wand eingezogen, so dass daraus zwei Zimmer werden. Sven verbringt extrem viel Zeit bei seinem Onkel und seiner Schwester, es findet kaum noch Familienleben mit Sven in der Pflegefamilie statt, „es war nur noch so schlafen, essen, Wochenende weg".

In dieser Zeit hat Sven seine erste Freundin, Ratschläge oder Gesprächsangebote der Pflegemutter (etwa zum Thema Verhütung) erlebt er als Einmischung. Frau Beutlin sucht das Gespräch mit dem Pflegekinderdienst um über ein mögliches Ende des Pflegeverhältnisses zu sprechen, macht sich die Entscheidung nicht leicht und sieht vor allem das individuelle Scheitern im Fokus:

„Und ähm Sven war nachher, als er dann wirklich merkte es ging dann auf's Ende zu, der war wirklich verzweifelt, das hat natürlich mir noch mehr nen Stich ins Herz gegeben, weil ich natürlich diese Verzweiflung in ihm auch gesehen hab, weil er dann wirklich auch Angst kriegte, so ey ich muss jetzt wirklich gehen. Aber wie gesagt also da ging's jetzt auch gar nicht mehr um mich, sondern das war dann auch ne Entscheidung wo die zwei andern dann auch gesagt haben das geht jetzt so nicht mehr weiter."

Frau Beutlin und ihr Lebensgefährte heiraten, auf der Hochzeit will Sven das Gespräch mit der Pflegemutter und der gesamten Pflegefamilie suchen, Frau Beutlins Eindruck ist, dass dies der Zeitpunkt ist, an dem Sven das Ende des Pflegeverhältnisses unweigerlich bewusst wird. Sven ist circa 16 Jahre alt als ein betreutes Wohnen für ihn gefunden wird und er die Pflegefamilie verlassen muss.

Zur Auszugssituation erzählt die Pflegemutter nichts. Die Pflegegeschwister erleben eine Entlastung:

> „Die warn erleichtert, dass es dann irgendwie jetzt auch Ende kam und auch wieder Ruhe einkehrt ne das ist ja dann auch immer so, diesen Streit dann irgendwann, das war ja nachher auch schon nicht mehr schön, weil man sich ständig nur noch in den Köppen hatte ne und ständig nur gestritten und also das ging mir ja auch an Psyche und das ging denen und dem Sven natürlich auch so.“

Sven zieht in ein Betreutes Wohnen, hat dort relativ schnell Probleme, aus Frau Beutlins Sicht zeigen sich viele Parallelen zu den Konflikten in der Pflegefamilie, Situationen des Ungerechtigkeitserlebens wiederholen sich. Der Kontakt zwischen Pflegefamilie und Sven wird aufrechterhalten. Sven wird nach kurzer Zeit aus dem Betreuten Wohnen geworfen, zieht mit seiner Freundin zusammen. Auch hier bleibt der Kontakt zur Pflegefamilie über unregelmässige Treffen, Telefonate und SMS erhalten, jedoch ambivalent: Frau Beutlins Ehemann möchte keinen Kontakt mit Sven, Frau Beutlin selbst hält Kontakt ohne das Wissen ihres Ehemannes. Sven gerät in Konflikt mit seiner Freundin, Gewalt durch Sven steht als Beschuldigung im Raum, Sven zieht zu seiner Schwester. Er will seine Lehre abbrechen, Frau Beutlin versucht für ihn weiter als Ansprechpartnerin zu fungieren. Für sie ziehen sich die Konflikte und schwierigen Situationen „wie ein roter Faden durch Svens Leben“. Sie macht sich Selbstvorwürfe.

5.2 Perspektive einer Pflegemutter: Frau Meyer

Kurz nach seiner Geburt wird Thomas aus seiner Herkunftsfamilie herausgenommen und in eine Kurzzeitpflegefamilie vermittelt. Da Thomas von der Kurzzeitpflegefamilie als ein „unruhiges“ und „auffälliges“ Kind beschrieben wird, sucht das Jugendamt nach einem familiären Setting, das flexibel auf die Bedürfnisse des Pflegekindes eingehen kann. Eine Rückführung in die Herkunftsfamilie ist ausgeschlossen. Im Rahmen des Vermittlungsprozesses wendet sich das Jugendamt an Familie Meyer, die zuvor schon ein Kind adoptiert hatte. Obwohl die gewünschte zweite Adoption unmöglich ist und die Familie über Thomas Problematiken in Kenntnis gesetzt wurde, entschliessen sich Frau Meyer und ihr Ehmann zu einer Aufnahme:

„Dann wurde Thomas aus der Kurzzeitpflege zur Voll- äh Pflege dann vermittelt genau. Und wir wollten eben immer nen zweites Kind zur Adoption, weil wir haben gesagt ein Kind soll schon jemand auch haben und unsere Option war eigentlich Adoption. Und dann wurde vom Jugendamt: ‚Würden Sie auch nen Kind zur Vollpflege nehmen?'. Dann ham wir gesagt: ‚Mhm wenn er bei uns bleibt jaa', weil wir wollten dies Hin und Her nicht. Und das war dann ja auch so und deshalb ist Thomas dann. Dann wurden wir angesprochen und die ham's auch das Jugendamt hat uns damals schon gesagt der Junge ist auffällig, weil er auch in der Kurzzeitpflegefamilie schon viel geschrien hat, viel geweint hat, sehr unruhig war. Und dann ham wir gesagt: ‚Okay, das schaffen wir'.“

Die Aufnahme von Thomas in die Familie verändert die familiäre Situation grundlegend, was mit einem hohen Belastungsgehalt verbunden ist. Thomas wird von allen involvierten Akteuren als „auffällig" erlebt:

„Also Thomas hatte, äh wir kriegten ham ihn mit einem Jahr bekommen. Und da zeigte sich schon, dass er entwicklungsverzögert ist.“

Trotzdem integriert sich Thomas in die Familie, Kontakte zur Herkunftsfamilie beschränken sich auf wenige, unregelmässige und begleitete Besuche der leiblichen Mutter, bis sie letztlich ganz ausbleiben. Neben dem emotionalen Zugehörigkeitsgefühl manifestieren sich sukzessive massive Konflikte, die das gemeinsame Zusammenleben zunehmend erschweren. Schon als Kleinkind ist Thomas aus der Sicht der Pflegemutter nicht in der Lage, Regeln zu befolgen, Grenzen zu akzeptieren und seine eigenen Bedürfnisse zurückzustellen. Häufig reagiert er mit Aggressionen, die er nicht nur verbal, sondern auch körperlich ausdrückt:

„Im Laufe der Kindheit dann wurde Thomas dann immer problematischer, immer schwieriger, immer auffälliger.“

Und:

„War wirklich heftig, weil er hat auch mit Steinen und festen Gegenständen nach mir geschmissen. Das waren dann immer Situationen, ja ich sag jetzt mal so wo er seinen Willen nicht kriegte, wo ich versucht hab Regeln aufzustellen und das hat Thomas nicht akzeptieren können.“

Mit seinem dritten Lebensjahr erkrankt Thomas an einer Wachstumsstörung und wird in einen integrativen Kindergarten aufgenommen. Ein Jahr nach der Diagnose trennen sich seine Pflegeeltern. Durch den Auszug des Pflegevaters erhöht sich die Belastung der Pflegemutter, die nun den gewohnten Alltag und

den Umgang mit Thomas alleine bewältigen muss. Anfangs erhält die Pflegemutter die Unterstützung des Pflegevaters:

„Mein Exmann hat am Anfang mich wirklich noch unterstützt […] so wie man's
kennt jedes Wochenende, oder alle zwei Wochenenden. Ähm und wenn ich nicht
mehr weiterkam, konnt ich ihn auch anrufen, dann kam er eben und hat mir bei
Thomas geholfen."

Aufgrund des Krankheitsbildes wird Thomas in eine Schule mit dem Förder-
schwerpunkt körperliche Entwicklung eingeschult. Mit dem Schuleintritt ist die
Hoffnung auf Entlastung verbunden. Die Aussicht auf Zeiten der Ruhe – ohne
massive Konflikte – bestärkt die Pflegemutter darin, das Pflegeverhältnis aufrechtzuerhalten. Die Realität steht jedoch im drastischen Gegensatz: das pädagogische Lehrpersonal ist mit Thomas Verhaltensweisen (Nichteinhaltung der
Regeln, Gewalt gegen andere Kinder) überfordert und reagiert mit häufigen
Ausschlüssen vom Unterricht. Insgesamt kann Thomas nur die Hälfte aller
Tage beschult werden, eine Betreuung am Nachmittag ist unmöglich. Somit
steht die Pflegemutter dauerhaft in der Betreuung ihres Pflegesohnes, Phasen
der Erholung gibt es nicht. Durch die Nicht-Beschulbarkeit des Pflegekindes
spitzt sich die häusliche Situation weiter zu:

„Ich musste dann ständig los den Jungen dann wieder abholen. Also das war echt
heftig, wo ich mich schon wirklich auch gestritten hab mit den Lehrern, weil ich gesagt hab oder in den Einrichtungen ich sag ‚Es kann doch nicht sein, dass das ich
den Jungen jetzt wieder abholen muss, was soll ich denn jetzt mit ihm Zuhause machen?'"

Nähe kann Thomas kaum zulassen, zugleich wünscht er sich bedingungslose
Liebe, Annahme und Fürsorge. Als sich Thomas Gesundheitszustand bessert,
kann er auf einer Regelschule eingeschult werden. Eine Verbesserung stellt sich
nicht ein. Da es keine Erklärungen für Thomas Verhalten gibt erfolgen zahlreiche ergebnislose diagnostische Klärungsversuche. Die therapeutischen Hilfestel-
lungen können keine wirksame Unterstützung bieten:

„Ich weiss gar nicht mehr was für Therapien alles, Psychoanalyse, Verhaltensthera-
pie, Spieltherapie, als er dann noch kleiner war. Sämtliche Therapien in Formen und
Möglichkeiten haben wir ausgeschöpft, aber auch die Therapeuten sind alle an ihre
Grenzen gekommen, so dass die irgendwann mal gesagt haben: ‚Hm Frau Meyer uns
fällt auch nichts mehr ein'."

Weitere Angebote schlagen ebenfalls fehl:

„Das Jugendamt hat dann Ferien ähm Urlaube für ihn organisiert. Genau. Zwei Tage, dann kam n Anruf: ‚Könnten Sie dieses Kind abholen?' zum Beispiel auch.“

In den Folgejahren werden aggressive Verhaltensweisen zunehmend gravierender. Neben den fremdverletzenden Tendenzen äussern sich selbstgefährdende Dispositionen, Thomas will aus dem Fenster springen, quält Tiere, bedroht die Pflegemutter:

> „Das Schlimmste war eben, dass er mit'm Messer auf mich losgegangen ist, mit acht oder neun Jahren.“

Um die Situation für alle Beteiligten entlastender zu gestalten, rät das zuständige Jugendamt zu einem Abbruch des Pflegeverhältnisses. Nahe Bezugspersonen der Pflegemutter unterstützen dies. Die Pflegemutter selbst kann sich zunächst jedoch noch nicht zu einem Abbruch durchringen:

> „Es war sehr schwer für mich, weil ich hab alle meine Freunde gefragt: ‚Ach ich will ihn nicht abgeben'.“

Es folgt eine anderthalbjährige Phase, die von Selbstzweifeln und Schuldgefühlen geprägt ist:

> „Ich war so von mir enttäuscht, dass ich's nicht geschafft hab, dass ich so ich denk: ‚Oh jetzt merkt schon das Jugendamt, dass du es nicht schaffst'. So, so. Ich hab immer, ich hab mir dann auch selbst die Schuld gegeben.“

Durch die zunehmenden körperlichen Aggressionen verschärft sich die Situation, Frau Meyer ist immer weniger in der Lage, ihren Pflegesohn zu begrenzen und sorgt sich gleichzeitig um ihr Adoptivkind, welches diesen Verhältnissen ebenfalls ausgesetzt ist:

> „Und abends dann auch nur geheult, also es war bis ich dann wirklich gemerkt hab, entweder du gehst drauf, also ich war wirklich ganz an meiner Grenze.“

Letztendlich endet das Pflegeverhältnis. Die Pflegemutter selbst sieht rückblickend nicht nur das Aggressionspotenzial als Auslöser für den Abbruch an, sondern gleichermassen auch ihre Angst, Thomas selbst Gewalt zuzufügen:

> „Und als ich dann merkte, dass ich das ich zur Gewalt neige, da hab ich gedacht: ‚Das geht nicht mehr, das geht nicht mehr'.“

Obwohl das Pflegeverhältnis vorzeitig beendet und Thomas mit seinem neunten Lebensjahr in eine Einrichtung der Kinder- und Jugendhilfe vermittelt wird, hat der Kontakt zur Familie Meyer über die Jahre Bestand. Dieser gestaltet sich durch regelmässige Wochenendbesuche, wöchentliche Telefonate und gemeinsame Urlaube. Ein kompletter Beziehungsabbruch findet nicht statt: „Manchmal hat er jeden Tag angerufen."

Zunächst fungiert Frau Meyer als zentrale Ansprechperson – auch bei den auftretenden Konflikten und Problematiken –, ist häufig präsent und wird in den weiteren Verlauf intensiv miteinbezogen. Dies geht jedoch erneut mit einem enormen Belastungsgehalt einher, so dass eine Distanzierung erfolgt:

„Ich musste mich distanzieren, weil ich hab am Anfang den ganzen Ärger in den Einrichtungen ja noch mitgekriegt".

Über diverse Lebensstationen (Heimeinrichtungen, Psychiatrie, Verwandte, selbständiges Wohnen) bleibt der Kontakt mit unterschiedlicher Intensität erhalten. Frau Meyer erlebt sich bis heute als verantwortlich, gleichzeitig belastet:

„Also er ist vom Gefühl her weiterhin noch so nen bisschen, soweit man das sagen kann, mein Sohn", aber auch: „Ich kann dann auch nicht schlafen, wenn der hier zu Besuch ist, weil ich immer denke: ‚Boah was ist wenn der jetzt aufsteht und irgendnen Mist macht'. Obwohl er jetzt 22 ist, also ähh, dass das hab ich einfach alles-, ist noch nichts passiert jetzt wieder, aber dass das das ist so in mir das, ja. Das waren so Grenzerfahrungen für mich, boah der hat mich echt traumatisiert."

6.   Fallanalyse: Merkmale von Abbrüchen

Die beiden vorgestellten Fälle unterscheiden sich bezüglich der Motivation zur Aufnahme eines Pflegekindes, dem Alter des Pflegekindes bei der Aufnahme, der Zusammensetzung der Pflegefamilie sowie dem Erleben und der Deutung des Abbruchs. Dennoch lassen sich gemeinsame Merkmale erkennen, die auch in anderen analysierten Fällen, auch aus dem Schweizer Sample (vgl. Bombach/ Gabriel/Stohler/Werner 2018) immer wieder auftauchen.

6.1   Kumulation von Belastungen und erlebte Überforderung

In beiden Fällen zeigt sich eine Kumulation schwieriger Erfahrungen in den Pflegefamilien, in denen es zum Abbruch kam: Probleme der eigenen Kinder oder mit dem eigenen Kind, Krankheiten, ökonomische Veränderungen, Trennung/Scheidung, Todesfälle.

Alle diese schwierigen Erfahrungen stehen nur in einem losen Zusammenhang mit dem Pflegekind. Sie verweisen darauf, dass Familien dynamische Gebilde sind und sie sind der Familiendynamik geschuldet, gleichsam wirken sie wiederum auf diese zurück. In beiden Fallbeispielen wird deutlich, dass es nach den Trennungen jeweils die Pflegemütter sind, die die Verantwortung für die leiblichen Kinder, Adoptivkinder und Pflegekinder übernehmen und über eine kürzere oder längere Zeit mit den Kindern als allein Erziehende mit allen Herausforderungen gemeinsam leben. In beiden Fällen ziehen sich die Väter nach der Trennung einmal langsamer, einmal schneller zurück und überlassen den Alltag mit den Kindern den Müttern.

Auffällig ist, dass beide Pflegemütter vor allem die Belastungen der Kinder thematisieren, jedoch nicht die eigene Überforderung. So skizziert Frau Beutlin die Belastungen der Kinder, die aus der Trennung hervorgehen, sowie Svens Belastung beim Tod ihres Vaters, betont aber, wie schön die Zeit alleine mit den Kindern war und spricht weder über ihren eigenen Trauerprozess im Rahmen der Trennung/Scheidung noch im Kontext des Todesfalls ihres Vaters. Frau Meyer tabuisiert die Trennung von ihrem Ehemann vollständig, erwähnt nur die anfängliche und später nachlassende Unterstützung, offen bleibt bei ihr sogar, ob/wie sie in der Belastung als allein Erziehende mit dem Pflegesohn Thomas, der nur teilweise beschult werden kann, ihren Lebensunterhalt bestreitet. Die Tabuisierung eigener Belastungssituationen und die Beschreibung der Sorge um die belasteten Kinder kann als Hinweis sowohl auf eine normorientierte Elternschaft („die Pflegeeltern sind die guten/besseren Eltern") sowie ein aufopferndes Verständnis der eigenen Mutterrolle beschrieben werden. Auffällig ist, dass die Pflegemütter nichts darüber berichten ob/wie die betreuenden Fachkräfte die durchlaufenen Krisen und die veränderten Familiensituationen thematisiert haben und ob/welche Unterstützungsleistungen in Übergangssituationen angeboten wurden um die Belastungen abzumildern.

6.2 Das Bedürfnis, das eigene Kind/eigene Kinder zu schützen, wenn diese unter der Situation und/oder dem Pflegekind leiden

Beide Pflegemütter stellen in den Mittelpunkt der Entscheidung über die Beendigung des Pflegeverhältnisses die Sorge um die Bedürfnisse der eigenen Kinder. Hier zeigt sich das von Gehres/Hildenbrand (2008) beschriebene Dilemma der fehlenden erotischen Solidarität in der Pflegefamilie: im Zweifel wird das Wohl der leiblichen – und im Fall von Frau Meyer das des adoptierten Sohns – über die Bedürfnisse des Pflegekindes gestellt. Nicht die eigene Überforderung, sondern die Sorge um das Wohl der Kinder legitimiert den Abbruch. In beiden Fällen gibt es auch eine Tendenz, das Pflegekind als „schwarzes Schaf" unter den Kindern herauszustellen, das die anderen massiv gefährdet, im Fall der Familie

Beutlin ist das Eigentum der Kinder gefährdet, im Fall der Familie Meyer gar Leib und Leben. In beiden Fällen wird betont, dass die Schwierigkeiten des Pflegesohnes nicht mit dem Ende des Pflegeverhältnisses endeten, sondern sich weitergezogen haben, die positive Entwicklung der eigenen Kinder wird dagegen betont.

6.3 Schwierige Verhaltensweisen des Kindes, die als Probleme des Kindes interpretiert werden

In beiden Fällen werden schwierige Verhaltensweisen des Pflegekindes beschrieben. Bei Sven werden diese Verhaltensweisen in ein komplexes Zusammenspiel gestellt, von einer intriganten Herkunftsfamilie, herausfordernden Verhaltensweisen des Pflegesohnes, die unter anderem mit dessen Familiengeschichte begründet werden.

Thomas dagegen wird als „immer schon schwierig gewesenes Kind" beschrieben. Diese Beschreibung zieht sich als durchgängiges Deutungsmuster durch Frau Meyers Geschichte mit Thomas: Bereits in der Bereitschaftspflege als Säugling gilt er als schwierig und auffällig, in der Pflegefamilie dann ebenfalls, kann sich nicht an Regeln halten, ist aggressiv, diverse Institutionen und Therapeuten sind alle mit ihm überfordert, bis hin dazu, dass er massiv aggressiv wird gegen sich selbst, Tiere und Mitglieder der Pflegefamilie quält und von der Pflegemutter letztendlich als gefährlich beschrieben wird. Thomas Geschichte nach dem Abbruch des Pflegeverhältnisses, die von weiteren Abbrüchen gekennzeichnet ist, genauso wie Svens Schwierigkeiten im Erwachsenenleben, bestärken die beiden Pflegemütter in ihrer Sicht auf die Pflegesöhne als „schwierig".

Die Zuschreibung „schwierig" fungiert dabei tendenziell als Persönlichkeitsmerkmal der Pflegesöhne, sie wird, wenn überhaupt im Kontext der Herkunftsfamiliengeschichte gesehen, die Belastungen der Pflegefamilie und in der Pflegefamilie werden im Kontext des Schwierig-Seins und Schwierig-Geworden-Seins nicht thematisiert.

6.4 Die Frage des Kontakts nach dem Abbruch

Trotz aller erlebten Schwierigkeiten pflegen beide Pflegemütter auch nach dem Abbruch Kontakt zu den Pflegesöhnen, fühlen sich weiter in der Verantwortung und fungieren auch Jahre nach dem Ende des Pflegeverhältnisses als wichtige Ansprechpersonen, auch und gerade in schwierigen Lebenssituationen.

Die nicht per se vorhandene Solidarität des gemeinsamen Lebensweges von Mitgliedern der Pflegefamilie als Strukturmerkmal (Gehres/Hildenbrand 2008) wird hier beschrieben als eine nicht vorhandene Verpflichtung zur weiteren

Sorge und Verantwortung. Der Kontakt zwischen Pflegemutter und Pflegesohn wird vom Umfeld regelmässig kritisch hinterfragt – bis dahin, dass Frau Beutlin ihrem Ehemann den Kontakt zum Pflegesohn verheimlichen muss. Allerdings ist das Verantwortungsgefühl der Pflegemütter in beiden Fällen wirkmächtig und lässt den vollständigen Kontaktabbruch nicht zu, trotz aller Belastungen, die für die Pflegemütter aus dem Kontakt hervorgehen.

Den Pflegemüttern hilft der Kontakt möglicherweise ihr Selbstbild als gute Mütter, trotz des Abbruchs, aufrechtzuerhalten. Vielleicht stellt er auch eine Art Wiedergutmachung für den Abbruch dar. Deutlich wird in beiden Geschichten, dass es auch im jungen Erwachsenenalter der Pflegesöhne nicht zu einer stärker reziproken Beziehung zwischen Pflegesohn und Pflegemutter kommt. Im Gegenteil, die Pflegemütter verbleiben dauerhaft in der Rolle der Sorgenden und Gebenden, in der sie aber im Verlauf zunehmend Grenzen setzen und die Beziehung stark reflektieren.

6.5 Der Abbruch wird als Entlastung und gleichzeitig als Versagen erlebt

Beide Pflegemütter beschreiben den Abbruch in einem Wechselspiel zwischen einerseits Versagensgefühlen, Selbstzweifel, Selbstvorwürfen – die jeweils zu einem langen Ringen und Hinauszögern des Abbruchmoments geführt haben – und andererseits einer Entlastung des Alltags, mit der Möglichkeit einer notwendigen Konzentration auf sich selbst und auf die anderen Kinder in der Familie. Der Aspekt des Versagens ist trotz aller Entlastung in beiden Schilderungen omnipräsent und erfordert eine Auseinandersetzung, die die beiden Pflegemütter intensiv beschäftigt.

Im Abbruchgeschehen verdichtet sich die besonders verletzbare Seite von Elternschaft. Vor dem Pflegefamilienhintergrund und dem Entstehungszusammenhang der Pflegeverhältnisse ist dies verständlich: In einem aufwendigen Prozess wurden den Pflegemüttern die Eignung attestiert und die Elternschaft sozialpädagogisch mitarrangiert (vgl. Gassmann 2018), die Elternschaft war gewünscht und verantwortet, durch den Abbruch wird sowohl Eignung als auch der Wunsch, Eltern zu sein, in Frage gestellt. In der Aussendarstellung, auch und gerade gegenüber den sozialpädagogischen Fachkräften, konnte nicht ausreichend eine normorientierte Familie hergestellt und dargestellt werden (ebd.).

Teilweise werden wie oben beschrieben Gefühle des Versagens kompensiert durch das Aufrechterhalten des Kontakts, dennoch ist – die Interviews haben jeweils mehrere Jahre nach dem Abbruch stattgefunden – das Ringen um das Versagen nicht abgeschlossen und die Pflegemütter fragen sich anhaltend, ob sie wirklich alles ihnen Mögliche getan haben um für ihre Pflegesöhne ein gutes Aufwachsen zu arrangieren. Auch dies kann als ein sowohl normorientiertes als auch aufopferndes Verständnis der Pflegeeltern- und Mutterrolle gewertet werden, dem beide versuchen gerecht zu werden – und das durch das Scheitern des Pflegeverhältnisses langfristig in Frage gestellt wird. Als Versuch einer Kompensation der Versagensgefühle kann möglicherweise die Tatsache gedeutet werden, dass beide Pflegemütter die gute Entwicklung der anderen Kinder in der Pflegefamilie nach dem Abbruch herausstellen. Entsprechend gelingt es möglicherweise Pflegemüttern mit leiblichen oder anderen Kindern in der Familie besser, ein positives Elternselbstbild (vgl. Gassmann 2018) trotz Abbruch aufrechtzuerhalten.

6.6 Der Abbruch verlangt eine Deutung

Nichtsdestotrotz verlangt der Abbruch eine Deutung. Frau Beutlin findet diese im Konglomerat von Svens schwieriger Lebens- und Familiengeschichte, die zu seinen schwierigen Verhaltensweisen geführt hat, Frau Meyer findet diese in Thomas schwierigem und auffälligem Verhalten, das nicht nur von ihr selbst, sondern diversen anderen Institutionen und Therapeuten festgestellt werden konnte und sich im weiteren Verlauf der Geschichte bestätigt.

Interessant ist an diesen Deutungen, dass diese für die Pflegemütter jeweils „selbstwertschonend" sind. Beide erzählen von Deutungen, die auf das Kind und seine – schwierigen – Verhaltensweisen zielen. Entsprechend stellt die Deutung dann sowohl situativ als auch retrospektiv eine Legitimation für den Abbruch dar, die es den Pflegemüttern ermöglich, ein positives Elternselbstbild (vgl. Gassmann 2018) aufrechtzuerhalten. In beiden Fällen wird diese Deutung durch die begleitenden Fachkräfte gestützt und sogar verstärkt. Durchbrochen wird dies allerdings dadurch, dass bei beiden Pflegemüttern trotz dieser Deutungen Selbstzweifel und offene Fragen bleiben. Hier liegt es anhand der Interviews nahe, davon auszugehen, dass die Legitimation „schwieriges Kind" lediglich eine oberflächliche, durch Fachkräfte unterstützte und für die Aussendarstellung taugliche Deutung darstellt, auf einer tieferen Eben allerdings andere, das Elternselbstbild stärker in Frage stellende Deutungen vorhanden sind, die in der Interviewsituation allerdings nur bedingt versprachlicht werden. Fraglich und offen ist, inwiefern es nach dem Abbruch des Pflegeverhältnisses von Seiten der Fachkräfte Bemühungen gab, gemeinsam mit den Pflegemüttern differenzierte Deutungen zu entwickeln, die es den Pflegemüttern erlauben ihr positives Elternselbstbild zu erhalten, sich mit dem eigenen Scheitern und den Gefühlen des Versagens auseinanderzusetzen, Trauer zuzulassen und nicht dem Pflegekind und seinen vermeintlichen Persönlichkeitseigenschaften die alleinige Verantwortung für den Abbruch zuzuschreiben.

7. Schlussfolgerungen für die Pflegekinderhilfe

Aufgrund der spezifischen Modalitäten der Pflegeelternschaft und der in weiten Teilen der Gesellschaft (immer noch) überfrachteten Mutterrolle ist nicht davon auszugehen, dass Pflegeeltern in Krisensituationen generell selbst aktiv werden, um Hilfe und Unterstützung durch Fachkräfte in Anspruch zu nehmen. Naheliegend ist vielmehr, dass Pflegeeltern – und möglicherweise Pflegemütter im Besonderen – dazu tendieren, Krisen in Familien zu verstecken, kleinzureden, zu tabuisieren. Damit gelingt es Pflegeeltern und besonders Pflegemüttern, ihr positives Elternselbstbild zumindest nach aussen aufrechtzuerhalten – gleichzeitig verhindern sie so eine Unterstützung in Krisen und riskieren eine Destabilisierung des Pflegeverhältnisses in der Krise mit massiven Konsequenzen für alle Beteiligten.

Eine professionelle Begleitung von Pflegefamilien muss diese Modalitäten der Pflegeelternschaft berücksichtigen, indem sie nicht nur eine Beratung und Begleitung in Krisen anbietet, sondern eine prozessorientierte Begleitung zur Verfügung stellt, die idealerweise auf einem Vertrauensverhältnis zwischen den begleitenden Fachkräften und den Pflegeeltern beruht. In dieser Form der Begleitung werden Krisen dann durch die Fachkräfte und ihrer regelmässigen Präsenz in der Pflegefamilie wahrgenommen, können durch die Professionellen verbalisiert und thematisiert und so bearbeitbar werden. Teil dieser Art professioneller Begleitung ist, dass Krisen als Normalität in Familien (vgl. Winkler 2019) verstanden werden und die Pflegefamilie als dynamisches Gebilde gesehen wird (vgl. Gassmann 2018). Mit diesem Verständnis können in Krisensituationen flexible, individuelle Unterstützungsleistungen zugänglich gemacht werden, die die Familiensituation entlasten und stabilisieren kann. Professionelle Begleitung verhindert familiäre Krisen nicht, allerdings kann sie Dynamiken in Krisen, die zu Abbrüchen führen können, frühzeitig erkennen, versprachlichen, (ganz konkrete) Unterstützung zur Verfügung stellen und einen Reflexionsraum bieten. Kommt es dann dennoch zu einem Abbruch, ist dieser durch die Professionellen reflexiv begleitet.

Eine professionelle Begleitung von Pflegefamilien muss sich auf einer anderen Ebene dadurch auszeichnen, dass tradierte Bilder der den Normen entsprechenden Familie und Mutterschaft hinterfragt und thematisiert werden und so Überforderungssituationen durch überhöhte eigene Ansprüche der Pflegeeltern begegnet werden kann.

Tatsächlich *sozialpädagogisch professionell* (vgl. Reimer 2019) wird eine Begleitung, wenn sie auf verkürzte und undifferenzierte Deutungen schwieriger Situationen verzichtet, anstatt dessen die Komplexität von Abbruchprozessen mit den Beteiligten thematisiert und damit verhindert, dass es in der Zuschreibung „schwieriges Kind" einen Schulterschluss zwischen Pflegeeltern und Fachkräften gibt, der letztendlich Ausschluss legitimiert – und damit komplexere

Deutungen für den Abbruch nicht zulässt. Diese Professionalität dient dann nicht nur dem Pflegekind, das durch die Zuschreibung „schwieriges Kind" zusätzlich belastet wird (vgl. Bombach/Reimer in diesem Band; Reimer 2017), sondern auch den Pflegemüttern, die in der Entwicklung einer differenzierten Deutung ihre ambivalenten Gefühle und Versagensängste tatsächlich bearbeiten können und denen es so gelingt, das unerwartete Ende des Pflegeverhältnisses in ihre eigene Lebensgeschichte und in ihr (Eltern-)Selbstbild zu integrieren.

Literatur

Blandow, J. (1972): Rollendiskrepanzen in der Pflegefamilie. Analyse einer sozialpädagogischen Institution. Univ., Diss., Hamburg, 1972. München: Juventa. (Juventa-Materialien, 7).

Blandow, J. (2004): Pflegekinder und ihre Familien. Geschichte, Situation und Perspektiven des Pflegekinderwesens. Weinheim/München: Juventa. (Basistexte Erziehungshilfen).

Bombach, C./Gabriel, T./Stohler, R./Werner, K. (2018): „And then I realised I can't do it anymore." Foster care breakdown: perspectives of foster children and foster parents in German-speaking Switzerland. In: International Journal of Child & Family Welfare 18, H. 1/2, S. 63–79.

Fillip, S.-H./Aymanns, P. (2018): Kritische Lebensereignisse und Lebenskrisen. Vom Umgang mit den Schattenseiten des Lebens. Stuttgart: Kohlhammer Verlag.

Gassmann, Y. (2018): Verletzbar durch Elternschaft. Balanceleistungen von Eltern mit erworbener Elternschaft. Ein Beitrag zur Sozialpädagogischen Familienforschung. Weinheim/Basel: Beltz Juventa.

Gehres, W./Hildenbrand, B. (2008): Identitätsbildung und Lebensverläufe bei Pflegekindern. 1. Aufl. s.l.: Wiesbaden: VS Verlag für Sozialwissenschaften.

Hünersdorf, B./Studer, T. (2011): Pflegefamilien zwischen öffentlicher und privater Erziehung. Eine Form professioneller Liebe? In: Drieschner, R./Detlef Gaus, D. (Hrsg.): Liebe in Zeiten pädagogischer Professionalisierung. 1. Aufl. Wiesbaden: VS Verlag für Sozialwissenschaften, S. 209–235.

Jespersen, A. (2011): Belastungen und Ressourcen von Pflegeeltern. Analyse eines Pflegeeltern-Onlineforums. 1. Aufl. Siegen: ZPE (ZPE-Schriftenreihe/Zentrum für Planung und Evaluation Sozialer Dienste der Universität Siegen, 29).

Mead-Ferro, M. (2008): Confessions of a Slacker Mom. New York: Da Capo Press.

Nienstedt, M./Westermann, A. (2011): Pflegekinder und ihre Entwicklungschancen nach frühen traumatischen Erfahrungen. [3. Auflage], völlig überarbeitete Neuausgabe. Stuttgart: Klett-Cotta.

Reimer, D. (2015): Übergänge als Kulturwechsel und kritische Lebensereignisse. In: Wolf, K. (Hrsg.): Sozialpädagogische Pflegekinderforschung. Bad Heilbrunn: Klinkhardt Verlag, S. 61–84.

Reimer, D. (2017): Normalitätskonstruktionen in Biografien ehemaliger Pflegekinder. Weinheim/Basel: Beltz Juventa.

Reimer, D. (Hrsg.) (2019): Sozialpädagogische Blicke. Weinheim/Basel: Beltz Juventa.

Reimer, D./Petri, C. (2017): Wie gut entwickeln sich Pflegekinder? Eine Longitudinalstudie. Siegen: Universi. ZPE Schriftenreihe Nr. 47. Online verfügbar: dokumentix.ub.uni-siegen. de/opus/volltexte/2017/1172/

Schäfer, D. (2011): „Darum machen wir das …". Pflegeeltern von Kindern mit Behinderung; Deutungsmuster und Bewältigungsstrategien. 1. Aufl. Siege: ZPE (ZPE-Schriftenreihe/Zentrum für Planung und Evaluation Sozialer Dienste der Universität Siegen, 28).

Vinken, B. (2001): Die deutsche Mutter. Der lange Schatten eines Mythos. München: Piper.

Winkler, M. (2019): Über Pädagogik – mit Blick auf familiäre Lebensformen. In: Reimer, D. (Hrsg.) Sozialpädagogische Blicke. Weinheim/Basel: Beltz Juventa, S. 147–165.

Wolf, K. (2007): Die Belastungs-Ressourcen-Balance. In: Kruse, E. (Hrsg.): Weibliche und männliche Entwürfe des Sozialen. Wohlfahrtsgeschichte im Spiegel der Genderforschung; [Festschrift für Sabine Hering]. Unter Mitarbeit von Sabine Hering. Opladen: Budrich, S. 281–292.

World Economic Forum (2019): Global Gender Gap Report 2020. World Economic Forum. Geneva.

„Ich wusste nicht wie ich Tschüss sagen sollte und wie's weitergeht"

Austrittsgestaltung bei Abbrüchen von Pflegeverhältnissen – die Perspektive von Pflegekindern und Pflegeeltern

Renate Stohler und Karin Werner

1. Einleitung

Unerwartete Beendigungen von Pflegeverhältnissen, häufig als Abbrüche oder Platzierungswechsel bezeichnet (vgl. Bombach/Stohler/Gabriel 2018), sind eine Realität in der Pflegekinderhilfe. Erleben Pflegekinder wiederholt Platzierungswechsel, so kann sich dies negativ auf ihre Entwicklung auswirken. Darauf verweisen verschiedene Studien (vgl. Rostill-Brookes et al. 2011; Rock et al. 2013; Khoo/Skoog/Nygren 2015; Chambers et al. 2018). Abbrüche können jedoch nicht immer verhindert werden. Um negative Konsequenzen für Pflegekind und Pflegeeltern möglichst zu vermeiden, ist es wichtig, dass Abbrüche von Pflegeverhältnissen von der Pflegekinderhilfe gut begleitet werden. Konkret geht es im folgenden Artikel um die Fragen: Wie werden Pflegeverhältnisse, bei denen es zu einem Abbruch kommt, beendet? Wie wird der Abschied gestaltet? Haben Pflegeeltern und Pflegekind nach einem Abbruch des Pflegeverhältnisses weiterhin Kontakt zueinander? Wie erleben Pflegekinder und Pflegeeltern den Abbruch? Die Ergebnisse der Schweizer Teilstudie, die im Rahmen des internationalen Forschungsprojekts[1] „Unerwartete Abbrüche von Pflegeverhältnissen im Jugendalter" durchgeführt wurde, liefern diesbezüglich interessante Erkenntnisse.

Im Anschluss an die Einleitung wird der Forschungsstand zu den oben erwähnten Themen skizziert. Anschliessend werden die dem Artikel zugrundeliegende Definition von Abbruch, die Beschreibung des Samples und des methodischen Vorgehens dargelegt. Darauf aufbauend werden Ergebnisse zum Erleben von Abbrüchen und zur Austrittsgestaltung präsentiert. Abschliessend werden ausgewählte Ergebnisse diskutiert und Anregungen für die Praxis formuliert.

---

1 Die Studie wurde von 2014 bis 2017 von der ZHAW Soziale Arbeit (Lead), der Universität Siegen und der Universität London realisiert. Es wurden in allen drei Ländern Daten erhoben.

2. Forschungsstand

Ein Grossteil der vorwiegend quantitativ orientierten Studien zum Thema Abbrüche von Pflegeverhältnissen konzentriert sich auf die Identifikation von einzelnen Faktoren, welche die Wahrscheinlichkeit für einen Abbruch erhöhen oder sich stabilisierend auf das Pflegeverhältnis auswirken (vgl. zum Beispiel Harkin/Houston 2016; van Santen 2017; Konijn et al. 2019). Studien, welche den Abbruchprozess aus der Perspektive von betroffenen Pflegekindern und Pflegeeltern beleuchten, sind nach wie vor selten (vgl. Bombach/Reimer und Reimer in diesem Band). Im Folgenden werden – entsprechend dem Fokus des Artikels – die Ergebnisse vorliegender Studien zum Erleben von Abbrüchen von Pflegekindern und Pflegeeltern, zur Beendigung von Pflegeverhältnissen bei einem Abbruch sowie zum Kontakt zwischen Pflegeeltern und Pflegekindern nach dem Abbruch skizziert.

Die vorliegenden Studien zeigen, dass Abbrüche von Pflegekindern als emotional intensive Zeit erlebt werden, die mit unterschiedlichen Gefühlen wie Schock, Stress, Angst, Sorge oder auch mit Ärger oder dem Gefühl, ungerecht behandelt zu werden, verbunden ist (vgl. Rostill-Brookes et al. 2011, S. 111; Goodyer 2014, S. 5). Chambers et al. (2018, S. 79) verweisen darauf, dass Jugendliche auf häufige Wechsel auch apathisch oder resignativ reagieren können. Befragungen von Pflegekindern zeigen weiter, dass sie über die Gründe für den Platzierungswechsel und über den neuen Lebensort oft nicht ausreichend informiert waren sowie im Entscheidungsprozess nicht berücksichtigt worden sind (vgl. Rostill-Brookes et al. 2011; Goodyer 2014; Chambers et al. 2018). Es gibt zudem Hinweise, dass Wechsel der Pflegefamilie von Pflegekindern positiver erlebt werden, wenn sie darauf vorbereitet worden sind (vgl. Goodyer 2014, S. 5). Bei Abbrüchen bzw. Platzierungswechseln berichten betroffene Kinder und Jugendliche von Verlusten oder Veränderungen auf unterschiedlichen Ebenen: Die Beziehungen zu den Pflegeeltern und weiteren Mitgliedern der Pflegefamilie, Freundinnen und Freunden oder weiteren Bezugspersonen verändern sich oder werden abgebrochen (Goodyer 2014, S. 6; Chambers et al. 2018, S. 79). Ebenso müssen das gewohnte Umfeld wie z.B. die Schule oder auch Haustiere verlassen werden (Goodyer 2014, S. 6; Skoog/Khoo/Nygren 2015, S. 1894; Chambers et al. 2018, S. 80). Oder wie es Rostill-Brookes et al. (2011, S. 113) treffend formulieren: „[…] a placement breakdown can involve leaving behind everything that is familiar".

Die Ergebnisse der wenigen Studien, die Pflegekinder zu ihren Erfahrungen befragten, zeigen, dass diese nicht ausschliesslich negative Aspekte von Abbrüchen erwähnen, sondern auch Vorteile thematisieren. Dies geht aus dem Review von Unrau (2007, S. 132) hervor.

Nicht nur für Pflegekinder, auch für Pflegeeltern sind Abbrüche von Pflegeverhältnissen prägende Erfahrungen, die mit vielen Emotionen wie z.B. Zweifel, Bedauern, Schuld, Ärger, Versagen und Verlust verbunden sind, wie die wenigen vorliegenden Studien zeigen (vgl. Rostill-Brookes 2011, S. 113; Khoo/Skoog 2014, S. 263).

In Bezug auf den Kontakt zwischen Pflegekind und Pflegefamilie nach einem Abbruch zeigt die qualitative Studie von Skoog/Khoo/Nygren (2015, S. 1890) Folgendes: Ob Pflegekinder nach einem Abbruch noch Kontakt zu den Pflegeeltern wünschen, ist abhängig von der Art und der Qualität der Beziehung. Es gibt Pflegekinder, die explizit keinen Kontakt mehr zu den ehemaligen Pflegeeltern wünschen, während andere den Kontakt weiter pflegen möchten. Eine weitere Studie aus der Perspektive von Pflegeeltern, die einen Abbruch eines Pflegeverhältnisses erlebt haben, zeigt, dass diese nach wie vor in Kontakt mit dem betroffenen Pflegekind stehen, wenn auch in sehr unterschiedlicher Form (vgl. Khoo/Skoog 2014, S. 265).

Auffallend ist, dass die bisherige Forschung zu den Erfahrungen von Pflegekindern und Pflegeeltern einzelne Phasen im Abbruchprozess wie zum Beispiel den Auszug aus der Pflegefamilie oder die Verabschiedung nicht explizit thematisieren. Ebenso gibt es kaum Befunde dazu wie sich der Kontakt zwischen Pflegekind und Pflegeeltern nach einem Abbruch entwickelt. Weiter stammen die vorgängig referierten Ergebnisse alle aus ausländischen Studien. Forschungsergebnisse zu Abbruchprozessen aus der Perspektive von Pflegekindern und Pflegeeltern in der Schweiz, liegen bis dahin noch keine vor. Die nachfolgend präsentierten Ergebnisse liefern erste Hinweise zu dieser Forschungslücke.

3.   Methodisches Vorgehen

Im Folgenden wird die im Projekt „Unerwartete Abbrüche von Pflegeverhältnissen im Kindes- und Jugendalter" verwendete Konzeption von Abbruch vorgestellt. Weiter werden das methodische Vorgehen sowie die Stichprobe beschrieben.

Konzeption und Definition von Abbruch

Die Studie „Foster Care Placement Breakdown" versteht Abbruch nicht nur als Moment des Abbruchentscheids. Vielmehr gehen wir u.a. bezugnehmend auf Egelund und Vitus (2009) davon aus, dass ein Abbruch ein komplexer Prozess ist, der sich über einen mehr oder weniger langen Zeitraum entwickelt und bei dem mehrere Faktoren interdependent zusammenwirken (vgl. Wolf in diesem Band). Wir gehen weiter davon aus, dass sich Abbruchprozesse in verschiedene Phasen gliedern.[2]

---

2   Die unterschiedlichen Phasen im Abbruchprozess werden in Kapitel 4 erläutert.

Methodisches Vorgehen und Beschreibung der Stichprobe

In der Schweizer Teilstudie des internationalen Forschungsprojekts „Foster Care Placement Breakdown" wurden qualitative Interviews mit Pflegekindern (N = 13) und Pflegeeltern (N = 20) geführt. Über verschiedene Kanäle und Netzwerke wurden Kinder und Jugendliche sowie Pflegeeltern auf die Möglichkeit hingewiesen, im Rahmen von Interviews über ihre Erfahrungen mit vorzeitig beendeten Pflegeverhältnissen zu berichten. Ob eine vorzeitige Auflösung eines Pflegeverhältnisses von den (ehemaligen) Pflegekindern oder Pflegeeltern als „Abbruch" bezeichnet wird oder nicht, ist abhängig von den Erfahrungen und Einschätzungen der Betroffenen. Bei der Suche nach Interviewpartnerinnen und Interviewpartnern wurden daher nicht Pflegeeltern gesucht, die einen „Abbruch" erlebt haben, sondern der Aufruf richtete sich an Pflegeeltern, „…die ein Pflegekind betreut haben, das früher als erwartet wieder bei ihnen ausgezogen ist". Auf dem Flyer der sich an (ehemalige) Pflegekinder richtete, wurden Jugendliche und junge Erwachsene gesucht, „…die eine Zeit lang als Pflegekind in einer Pflegefamilie gelebt haben und früher als erwartet wieder ausgezogen sind". Mit dieser Umschreibung wurde den Betroffenen die Offenheit gelassen, das Ereignis so zu bezeichnen, wie es für sie passend ist. Die Interviews der ehemaligen Pflegekinder und Pflegeeltern beziehen sich auf unterschiedliche Pflegeverhältnisse.

Es wurden zehn junge Frauen und drei junge Männer befragt. Die Interviewten waren zum Zeitpunkt der Befragung (2015–2016) zwischen 14 und 32 Jahre alt. Den Abbruch des Pflegeverhältnisses hatten sie minimal drei Monate und maximal 16 Jahre vor dem Interviewzeitpunkt erlebt. Das Pflegeverhältnis mit der kürzesten Dauer wurde nach zwei Jahren abgebrochen. Die längste Platzierung dauerte 16 Jahre, bevor es zum Abbruch kam. Zwölf Interviews wurden transkribiert und ausgewertet. Ein Interview konnte aufgrund der schlechten Tonqualität nicht berücksichtigt werden.

Im gleichen Zeitraum wurden auch 20 Pflegeeltern befragt; 13 Pflegemütter, vier Pflegeväter und drei Pflegeelternpaare, die gemeinsam über ihre Erfahrung berichteten. Die Aussagen der Pflegeeltern beziehen sich auf 20 Pflegekinder. Die zwölf Mädchen und acht Knaben haben bis zum Abbruch unterschiedlich lange in der Pflegefamilie gelebt. Das kürzeste Pflegeverhältnis dauerte knapp ein Jahr, das längste Pflegeverhältnis 17 Jahre. In der Hälfte der Fälle wurde das Pflegeverhältnis nach fünf oder mehr Jahren beendet. Zum Zeitpunkt des Interviews lag der Abbruch des Pflegeverhältnisses ein bis maximal 15 Jahre zurück.

Die vollständig transkribierten Interviews wurden in einem mehrstufigen, qualitativen Auswertungsvorgehen analysiert. Dabei wurde das Interviewmaterial in einem iterativen Wechselprozess sowohl entlang von deduktiven, über den Leitfaden abgeleitete Kategorien als auch, mit induktiv gebildeten Kategorien ausgewertet. Dieses Vorgehen erlaubte es, sowohl manifeste Gesprächsinhalte als auch latente Bedeutungen und Sinnzuschreibungen zu erfassen (vgl. Strübing 2013, S. 3).

4. Ergebnisse

Wie bereits dargelegt, werden Abbrüche von Pflegeverhältnissen als Prozesse definiert, die sich über einen mehr oder weniger langen Zeitraum erstrecken und mehr erfassen, als nur den Abbruchentscheid. Auf der empirischen Basis der Erzählungen der Befragten konnten im Rahmen der Auswertung folgende „Phasen" bzw. „Momente" im Abbruchprozess unterschieden werden.

1. Die Phase, in der der Abbruch initiiert bzw. entschieden wird
2. Der Moment des Auszugs des Pflegekindes aus der Pflegefamilie
3. Der Moment der Verabschiedung von Pflegekind und Pflegeeltern
4. Die Phase, in der sich der Kontakt zwischen Pflegekind und Pflegeeltern nach dem Abbruch entwickelt

Die nachfolgende Darstellung der Ergebnisse in diesem Kapitel orientiert sich an diesen Phasen und Momenten.

4.1 Abbruchmuster

Pflegekinder wie auch Pflegeeltern erzählten unterschiedlich ausführlich, wie es aus ihrer Sicht zum Abbruch des Pflegeverhältnisses gekommen ist. Die Interviews mit den Pflegekindern und Pflegeeltern ermöglichten die Rekonstruktion von insgesamt 32 komplexen Abbruchprozessen. Die Analyse zeigt, dass auch in der vorliegenden Studie verschiedene interdependente Faktoren in unterschiedlichen Kombinationen zu Abbrüchen führten (vgl. dazu die weiteren Beiträge in diesem Band).

Auf einem generalisierten Abstraktionsniveau liessen sich analytisch drei Muster von Abbruchprozessen rekonstruieren. Diese basieren auf unterschiedlichen Dimensionen der Kategorien „Dauer des Pflegeverhältnisses" und „Dauer der Phase von Spannungen und Krisen", die dem Abbruch des Pflegeverhältnisses vorausgegangen ist. In Bezug auf die Dauer des Pflegeverhältnisses wird zwischen länger (mehr als zwei Jahre) und kürzerer (maximal zwei Jahre) dauernden Pflegeverhältnissen differenziert. Zudem wird zwischen Fällen unterschieden, bei denen eine kurze und solchen, bei denen eine längere Phase von Spannungen und Krisen sichtbar ist, bevor es zum Abbruch kommt. Die drei verschiedenen Abbruchmuster werden nachfolgend, anhand von exemplarischen Fallbeispielen kurz vorgestellt.

1) Abbruch in der Adoleszenz nach längerem, stabilem Verlauf des Pflegeverhältnisses

Lana ist halbjährig als sie in die Pflegefamilie kommt. Sie bezeichnet die Pflegefamilie als ihre Familie, hat eine enge Beziehung zu den Pflegeeltern und wächst aus ihrer Sicht „normal" auf. Die Pflegeeltern trennen sich als Lana zehn Jahre alt ist. Lana bleibt bei der Pflegemutter. Als Lana in die Pubertät kommt, gibt es immer häufiger Konflikte zwischen ihr und ihrer Pflegemutter. Gemäss Lana geht es dabei vor allem darum, dass ihre Meinung nicht ernst genommen wird, sie sich nicht ihren Wünschen entsprechend kleiden darf und die Pflegemutter ihren Freund nicht akzeptiert. Lana fühlt sich daher in der Pflegefamilie immer weniger wohl und will selbstbestimmter leben. Sie wendet sich an ihren Beistand, um eine für sie befriedigendere Situation zu erreichen. Mit 16 Jahren zieht sie aus der Pflegefamilie aus und lebt anschliessend in einer betreuten Wohngruppe.

Charakteristisch für dieses Abbruchmuster ist, dass es sich um Pflegeverhältnisse handelt, die sich über einen längeren Zeitraum (mehr als zwei Jahre) erstrecken und gemäss den Interviews bis zur Adoleszenz mehr oder weniger problemlos verlaufen. In der Adoleszenz entwickeln sich dann zunehmend Spannungen und Konflikte, die letztendlich zum Abbruch führen.

2) Abbruch nach längerem, von Beginn weg konfliktbelasteten Pflegeverhältnis

Sara kommt als zweijähriges Kleinkind im Rahmen einer freiwilligen Platzierung in die Pflegefamilie. Ihre Eltern sind geschieden. Die Mutter ist psychisch krank und in stationärer Behandlung. Saras leiblicher Vater ist von Beginn weg nicht zufrieden mit der Platzierung von Sara in der Pflegefamilie. Unter anderem stört es ihn, dass die Pflegeeltern einer Freikirche angehören. Der Vater kann Sara jedoch aufgrund seiner Lebenssituation auch nicht zu sich nehmen. Die Ambivalenz des Vaters gegenüber dem Pflegeverhältnis und unterschiedliche erzieherische Vorstellungen führen immer wieder zu Spannungen zwischen Pflegeeltern und leiblichem Vater. Die Pflegemutter erlebt die über Jahre dauernden Auseinandersetzungen mit dem Vater über erzieherische Fragen als sehr belastend. Nach acht Jahren entscheiden der Vater und die Pflegeeltern anlässlich eines Standortgesprächs gemeinsam, das Pflegeverhältnis auf Ende des nächsten Schuljahrs zu beenden. Sara zieht in der Folge zum Vater und dessen neuer Partnerin.

Ausgangspunkt für dieses Muster sind längerdauernde Pflegeverhältnisse, die jedoch von Beginn weg geprägt sind durch Spannungen und Konflikte. Die sich bereits früh ankündigenden Themen und Spannungen werden nie ganz geklärt und führen schliesslich irgendwann dazu, dass das Pflegeverhältnis aufgelöst wird.

3) Abbruch nach kurz dauerndem, konflikthaften oder belastetem Pflegeverhältnis

Die Pflegemutter R. nimmt im Rahmen einer geplanten dreiwöchigen Time-Out-Platzierung drei Geschwister bei sich auf, deren Mutter sich in eine stationäre, psychiatrische Behandlung begeben muss. Nach drei Wochen zeichnet sich ab, dass die Mutter eine längerfristige Behandlung benötigt. Daher entscheidet die zuständige Behörde, dass die Kinder solange bei der Pflegemutter bleiben sollen, bis sich der Zustand der Mutter verbessert hat. Die Pflegemutter stellt sich darauf ein, dass die Kinder ungefähr ein Jahr bei ihr bleiben. Nach drei Monaten fühlt sich die Mutter jedoch wieder gesund und setzt sich mit Hilfe einer Anwältin dafür ein, dass ihre Kinder wieder zu ihr zurückkommen. Es folgt eine längere Phase, in der das Verhältnis zwischen den drei Pflegekindern, der Mutter und der Pflegemutter immer angespannter wird und zunehmend Konflikte auftreten. Obwohl die Pflegemutter intensiv von einer Familienplatzierungsorganisation begleitet wird, entscheidet sie sich das Pflegeverhältnis zu beenden. Die Kinder kehren nach wenigen Monaten zur leiblichen Mutter zurück.

Bei diesem Abbruchsmuster handelt es sich um Pflegeverhältnisse, die nach kurzer Dauer, das heisst innerhalb von maximal einem Jahr, abbrechen. Dies kann – wie im skizzierten Beispiel – darauf basieren, dass das Pflegeverhältnis gänzlich anders verläuft als eigentlich geplant oder aber, wenn Pflegeeltern nach kürzerer Zeit bemerken, dass sie das Pflegeverhältnis nicht weiterführen können, zum Beispiel weil sich das Pflegekind herausfordernder verhält als angenommen oder weil sich die Lebenssituation der Pflegeeltern stark verändert, zum Beispiel durch Krankheit oder Trennung. Bei diesem Muster fällt auf, dass dies im Sample für viele Pflegekinder zutrifft, die bei der Platzierung in der Pflegefamilie bereits im Teenageralter sind.

Die Analyse der Erzählungen von Pflegekindern und Pflegeeltern zeigt weiter, dass der Abbruch von Pflegeverhältnissen von unterschiedlichen Akteuren initiiert wird. Damit ist gemeint, dass ein bestimmter Akteur, den Entscheid für den Abbruch nach einer kürzeren oder längeren Zeit letztlich fällt. Dies bedeutet jedoch nicht, dass der betreffende Akteur allein für den Abbruch verantwortlich ist. Wie bereits dargelegt, resultieren Abbrüche aus dem Zusammenspiel verschiedener Faktoren und über einen mehr oder weniger langen Zeitraum. In einem Drittel der analysierten Abbruchprozesse ging die Initiative vom Pflegekind aus. Die meist jugendlichen Pflegekinder setzten sich aktiv für eine Beendigung des Pflegeverhältnisses ein, suchten sich selber eine neue Pflegefamilie oder liefen aus der Pflegefamilie weg (vgl. Bombach/Reimer in diesem Band). Abbrüche erfolgten weiter auf Initiative der Pflegeeltern. Diese entschieden sich aus unterschiedlichen Gründen, dass sie das Pflegeverhältnis nicht mehr weiterführen können. Beispielsweise weil sie die Belastung durch das Pflegekind nicht mehr tragen konnten oder wollten, selber an gesundheitlichen Problemen litten oder sonstige Belastungen zu bewältigen hatten. Abbrüche können auch von den leiblichen Eltern des Pflegekindes initiiert werden, indem sie sich aktiv dafür einsetzen, dass ihr Kind wieder bei ihnen leben darf oder sie das Pflegekind z.B. nach einem Besuchswochenende nicht mehr zur Pflegefamilie zurückbringen. Ebenso können Pflegeverhältnisse von Fachpersonen der Kinder- und Jugendhilfe vorzeitig beendet werden, weil die verantwortliche Person die Pflegefamilie nicht mehr als geeigneten Lebensort für das Pflegekind erachtet.

Unabhängig davon wer schliesslich die Initiative für den Abbruch ergreift, stellt sich die Frage, wie das Pflegeverhältnis nach dem Entscheid für den Abbruch beendet wird. Wann und unter welchen Umständen zieht das Pflegekind aus der Wohnung der Pflegeeltern aus? Wie erfolgt der Abschied? Wie entwickelt sich der Kontakt zwischen Pflegeeltern und Pflegekind nach dem Abbruch? Antworten auf diese Fragen werden nachfolgend präsentiert.

4.2 Erleben des Abbruchs

Im folgenden Kapitel wird dargelegt, wie Pflegeeltern und Pflegekinder den Abbruch des Pflegeverhältnisses erlebt haben. Pflegeeltern und Pflegekinder schildern im Gespräch rückblickend ihre erinnerte, damalige, unmittelbare Reaktion auf den Abbruch.

Erleichterung

Ein Abbruch eines Pflegeverhältnisses kann von Pflegeeltern und Pflegekindern als Erleichterung erlebt werden. Bei Pflegeeltern trifft dies insbesondere dann zu, wenn sie sich selbst aktiv für die vorzeitige Beendigung des Pflegeverhältnisses eingesetzt haben, häufig nach einer kürzeren oder längeren Phase mit Belastungen, die sich nicht minimieren, oder Schwierigkeiten, die sich nicht lösen liessen. Die betroffenen Pflegeeltern haben – mit oder ohne Unterstützung von Fachpersonen – versucht, die Situation zu verändern. Dennoch ist die Belastungssituation für die Familie irgendwann zu gross geworden, und die Pflegeeltern haben sich entschieden, das Pflegeverhältnis aufzulösen. Die Beendigung des Pflegeverhältnisses wird deshalb als Erleichterung erlebt, wie die nachfolgende Schilderung einer Pflegemutter exemplarisch zeigt.

> „Und dann ist es, für mich ist es nachher gut gewesen. Ich weiss auch nicht mehr, wie lange er dann noch bei uns gewesen ist, zwei oder drei Wochen. Und die sind für mich, sind sehr erlösend gewesen. Denn ich musste nicht mehr sagen: Du musst dies und du musst das. [...] Oder auch gegenüber der Schule musste ich keine Rechenschaft mehr abgeben. [...] Also für mich ist es nachher erleichternd gewesen" (Pflegemutter von Tim).

Auch Pflegekinder, die sich – unter Umständen über längere Zeit – in der Pflegefamilie unwohl oder nicht zugehörig gefühlt hatten und sich aktiv für eine vorzeitige Beendigung des Pflegeverhältnisses eingesetzt haben, erleben den Moment des Abbruchs als Erleichterung. Sie sind froh, dass es eine neue Lösung gibt. Diana beschreibt dies so:

> „Ja, man hat dann dort den Entscheid gefällt, dass ich im Sommer weggehe, wann genau wird dann noch geklärt. Aber das war schon mal eine schöne, erleichternde Entscheidung. Einfach zu wissen, es ist jetzt wirklich fix, du musst nur noch bis Sommer bleiben. Und da hatte ich irgendwie ein Ziel vor Augen, habe gewusst, es ist irgendwann fertig, sozusagen" (Diana, Pflegekind).

Schock

Im Gegensatz dazu haben andere Pflegeeltern und Pflegekinder die Beendigung des Pflegeverhältnisses als Schock erlebt. Für Pflegeeltern trifft dies zu, wenn sie durch das Pflegekind oder die Beistandsperson vor vollendete Tatsachen gestellt wurden, zum Beispiel in Fällen, in denen ihnen von den verantwortlichen Fachpersonen kurzfristig angekündigt wurde, dass das Pflegekind die Pflegefamilie verlassen wird. Der Schock hängt damit zusammen, dass alles sehr schnell geht und die Pflegeeltern keine Möglichkeit mehr haben, ihre Sichtweise der Entwicklung und ihre Bedürfnisse bezüglich der Beendigung einzubringen. Im folgenden Beispiel hat das Pflegekind sich selbständig eine andere Pflegefamilie gesucht, hat den Beistand konsultiert und dieser teilt der Pflegemutter nun telefonisch und ohne Vereinbarung eines gemeinsamen Gesprächs mit, das Pflegekind werde noch am selben Nachmittag zu einer anderen Pflegefamilie ziehen. Die Pflegemutter schildert ihre Reaktion folgendermassen:

> „Also ich bin wirklich aus allen Wolken gefallen, zuerst habe ich einen Schock gehabt. Ich arbeite ja auch in einem Bereich, in dem ich manchmal froh wäre, die Ämter würden etwas schneller arbeiten, aber [...]. Und ich habe wirklich Mühe gehabt. Ich habe Mühe gehabt und musste sagen, das geht doch nicht, dass ich keine Rechte habe als Pflegemutter, keine Recht, nichts. Ok, ich werde bezahlt, das ist richtig, aber das kann doch nicht sein. Also das hat mich schon, ich habe lange Zeit Mühe gehabt, nicht mit dem Knaben. [...] Also ich habe schon ‚gebissen' das gebe ich zu. Aber meine Wut hat sich vor allem auf die Erwachsenen gerichtet, den Beistand hätte ich auf den Mond schiessen können" (Pflegemutter von Stephan).

Auch Pflegekinder können den Abbruch als Schock erleben, wenn die Mitteilung über das Ende des Pflegeverhältnisses sehr kurzfristig und für das Pflegekind unerwartet erfolgt. Dies ist beispielsweise dann der Fall, wenn einem jugendlichen Pflegekind der Zutritt zur Wohnung der Pflegeeltern von diesen plötzlich verwehrt wird, oder wenn jüngere Kinder auf Initiative der Pflegekinderhilfe umplatziert werden, weil aus Sicht der Fachpersonen das Wohl des Kindes in der Pflegefamilie nicht gesichert ist.

Lisa beispielsweise kam im Kindergartenalter zu Pflegeeltern, die sie bereits flüchtig gekannt hatte. Sie beschreibt, dass sie in der Pflegefamilie viele Freiheiten genoss, was sie unter anderem daran festmacht, dass sie lange unbeaufsichtigt mit Freundinnen und Freunden draussen spielen durfte. Nach einem Besuch in der Pflegefamilie kommt die Beiständin zum Schluss, dass Lisa nicht in der Pflegefamilie bleiben kann. Sie wird kurz darauf in einem Heim untergebracht und beschreibt ihre Erfahrung wie folgt:

> „Ich war in der vierten Klasse als ich den Wechsel gemacht habe und ich habe sehr viel geweint. Weil ich war halt lange dort und ich habe die Familie auch sehr gerne bekommen und ich habe mich dort eigentlich auch recht wohl gefühlt und dann bin ich so wie weggerissen worden an einen anderen Ort, der mir mega fremd war und wo ich niemanden gekannt habe" (Lisa, Pflegekind).

Auch wenn Pflegekinder volljährig werden und sie relativ unvermittelt erfahren, dass sie nach Erreichen der Volljährigkeit nicht länger bei den Pflegeeltern leben können, kann dies als Schock erlebt werden wie das Beispiel von Elli zeigt:

> „Als ich das gehört habe war ich schockiert. Ich war zwar schon 18 Jahre alt und hatte mein ganzes Leben noch vor mir. Es war ein Schock. Ich musste das zuerst einmal verarbeiten, weil ich hatte ja niemanden, zu dem ich gehen konnte und der auf mich aufpasst. Ja, das ist ein wenig, ein wenig komisch" (Elli, Pflegekind).

Die dargelegten Ergebnisse zeigen, dass ein Abbruch eines Pflegeverhältnisses mit verschiedenen Emotionen verbunden ist.

4.3 Auszug des Pflegekindes

Mit dem Auszug wird innerhalb des Abbruchprozesses der Moment beschrieben, in welchem das Pflegekind bei den Pflegeeltern auszieht. Es ist der Moment, in dem der Abbruch durch die räumliche Trennung für alle Beteiligten sichtbar vollzogen wird. Mit der Mitnahme der persönlichen Dinge wie Kleider, Gegenstände, Bilder und Möbel werden die symbolischen Platzhalter des Pflegekindes aus der Wohnung entfernt. Der Auszug aus der Wohnung der Pflegeeltern, so zeigt die Analyse, wird von Pflegeeltern und Pflegekindern sehr unterschiedlich erlebt.

Auszug als schwieriger Moment für die Pflegeeltern

Der Moment, in dem das Pflegekind mit seinen Sachen die Wohnung verlässt, ist für viele Pflegeeltern besonders schwierig und emotional aufwühlend. An den Auszug erinnern sich die Pflegeeltern meist sehr genau, was der Detaillierungsgrad der Erzählungen in den Interviews zeigt. In einigen Fällen, kündigen die Pflegekinder oder auch die zuständigen Fachpersonen den Abbruch des Pflegeverhältnisses an. In anderen Fällen wird den Pflegeeltern der definitive Entscheid über den Abbruch des Pflegeverhältnisses zeitgleich mit dem Auszug, quasi über die Schaffung von Tatsachen, mitgeteilt. In einem Fall wurde der mögliche Auszug der Pflegetochter von den Beteiligten gemeinsam besprochen; die Pflegemutter lässt der Pflegetochter noch eine Woche Bedenkzeit, um sich definitiv zu entscheiden. Diese möchte die Situation für sich jedoch baldmöglichst klären und bekundet ihren Entscheid aus der Perspektive der Pflegemutter folgendermassen:

> „Und dann am Freitagmorgen, als sie zur Schule ging, ging sie schon mit Gepäck in die Schule. Also sie hat ihre grosse Reisetasche mitgenommen. Und dann habe ich gesagt: ‚Oh, Franziska, das sieht ganz so aus, als hättest du deine Entscheidung getroffen für den Moment‘. Da hat sie gesagt, sie ziehe am Wochenende zur Mutter. Und dann ist sie am Wochenende nochmals gekommen, um den Rest zu packen" (Pflegemutter von Franziska).

Ein Pflegevater erinnert sich sehr genau, wie der Pflegesohn, der vorübergehend in einer Time-Out-Institution untergebracht ist und sich dort entscheidet, nicht zur Pflegefamilie zurückkehren, seine persönlichen Sachen in der Wohnung der Pflegefamilie abholt. Für den Pflegevater ist dies der Moment, in dem der vom Pflegekind getroffene Entscheid sichtbar gemacht und vollzogen wird.

> „Ja, das ist eigentlich sehr hektisch gewesen. Er hat mir eine Viertelstunde vorher Bescheid gegeben, er komme dann in einer Viertelstunde vorbei. Ich habe mein Büro zuhause. Ich arbeite viel zuhause, das hat er natürlich gewusst, dass er auch so kurzfristig kommen kann. Meine Frau hat dann so ein bisschen emotional reagiert, weil sie eher so ein bisschen der emotionalere Part ist, und auch sehr schnell emotional wird. Sie ist einkaufen gegangen, damit sie das einfach nicht so miterleben muss. [...] Ich habe ihn gefragt, ob ich ihm helfen soll oder so. Und er hat gesagt: ‚Nein, sicher nicht‘. Einfach wirklich sehr abblockend, sehr kalt. [...] Ja und das ist einfach wirklich so gewesen, im Sinne von, er konnte mir nicht mal in die Augen sehen. Und ist dann einfach schnell hineingegangen. Schnurstracks in sein Zimmer, seine Sachen zusammengepackt. Er hat glaube ich ungefähr 2 Schränke hat er noch mitgenommen und äh, dann ist er weg gewesen" (Pflegevater von Jonas).

Auszug aus der Pflegefamilie aus Sicht der Pflegekinder

Im Gegensatz zu den Schilderungen der Pflegeeltern thematisieren die Pflegekinder den Auszug aus der Pflegefamilie weniger ausführlich. Aus den Schilderungen geht jedoch hervor, dass der Auszug auch von ihnen als spezieller Moment erlebt wird, wie dies die nachfolgenden Beispiele veranschaulichen.

Einige Pflegekinder erzählen, dass sie an einem bestimmten Tag ihre wichtigsten Sachen – teilweise in Eile – gepackt haben und dann abgeholt wurden oder gegangen sind. Wie zum Beispiel Maria, der die Pflegeeltern am Vormittag mitteilen, dass sie ausziehen muss. Sie ist verzweifelt und holt am selben Tag mit ihrer Beiständin ihre Sachen bei den Pflegeeltern ab.

> „Nachher [nach der Mitteilung der Pflegeeltern] hat sie [die Beiständin] gesagt: Maria hör auf zu weinen, ich hole dich am Abend ab. Nach der Schule bin ich dann zur Pflegefamilie zurückgegangen, um meine Sachen zu packen. Es war Montag, ja, diesen Tag vergesse ich nicht mehr. Sie kam mich abholen, ich habe meine Sachen eingepackt und dann sind wir gegangen" (Maria, Pflegekind).

Andere Pflegekinder haben mehr Zeit und ziehen etappenweise aus der Pflegefamilie aus. Elli berichtet:

> „Ja, ich habe meine Sachen gepackt – Möbel und Kleider. Einen Teil der Kleider hatte ich schon bei meinem Freund. Ich habe ja eigentlich auch schon dort gelebt und habe dann immer wieder Sachen von der Pflegefamilie geholt. Ich kannte die Pflegefamilie mega gut, auch die Verwandten. Es ist dann eigentlich sehr schnell gegangen als ich ausgezogen bin. Innerhalb von zwei Wochen habe ich meine Sachen gepackt und bin gegangen" (Elli, Pflegekind).

Einige Pflegekinder berichten aber auch, dass sie sich nicht an alles erinnern können. Wie zum Beispiel Lana, die sich weniger an den konkreten Vorgang, sondern vielmehr an die damit verbundenen oder fehlenden Emotionen der Pflegemutter erinnert.

> „Das weiss ich, ich weiss .... Ich habe kein Gesicht mehr vor mir, das habe ich vielleicht wirklich verdrängt. Ich weiss nur noch, dass die Möbelpacker vor der Haustür gestanden sind und die Möbel eingepackt haben, das weiss ich noch. Und dass meine Pflegemutter herumgeschwirrt ist und gar nicht zufrieden war. Aber es sind keine Tränen geflossen, also nicht als ich dort war; man hat nicht gezeigt, dass es jetzt schlimm ist. Es war schlecht, es war schlecht. Es war aber nicht traurig" (Lana, Pflegekind).

Es kann festgehalten werden, dass der Auszug aus der Pflegefamilie sowohl von den Pflegekindern als auch von den Pflegeltern als spezieller Moment erlebt wird. Häufig erfolgt er unter Zeitdruck und kaum geplant und wird von unterschiedlichen Gefühlen begleitet. Auffallend ist, dass in den Erzählungen von Pflegeeltern und Pflegekinder eine Begleitung durch Fachpersonen der Pflegekinderhilfe nicht erkennbar ist. Ausnahme bildet das Beispiel eines Pflegekindes, das durch die Beiständin abgeholt wird.

4.4 Verabschiedung

Der Moment der Verabschiedung ist eine Angelegenheit zwischen Pflegeeltern und Pflegekind. Ein gestalteter Abschied, zum Beispiel in Form eines gemeinsamen Essens, kann für die Beteiligten eine wichtige Funktion haben. Die Analyse der Interviews zeigt, dass die Gestaltung des Abschieds in den vorliegenden Fällen entweder von den Pflegeeltern übernommen wird oder keine richtige Verabschiedung stattfindet. Fachpersonen der Pflegekinderhilfe übernehmen bei der Verabschiedung nach einem Abbruch in den vorliegenden Fällen keine aktive Rolle.

Pflegeeltern gestalten den Abschied

Berichten Pflegeeltern und Pflegekinder von bewusst gestalteten Abschiedsfeiern, so sind diese von den Pflegeeltern angeregt worden. So erzählt eine Pflegemutter, deren Pflegetochter im Jugendalter aus eigener Initiative ausgezogen ist, dass sie wenige Tage nach dem Auszug zum gemeinsamen Abschiedsnachtessen eingeladen hat.

„Und dann habe ich, habe ich gesagt, ich würde gern, dass wir alle miteinander ein Nachtessen machen. Wir haben geschaut, wann es passen würde. Das ist dann der Mittwochabend gewesen, wo sie bereits ausgezogen ist. Und dann sind wir einfach alle, sind wir zusammengekommen und haben mit Franziska, für diese Zeit, die sie jetzt bei uns gewesen ist, ein Abschiedsnachtessen gemacht. Wir haben sie verabschiedet und sie ist dann auch nach dem Nachtessen, zur Mutter gegangen. Sie ist nach der Schule zu uns gekommen und nachher zur Mutter gegangen. Und auch im Wissen, wir sagen ihr jetzt ‚ade' und wissen nicht, wie es weitergeht. Aber jetzt, für jetzt ist einfach der Bogen mal abgeschlossen" (Pflegemutter von Franziska).

Wie das Beispiel veranschaulicht, geht es darum, die Zeit des gemeinsamen Zusammenlebens als besonderen Abschnitt zu würdigen, und wie es die Pflegemutter ausdrückt, den zeitlichen Rahmen dieses Lebensabschnitts, den „Bogen" mal abzuschliessen. Das symbolische Abschliessen dieser Phase der gemeinsamen Haushaltsgemeinschaft bedeutet aber nicht, dass in Zukunft die Beziehungen zueinander nicht potenziell weitergehen können. Ein möglicher weiterer Kontakt und eine Fortführung der Beziehung ist in der Aussage der Pflegemutter „… wir sagen ihr jetzt ‚ade' und wissen nicht, wie es weitergeht" beinhaltet; gleichzeitig kommt darin aber auch die Ungewissheit in Bezug auf die Frage der weiteren Kontaktgestaltung zum Ausdruck.

In einem anderen Fall, in welchem ein 10-jähriges Mädchen die Pflegefamilie verlässt, weil es zur leiblichen Mutter zurückkehrt, wird der Abschied in folgender Weise begangen:

> „Und beim Abschied haben wir dann ein Abschiedsessen gemacht, wo wir auch die Beiständin zu uns nach Hause eingeladen haben. Und für sie [das Pflegekind] haben wir ein Poster gestaltet, auf dem war sie drauf und der Text von einem ihrer Lieblingslieder. Darüber hat sie sich sehr gefreut. Sie war da schon zehn Jahre alt und wollte an dem Abend immer und immer wieder auf meinem Schoss sitzen, das weiss ich noch. An solchen Sachen habe ich gemerkt, dass es uns allen gleich geht, dass es eben nicht so einfach ist. Es war ein befangener Abschied irgendwie, für sie war es sicher auch freudvoll, für uns nicht nur" (Pflegemutter von Marvin).

Nur wenige Pflegekinder erzählen von Abschieden, die von den Pflegeeltern gestaltet wurden. So erinnert sich zum Beispiel Julia zwar nicht mehr genau an die konkrete Aktivität, berichtet jedoch vom Abschiedsgeschenk, das sie von der Pflegefamilie erhalten hat.

> „Ich weiss nicht mehr so genau wie der Abschied war, vielleicht haben wir einen Ausflug gemacht oder so. Aber ich habe eine Art Mobile zum Abschied erhalten mit einem Bild der ganzen Familie… Das weiss ich noch. Sonst mag ich mich nicht mehr erinnern wie der Abschied war" (Julia, Pflegekind).

Bei einigen Pflegekindern fällt der Abschied je nach Familienmitglieder unterschiedlich emotional aus. So berichtet Elli:

> „Also, ich habe mich verabschiedet. Die Pflegemutter hat sogar geweint. Die Kleine, also die Dreijährige hat es nicht so richtig realisiert und vom ältesten Sohn habe ich gar nichts gehört, aber der 15-Jährige hat sich auch schön von mir verabschiedet" (Elli, Pflegekind).

Andere Pflegekinder berichten von sehr nüchternen Verabschiedungen. So erzählt Lisa, die aufgrund eines Entscheids der zuständigen Fachperson umplatziert wird:

> „Ja, ich war am Essen und sie (die Pflegemutter) hat alle Kleider in den Koffer gepackt. Ich glaube es war für sie (die Pflegeltern) nicht wie – ‚wir werden dich vermissen oder so' – sondern, ‚es ist ok, du gehst jetzt' – so ist es mir in Erinnerung geblieben" (Lisa, Pflegekind).

Keine „richtige" oder gar keine Verabschiedung möglich

Viel einschneidender scheint es jedoch zu sein, wenn es den Pflegeeltern gar nicht möglich ist, sich vom Pflegekind zu verabschieden oder den Abschied bewusst zu gestalten. In Fällen, in denen kein Abschied möglich ist, wird dies von den Pflegeeltern sehr bedauert, wie das nachfolgende Beispiel zeigt. Der jugendliche Pflegesohn lotet Grenzen aus und zieht vorübergehend aus der Pflegefamilie aus. Nach einigen Tagen wird den Pflegeeltern vom Beistand mitgeteilt, der Pflegesohn werde nicht mehr in die Pflegefamilie zurückkehren.

> „Und etwa 2 oder 3 Wochen später ist dann vom Beistand quasi die Meldung gekommen. Wir haben es eher als Timeout angeschaut, dass er sich ein bisschen neu orientieren muss und herausfinden muss, was er wirklich will. Und nach 2 Wochen hat uns dann eben der Beistand gesagt, dass er [der Pflegesohn] nicht mehr zurückkomme, er komme nur noch seine Sachen bei uns abholen. Und dann hat es nicht einmal einen wirklich schönen Abschluss gegeben. Das habe ich persönlich sehr bedauert" (Pflegevater von Jonas).

In einem anderen Fall verhindert die Pflegekinderhilfe eine Verabschiedung eines jüngeren Pflegekindes von der Pflegefamilie. Die Pflegemutter hatte gesundheitliche Probleme und daher wurde das Pflegekind vorübergehend in einer anderen Pflegefamilie untergebracht. Während dieser Zeit entscheidet sich die Pflegemutter, das Pflegeverhältnis nicht weiterzuführen. Die Begründung warum keine persönliche Verabschiedung stattfinden kann, ist für sie unklar. Sie empfindet es emotional als extrem belastend, dass sie sich, nachdem das Pflegekind bereits ausgezogen ist, nicht mehr von ihm verabschieden darf.

> „Und sie haben alle gesagt, sie hätten sich von Fachpersonen beraten lassen. Die Fachpersonen kennen zwar Leandro nicht, die haben auch uns nicht gekannt, die haben unsere Situation nicht gekannt. Aber die sind offenbar einhellig der Meinung gewesen, dass es Leandro nicht guttut, wenn er Abschied feiern kann und nochmals mit uns Kontakt haben kann" (Pflegemutter von Leandro).

Erzählungen, dass Fachpersonen die Ansicht vertreten haben, bei einem Abbruch des Pflegeverhältnisses müsse ein klarer Schnitt und ein deutlicher Abschnitt markiert werden und daher keine Verabschiedung und später auch keinen weiteren Kontakt ermöglichen, fanden sich im Datenmaterial mehrfach. Für die betroffenen Pflegeeltern ist dies eine sehr belastende Situation. Vor allem bei unerwartet raschen Austritten, ist es für die Pflegeeltern enorm schwierig, wenn keinerlei Möglichkeit besteht, sich vom Pflegekind persönlich zu verabschieden:

> „Nein, sie ist nicht mehr zurückgekommen! Wir konnten uns nicht einmal verabschieden. […] Und dann, nachher ist dann, irgendwann drei Monate später hat der

Vormundschaftssekretär eine Einladung für ein Gespräch auf dem Sozialamt geschickt, dass man das quasi abschliessen könnte. Da haben wir gesagt, das brauchen wir nicht. Was wir brauchen ist, dass es uns möglich ist, die Julia nochmals zu sehen; dass sie, von mir aus auch begleitet vom Vormundschaftssekretär, nochmals bei uns vorbeikommen kann" (Pflegevater von Paula).

Wenn keine persönlichen Verabschiedungen möglich sind, betrifft dies nicht nur die Pflegeeltern und die Pflegekinder. Betroffen sind auch alle anderen Mitglieder der Pflegefamilie; wie die leiblichen Kinder der Pflegeeltern, andere Pflegekinder oder leibliche Geschwister, die in der Pflegefamilie wohnen bleiben. So berichtete beispielsweise eine Pflegemutter, dass ihre Tochter enorm darunter gelitten hat, als der gleichaltrige Pflegebruder in einer anderen Pflegefamilie untergebracht wurde und sie diesen nicht mehr treffen und sich von ihm verabschieden durfte.

Auch Pflegekinder berichten, dass ein richtiger Abschied – aus unterschiedlichen Gründen – nicht möglich war. Es sind dies beispielsweise Pflegekinder, die den Abbruch des Pflegeverhältnisses selber initiiert haben und froh sind, dass das Pflegeverhältnis nun beendet ist. Wie zum Beispiel Jaqueline, die sich mit 16 Jahren selber eine neue Pflegefamilie gesucht hat. Als das neue Pflegeverhältnis offiziell ist, ist sie froh endlich aus der Pflegefamilie, bei der sie eine schwierige Zeit hatte, ausziehen zu können; sie will keine lange Verabschiedung. Fokussiert auf das Neue, verabschiedet sie sich von den Pflegeeltern folgendermassen:

„Ich wollte eigentlich anders Tschüss sagen. [...] Aber dann habe ich gefunden, das ist mir jetzt auch egal. Ich muss sie nicht noch einmal sehen, und da waren sie mega enttäuscht von mir wie ich Tschüss gesagt habe.... Es war mir schlussendlich einfach egal. Ich wollte einfach weg. Mir ist es super gegangen. Und nachher habe ich gehört, dass sie (die Pflegeeltern) über mich geredet haben – es sei eine Frechheit von mir so Tschüss zu sagen... Ja, es war mir wirklich egal. Es war der letzte Tag!" (Jaqueline, Pflegekind).

Es gibt jedoch auch Pflegekinder, die sich einen gestalteten Abschied gewünscht hätten. So fällt zum Beispiel bei Diana der Auszug aus der Pflegefamilie mit dem Ende der obligatorischen Schulzeit zusammen. Sie ist enttäuscht, dass die Pflegeeltern nicht zum Schulabschluss kommen, obwohl sie eingeladen waren. Aus Sicht von Diana hätte dies zu einem normalen Abschluss dazu gehört, auch weil es ein für sie wichtiger Anlass war.

„Ich finde einfach, es hätte zum einem normalen Abschluss dazu gehört, sozusagen. Meine Mutter war dann dort, aber sie (die Pflegeeltern) die waren halt nicht da. Es ist einfach, es wurde wieder einmal deutlich, wie das Interesse an mir ist, sozusagen.

Weil, keine Ahnung, für mich war das ein wichtiger Abend, den du nicht gerade wieder vergisst. Und halt einfach so etwas, wo du dann ein bisschen blöd findest, ehrlich gesagt" (Diana, Pflegekind).

Am nächsten Tag putzt sie mit ihrer Mutter das Zimmer bei der Pflegefamilie und ist über den knappen Abschied der Pflegemutter ernüchtert. Sie fühlt sich in ihrem Entscheid, die Pflegefamilie zu verlassen, bestätigt.

„Und die letzte Reaktion meiner Pflegemutter, als wir das Putzzeug runtergebracht haben war: ‚Ja, dann gute Heimreise'. Ok, war das alles was du nach drei Jahren zu sagen hast? Das war schon ein wenig … Und meine Mutter hat auch leer geschluckt. Aber ich war froh, war meine Mutter in dem Moment da, weil es war wieder mal ein Beweis, dass ich mir das nicht alles aus den Fingern gesogen habe. Und dann habe ich gefunden. Jetzt bin ich froh, dass ich gehen kann" (Diana, Pflegekind).

Auch Maria, welche die Pflegefamilie nach längerem Hin und Her plötzlich und ohne richtigen Abschied verlassen musste, hätte sich einen besseren Abschied gewünscht.

„Ich wollte eigentlich, dass es einen guten Abschied gibt, wenn ich von ihnen weggehe. Dass wir alle glücklich sind und dass ich sie wieder besuchen kann, also eigentlich wie eine Familie. Ich habe sie als meine eigene Familie, meine zweite Familie gesehen. […] Aber ich wusste nicht wie ‚Tschüss' sagen. Ich habe dann eigentlich nicht tschüss gesagt … ich bin nicht drausgekommen, ich weiss nicht mehr was ich gemacht habe" (Maria, Pflegekind).

Es gibt auch Pflegekinder, für die der Abbruch des Pflegeverhältnisses unerwartet kommt, so dass ein Abschied von der Pflegefamilie nicht möglich ist. Zum Beispiel, wenn Pflegekinder nach einem Wochenende oder einem Time-Out nicht mehr zu den Pflegeeltern zurückkehren.

Zusammenfassend kann festgehalten werden, dass die Frage, wie man sich bei einem Abbruch eines Pflegeverhältnisses verabschiedet, sowohl für die Pflegekinder als auch für die Pflegeeltern eine Herausforderung darstellt. Wenn sich Pflegeeltern nicht vom Pflegekind verabschieden können, ist dies für die Pflegeeltern sehr schwierig. Pflegekinder erleben die Verabschiedung unterschiedlich: Einige sind enttäuscht, dass die Pflegeeltern wenig Emotionen zeigen oder hatten andere Erwartungen, andere wollten oder konnten sich nicht richtig verabschieden. Die Auswertung zeigt: sowohl Pflegekinder als auch Pflegeeltern berichteten kaum von Abschieden, die mit Unterstützung der Pflegekinderhilfe thematisiert, vorbereitet und gestaltet wurden. Bei einem Abbruch sind Pflegeeltern und Pflegekinder bei der Gestaltung des Abschieds auf sich alleine gestellt.

4.5   Kontakt nach Abbruch des Pflegeverhältnisses

Kommt es zu einem Abbruch eines Pflegeverhältnisses, so stellt sich die Frage ob der Kontakt zwischen Pflegekind und Pflegeeltern weiterhin bestehen bleibt oder abbricht. Aus der Analyse der Interviews geht hervor, dass es nach dem Abbruch verschiedene Formen des Kontakts und des Bezugs von Pflegeeltern und Pflegekindern zueinander gibt. Unterschieden wird dabei zwischen der Kontaktsituation „unmittelbar" nach dem Abbruch und wie sich der Kontakt nach einer „gewissen" Zeit entwickelt.

4.5.1 Kontaktsituation unmittelbar nach Abbruch

In fast allen Fällen geht mit dem Abbruch des Pflegeverhältnisses vorerst auch ein vollständiger Kontaktabbruch zwischen der Pflegefamilie und dem Pflegekind einher. Die Analyse der Interviews zeigt, dass nach dem Abbruch unklar ist, ob und wie der Kontakt zwischen Pflegeltern und dem Pflegekind und auch der Kontakt zu weiteren Personen aus dem bisherigen Lebenskontext des Pflegekindes (z. B. zu Pflegegeschwistern) weitergeführt wird. So fragt sich eine Pflegemutter, nachdem der Pflegesohn die Pflegefamilie verlassen musste, beispielsweise wie sich der Kontakt zu seiner Schwester, die nach wie vor in der Pflegefamilie lebt, gestalten soll:

> „Für mich ist das nicht nachvollziehbar gewesen, dass man mit mir nicht mehr in Kontakt tritt, dass man einen solchen abrupten, also für mich ist das wirklich ein Abbruch gewesen. Da wurde nichts ‚aufgegleist', nichts überlegt. Wie soll denn der Kontakt zu der Schwester nachher sein? Wie können wir das regeln?" (Pflegemutter von Stephan).

Auch aus den Erzählungen der Pflegekinder wird deutlich, dass mit dem Abbruch des Pflegeverhältnisses der Kontakt zu den Pflegeeltern abbricht. Dies macht einige Pflegekinder – wie zum Beispiel Leyla – betroffen.

> „Funkstille, wirklich Funkstille, was mich sehr getroffen hat. Nicht einmal ein ‚Wie geht's?', nichts, also wirklich Funkstille" (Leyla. Pflegekind).

Es gibt aber auch Pflegekinder, die sich unmittelbar nach dem Abbruch explizit keinen Kontakt mehr zu den Pflegeeltern wünschen. Jaqueline erzählt:

> „Nein, das wollte ich gar nicht mehr. Ich wollte weg von ihnen und dann muss ich nachher ja nicht noch Kontakt haben" (Jaqueline, Pflegekind).

4.5.2 Entwicklung des Kontakts einige Zeit nach Abbruch

Die analysierten Beispiele zeigen weiter, dass sich der Kontakt zwischen dem ehemaligen Pflegekind und den Pflegeeltern, mit einer gewissen zeitlichen Distanz zum unmittelbaren Abbruch und dem Auszug, sehr unterschiedlich entwickeln kann. So haben einige Pflegeeltern und Pflegekinder zum Zeitpunkt des Interviews nach wie vor keinen Kontakt. Die Analyse zeigt aber auch, dass in einigen Fällen, der Kontakt wiederaufgenommen wird.

Kein Kontakt

Etliche Pflegeeltern und auch mehrere Pflegekinder haben zum Interviewzeitpunkt, nach wie vor keinen Kontakt zum ehemaligen Pflegekind beziehungsweise zu den ehemaligen Pflegeeltern. Pflegekinder berichten, dass Pflegeeltern signalisieren, dass sie keinen Kontakt mehr wünschen, indem sie beispielsweise den Kontakt via soziale Medien unterbinden. So schildert zum Beispiel Diana, die sich aktiv dafür eingesetzt hat, die Pflegefamilie verlassen zu können, dass die Pflegeeltern ihren Account in den sozialen Medien blockiert haben:

> „Ich habe nie mehr etwas gehört … Auch auf Facebook haben sie mich gelöscht und mich auf WhatsApp blockiert" (Diana, Pflegekind).

Ein anderes Pflegekind beschreibt, dass die ehemalige Pflegemutter sie nicht einmal begrüsse, wenn sie sich zufällig begegnen.

> „Und ab und zu sehe ich sie immer noch, aber sie sagt nie hallo oder wie geht's oder so. Sie läuft einfach vorbei. … Also gar nichts mehr, sie schreiben mir auch keine WhatsApp. Gar nichts, sie kommen auch nicht im Geschäft vorbei. Gar nichts" (Elli, Pflegekind).

Verschiedene Pflegekinder haben die Erwartung oder die Hoffnung, dass sich die Pflegeeltern wieder bei ihnen melden, bei für sie wichtigen Ereignissen, wie z. B. dem Geburtstag. Oder sie gehen davon aus, dass die Pflegeeltern sich melden, um offene Fragen zu klären. Diese Erwartung wird jedoch nicht immer erfüllt, wie das Beispiel von Diana zeigt.

> „Und ich habe noch gedacht, gut eigentlich bin ich nicht davon ausgegangen, ich habe gedacht, dass sie sich vielleicht melden und mir am 18. Geburtstag gratulieren. Aber es ist nichts gekommen. Ja, das war ja eigentlich zu erwarten, aber ich habe mich doch gefragt ob etwas kommt oder nicht, aber es ist nichts gekommen" (Diana, Pflegekind).

Aus den Interviews mit den Pflegekindern geht auch hervor, dass es für sie schwierig ist, nach dem Abbruch den Kontakt zu den Pflegeeltern wiederaufzunehmen, weil sie aufgrund der ungeklärten Situation nicht wissen, wie die Pflegeeltern auf ihre Initiative reagieren. Drittpersonen können diesbezüglich unterstützend sein wie beispielsweise Maria berichtet.

„Am Anfang habe ich überlegt, soll ich ihnen einen Brief schreiben oder nicht? Ich war am Überlegen und dann hat meine Beiständin gesagt: ‚Schreib doch den Brief‘. Dann habe ich gesagt: ‚Das ist eine gute Idee‘. Aber vorher habe ich immer gezweifelt ob ich das machen soll oder nicht. Kommt das gut oder nicht?“ (Maria, Pflegekind).

Kontaktversuche von Pflegekindern können auch scheitern. So haben die Pflegeeltern auf einen ausführlichen Brief eines Pflegekindes, in welchem es seine Sicht der Geschichte darlegt und den Pflegeeltern dankt, nie reagiert.

„Ja, bis heute ist von ihnen nichts gekommen. Und das ist für mich egal. Den Brief haben sie wahrscheinlich schon gelesen. Es ist gut, oder vielleicht haben sie ihn auch nicht gelesen, als sie gesehen habe, dass mein Name draufsteht, dann haben sie ihn vielleicht weggeschmissen. Das weiss ich nicht. Das weiss nur der liebe Gott, was sie mit dem Brief gemacht haben“ (Maria, Pflegekind).

Keinen Kontakt mit den ehemaligen Pflegeeltern zu haben, löst bei den Pflegekindern unterschiedliche Gefühle aus. Einige sind einerseits froh, dass der Kontakt nicht mehr besteht, bedauern dies aber andererseits auch, weil sie vor dem Abbruch des Pflegeverhältnisses auch gute Zeiten mit den Pflegeeltern hatten oder weil sie bestimmte Eigenschaften der Pflegeeltern schätzen. Ein Pflegekind beschreibt dies so:

„Auf der einen Seite finde ich es gut, dass ich sie nicht mehr sehen muss, aber auf der anderen Seite finde ich es auch noch schade. Ja, es ist, ich hatte auch gute Zeiten mit ihnen, ich konnte viel mit ihr reden. Sie hat sehr viel zugehört, was meine Mutter eben nicht macht. Sie hat mir viel gegeben, was mir meine Mutter nicht gibt“ (Elli, Pflegekind).

Für andere ist es schwierig, dass mit dem Abbruch auch der Kontakt zu leiblichen Geschwistern, die noch in der Pflegefamilie leben, erschwert ist. Sie leiden darunter oder sorgen sich, wie es dem Bruder oder der Schwester in der Familie ergeht, wie ein Pflegekind berichtet.

„Ja, ich sehe ihn. Er kommt schon zu uns, aber mega wenig. Das ist auch immer noch ein Problem. Er darf immer noch nicht zu uns kommen. Und dann will ich ihm nicht sagen, ja du musst jetzt zu uns kommen oder so. Ja, ich weiss wie das Leben dort ist“ (Maria, Pflegekind).

Angeordnete Kontaktverbote

In den wenigen Fällen, bei denen der Kontakt zwischen Pflegekind und ehemaligen Pflegeeltern geregelt ist, bestehen (behördlich) angeordnete Kontaktverbote. Pflegeeltern berichten, dass ihnen von der Beistandsperson ein Kontaktverbot zum Pflegekind auferlegt wurde. In einem Fall lebte der Knabe nach der Pflegefamilie zuerst in einem Heim und durfte während dieser Zeit zweimal in der Woche mit der Pflegemutter telefonieren. Später jedoch kommt der Knabe in eine neue Pflegefamilie; seither besteht ein angeordnetes Kontaktverbot zur ehemaligen Pflegefamilie.

> „Er wollte auch weiter mit uns Kontakt haben. Wir haben gesagt, wir sind dazu bereit, wir könnten uns auch vorstellen, wieder Kontaktfamilie zu sein. Aber es ist wirklich unterbunden worden. Wir durften dann mit der Zeit nicht einmal mehr miteinander telefonieren, geschweige denn Besuche. Das ist wirklich, also jetzt haben wir keinen Kontakt mehr und dürfen auch keinen Kontakt aufnehmen zu ihm" (Pflegemutter von Leandro).

In einem anderen Fall hat der leibliche Vater erwirkt, dass die Pflegeeltern keinen Kontakt mehr haben dürfen zum ehemaligen Pflegekind:

> „Und ja, das ist dann eigentlich das Ende, Ende der Durchsage gewesen. Und wir sind ihn vorher ein, zweimal besuchen gegangen und nachher ist, ist das absolute, das absolute Kontaktverbot ausgesprochen worden. Also wir sind wie Schwerverbrecher behandelt worden" (Pflegemutter von Marvin).

Beide Pflegemütter der oben angeführten Beispiele leiden sehr unter den angeordneten Kontaktverboten zu ihren ehemaligen Pflegekindern und fühlen sich ungerecht behandelt. Sie monieren insbesondere, dass Pflegeeltern nach dem Abbruch eines Pflegeverhältnisses keinerlei Rechte mehr haben:

> „Und dann ist er (der Pflegesohn) gegangen. Unser Anwalt hat uns dann klar gesagt, dass wenn die Beiständin respektive der Versorger das Kontaktverbot für gut halte, dann könnten wir nichts machen: ‚Ihr habt kein Recht als Pflegeeltern, da nützt alles nichts mehr, das müsst ihr akzeptieren'." (Pflegemutter von Marvin).

Auch ein Pflegekind, bei dem der Abbruch kurz nach der Einschulung erfolgte, berichtet von einem Kontaktverbot. Die Pflegeeltern versuchten den Kontakt zum Pflegekind so lange wie möglich aufrechtzuerhalten, z. B. mit einem kleinen Geschenk zu Weihnachten oder Besuchen im Heim, was jedoch von den Behörden längerfristig unterbunden wurde.

Entwicklung von sporadischen Kontakten

Einige Pflegeeltern und Pflegekinder berichten, dass sich nach einem vorübergehenden, vollständigen Kontaktabbruch, mit der Zeit auf verschiedenen Wegen wieder Kontakte etabliert haben. Manchmal waren es die Pflegekinder, in anderen Fällen die Pflegeeltern, die sich wieder meldeten.

Einige Pflegekinder erzählen, dass sie den Kontakt zur Pflegefamilie wiederaufgenommen haben, was teilweise mit Angst und Unsicherheit verbunden war. Bei der Kontaktaufnahme spielten oftmals Pflegegeschwister oder andere Personen aus dem sozialen Umfeld eine wichtige, vermittelnde Rolle: sie stellen den Kontakt her oder unterstützen den Wunsch des Pflegekindes, wieder mit den Pflegeeltern in Kontakt zu treten. So berichtet eine Jugendliche, dass sie durch die Ermunterungen eines anderen Pflegekindes, mit dem sie nach dem Abbruch in Kontakt geblieben war, einen ersten Besuch bei der ehemaligen Pflegefamilie gemacht habe.

> „Also Sandro (anderes Pflegekind) hat sich ab und zu bei mir gemeldet. Weil ich hätte mich nicht getraut, den ersten Schritt zu machen. […] das wäre für mich, ich habe Angst gehabt vor der Reaktion, ich habe nicht gewusst was passiert, es hätte auch ins Gegenteil ausarten können" (Leyla, Pflegekind).

Bei den Kontakten, die sich nach einer gewissen Zeit wieder entwickeln, handelt es sich primär um sporadische, unregelmässige Kontakte: Pflegeeltern erzählen, dass sie dem Pflegekind zum Geburtstag eine Karte senden, den Kontakt per E-Mail oder WhatsApp aufrechterhalten oder ab und zu mit dem ehemaligen Pflegekind telefonieren. Ähnliches schildern auch einige der befragten Pflegekinder.

Nur wenige Pflegeeltern und Pflegekinder berichten, dass mit dem ehemaligen Pflegekind oder den Pflegeeltern – mehr oder weniger regelmässig – persönliche Treffen oder und Besuche stattfinden. Eine Pflegemutter trifft ihre ehemalige Pflegetochter beispielsweise in unregelmässigen Abständen und begleitet sie manchmal auch zu wichtigen Terminen, welche die Pflegetochter nicht alleine wahrnehmen möchte, zum Beispiel Besuche bei der Frauenärztin oder auf dem Sozialdienst.

Nur ein Pflegekind hat nach dem Abbruch wieder einen regelmässigen Kontakt zur ehemaligen Pflegefamilie und fühlt sich nach wie vor zugehörig:

> „Aber das ist jetzt immer noch meine Familie, also die Pflegefamilie, das sind wie meine Geschwister, und von der einen Schwester da bin ich Patentante von ihrem Kind. Es ist immer noch Familienfest und da bin ich immer noch dabei. Ich war einfach die drei letzten Jahre bis zur Volljährigkeit nicht dort, es ist immer noch … ja. Eigentlich jetzt ein gutes Verhältnis, vielleicht auch durch das, dass wir etwas Abstand gehabt haben" (Julia, Pflegekind).

Wiederannäherung

Einige Pflegeeltern berichten, dass sie sich zum Zeitpunkt des Interviews in einer Wiederannäherungsphase befinden. Dies sind Phasen, in denen eine oder beiden Seiten versuchen, wieder Kontakt zueinander aufzunehmen. Das nachfolgende Beispiel zeigt, wie die Pflegemutter die Möglichkeit der Fortsetzung des Kontakts beurteilt, nachdem das ehemalige Pflegekind für einen ersten Besuch in die Pflegefamilie gekommen ist. Das Treffen bot Gelegenheit, für klärende Gespräche zwischen Pflegemutter und dem ehemaligen Pflegekind sowie auch zwischen dem Sohn und der ehemaligen Pflegeschwester.

> „Ich denke das könnte auch sein, dass man weiterhin Kontakt hat, dann nimmt man eigentlich nachher wieder etwas Kontakt auf, was ja auch schön ist. Also ich freue mich, sie wird sich sicher wieder melden. Denn es ist in einem guten, in einem warmen, ja das ist wirklich wieder ganz toll gewesen. Sie ist wieder recht nahe gewesen, schon in dieser kurzen Zeit des Besuchs und ich denke, sie meldet sich auch wieder und kommt wieder einmal; da bin ich also auch sehr froh" (Pflegemutter von Sevim).

Phasen der Wiederannäherung und Wiederaufnahme des Kontakts können manchmal über eine sehr lange Zeit hinweg andauern; geplante Treffen klappen nicht immer auf Anhieb, wie das nachfolgende Beispiel veranschaulicht, in welchem sich ein ehemaliger Pflegesohn zwei Jahre nach dem Auszug aus der Pflegefamilie wieder beim Pflegevater gemeldet hat.

> „Und dann hat er sich wieder gemeldet und gesagt, er würde gerne mal wieder mit mir reden. Und dann habe ich ihn eingeladen und er hat zugesagt. Ich habe vorgeschlagen, uns in der Stadt zum Mittagessen zu treffen und ich habe ihm gesagt, dass es mich sehr freut, dass er sich meldet. Und dann bin ich im Restaurant gesessen, aber er ist dann nicht aufgetaucht. Ich habe dann zurückgefragt, was los sei. Er schäme sich eben. […] Also er hat Schulden, er hat das Leben nicht auf die Reihe gebracht, hat noch immer keine Ausbildung" (Pflegevater von Jonas).

Wenn es einige Zeit nach dem Abbruch zu einem persönlichen Treffen kommt, so kann manchmal ein Stück der gemeinsamen Geschichte verarbeitet werden. So besucht in einem Fall das Pflegekind die Pflegefamilie ein Jahr nach dem Auszug zusammen mit dem Vater und der Mutter. Die Pflegefamilie lädt die ehemalige Pflegetochter und ihre leiblichen Eltern zum Mittagessen ein und sie schauen gemeinsam Fotoalben an, aus der Zeit, als das Kind noch in der Pflegefamilie lebte. So können die leiblichen Eltern ein Stück der Geschichte des Kindes nachvollziehen und diesen Teil der Biografie ihres Kindes integrieren. Für die Pflegeeltern wiederum bietet dieses Treffen die Möglichkeit, die Phase des Zusammenlebens mit dem Pflegekind abzuschliessen, wie die Aussage der Pflegemutter veranschaulicht:

„Ein Jahr später ist auch die Mutter noch dazugekommen und sie wollten gerne bei uns essen kommen. Und das ist eigentlich ein sehr herzlicher Kontakt gewesen. Ich denke, das ist noch eine gute Art gewesen, ok, jetzt kann man es einfach noch wie abschliessen und ist ein bisschen versöhnt. […] Wir haben irgendwie als Familie so miteinander noch einen guten Punkt gefunden, um das wie abschliessen zu können" (Pflegemutter von Isabel).

Interesse der Pflegeeltern am Wohlergehen des Pflegekindes

Praktisch alle befragten Pflegeeltern möchten nach dem Abbruch des Pflegeverhältnisses wissen, wie es dem Pflegekind geht. Dieses Interesse am Wohlergehen des Pflegekindes und seiner Weiterentwicklung besteht – unabhängig davon, wer die Initiative für den Abbruch ergriffen hat und auch unabhängig davon, welche Art von Kontakt zum Pflegekind besteht. Die ehemaligen Pflegeeltern machen sich Gedanken darüber, wie es dem Pflegekind geht, und sie leiden darunter, keine Informationen zum Wohlergehen des Kindes zu haben.

„Und dann habe ich mir richtig, ich habe mir Sorgen gemacht, Gedanken gemacht, wie es wohl läuft, wie geht es ihr?" (Pflegemutter von Franziska).

Die dargelegten Befunde zeigen, dass die Weiterführung des Kontakts zwischen Pflegekind und Pflegeeltern bei einem Abbruch nicht geklärt wird. Eine Ausnahme stellen diesbezüglich die erlassenen Kontaktverbote dar, von denen einige Pflegeeltern berichten. Ob und wie der Kontakt wiederaufgenommen wird, liegt somit in der Verantwortung von Pflegeeltern und Pflegekind.

4.6 Bilanzierende Einschätzung des Abbruchs

In Ergänzung zur damaligen, unmittelbaren Reaktion auf die Beendigung des Pflegeverhältnisses kommen (vgl. Kapitel 4.2) viele Pflegeeltern und Pflegekinder im Verlaufe ihrer Schilderung zu einer eher bilanzierenden Einschätzung und Beurteilung des Abbruchs.

Schuldgefühle

Bei vielen Pflegeeltern bleiben Unsicherheiten zurück, ob es nicht doch möglich gewesen wäre, das Pflegeverhältnis in irgendeiner Form weiterzuführen. Auch zeigen sich in den Erzählungen Schuldgefühle und Selbstvorwürfe, eventuell doch nicht alles unternommen zu haben, um die Beendigung des Pflegeverhältnisses zu vermeiden, wie die nachfolgenden Beispiele zeigen.

„Aber so im Nachhinein habe ich schon gemerkt, es hat vieles drin gehabt. Eben auch Enttäuschung. Und dann immer wieder die Frage, ob wir etwas falsch gemacht haben. Sind wir schuld? Haben wir zu viel Druck ausgeübt?" (Pflegevater von Jonas).

„Ja, das fragt man sich schon. Und man denkt nachher, was habe ich falsch gemacht. Und dass man dann wieder weiss, weiss, nein, es liegt nicht einfach nur an einem selbst" (Pflegemutter von Isabel).

Offene, ungeklärte Fragen

Zudem bleiben bei etlichen Pflegeeltern oft auch Jahre nach dem Abbruch viele Fragen offen. Die Faktoren, die zusammengespielt haben und die schliesslich zum Abbruch geführt haben, werden von den Pflegeeltern nicht ganz verstanden. Es gibt zwar kognitive, rationale Erklärungsversuche, um den Abbruch sich selbst und anderen gegenüber zu erklären, aber emotional bleibt ein gewisses Unverständnis der Situation gegenüber bestehen; die Geschichte, das Ereignis des Abbruchs ist in vielen Fällen nicht ganz abgeschlossen und Pflegeeltern suchen manchmal auch Jahre später noch nach Möglichkeiten, einen Abschluss zu finden. Die nachfolgenden, bilanzierenden Erzählungen zweier Pflegemütter zeigen dieses Ringen um Verstehen des Geschehenen sehr anschaulich:

„Tragödie. Das ist für mich, es ist für mich eine Tragödie. Es ist, ich habe auch lange reflektiert und überlegt, was wir falsch gemacht haben oder was wir hätten besser machen können. Ich habe ein Jahr lang dafür gebraucht. Ich habe ein Buch geschrieben über die ganze Zeit in der er (der Pflegesohn) bei uns gelebt hat, um die ganze Zeit nochmals reflektieren zu können. Gut ist, dass alles dokumentiert ist, dass ich wirklich alles nochmals reflektieren konnte, was ist wie, warum geschehen. Dadurch konnte ich auch sagen: Wir haben nichts falsch gemacht, wir haben unser Bestes gegeben und es hat einfach nicht gereicht" (Pflegemutter von Ueli).

„Also wir sind, ich vor allem, bin wirklich traumatisiert. Es ist eine Geschichte, die ich nie mehr machen würde. Es ist mir sehr schlecht gegangen, also psychisch. Ich bin nicht mehr wie vorher, ich habe mich nur schwer erholt von dieser Sache. Und ja, das ist mir deshalb auch ein grosses Anliegen, dass mir solche Dinge nicht mehr geschehen" (Pflegemutter von Leandro).

Wieder andere Pflegeeltern bilanzieren das Ereignis mit Verweis auf einen übergeordneten Sinn. Auch wenn der Prozess, der schliesslich zum Abbruch geführt hat, rational nicht befriedigend erklärt werden kann, versuchen die Pflegeeltern das Ereignis des Abbruchs im Kontext der längerfristigen Gesamtentwicklung des Pflegekindes als sinnhaft zu deuten, wie das nachfolgende Beispiel einer Pflegemutter anschaulich zeigt:

„Also ich weiss nicht. Ich weiss nicht, wie ihr Weg weitergeht. Ich kann nur einer grösseren Kraft vertrauen, dass das einen Sinn haben wird. Auch wenn man ihn jetzt nicht sieht. Und so kann ich mich darin in gewissem Masse wieder positionieren" (Pflegemutter von Franziska).

In einigen Fällen wären die Pflegeeltern gar bereit, dem Pflegekind in neuen Rollen, zum Beispiel als Gastfamilie wieder zur Verfügung zu stehen oder das Pflegekind, unter bestimmten Umständen, wieder bei sich aufzunehmen.

Chancen und Risiken

Die bilanzierenden Einschätzungen der Pflegekinder unterscheiden sich deutlich von denjenigen der Pflegeeltern. Während viele Pflegeeltern das Erlebte nach wie vor als primär negativ beurteilen, fokussieren mehrere Pflegekinder rückblickend auf die positiven Aspekte des erlebten Abbruchs. Sie erwähnen, dass sich mit dem Abbruch, den einige selber herbeigeführt haben, die Situation für sie verbessert hat, wie das Beispiel von Diana zeigt.

„Ja, keine Ahnung, es war irgendwie gut. Aber es wird mir wieder bewusst, dass ich froh bin so wie es jetzt im Moment ist. Ja, das wird einem dann voll bewusst" (Diana, Pflegekind).

Andere Pflegekinder erwähnen rückblickend, dass mit dem Abbruch gleichzeitig Chancen und Risiken verbunden gewesen waren. So hebt eine junge Frau hervor, dass sie sich mit dem frühzeitigen Auszug einerseits Entwicklungschancen ermöglichte, gleichzeitig aber auch negative Erfahrungen gemacht hat, weil ihr die Unterstützung der Pflegeeltern gefehlt hat.

„Von meinem heutigen Standpunkt aus gesehen und mit den Erfahrungen, die ich gemacht habe, finde ich es gar nicht so schlecht wie es war. Eben, ich finde, dass der Abbruch gar nicht das Dümmste war. Wirklich nicht. Ich konnte mich entfalten, konnte mein Selbstwertgefühl aufbauen, das hatte ich nie, das hatte sie (die Pflegemutter) nie zugelassen. Ich hätte aber auch nie die Scheisse erlebt, ich glaube nicht, aber man weiss es nicht. Aber ich habe das Gefühl, dass ich nicht in so eine Beziehung (zu einem drogenabhängigen Mann) hineingeraten wäre, wenn ich noch zu Hause gelebt hätte. Weil das ist natürlich schon auch passiert, weil man sich extrem weit zum Fenster rauslehnt und man von niemandem zurückgezogen wird. Das machen Eltern halt schon" (Lana, Pflegekind).

Es gibt auch einzelne Pflegekinder, die bilanzierend mit einer gewissen Wehmut auf die Zeit in der Pflegefamilie zurückblicken und die Pflegefamilie wertschätzen. Sie erwähnen, dass es eine gute Familie war, sie auch schönen Zeiten miteinander verbracht haben und diese Zeit vermissen.

„Aber eigentlich war es eine schöne Zeit. Das fehlt mir manchmal. Also das ganze fehlt, ohne dass ich übertreiben muss" (Joram, Pflegekind).

In Bezug auf die bilanzierende Einschätzung des Abbruchs zeigen sich Unterschiede zwischen Pflegeeltern und Pflegekindern. Während bei den Pflegeeltern der erlebte Abbruch häufig negativ konnotiert ist, erkennen vor allem Pflegekinder neben Risiken auch Chancen.

5. Fazit und Diskussion

Die präsentierten Ergebnisse bestätigen und ergänzen teilweise vorliegende Befunde. Die Ergebnisse der Schweizer Teilstudie zeigen aber insbesondere neue Erkenntnisse zu spezifischen Momenten und Phasen innerhalb des Abbruchprozesses. Diese geben Hinweise für die Weiterentwicklung der Praxis der Pflegekinderhilfe. Nachfolgend werden ausgewählte Ergebnisse aufgegriffen und diskutiert.

Das durchgeführte Projekt fokussierte auf Abbrüche im Kindes- und Jugendalter. Auffallend ist, dass sich auf den Aufruf nur jugendliche oder bereits erwachsene Pflegekinder gemeldet haben, um von ihren Erfahrungen zu berichten. Jüngere Kinder wurden durch den Flyer entweder nicht erreicht oder fühlten sich nicht angesprochen oder die Schwelle, sich selbständig für ein Interview zu melden, ist für jüngere Kinder zu hoch. Aus den Erzählungen der Pflegeeltern wird jedoch deutlich, dass auch jüngere Kinder von Abbrüchen betroffen sind. Ihre Erfahrungen sind in der präsentierten Studie wie auch in der vorliegenden Literatur bislang kaum vertreten.

In Bezug auf das Erleben des Abbruchs stimmen die präsentierten Befunde mit den Ergebnissen vorliegender Studien (vgl. Kapitel 2) überein oder ergänzen diese: Der Abbruch eines Pflegeverhältnisses ist sowohl für Pflegekinder als auch für Pflegeeltern eine emotional einschneidende Erfahrung, welche die Betroffenen teilweise noch viele Jahre später beschäftigt. Dies zeigt sich unter anderem daran, dass bei einigen befragten Pflegekindern und Pflegeeltern der erlebte Abbruch zum Zeitpunkt des Interviews bereits viele Jahre zurücklag und sie sich trotzdem für ein Interview meldeten.

Pflegeeltern und Pflegekinder berichten von unterschiedlichen Emotionen zum Zeitpunkt des Abbruchs. Für einige Pflegeeltern und Pflegekinder ist der Abbruch ein Schock, für andere eher eine Erleichterung. Bezüglich der bilanzierenden Einschätzung des Abbruchs nach einer gewissen Zeit, zeigen sich klare Unterschiede zwischen Pflegeeltern und Pflegekindern. Die befragten Pflegeeltern bilanzieren den Abbruch nach einer gewissen Zeit insgesamt als negatives Ereignis, auch in diesen Fällen, in denen sie unmittelbar nach dem Abbruch Erleichterung verspürt haben. Sie berichten von Unsicherheiten, Schuldgefühlen, machen sich nach wie vor Selbstvorwürfe oder haben immer noch offene Fragen. Diese Ergebnisse stimmen weitgehend mit den Befunden von Khoo/ Skoog (2014) überein.

Im Gegensatz dazu bewerten Pflegekinder den erlebten Abbruch mit einer grösseren Varianz als die Pflegeeltern. So gibt es Pflegekinder, die den Abbruch bedauern und gerne in der Pflegefamilie geblieben wären, andere hingegen sehen dieses Ereignis durchaus als relevante Erfahrung, die für ihre persönliche Entwicklung förderlich war. Dieser Befund bestätigt die Befunde von Unrau (2007), dass Abbrüche nicht zwingend negativ zu bewerten sind und für Pflegekinder auch neue Entwicklungschancen bieten können. Dass die Bilanz der Pflegekinder im untersuchten Sample nicht ausschliesslich negativ ausfällt, kann auch damit zusammenhängen, dass sich einige der befragten Pflegekinder gemäss ihren Schilderungen aktiv dafür eingesetzt haben, dass das Pflegeverhältnis abgebrochen wird und sie eine Verbesserung ihrer Situation herbeiführen konnten (Bombach et al. 2020). Auch für gewisse Pflegeeltern, die unter einer enormen gesundheitlichen und weiteren familiären Belastungen leiden, kann die Beendigung des Pflegeverhältnisses ein notwendiger Schritt sein, um die eigene physische und psychische Gesundheit oder gar das gesamte Familiensystem zu stabilisieren.

Die Literatur zeigt aber auch, dass sich Abbrüche negativ auf die Entwicklung von Pflegekindern auswirken können. Chambers et al. (2018, S. 81) verweisen zum Beispiel darauf, dass Kinder und Jugendliche Misstrauen gegenüber anderen Menschen entwickeln und enge soziale Beziehungen vermeiden. Ebenso können sie dazu führen, dass Pflegeeltern unter Umständen nicht mehr bereit sind, weitere Pflegekinder aufzunehmen (vgl. Rostill-Brookes 2011, S. 104; Khoo/Skoog 2014, S. 264). Um negative Folgen von Abbrüchen für Pflegekinder und Pflegeeltern zu minimieren, ist es wichtig, dass Abbrüche von Pflegeverhältnissen von Fachpersonen der Pflegekinderhilfe gut begleitet werden. Die Art und Weise, wie Pflegeverhältnisse im Fall eines Abbruchs beendet werden, ist relevant für die bilanzierende Einschätzung und die biografische Einordnung dieses relevanten Ereignisses durch die Betroffenen. Die präsentierten Ergebnisse liefern diesbezüglich wichtige Anregungen für die Praxis der Pflegekinderhilfe, die nachfolgend erläutert werden.

Auffallend ist die geringe Bedeutung, die sowohl die Pflegekinder wie auch die Pflegeeltern der Pflegekinderhilfe im Rahmen der Abbruchprozesse beimessen. Die Begleitung durch Fachpersonen der Pflegkinderhilfe beim Entscheid für einen Abbruch wird in den Interviews kaum thematisiert. In denjenigen Fällen, in denen der Abschied gestaltet und bewusst begangen wurde, geschah dies im vorliegenden Sample primär auf Initiative der Pflegeeltern. Weder aus den Schilderungen der Pflegeeltern noch aus denjenigen der Pflegekinder geht hervor, dass der Auszug und die Verabschiedung von den Fachkräften der Pflegekinderhilfe thematisiert und aktiv begleitet worden ist. So verweisen die

Ergebnisse darauf, dass der Moment des Auszugs und der Abschied sowohl von den Pflegekindern und insbesondere auch von den Pflegeeltern als schwieriger Moment in Erinnerung bleibt und nachhaltige Irritationen hervorruft.

Die dargelegten Ergebnisse zeigen, dass bei Abbrüchen von Pflegeverhältnissen nicht nur der formale Pflegevertrag aufgelöst wird, sondern in fast allen Fällen auch der Kontakt und die Beziehung zwischen dem Pflegekind und den Pflegeeltern abbricht. Die Analyse der Frage nach dem Kontakt ergibt aufschlussreiche Befunde. So zeigt sich, dass zwischen der Situation unmittelbar nach dem Abbruch und der Situation nach einer gewissen Zeit differenziert werden muss. Alle Pflegeeltern und Pflegekinder berichten, dass sie unmittelbar nach dem Abbruch keinen Kontakt zum Pflegekind bzw. zur Pflegefamilie hatten und es – abgesehen von wenigen Ausnahmen – für beide Parteien unklar war ob und wie der Kontakt weitergehen soll. Die ungeklärte Kontaktsituation nach dem Abbruch kann Pflegeeltern und Pflegekinder belasten und verunsichern. Eine klare Kontaktregelung für die Zeit nach der Beendigung des Pflegeverhältnisses gab es nur in den wenigen Fällen, in denen von Behörden und Fachpersonen der Pflegekinderhilfe ein Kontaktverbot erlassen wurde. Erlassene Kontaktverbote sind für die Pflegeeltern schmerzhaft und nur schwer nachvollziehbar. Darüber wie sie von Pflegekindern wahrgenommen werden, liefert die präsentierte Studie nur wenige Ergebnisse. Die Tatsache, dass der Kontakt abgebrochen wird, kann aber auch Pflegekinder stark belasten. Sowohl Pflegeeltern wie auch Pflegekinder heben hervor, dass mit dem Abbruch häufig auch der Kontakt zu Pflegegeschwistern, leiblichen Geschwistern und weiteren Personen aus dem sozialen Umfeld der Familie abbricht oder erschwert wird.

Es entsteht aufgrund der Ergebnisse der Eindruck, dass die Gestaltung des Abschieds sowie die Regelung des Kontakts nach dem Abbruch kein Bestandteil der professionellen Begleitung des Pflegeverhältnisses sind. Dass Fachpersonen der Frage nach der Weiterführung des Kontaktes nach einem Abbruch kaum Beachtung schenken hat – gemäss unserer Einschätzung – damit zu tun, dass es in der Schweiz kaum Konzepte dazu gibt, wie Pflegeverhältnisse, die vorzeitig aufgelöst werden, abgeschlossen werden können, wie Austritte aktiv geplant, wie Abschiede wertschätzend gestaltet und wie die Kontakte nach dem Austritt aus der Pflegefamilie verhandelt werden können. Diese konzeptionelle Lücke der Pflegekinderhilfe führt dazu, dass weder Pflegeeltern noch Pflegekinder auf vorgesehenen Wegen und mit geklärten Vorgehensweisen eine mögliche Beendigung eines Pflegeverhältnisses thematisieren und diese in einem gemeinsamen Aushandlungsprozess prüfen oder gestalten können (Bombach et al. 2018, S. 47). Dies hat zur Folge, dass Pflegekinder und Pflegeeltern bei vorzeitigen Beendigungen von Pflegeverhältnissen, mit der Frage der Verabschiedung und der Gestaltung des Kontakts nach dem Austritt auf sich alleine gestellt sind. Ob und wie der Kontakt wiederaufgenommen wird, hängt von der Initiative und von den Befindlichkeiten von Pflegekindern und Pflegeeltern ab. Wenn nach dem Austritt zwischen den Pflegeeltern und dem ehemaligen Pflegekind ein Kontakt besteht, so beruht dieser in der Regel auf persönlichem Engagement von Pflegeeltern, Pflegekind und teilweise auch Fachpersonen.

Ein weiterer Grund, dass in den meisten Fällen der Kontakt zwischen Pflegeeltern und Pflegekind abbricht, mag neben der fehlenden fachlichen Konzeption auch in der Tatsache liegen, dass nach dem Abbruch und der Vertragsauflösung formell niemand mehr für das (ehemalige) Pflegeverhältnis und die darin involvierten Personen zuständig ist. Die Beistandsperson pflegt den Kontakt mit dem nachfolgenden Unterbringungsort (Pflegefamilie oder Heim) und die Familienplatzierungsorganisation bleibt, sofern der Vertrag mit ihr nicht gekündigt wurde, zwar weiter in Kontakt mit den Pflegeeltern, nicht aber mit dem Pflegekind. Mit der formalen Auflösung des Pflegeverhältnisses haben Pflegeeltern gegenüber dem Pflegekind keinerlei Rechte mehr, obwohl sie – oft über viele Jahre – die wichtigsten Bezugspersonen des Kindes waren.

Von Pflegeeltern wird zudem eine enorme Rollen- und Beziehungsflexibilität verlangt: Einerseits sind sie gefordert, zu Pflegekindern während Jahren stabile und verlässliche Beziehungen aufzubauen. Andererseits wird im Rahmen von Abbruchprozessen plötzlich erwartet, dass sie die Beziehung zum Pflegekind, bei einem Abbruch des Pflegeverhältnisses lösen und nicht wissen, ob und wie die Beziehung weitergeht.

Anhand der Abschiedsgestaltung und des weiterführenden Kontakts zeigt sich auch, dass unterschiedliche Kontinuitätsverständnisse von Fachpersonen und Pflegeeltern aufeinander treffen Während die Fachleute bei einem Abbruch des Pflegeverhältnisses in einigen Fällen für einen klaren Schnitt und Kontaktabbruch plädieren, haben Pflegeeltern eine andere Einschätzung. Sie möchten, dass eine Kontinuität der Beziehung zum Pflegekind auch über die Dauer des Pflegeverhältnisses hinaus bestehen kann.

Vor dem Hintergrund, dass kontinuierliche soziale Beziehungen für die Entwicklung des Pflegekindes von zentraler Bedeutung sind, setzen Fachkräfte der Pflegekinderhilfe und Pflegeeltern das „Kontinuitätsargument" im Falle eines Abbruchs unterschiedlich ein. Fachpersonen der Pflegkinderhilfe verweisen darauf, dass für das Pflegekind am neuen Ort eine neue Grundlage für Kontinuität aufgebaut werden soll. Nach dem Abbruch soll das Pflegekind eine neue Möglichkeit erhalten, tragfähige Beziehungen aufzubauen und die im Moment des Abbruchs belastete Beziehung zu den Pflegeeltern wird in diesem Prozess als hinderlich betrachtet. Es wird deshalb zugunsten einer neuen, potenziellen Kontinuität – der Beziehung zu neuen Pflegeeltern – eine Diskontinuität in der Beziehung zu den bisherigen Pflegeeltern in Kauf genommen. Dies könnte erklären, weshalb von Fachpersonen der Pflegekinderhilfe bei Abbrüchen Kontakte nicht geregelt oder gar Kontaktverbote erlassen werden.

Die Pflegeeltern wiederum argumentieren, dass die aufgebaute Beziehung zwischen ihnen und dem Pflegekind mit dem Auszug aus der Pflegefamilie nicht zwingend abgebrochen werden soll, sondern dass, wenn möglich eine Kontinuität der Beziehung gewährleistet werden soll, damit Pflegekinder nicht erneute Diskontinuitätserfahrungen machen müssen.

Thematisierung von Auszug, Verabschiedung und weiterführendem Kontakt ist Bestandteil einer professionellen Abbruchsbegleitung

Die Interviews zeigen, dass im Moment des Abbruchs vieles oft hektisch und unvermittelt passiert und Pflegeeltern und Pflegekinder andere Gedanken haben, als die Verabschiedung und den Auszug zu planen. Insbesondere dann, wenn die Situation angespannt ist, die Kräfte am Ende und viele Emotionen im Spiel sind. Fachpersonen, die das Pflegeverhältnis begleiten, können in Bezug auf Planung und Gestaltung von Auszug und Abschied eine wichtige Rolle einnehmen, indem sie die Thematik mit Pflegeeltern und Pflegekind ansprechen, die Erwartungen klären oder auch konkrete Vorschläge machen. Ein gut geplanter Auszug und eine würdige Verabschiedung können dazu beitragen, das Pflegeverhältnis angemessen abzuschliessen.

Während mit dem Abbruch eines Pflegeverhältnisses dieses auf legaler Ebene beendet ist, steht die Frage des Umgangs mit den entstandenen sozialen Beziehungen und eine mögliche Fortführung im Raum. Es ist jedoch vermutlich sowohl für die meisten Pflegeeltern als auch für die Pflegekinder eine Überforderung, zum Zeitpunkt des Abbruchs die Frage nach dem weiterführenden Kontakt selbständig miteinander auszuhandeln. Die Fachpersonen der Pflegekinderhilfe sollten deshalb eine moderierende und vermittelnde Rolle wahrnehmen, um die Frage des weiterführenden Kontakts zu klären. Selbstverständlich muss dabei respektiert werden, dass es Pflegekinder und Pflegeeltern gibt, die vorerst oder auch für immer keinen Kontakt mehr zueinander wünschen. Die Verantwortung für die Thematisierung des Kontakts nach dem Abbruch ist unseres Erachtens klar bei der Pflegekinderhilfe zu verorten. Es gilt zu vermeiden, dass die Pflegekinderhilfe Beziehungsabbrüche und Diskontinuität durch Nicht-Thematisieren von Beziehungswünschen unterstützt. Die Pflegekinderhilfe muss deshalb sowohl Pflegekinder wie auch Pflegeeltern dahingehend unterstützen, dass auf lange Sicht nicht gewollte Beziehungsabbrüche bei einem Platzierungsabbruch vermieden werden können. So könnte zum Beispiel im Pflegevertrag vermerkt werden, dass auch bei einer ungeplanten Beendigung des Pflegeverhältnisses die Frage nach dem weiteren Kontakt von der begleitenden Fachperson bei einem Abbruch mit den Beteiligten thematisiert werden muss.

Angebot zur Nachbearbeitung des Abbruchs für Pflegeeltern und Pflegekinder

Weiter verweisen die bilanzierenden Einschätzungen des Abbruchs der befragten Pflegeeltern und Pflegekinder darauf, dass bei beiden Parteien, insbesondere aber bei den Pflegeltern, auch einige Zeit nach dem Abbruch weiterhin Unsicherheiten oder offene Fragen bestehen, die sie belasten. Dieser Befund spricht dafür, dass ein Abbruch eines Pflegeverhältnisses mit Pflegeeltern und Pflegekindern in geeigneter, offizieller Form nachbearbeitet werden sollte. Pflegeeltern, die Abbrüche erlebt haben, sollte die Möglichkeit geboten werden, den Abbruchprozess reflektierend verarbeiten zu können, nicht zuletzt auch darum, damit sie potenziell auch in Zukunft bereit sind, wieder Pflegekinder bei sie aufzunehmen.

Die Interviews mit den Pflegekindern zeigen auf, dass klärende Kontaktaufnahmen für die Verortung und biografische Bearbeitung der Zeit in der Pflegefamilie für einige Pflegekinder wichtig sind. Das Ereignis „Abbruch" kann Verletzungen und Unsicherheiten hervorrufen, die – wenn sie nicht aus eigener Kraft geklärt werden können – für die weitere Entwicklung der Pflegekinder zur Belastung werden können.

Die Ergebnisse zur Abschiedsgestaltung und zur Frage des Kontakts nach einem Abbruch zeigen den Bedarf nach einer profilierteren Rolle der Pflegekinderhilfe bei Abbrüchen. Abbrüche lassen sich nicht immer vermeiden, umso wichtiger ist es, dass sie von Fachkräften der Pflegekinderhilfe gut und umsichtig begleitet werden.

Literatur

Bombach, C./Gabriel, T./Stohler, R. (2018): Acknowledging the complexity of processes leading to foster care breakdown. In: International Journal of Child, Youth & Family Studies 9, H. 1, S. 38–60.

Bombach, C./Gabriel, T./Stohler, R./Werner, K. (2018): Die ungeplante Austrittsgestaltung aus Pflegefamilien. Eine konzeptionelle Lücke in der Pflegekinderhilfe der Schweiz. In: Forum Erziehungshilfen 24, H. 1, S. 47–52.

Bombach, C./Gabriel, T./Stohler, R./Werner, K. (2020): „Dass mal jemand meine Sicht versteht, wie das für mich ist". Partizipation von Pflegekindern bei Abbrüchen von Pflegeverhältnissen. In: Göbel, S./Karl, U./Lunz, M./Peters, U./Zeller, M. (Hrsg.): Wege junger Menschen aus Heimen und Pflegefamilien. Weinheim/Basel: Beltz Juventa, S. 225–240.

Chambers, R. M./Crutchfield, R. M./Willis, T. Y./Cuza, H. A./Otero, A./Goddu Harper, S. G./Carmichael, H. (2018). „It's just not right to move a kid that many times:" A qualitative study of how foster care alumni perceive placement moves. In: Children and Youth Services Review 86 (1), S. 76–83. DOI: 10.1016/j.childyouth.2018.01.028

Egelund, T./Vitus, K. (2009): Breakdown of care: the case of Danish teenage placements. International Journal of Social Welfare 18, S. 45–56. DOI: 10.1111/j.1468-2397.2008.00564.x

Goodyer, A. (2014). Children's accounts of moving to a foster home. In: Child & Family Social Work, S. 1–10. DOI: 10.1111/cfs.12128

Harkin, Ch./Houston, St. (2016). Reviewing the literature on the breakdown of foster care placements for young people: complexity and the social work task. In: Child Care in Practice, 22 (2), S. 98–112. DOI: 10.1080/13575279.2015.1102124

Khoo, E./Skoog, V. (2014). The road to placment breakdwon: Foster parent's experiences of the events surrounding the unexpected ending of a child's placement. In: Qualitative Social Work (13), 2, S. 255–269. DOI: 10.1177/1473325012474017

Konijn, C./Admiraal, S./Baart, J./van Rooij, F./Stams, G.-J./Colonnesi, C./Lindauer, R./Assink, M. (2019). Foster care placement instability: A meta-analytic review. In: Children and Youth Services Review (2019), 96, S. 483–499. DOI: 10.1016/j.childyouth.2018.12.002

Rock, S./Michelson, D./Thomson, S./Day, C. (2013). Understanding foster placement instability for looked after children: A systematic review and narrative synthesis of quantitative and qualitative evidence. In: British Journal of Social Work, 45(1), S. 177–203. doi:10.1093/bjsw/bct084

Rostill-Brookes, H./Larkin, M./Toms, A./Churchman, C. (2011). A shared experience of fragmentation: Making sense of foster placement breakdown. In: Clinical Child Psychology and Psychiatry, 16 (1), S. 103–127. DOI:10.1177/1359104509352894

Skoog, V./Khoo, E./Nygren, L. (2015). Disconnection and Dislocation: Relationships and Belonging in Unstable Foster and Institutional Care. In: British Journal of Social Work (2015), 45, S. 1888–1904. DOI: 10.1093/bjsw/bcu033

Unrau, Y. A. (2007). Research on placement moves: Seeking the perspective of foster children. In: Children and Youth Services Review (29), 1, S. 122–137. DOI: 10.1016/j.childyouth.2006.08.003.

Strübing, J. (2013). Qualitative Sozialforschung. Eine komprimierte Einführung für Studierende. München: Oldenbourg.

van Santen, E. (2017): Determinanten der Abbrüche von Pflegeverhältnissen. Ergebnisse auf der Basis der Einzeldaten der Kinder- und Jugendhilfestatistik. In: Neue Praxis. Zeitschrift für Sozialarbeit, Sozialpädagogik und Sozialpolitik 2, S. 99–123.

Supporting foster carers at times of placement breakdown in England: the contribution of "belonging"

Claire Cameron and Hanan Hauari

1.   Introduction

Instability in foster care placements whether through unanticipated 'breakdown' or planned placement moves is still far too high in England, despite repeated policy efforts to foreground the importance of a stable placement (Munro 2011; Baginsky et al. 2017). Children who move places of living also, frequently, change school and community, and so face disrupted education and friendships as well as renewed unfamiliarity in their home lives (Social Exclusion Unit 2003; Ward et al. 2006; Munro/Hardy 2006). Foster care in England is less often a place for childhood growing up than it is a short lived intervention in preparation for something else, whether adoption, return to birth family, or, for older young people, residential or semi-independent living arrangements (McGrath-Lone 2017). Long-term foster care is relatively rare. Instability, in terms of moving places of living, is therefore a part of the system of care placements (Ward 2009). Stability is concerned with the factors that promote a high quality experience in the placement, whatever the intended duration. We see 'stability' as an outcome of reliability and trust forged through committed and warm relationships, and through routines and habitual events and places, features of experience that might be expressed as feeling at ease with oneself and one's environment, or 'belonging' (Miller 2003). Instability, on the other hand, is the termination of places of living and, often, the relationships, that are associated with that home life.

In this chapter, we will focus on the events, relationships and system processes that contributed to, or constituted the context for, the premature ending of fostering placements in one part of urban England. Rather than focus on the narrow concept of 'breakdown', which implies adverse outcomes, we capture the more neutral idea of disruption or 'premature ending' to fostering placements.

We begin by discussing the policy and practice framework for foster care in England, and we then introduce our conceptual framework of belonging. We will then introduce our study participants and their accounts of 'breakdown' before giving an analysis of belonging and not in care. We include here a discussion of how foster carers and social workers perceive support as an element of the wider system of foster care. We will argue that disrupted placements are an outcome of a dysfunctional system. If belonging was at the centre of legislative requirements and professional action, a rather different set of indicators for placement success might be pursued.

2. Fostering in England

There are 43,710 registered fostering households in England (Department for Education (DfE) 2018) looking after 53,420 children and young people (DfE 2017). Fostering households offer family based care in domestic settings either with family and friends (about 9,000 children or 17 % of those fostered) or unrelated foster carers. Foster care has been the preferred solution for children who cannot live with their birth families since the 1946 Curtis Report, which stated that substitute homes, whether domestic foster care or institutional residential care should promote affection, personal interest in the children's lives and their opportunities, stability, and a shared common life of a group, preferably in an 'ordinary' (i.e., domestic) environment. Today, around three-quarters of children looked after by public authorities in care are in foster care (DfE 2018), representing a substantial shift towards fostering since the 1940s. Approximately 1.7 billion pounds is spent on foster care each year in England, which is about a quarter the cost of residential alternatives (Narey/Owers 2018). Moreover, fostering is diversifying. Some carers offer specialist services, such as therapeutic care for young people who have had specific experiences such as child trafficking or sexual exploitation, or parent and baby foster care. Foster care is used for emergency, short-term, long-term and short break purposes, and for children who have a wide range of needs, from those who have been abused and neglected (approximately 60 % of placements), family stress or dysfunction (25 %), child or parent disability (6 %) and being an unaccompanied asylum seeker (about seven percent of the total) (DfE 2017). Foster care is the only placement option for children under the age of three in England, often prior to adoption.

There is rising demand for foster care as more children enter the care system. In 2013, there were 68,070 children in care on the census date; by 2017, there were 72,670 (DfE 2018). Nearly a quarter of fostering households have a vacancy (Narey/Owers 2018) but a leading advocacy organisation estimates that there is a shortfall of 7,000 foster households across the UK (The Fostering Network 2017). A shortfall refers not just to numbers of beds available, but also sufficient supply to offer the prospect of a choice of placements so as to meets the needs of a particular child or sibling group, which has an important bearing on placement stability and success. Other factors are a lack of prior information about children's needs when a placement begins, and past disruption, leading to a so-called 'revolving door'. Among 10–15 year old children who had had one disrupted placement, 40 % went on to have at least one more placement terminate early (Boddy et al. 2009).

3.   Patterns of (in)stability in care placements

Official statistics for 2017 show that of all care placements ending that year, 24 % had lasted under a month, and 22 % were for more than a year. The median placement length in foster care was 146 days (DfE 2017). There were 2375 so-called 'unplanned endings' for children in foster care in 2016–2017 (Ofsted 2017). McGrath-Lone (2017) shed further light on children's childhood trajectories in care by examining the care histories for half of all children in care born in 1992–1994 (n = 19,848). Several patterns were apparent. The most common (58.4 %) was that care placements were used as a short-term, around four month, intervention, for children aged 6–8 years, who had two placements. Next, nearly 18 % of the group, were in care as adolescents (15–18 years), and had two placements over 27 months. The third most common pattern was long-term, unstable placements, for about 13 percent of the cohort, who had an average of seven placements over 101 months between the ages of seven and eighteen. Fourth, there was a group for whom care was an early intervention (6.9 %), between the ages of three and eight, who had a median of four placements over 49 months. Finally, a small proportion had stable, long-term placements over their childhoods either with a median of three placements over 120 months (8–18 years) (2.4 %) or one placement between ages of 6 and 18 for a median of 102 months (1.6 %). This analysis shows that placement change is a possibility for virtually all children, regardless of age of entry to care or the purpose of care. It confirms the place of care as a short-term intervention, but even within this group, a change of placement was common. The most at risk of disruption were those who might be termed the 'in and out of care' group, whose childhood was punctuated by episodes in care. This analysis did not specify the role of foster care in differentiating between groups, but, overall, 76.1 % of the cohort were only or mainly in a foster care placement, while 24 % were in family and friends arrangements. Twenty nine percent had had at least one placement in residential care.

4.   Conceptualising foster carers

Fostering is inescapably relational; it relies on family-type adult child relationships in domestic spaces. As such, foster carers themselves play a critical role in mediating societal values and social work policy ambitions for children in care.

What foster carers bring to the role from their backgrounds, and their professional-vocational competences, while not the only factor, is highly significant in the success of the placement as they shape what is on offer to children. Frequently undervalued, foster carers are in fact the experts in the everyday lives of the children and the fostering household (Cameron/Reimer/Smith 2015)[1]. Studies of the foster carer population are sparse. Synthesising the results of a number of studies, McDermid et al. (2012) found that fostering households were very largely couples, either married or cohabiting, but compared to the population as a whole, single carers were over-represented (20–30% of carers were divorced, separated or widowed vs 14% in the general population). Nearly all (90%) of foster carers are also parents; and about 60% have dependent children living at home. Very few foster carers are under the age of 35 (The Fostering Network 2016; McDermid et al. 2012); for the most part fostering is undertaken by older couple households with experience of parenting. Foster carers are very largely women; male carers tend to be a supporting part of the fostering household. They are likely to have below average household income and about one third of female foster carers have additional employment, mostly part-time (McDermid et al. 2012). Ethnically, white carers are over-represented compared to the general population and to the population of children requiring care (Baginsky et al. 2017). Foster carers are paid according to a system of fees and allowances that varies across the country and according to the needs of the placed child. The recommended rates range from £125 per week for babies (outside London and the South East) to £219 a week to care for a 16 or 17-year-old (in London). Payment of fees in addition to allowances is widespread but not universal (Narey/Owers 2018).

Foster carers are part of a wider system of professionals concerned with protecting children known as *children's social care*. Foster carers are recruited by and registered with a fostering agency, which might be a local authority or an independent fostering agency (IFA). Each foster carer has a supervising social worker[2] employed by the fostering agency whose role includes both support and quality control through regular visits to and contact with foster carers. Fostering agencies are inspected against National Minimum Standards (DfE 2011) which sets out expectations for foster care. The Standards open with a statement of values, which foreground fostered children's 'welfare, safety and

---

1   Foster carer is the occupational title used to describe the work of fostering children and young people. It indicates recognition of a wide ranging and highly skilled role that includes and goes beyond the remit of parenting. For this reason it is not usual in the UK to refer to foster mothers/fathers/parents as the generic category.

2   In England there are two discrete roles supporting foster placements. The 'supervising social worker' provides supervision and support to foster carers and the 'child social worker' specifically supports children placed in care.

needs' as the purpose of foster care, and they go on to state that 'children should have an enjoyable childhood, benefiting from excellent parenting and education, enjoying a wide range of opportunities to develop their talents and skills leading to a successful adult life', and that 'children are entitled to grow up in a loving environment that can meet their developmental needs'. Moreover, 'every child should have his or her wishes and feelings listened to and taken into account' (DfE 2011).

5. What is known about foster care disruption

Clear, unambiguous information about the numbers and characteristics of foster care placements that disrupt (end prematurely) are hard to find. Government statistics collected on an annual basis state that around ten percent of children in care at the census point (31 March) had had three or more placements in the previous year, 21 % had had two placements and 68 % had had just one placement (DfE 2017). This does not give a sense of the experience of the child over time. McGrath-Lone (2017) found a picture of two or more placements in virtually all the patterns of childhoods in care but has no comment on whether the placement change had a negative or positive impact on children. Baginsky et al. (2017) cited earlier work reporting 'success' rates (i.e. no unplanned terminations) for long-term foster care of 75 % (Thoburn/Rowe 1991) and 57 % (Triesilotis 2002) but, as noted, long-term foster care is a small minority of all placements. It is clear, however, that while placement disruption is rarely caused by a single factor, a substantial proportion of moves are either planned as part of a care plan to, for example, better meet the needs of a particular child, or are the result of other changes in the wider system, such as a change of social worker (Ward/Skuse 2001). Drawing on available evidence, Baginsky et al. (2017) note that placements were more likely to disrupt when:

- Foster carers did not have accurate, up-to-date information about children's backgrounds at the start
- Children were placed apart from birth siblings
- Children lived in a foster family where there was a birth child close in age
- There was a poor 'match' between carer/household and child
- Carers and social workers had low levels of skills and competences
- Little attention was paid to listening to children's viewpoints, or their behaviour was ignored
- Attempts to re-unite children with birth families had failed.

Placement disruption is associated with a range of poor outcomes (Rock et al. 2013) including low levels of educational qualifications (Sebba et al. 2015) and higher rates of offending (Schofield et al. 2014). However, not all placement disruption has negative consequences and there is a need to distinguish between the fact of a placement move, and the impact of the move, which may either hold benefits for a child, or exacerbate their difficulties. Overall, skilled, reliable support services for foster carers can reduce placement disruption (Dickson et al. 2010) and Baginsky et al. (2017) conclude that to make a substantial difference to placement stability a larger pool of skilled foster carers who can manage the increased demands of young people, especially those who have 'complex' needs, is needed along with a stable, experienced, workforce of social workers. Neither of these components are in place in England at present.

6. Conceptual framework

In considering 'breakdown' we are concerned with the trajectories of placements where unanticipated endings that might be considered dislocations or ruptures in relationships and familiarities happen. As noted, there is an underlying assumption that placement 'breakdown' has a deleterious consequence, but this is not always the case; hence the shift, in the discourse, to terminology such as placement 'disruption', 'moves', and 'changes'. The Foster Care Placement Breakdown project adopted a definition of *unplanned and/or premature ending* of foster care placements to try to broaden the concept away from necessarily negative consequences. However, as will be seen in the discussion of the data, foster carers in England spoke about events leading up to, and subsequent to, 'endings' that were distressing to them and the young people concerned. Regardless of potentially positive outcomes, the *process* of endings can be problematic.

The dominant conceptual framework applied to foster care is attachment theory (Smith/Cameron/Reimer 2017). This positions a consistent, reliable, warm relationship between the principal carer and the fostered child as central to the child's recovery from past attachment traumas. More than any other professional, foster carers are the people who 'know' or should know, the child best, in terms of their everyday habits, their views, likes and dislikes. Moreover, the physical space of the foster household offers boundaries of 'home' to the fostered child, and the habitual rhythms of the day should offer reliability and certainty to the fostered child. The foster carer has a special developmental and relational responsibility towards the children they care for. In an important sense, the foster carer and their family and home enable the child to thrive, nutritionally, socially, educationally, and emotionally. Foster carers are "experts in everyday life" (Cameron/Reimer/Smith 2015).

The process of becoming familiar with and thriving in a placement is often described as a 'sense of belonging' and positioned as a significant marker of a stable foster placement (Boddy 2013; Biehal 2014). A sense of belonging is associated with children's wellbeing, and with 'permanence', strong relationships with the family where they live and an absence of divided loyalties to the birth family (Biehal 2010). Further, children who have a sense of belonging have less problematic contact with birth families, they come into care at a younger age, they understand, or can make sense of, the actions of their birth parents' actions, and their carers espouse their commitment to the children. Children feel and are wanted as part of a family (Biehal 2010). Boddy (2013), in a report on permanence for children in care, does not define belonging as such but refers to 'meaningful permanence', being reliant on 'connectedness' to people and family, belonging having a temporal dimension, so that it lasts over time and beyond the immediate context, and that the quality of belonging takes account of the child's wishes and their own sense of identity. The emphasis in the discussion is that the meaning of belonging is created through the quality of interpersonal relationships with adults in the foster care household. It follows from the attachment theory model of 'warm, intimate and continuous relationships' with a primary caregiver as an essential stage for children's development (Bowlby 1951). Clearly, if children belong and feel secure in a foster family, they are less likely to be subject to placement disruption. However, the emphasis on attachment theory has not, to date, secured improved stability of foster placements (Smith/Cameron/Reimer 2017).

Our argument in this chapter is that the conceptual framework for thinking about placements has been overly concerned with the interpersonal and insufficiently oriented to all the dimensions of the fostered child's world. Instead, we put forward a multidimensional concept of belonging as holding promise for thinking about the trajectories of placements when they end prematurely. Belonging is, admittedly, an ambivalent concept that references legal 'possession' as well as inclusion. Much policy effort is expended on keeping children out of care, with their birth families, to whom children do belong. However, once children are in care, and responsibility for them is at least shared with birth families or, as is increasingly the case in England, transferred through a court order to the responsibility of the municipality, clarity of belonging is highly significant for assessing the relationship between self and society (May 2011); it is a signifier of one's legitimate place in the world, and a fundamental human need associated with connection to others rather than possession (Maslow 1943).

7.   Towards a multidimensional concept of belonging

Miller (2003, p. 220) argues that belonging is 'a sense of ease or accord with who we are in ourselves' and the various physical and social contexts of our lives. It is not only an emotional dimension but also a question of legitimacy.

Belonging is both subjectively felt and structurally imposed or obstructed though legislation or resources. It refers to social or community, historical and spatial connections, and traditions, that constitute our relation to the world. Furthermore, Miller argues, belonging does not 'just happen … we must create [it] for ourselves'. Building on this argument, May (2013) states that belonging is a manifestation of cultural capital. We generate new opportunities for belonging through interactions, re-presenting to others ourselves in different ways in different contexts. Actions to nurture belonging, which might be to, or with, people, places, objects, reflect not just a state of mind but also being able to act in socially significant manner that is recognised by others (May 2017). Stratigos/Bradley/Sumsion (2014), examining the ways in which infants express their belonging in early childhood education and care services similarly refer both to felt belonging and the politics of belonging, requiring negotiation of who belongs and who does not. In relation to schools, Riley et al. (2018, np) argues that to belong is rooted in place: "Belonging is that sense of being somewhere where you can feel confident that you will fit in and safe in your identity."

From the perspective of migration studies, Yuval-Davies (2006) discusses belonging in terms of social locations, individual identities and ethical values systems. In all cases, political action maintains, reproduces and contests the boundaries of belonging. Sumsion and Wong's (2011) 'cartography', derived from close reading of relevant literature to arrive at conceptual constructs associated with belonging, specified ten, somewhat overlapping, dimensions, or ways of experiencing, belonging. The dimensions are:

i) emotional; ii) social; iii) cultural; iv) spatial; v) temporal; vi) physical; vii) spiritual; viii) moral/ethical; ix) political; and x) legal.

Overlying the dimensions are what Sumsion and Wong (2011) refer to as 'axes' or dynamics of belonging, that shape the way dimensions of belonging operate. The axes are: i) categorisation, or the ways in which people are designated as 'insiders' and 'outsiders' in any given grouping; ii) resistance and desire that shapes new relations of belonging; and iii) performativity, or the ways in which people enact and produce belonging through stories they tell about themselves in specific contexts. This cartography, the authors claim, provides 'useful entry points' to interrogate belonging in research data – in their case in policy documents (ibid., p. 35).

Bringing together these multiple and overlapping ideas about belonging, the concept clearly has a wider and deeper application than the interpersonal such as attachment to a primary carer, or the legal sense of possession via parental rights. We developed a three-way framework for examining belonging in foster care that built on these various perspectives (Table 1). Central to the framework is the idea of agency; that belonging is constructed through the way we internalise interactions, communications, habitual events, that affirm one's place in relation to others. Some of the Sumsion and Wong dimensions were not present in the data (e.g., political, legal) and have not been included in our framework although this does not mean they are not relevant to foster care and processes of breakdown.

Table 1: Belonging: A sense of ease with oneself and ones surroundings – three dimensions of belonging in foster care

Social/relational – the immediate here and now	Cultural/historical – familiarity from what one brings from the past and ways of being	Embodied/geographical – touch, surroundings, place
Referred to in the discussion as 'here and now'	Referred to in the discussion as 'temporal'	Referred to in the discussion as 'proximal'
For example, doing things together, talking about everyday matters, being there for the young person, express that the child is part of the family, hold trust, love for the child	For example, background information about the child is available prior to placement/how to make the child feel at home/ meeting them where they are at/ attending to their individuality and cultural traditions/educational practices that are in tandem with interests and also challenge known knowledge	For example, familiarity from own material things that travel from another place, acceptance of touch in acceptable ways, physical landscape that is familiar or comfortable such as neighbourhood or town

The first dimension is the social/relational dimension, which is concerned with being together in the everyday routines and worlds of each other, being part of a family and expressing care, concern, and love for the other in the here and now. Reciprocity forms a large part of this dimension of belonging and this dimension is closest to attachment relationships. The second dimension is named the cultural/historical, and refers to how that which is familiar is brought into the present, referred to below as a temporal dimension. In foster care disruption literature, a persistent theme is the absence of good quality information on children's backgrounds on arrival. If cultural and historical belonging was seen as important, an appreciation of a child's cultural background would be essential to providing good care, to making children feel at home in their new environment. Likewise, foster care could be re-oriented around knowledge of the child's experience of learning and what specific strategies could support their next educational phase. The third dimension concerns the embodiment/geographical aspects of belonging and signals the physical traces of surroundings, including landscapes, touch and other senses, objects, that might support feeling at ease, or metaphorically or actually travel with one when moving locations. This dimension of belonging is about being rooted in place (Riley 2018) and is referred to below as the proximal dimension. For foster care, it might be important to understand what is familiar to, or different from, the child's previous place of living and how it makes a child feel, and how they can be encouraged to feel a part of their new surroundings. For example, sending a child to school with a handkerchief sprayed with a foster carer's regular perfume may be enough to be a calming embodiment of familiar belonging (Cameron/Connelly/Jackson 2015).

Belonging is not only appropriate to the child and her or his immediate environment. The foster carer is part of a wider system of care and must also feel she or he belongs to, and has a legitimate place in, the professional context, and that their views are valued and their needs are valid. Support policies and practices are one of the ways in which foster carers can feel they belong to the wider child protection system including the network of professionals who are responsible for placed children. This is often described as a 'team around the child'. We discuss support as evidence for felt belonging in more detail later.

We next discuss the project methodology and data sources, before going on to detail the application of the conceptual framework to the data.

8.   Methods

Data collection

This study was designed as a complementary comparative component to a Jacobs Foundation funded larger study of Foster Care Placement Breakdown taking place in Switzerland, England and Germany. The fieldwork was designed to mirror data gathering elsewhere, on a smaller scale, and to offer a springboard or inspiration for international learning. The data is drawn from in-depth narrative interviews with a self-selecting sample of four fosters carers, all located in one urban local authority and recruited via a regional network of foster carers. Narrative interviews were chosen to facilitate in depth reconstruction of sequences of events from the perspective of the study participant. A group interview was also conducted with six supervising social workers located in another urban local authority to understand the process of placement disruption from the perspective of the social care system. The data presented here is predominantly the perspective of the foster mothers interviewed and does not include the perspectives of children and young people, or child social workers. Data from the group interview helps to contextualise foster carer findings. Study fieldwork took place in the spring of 2016. Ethical approval was awarded by University College London Institute of Education Research Ethics Committee[3].

---

3   The UCL Research Ethics Committee scrutinises research plans to ensure appropriate measures are in place to protect the privacy and welfare of research participants.

Data analysis

The narrative interviews focused on the process, events and aftermath of a single placement that had ended prematurely. Interviews began by asking foster carers to focus on a particular placement and to think back to the day that placement ended and to tell us what happened. The interviews covered a broad retrospective canvass that included: the beginning of the placement; daily life, including school, family, health and relationships; professional actions and interactions; and events including immediate precipitating factors as well as subsequent relationships and encounters. We also collected background information on foster mothers, such as length of service, number of children fostered and family composition.

Interviews were recorded, later transcribed and a grounded theory approach was used to analyse (Glaser/Strauss1967; Strauss/Corbin 1998) foster carers' accounts. The analysis process began with a familiarisation and sorting of the data using the framework method (Ritchie/Spencer 1994). Interview transcripts were read and re-read to identify themes/patterns within the data relevant to understanding disruption. The interview data were then organised (labelled and sorted) according to the relevant themes and used to create analytical constructs to identify the possible reasons for or contributing factors to placement breakdown.

The first stage of data analysis focused on a case by case narrative of events, their antecedents and what happened subsequently, paying close attention to everyday events and intentions, and how foster carers responded to events as part of a team around the child. The second stage of analysis involved applying the three-dimensional framework of belonging to the data to assess how and to what extent the concept of 'belonging' might be relevant. Indicators of belonging were identified from the interview transcripts and allocated to one or more of the three dimensions of belonging.

In the next section we summarise some characteristics of the foster carer and the fostered young person and then present four case studies outlining the experience of foster placement 'breakdown'.

9.   Study findings: foster care placements

The four foster carers interviewed were all female and three of the four shared very similar characteristics. They were all of White British ethnic origin and three were over 50 years old. Three were experienced foster carers with 18–30 years' experience. Between them they had fostered over 160 children and young people, and many of these were short-term placements. They were all single or widowed, and had grown up children of their own. The fourth foster carer was younger, with two years' experience, and had recently given up a career to

235

become a foster carer. All but one of her five placements had been emergency placements caring for very young babies. She was married and had three children of year own aged between seven and eleven years old. These characteristics are typical of foster carers in England.

Of the four children in focus in the narratives, two were girls of Black and Black Caribbean ethnic origin aged 16 and eleven and two were boys of White British origin aged 14 and five years old when they began their respective placements. Two had a history of being in care and had moved from previous foster placements. In one of these cases it had been a placement that had broken down after four years and in the other the move was planned. The other two cases were first time entrants to care and they had come directly from their birth families, one aged five and the other aged 16 years old.

Table 2: Foster placement characteristics

Foster carer	FC ethnic background[1]	Years of fostering experience	Current family caring commitments at time of placement	Foster child name, age at start of placement, ethnicity	Duration of foster placement
FC 1 – Melanie	White British	20	2 adult children* 2 foster children	Sandra, 15 African	15 months
FC 2 – Anna	White British	18	3 adult children** 2 foster children	Mark, 14 White British	2 years
FC 3 – Julie	White British	3	2 children 1 foster child	Michelle, 11 Afro-Caribbean	10 months
FC 4 – Mary	White British	30	1 child 1 foster child	Stephen, 5 White British	3 years

[1] Ethnicity is a standard descriptive characteristic used in Britain, to indicate cultural difference in heritage and often in socio-economic status. It is used here in addition to indicate differences in ethnicity between foster carers and fostered children.
* Not living at home at time of placement
** Not living at home but one daughter and her new born baby were staying with her at the time placement was ending.
All names are pseudonyms

Case study one – Unknown history/unknown journey/
Unknown Her~Story/Misunderstanding/

Sandra [foster child] was 15 years old and this placement was her first in care. It began as an emergency placement following unsuccessful family intervention support to address family conflict issues. Sandra had previously, and unsuccessfully, lived with a relative abroad, and when she arrived at this placement was registered with Child and Adolescence Mental Health Services[4], but did not

---

4   Child and Adolescence Mental Health Services (CAMHS) assess and treat young people with emotional, behavioural or mental health difficulties.

attend. Her mother and father had separated and her mother re-married and subsequently had two more children. Sandra was placed with a very experienced white foster carer [Melanie]. Melanie was widowed and at the time was caring for another young person that had been in her care for three years. Very little was known about Sandra at the start of the placement, but gradually Melanie learned of Sandra's history as the placement progressed and by talking to her Sandra's birth mother. Sandra was not in regular contact with her birth family, who lived very nearby, but she would visit occasionally to plait Sandra's hair. At the very start of the placement Sandra appeared happy and pleasant and the placement seemed to be working, but, after three to four months, Sandra's behaviour changed and she became abusive and threatening. Melanie found this pattern of behaviour difficult to manage and as Sandra did not attend appointments made with the local psychological services Melanie did not get support from this source. Confrontation was a daily occurrence with Sandra targeting her aggression at Melanie. Sandra frequently alleged that Melanie was racist towards her, while Melanie claimed that Sandra misinterpreted statements as motivated by racism. There were also problems at school. Melanie received reports from school that Sandra bullied pupils and drank alcohol while in school. Melanie would be asked to come and collect Sandra during the school day. She described day to day life as a series of incidents where Sandra would constantly blame her for things going wrong and refused to accept some responsibility. Towards the end of the placement Sandra began to physically push Melanie around. Melanie was left feeling bullied in her own home and was worried about how bad things would get and whether the physical threats would eventually lead to Sandra actually causing her serious harm and injury. She said: "And I was thinking before very long … and it's getting a little bit worse each time … before long she's going to do something that she's going to regret and I'm going to regret, so it's best that she didn't stay". She was also concerned about the effect Sandra was having on the other, younger, foster child in her care. She said: "I felt … sometimes I felt that I'd done my best, sometimes I felt that I could have done better, and then sometimes I felt vulnerable. Um … yeah, so it was a mixture of emotions there while it was all going on, a real mixture of emotions." When physical threats continued to escalate Melanie finally made a request to the social worker that Sandra should move to a new placement. Fifteen months into placement, Sandra was moved to another foster family nearby who had experience of working with young people who display difficult behaviour and was reported to be getting on well there. Contact increased with her birth mother. Melanie said she would see Sandra at church: "I see her sometimes from time to time and now we talk together and she's fine and I'm fine." Having a foster father seemed to be making a difference and Melanie reported that were no reports of threatening behaviour towards the new foster mother.

Case study two – For your own Safety

Mark [foster child] had come into care aged 12. Before this he had initially lived with his birth mother, and then with his father, who was a drug addict. After a few years Mark was placed into foster care with his sister. Although originally placed together, Mark became abusive towards his sister and as a result they were separated. Mark had had five placement moves in the two years prior to this current placement. The move to his sixth placement was planned and had been initiated by Mark himself, who was keen to return to his local area and his old school, which was very supportive of him returning. Anna [foster carer] lived close by the school and, having reviewed Mark's personal information record and care history, agreed to foster him. The placement started well and although he was initially shy and withdrawn. Anna said: "He'd just stay in his bedroom all the time playing PlayStation, didn't have friends, and kept himself to himself", Mark eventually opened up and became increasingly sociable. He formed a good attachment with Anna. She said: "And all that stopped and it really was a really good placement for a long time and he really come on, started getting more sociable." At this point, Mark had very little contact with his birth parents. Contact with the father was not allowed while contact with his mother was supervised and restricted to every three months, and did not always happen.

A year into his placement, Mark's father moved into the neighbourhood. Mark and friends began to truant from school, visit the father and take drugs. According to Anna, Mark wanted to help keep his father out of trouble and so bought and sold drugs on his behalf. She recalled the 'countless' occasions, she collected Mark from his father's flat in the early hours of the morning. Mark's drug abuse escalated and before long he was taking Class A drugs[5]. This led to a complete change in his behaviour. Mark became involved in drug related gangs who visited the foster home looking for him and threatened the family. On one occasion they threw a brick through the window. Mark was very honest with Anna about what was going on and the trouble he was in. Worried, Anna regularly wrote to Mark's social worker to let her know about Mark's behaviour and that of his associates. Anna became increasingly concerned about the safety of the young people living in the house, including her own daughters and baby grandson, but also for Mark's own safety from violent gang behaviour. In an attempt to get Mark away from the area and the gangs she requested Mark be moved to a placement in another area. Within a few weeks Mark was moved into a residential unit where he received treatment for his drug addiction. Mark was very reluctant to leave his foster placement and initially refused to go. He eventually agreed to move on the understanding that when things settled down

---

5   Class A Drugs are crack cocaine, cocaine, ecstasy (MDMA), heroin, LSD, magic mush-rooms, methadone, methamphetamine (crystal meth).

he could move back to live with Anna. She said: "And I still help him, I keep in contact with him now. You know how some you sort of attach to more than others, and in a way he reminded me of my own son." Mark remained in the residential unit until he was 19 years old and Anna stayed in contact with him. She would see him regularly and attend his review meetings. She is now caring for Mark's sister, but says that things are not going well for Mark who could be facing prison a sentence.

Case Study three – A struggle for understanding/you were doing everything you could to make her feel happy

Michelle [foster child] was 11 years old and, around the time this placement began, her social workers had been looking for an emergency placement or a placement offering regular short periods of time away from her usual carers. Little information was given to Julie [foster mother] about Michelle or her care history. All that was known at the outset was that Michelle suffered from foetal alcohol syndrome and was unable to control her emotions. Julie was told: "She could sometimes be a bit shouty" but had been in her previous placement for four years. Julie was relatively inexperienced: she had two years' experience of caring for babies for short periods of time. After an initial visit by Michelle to the foster family home, Michelle began her emergency placement the next day. Two weeks later, Michelle's social worker asked Julie if Michelle could stay long-term as plans for a longer term placement elsewhere had fallen through. Feeling pressurised to make a decision without any answers to her questions about Michelle's history and wanting to prove herself as a good carer, Julie accepted her first long-term placement. Michelle's birth mother visited monthly with other siblings and previous arrangements for contact with father were un-successful. Everyday life was troubling and the foster family reported feeling tested all the time. She said she "couldn't really say there were good and bad days. Even within a good day, there would be incidents". Incidents included: bullying at school; violence; false allegations against peers and adults; threaten-ing behaviour against foster siblings; sexualised behaviour; aggression against younger children; poisoning pets; and attempting to poison the foster par-ents. During this time Julie went to great lengths to understand the causes of Michelle's behaviour, increase her sense of self-worth and instil aspirations. Julie would repeatedly ask social workers if Michelle had been sexually abused in the past and every time they would say no. Eventually, the foster family felt they had pieced together enough of Michelle's history, background and person-ality to know that they and their children were in a vulnerable position, and asked for her to be removed seven months into the placement. Over three months later, Michelle was finally moved into a kinship placement with her grandmother whilst a more suitable long-term placement was found. Although there was no contact between the foster family and Michelle once she had left the placement, the grandmother did keep in touch with Julie. Julie subsequently learned that the next placement also eventually ended before it was planned.

Case Study four – Help me to help him...

Stephen [foster child] arrived as an emergency placement aged 5 years old having been taken into care with his siblings because his mother was unable to cope with their behaviour. Stephen was originally placed with his brother, but the brother returned home after two years and Stephen remained. Stephen's placement lasted for three years during which time there were delays in judicial procedures to permit a longer term placement under a Care Order[6]. The placement began well, things were calm and Stephen became part of the family. Mary [foster mother] had 30 years' experience of fostering. At the time of Stephen's placement, Mary had a young boy of her own who got on well with Stephen. Stephen initially went to a specialist school for pupils with special needs called a Pupil Referral Unit[7], but later returned to mainstream school with the support of the Pupil Referral Unit and Mary. About a year into the placement, Stephen began having angry outbursts where he was unable to control his behaviour and became violent and aggressive towards Mary. She managed these outbursts by physically holding him until he calmed down. As he got older his outbursts grew worse and Mary found it physically difficult to restrain him. After an outburst where she had to restrain him, Stephen alleged to his social worker that he had been assaulted by Mary. The supervising social worker advised Mary not to restrain him in such a way in future. Stephen's outbursts grew out of control and he damaged property in the house and hit Mary, who requested social worker help to manage him. They were unable to offer her any training or support for Stephen. Mary felt unable to manage Stephen's outbursts, and initiated a placement breakdown by asking for him to be removed. Stephen went from one placement to another not settling anywhere. Initially, he was placed with two of his brothers on a temporary basis, but was later moved to residential accommodation, before being detained in secure care, under mental health legislation, as he was a danger to himself or others, at the age of 15. Stephen and Mary remained in touch and would write letters to each other and she visited him in the secure accommodation. He had been in contact with her in the

---

6   A Care Order is an Order made by the Courts, which places a child under the care of the Local Authority. The Order is applied for by the Social Services Department of the Local Authority and gives the Local Authority Parental Responsibility for the child.

7   Pupil Referral Unit (PRU) or Alternative Provision (AP) refers to education outside school, arranged by local authorities or schools, for pupils who do not attend mainstream school for reasons such as school exclusion, behaviour issues, school refusal, or short- or long-term illness.

weeks before the interview and was giving talks to social workers about his experiences of foster placements.

Reflections on the case studies

There are some common features of these four placements that ended prematurely. In all the cases, the foster carer had asked for the child to be removed, after a considerable period of time spent living together. The carers' reflections on the endings were in the light of taking action after a prolonged period of trying to make the placement work. Three of the four placements began as an emergency placement initially and subsequently became long-term which meant their status, from emergency to long-term carer, changed in situ, and this was a change they were not necessarily prepared for. Foster carers were chosen as the most appropriate available carer, but in retrospect felt unprepared to deal with issues that the children brought with them and became visible over time. A shortage of foster carers makes 'matching' difficult and if a child has to be placed in an emergency, it can be almost impossible to match (see Sinclair/Wilson/Gibbs 2005). Foster carers were deemed appropriate in that they were willing to take the child, had children of similar ages living at home and where located close to existing schools and birth families.

Foster carers knew very little about the children at the start of the placement. Except for some basic personal characteristics such as age and gender, they received little or no information on care or family backgrounds; psychological or physiological profiles of the children; and were not provided with individual care plans[8] for the children. It is notable that all the fostered children had siblings from whom they had been separated which may have had a bearing on their attachment to the fostering households. Two of the four placements seemingly started well, with both children settling in from the start and participating in foster family life and developing good relationships with foster mothers. In three of the cases foster carers sooner or later encountered difficulties as the children began showing signs of undiagnosed mental health problems. Study foster carers, unaware of what they were dealing with, and unprepared, struggled to manage and relationships between foster children and carers became strained and placement stability fragile. In case study two there were no major issues within the actual placement. Mark fitted in with the foster family and got on well with his foster carer and her family, but involvement with the birth father and drugs eventually required specialist care within a residential

---

8   Care plan as defined by law *"means the plan for the future care of a looked after child prepared by a local authority under the 2010 Regulations and includes, for example, the placement plan, the health plan, the personal education plan"* (HM Government The Children Act 1989 Guidance and Regulations Volume 4: Fostering Services)

setting. In all cases there was some kind of continuing contact after the place-ment ended and knowing what happened to their foster children appeared to hold some reward for foster carers (Khoo/Skoog 2014).

The perspectives reflected by the study foster carers are embedded in poli-cies and services to support them in their local area. At the time of the study fieldwork, this area was officially judged to be underperforming by the national inspection body. The local authority was, like most public administrations, in the midst of an austerity-led reduction in funding, which meant substantial cuts to budgets and services. Study foster carers with over 20 years' experience of fostering in the same local authority, reported that it lacked the resources need-ed to help foster carers provide good quality care. For example, services such as respite care and play schemes for children with very high levels of difficulty had been withdrawn. Saving money was very much seen as the new priority and, according to one study foster carer:

> "It's gone so far that way that it's a shame because the child at the centre has gone and now it's the money at the centre" (Mary, Foster Carer).

In the next section we reflect on the data through the prism of 'belonging'. Study foster carers were recalling challenging events which resulted in prema-ture endings of placements. Applying the three dimensional framework intro-duced above to the data we can see that while foster carers made substantial efforts to encourage young people to feel they belonged in the foster family, the accounts were often of not belonging.

Personal and relational belonging – the here and now

Study foster carers held a deep sense of personal and relational connection to the young people in their care. Throughout the placements foster carers ex-pressed care, concern and love for the foster child in good times and in times of difficulty. They were all committed to providing the best possible care for the children and in an environment where the children felt safe and at ease. Julie, for example, knew very little about Michelle's background and as a result could not understand her behaviour. Nevertheless, she understood that one way to address Michelle's needs was to foster a sense of ease with herself and her new surroundings in foster care. She did this by attempting to anticipate and meet Michelle's emotional needs:

> "You're trying to do everything you could to make her feel happy here. Instil in her a sense of self-worth and to have aspirations." [Julie – foster mother]

Julie tried to do this through spending one-to-one time with Michelle. Julie's own mother would regularly come and take the biological children out so Julie could spend time with Michelle, bonding and giving Michelle time and space to express herself:

"I always try and make time for her on a regular basis. We would sit and do stuff together. Sit doodling and talk about, you know: 'What do you want to be when you grow up?' Things like that. And by doing these things she would draw pictures of her and [her] dad and would get to express herself and then [I would] try and be open and aware to the messages she was trying to convey." [Julie – Foster mother]

They would also walk to school together and go horse riding together every week. Recognising that school work was falling behind and that current support measures provided by the school were failing, Julie contacted Michelle's school and initiated a programme of extra tuition for Michelle outside of normal school hours. Michelle received regular one-to-one sessions with her class teachers and targeted homework which resulted in improved attainment levels.

Julie's actions and empathic approach were motivated by a sincere concern for the young person's well-being and wanting her to overcome her difficulties through the adult-child relationship. A sense of belonging was cultivated by doing things together and creating a space in which Julie could demonstrate that she was there for Michelle and ready to connect emotionally.

Reciprocity, characterised by feelings of being liked, respected and fitting in – that sense of ease with who we are – are strongly associated with belonging in the personal and relational sense. Such feelings were evident in the account of Anna, who recalled having a good relationship with her foster child, Mark. Despite being withdrawn and isolated at the start of the placement, he gradually opened up and became "one of the family". She said:

"The placement began very well. He got on really well with everyone, everyone liked him. The relationship was always good with people in the house and we've had a couple of really good holidays. And he come out with me to the cinema and stuff like that. And he'd come out to our family meals and that" [Anna – foster mother].

Where a young person feels part of the foster family, this sense of belonging can act as a mitigating factor against disruption, even when the child is demonstrating difficult behaviour (Leathers 2006). When Mark's behaviour changed as a result of drug use, Anna did not want him to leave the foster home. It was only when the safety of the other young people in the foster home was at risk that she felt she had no choice but to request that Mark be moved. She admitted that had it just been the two of them in the foster home she would have persevered with the situation for longer:

"If it was just him and me in this house I might have let it go on a bit longer to be quite honest. For selfish reasons, I didn't want him to leave. When they (the foster children) come they like completely change your whole house. They don't sort of join your, … fit into your family as such you know, you have to fit around them." [Anna – foster mother]

Anna alludes to the complexities of 'fitting in' to family life when she refers to her family 'fitting around' (foster children). Seen from this perspective, it is not so much axiomatic belonging to a foster family as negotiated relationships on both sides that may help a foster child to feel at ease. She described a strong affinity and a commitment to Mark and this may have influenced the way she viewed and understood Mark and the trouble he was in: "Part of his personality was very likeable, he was like the loveable rogue." [Anna – foster mother]

The acts of belonging enacted by Mark's foster carer appeared to give him a sense being liked and respected and that he belonged in the foster home. Mark demonstrated reciprocity by being honest with his foster carer about the trouble he was in, but also through being 'loveable' in his demeanour. Mark was actively creating belonging through the ways he responded to Anna and her family life, cementing his legitimate place with them and also giving Anna a sense of reward, such that she didn't want him to leave. When Mark's placement came to end and he was being moved into a residential unit, his foster carer remembered how he refused to leave the foster home. For Mark, this was where he belonged:

"Not all of the kids that come want to do that [take part in family life]. But he really sort of got into the family and he really felt part of the family, and that's why he didn't want to move" [Anna – foster mother].

Research on foster care breakdown suggests that placement stability requires positive relationships between carer and child and that children's sense of belonging to their foster family should be viewed an indicator for placement stability (Biehal 2014; Rock et al 2013). However, in some placements, creating that positive relationship can be very challenging, putting any sense of belonging at risk. In case study one, daily life was very emotional almost from the start and establishing a relationship between Melanie [foster mother] and Sandra [foster child] was difficult. Melanie was unable to manage Sandra's behaviour and Sandra gradually began intimidating Melanie and threatening her with physical abuse. Sandra was very confrontational towards her carer even when help was being offered. This made it difficult to build the togetherness and intimacy needed in the everyday interactions for a sense of belonging to be felt. From Melanie's account it would appear that reciprocation was never felt by Sandra and a sense of belonging never emerged.

In Stephen's case, he and Mary [foster mother] had begun building the foundations of a strong relationship from the very start of the placement. Mary recalled them having a good period where things were calm. Stephen got on very well with Mary's biological son; they would play with each other and developed a sibling like relationship. Stephen was indeed part of the family. Mary took an interest in his education and developed a good working relationship with Stephen's school. Having been on the verge of being permanently excluded from his school at the time the placement began and placed in alternative provision, Stephen was able to return to his original mainstream school. Although Stephen later developed behavioural problems, Mary managed this as best she could until she could no longer contain his behaviour. Despite repeated requests, no help was offered. Although the placement eventually ended due to what was later diagnosed as a psychiatric condition, the personal relationship established early on in the placement laid the essential foundation of habits, memories and reference points on which carers draw when the placement begins to go wrong – Mary's commitment was grounded in investing in the relationship.

Cultural and historical belonging

The ability of children in foster care to make sense of their histories and familial experiences can be a significant factor in nurturing feelings of belonging to their foster families (Biehal 2014). Sinclair (2005) found that the success of a foster care placement can, among other things, depend on how children locate their foster families in relation to their birth families. One way to help young people make sense of who they are and how they are a part of varied social environments (Brooker 2014) is to help allow what is familiar to them over time to be brought into the present and be a part of the everyday experience within their new social environment. Crucial to cultural and historical belonging are foster carers who shape the everyday experience of fostered children through having access to information about a child's particular and personal historical and cultural background and using the knowledge to provide good quality care that is attuned to the individual and their cultural context and make them feel there are some elements of familiarity in their new environment. Showing interest and appreciation regarding foster children's existing interests can help them to develop a sense of connection with the family culture, as can showing interest in their previous experiences, including with their birth family (Riggs/Augoustinos/Delfabbro 2009). However, a persistent theme in the foster care disruption literature is the absence of good quality information about children's backgrounds prior to placements (Withington et al. 2016; Khoo/Skoog 2014; Samrai et al. 2011; Sinclair/Wilson/Gibbs 2005; Baginsky/Gorin/Sands 2017). This makes it very difficult for foster families to support the temporal dimension of belonging since they are unfamiliar with the foster child's cultural past

245

and their ways of being. One way foster carers can help promote continuity with the past and give children a sense of security is to show interest in and have an inclusive attitude towards foster children's birth parents (Andersson 2009; Hedin 2014). However, some studies have shown that some foster carers feel that a child's contact with the birth family can have a detrimental effect on their ability to foster an attachment to the child (Triseliotis/Borland/Hill 2000; Macaskill 2002) and placement stability (Sen/Broadhurst 2011; Moyers/Farmer/Lipscombe 2005).

Just one of the four study foster carers recalled receiving information about the children's background prior to the child arriving to live with them. Anna [foster mother] was given information as part of a planned move for Mark. She was fully informed about all aspects of Mark's history and birth family experience. When Mark began using drugs himself she understood it as an inevitable outcome of Mark's upbringing:

> "Cos when he first came to me at 14 he wasn't into the drugs really. But it is the age anyway that they do start. When they're brought up with it, you know, it's a normal life to them isn't it." [Anna – foster mother]

Mark's contact with his birth parents and his sister was intermittent and supervised when it did occur. Mark showed a strong loyalty towards his birth father whom he visited regularly, unsupervised, and regardless of the official arrangements. Anna would frequently have to intervene when there was unsupervised contact: "He wasn't supposed to have contact with him unsupervised but he did. Sometimes I was there 3 o'clock in the morning. With no help from Social Services, I may add." She explained that Mark "always used to try and sort of help his dad, help him with his drug deals and all that basically to try and keep his dad out of trouble and whatever." In Anna's view, Mark was caring for his father in the best way he knew how. Her understanding of Mark was informed by knowing his past history, which may have contributed to helping Mark feel he belonged with Anna.

Melanie [foster mother] and Sandra [foster child] were from different cultural and ethnic backgrounds. Melanie was ethnically White and Sandra of African origin. Melanie described trying to meet Sandra's culturally specific needs, by providing her with all the bodycare products needed for her hair and skin type, and how she wanted to cook African food that Sandra would have been familiar with from meals with her family. Although Melanie was highly motivated to make Sandra feel at home, she was limited by a lack of prior and ongoing information specifically about Sandra. She felt unprepared and at times overwhelmed. At the start of the placement, Sandra was not permitted to visit her birth family at home because of a difficult relationship with her siblings. Instead, her mother would occasionally visit to plait Sandra's hair. Melanie was very happy to accommodate this. During these visits she learned much about Sandra's background through talking with the birth mother, which helped Melanie to make sense of Sandra's life and know better how to help her.

Placements made in haste with very little information at the outset can often mean that foster carers struggle to respond appropriately to behavioural issues (Khoo/Skoog 2014). One way in which Julie [foster mother] sought to address Michelle's emotional needs was to 'bridge the gap' between her birth family and her foster care family. Julie felt that the lack of contact with Michelle's family, particularly her father, impacted negatively on Michelle and advocated for more contact time with the birth family. Prior to the placement Michelle had not seen her father for over a year. Soon after the placement began contact was re-established and she regularly saw her dad. Michelle responded positively to time spent with her birth family and Julie recalled how contact with the father "worked very well and resulted in increased contact [with father] and had a positive effect on her."

> Julie continued that "[Michelle] identified with her dad, he really meant to the world to her... she started seeing him again when she first came to us... it was a positive thing- really boosted her self-esteem."

Julie's recognition of the importance, to Michelle, of her past life, such as contact with her father, was a significant step in Michelle's evaluation of herself in relation to the social world and affirming her legitimate place in society. However, whenever contact was missed, or stopped, this would be the catalyst for behavioural issues which would de-stabilise the placement. Towards the end of the placement, contact with Michelle's father ceased. In the absence of any social work support to re-establish a connection with her father and, desperate for Michelle to remain in contact with members of her extended birth family, Julie brokered arrangements for her to have days outs with her aunties to support her cultural and historical sense of belonging.

Embodied and geographical belonging – touch, surroundings, place

Belonging in the embodied and geographical sense, also termed spatial belonging, is integrally connected to place and feelings of home (Sumsion/Wong 2011). Neighbourhoods are important contexts for proximal belonging. In all of the four case studies the young people had been placed with foster families who lived in or nearby the same locality the children had previously been placed or lived with their birth families.

Apart from Mark's case, whose placement was selected for proximity to his school, we do not know whether location was a significant factor in selecting the foster carers, given that the children were generally initially placed as temporary emergency placements. It is likely that they were chosen because they were available, at short notice, to care for the children, but by placing the children there long-term they were able to continue attending the same schools and live in areas that were already familiar to them. Mark was the only one to be matched to his foster carer in a planned move to re-unite him with communities and places with which he was familiar. Detailed matching is often prevented due to a limited pool of foster families but social workers do prioritise proximity when placing a child. Across England as a whole, nearly two thirds (62%) of children in care are placed within the boundaries of their local authority, and those placed outside the boundary are not necessarily far from home (Narey/Owers 2018).

There was little in the accounts of foster carers to assess the role of the senses and in particular how touch was used. Stephen's foster mother, Mary, thought that restraining him had a positive impact. She said "I used to have to restrain him and it did work, it calmed him down. I think he like being held." This concurs with Steckley's (2012) work in residential care, which shows how restraint, which necessarily involves touch, can also have some, perhaps unintended, but nevertheless helpful therapeutic impacts. Proximity to familiar places, and the role of the senses in supporting belonging, are part of being connected to the social fabric of community and are under-explored in fostering research.

Supporting belonging, supporting foster carers

Belonging, in the accounts of foster carers interviewed for this study, is mostly focused on what they can do in their relationships and everyday lives, to help young people feel part of their families, schools and communities. In turn, foster carers are part of, or belong to, a system that aims to be a multi-disciplinary 'team around the child' (DfE 2013). Competent practice relies on competent systems (Peleman et al. 2018). Feeling supported is critical to the success of foster placements (Tonheim/Iversen 2018; Withington et al. 2016) and as such is an important indicator of how foster carers feel they belong in the system. In the next section we report on the ways study foster carers felt supported (or not) and include some reflections from social workers on the ways they intended to support foster carers to avoid placement disruption.

In the relevant regulations, foster care support and supervision are entwined: "foster carers receive the support and supervision they need in order to care properly for children placed with them" (DfE 2011; Standard 21). Support can be provided in various ways, such as information, emergency services, self-help groups and short breaks. One to one visits from supervising social workers are designed, in the Standards, to assess foster carers' competencies and skills. This suggests the supervisory role is more clearly defined (Cosis-Brown/Sebba/Luke 2014). Little detail is given about the kind of support relationship with the foster carer, and whether it is to be aimed at mentoring, advice giving, based on learning or modelling or designed to be therapeutic. The role of the relationship between the child's social worker and the foster carer is not mentioned in the Standards.

Study foster carers were asked how and in what ways they felt supported through the process of placement disruption. The formal process of disruption begins with a foster carer requesting the removal of a child, giving 28 days' notice to the local authority. A disruption meeting is held to try to collectively understand what happened and why. Meeting attendees include the foster carers, foster child, the supervising social worker and their manager, the child's social worker and their manager, an independent officer reviewing the case and any other relevant people.

In the current study, few accounts of placement disruption featured support from either supervising social workers or child social workers. There was an absence of intervention from children's social workers when difficulties arose in placements and a lack of acknowledgment, responsiveness and availability in times of crisis. This confirms findings in studies of placement stability (e.g., Norgate et al. 2012). A lack of support and follow up from social workers, often in combination with other factors such as challenging behaviour, can precipitate placement disruption (Angel/Blekesaune 2017; Brown/Bednar 2006; Khoo/Skoog 2014). Moreover, some studies argue that attention needs to be given to what constitutes support and how to provide it (Tonheim/Iversen 2018; Bergström et al. 2017; Randle et al. 2017).

Difficulties accessing timely support

Study foster carers' accounts were dominated by doing without support during times when the placement was at risk. They did not rely on practical support or resources from social workers to deal with the challenges that emerged. They persevered until it was clear that the placement could not succeed. For example, Mary, who resorted to restraining Stephen, recalled asking for help to manage his outbursts:

> "I always said that I needed proper training in safety restraint. It was recorded in all review meetings. I couldn't let him do these things. My supervising social worker, who quite frankly was useless, nice lady, but she was useless when it came to support. She said (the local authority) could not offer any training, because it's not their policy to restrain. So I said: 'You tell me what I'm going to do instead?' And this went on for years in the lead up (to the placement ending)."

Anna, reflected on her supervising social worker, said:

> "I don't suppose she was really a lot of support, apart from when she used to come round every six weeks and you could offload on what's going on."

Foster carers tolerated difficulties for months before signally that they wanted the child to leave. In Melanie's case, she tried to work with Sandra for over six months before requesting that she be found another placement. Melanie recalled early signs that the placement was not progressing in a positive way:

> "Sandra became increasingly more verbally bullying and ... she just was constantly blaming and not taking responsibility, and that got increasingly worse ... and in the end she started to push me about".

It was a further nine months before Sandra was moved. The initial notice given was ignored by social workers and Melanie described various tactics that were used to either stall the placement move or keep the child in the placement. Melanie said:

> "how can I put this ... when they have problems placing what they tend to do is start doing all sorts of meetings. So we had a couple of those and still she was here, and the physical stuff was getting worse".

When asked what support she received throughout this period Melanie said:

> "she [child social worker] at that time got [Sandra] to draw up an agreement with her about how she would behave, because she admitted what she was doing, she didn't deny it. And so we had this agreement and that kind of stretched [the placement] out a little bit longer but it didn't last."

Study foster carers could not access the support they felt they needed in cases where the placement was at risk. Procedures aimed at support were not followed, and foster carers felt isolated and not part of a team that shared responsibility for the fostered child. In some cases, the contact with supervising social workers was perceived as supervisory rather than supportive with little influence on the trajectory of the placement. Melanie was frustrated to find that:

> "Supervising social worker's visits involved telling them what's going on and they write it down and then they liaise with the (child) social worker and find out what's going on there and how the plan to move is going. But it just didn't seem to go (anywhere)."

Difficulties identifying what would help
There was a perception that effective support, the activity that enabled foster carers to feel they belonged to a team around a child, was difficult to identify. Foster carers had low expectations of the types of support social workers could offer during a crisis:

"There wasn't anything that they could sort of say well if we do this then that'll help. But I mean they did talk about support, but quite honestly in certain circumstances the kind of support that's needed … it's hard to put a finger on it, it's hard for them to actually see, it's hard for me. I mean what could I have said?" [Melanie – Foster Mother]

Melanie elaborated:

"You see people talk about support but what support are you talking about? Some children are so far out of it that nothing that is offered really helps. They will offer occasionally more money. Well more money's nice, but what are you going to do with it that helps the placement?"

An absence of articulation of effective support was linked to wider system failures and in particular to a lack a resources available within the local authority, which limited the provision of timely and responsive support. Julie commented that her social worker was

"under immense pressure, which affects how they respond in these situations – they don't want to hear it".

Similarly Anna thought that:

"When it comes to the nitty gritty of you know how difficult these placements are, the children we have are, they really can't support you other than to listen to you – what can they do?"

Mary, with 30 years of experiences as a foster carer, recalled how different things used to be, when face to face communication was more important than recording:

"There is a lot of paper work these days. Before they (social workers) would come and sit down and chat. They would make some notes, but generally you would have a conversation. These days they come with their laptops and iPad and they ask you questions and ask you to repeat your answers slowly because they have to type everything you say. What's the point of that? How is that support?"

Difficulties in identifying what would help reflect an under-developed support service, both in terms of what would actually help the placement succeed and in terms of financial resources for supervising social workers to spend time with foster carers on a human level.

Making things better

Reflecting on how social workers could better support them, foster carers talked about the professional relationship and the need for social workers to show empathy and work collaboratively. Melanie referred to the importance of this, particularly in regards to the absence of day to day support foster carers need to help manage challenging placements. She reflected that:

> "It needs social workers and supervising social workers to engage [with us] on a more human level as well as doing all the processes and the procedures and the other things – they need to start realising that some of the pressures that foster carers are under are extreme, and especially nowadays because things here with foster children are getting more and more and more difficult [in their behaviour]."

Study foster carers noted that foster children have increasingly complex needs, as a result of serious difficulties in their family lives, and possibly undiagnosed mental health conditions. Foster carers reported feeling alone and abandoned in dealing with the resulting externalising behaviours that are often a contributing factor to placement breakdowns. Mary recalled:

> "I said it when he was five that he needed therapeutic care, but it wasn't recognised by professionals until he was 16 years old. The don't see or don't want to see because it's [about] money".

Study foster carers claimed that what they needed most [at a time when practical resources are limited], is to feel a part of the network of care around the child and that they are not alone in their caring work. Melanie reflected that informal contact on a human level would be very welcome:

> "The process of social worker, they do their visits to the child … they talk to them, they talk to you … but sometimes it's like just [having] somebody ring up occasionally and say 'How's it going, how are you? Are you all right?' – Outside of the formal visits, that sort of thing".

[Not] Belonging to the system

In the cases of fostering disruption discussed here, foster carers appear isolated and lacking in support; they rarely appear integrated into, and a part of the wider system of children's care. Previous studies have highlighted the need for a more relationally focused child care system to address the issues undermining placement stability (Withington et al 2016). The current model of social worker–foster carer relationship lacks the connectedness needed to grow the positive regard and acknowledgement that Honneth (1995) sees as significant to nurturing a sense of belonging. Applying our framework of belonging to understand foster carers place within the system of children's social care and their experiences in the process of placement breakdown we have seen that their role lacks nurture in the here and now – they simply do not see supervising social workers often enough to develop meaningful relationships that deliver a shared commitment to the upbringing of that child. Neither do the temporal and proximity dimensions of the belonging framework apply. There was little sense of continuity of professional relationships over time, due to changes in social worker personnel, which resulted in the absence of a shared history and knowledge, not only of individual children, but of social care as a profession. And lastly, there was no sense of a network of collaborative care for looked after children based on neighbourhood or place. It may be that other dimensions of belonging, such as those conceptualised by Sumsion/Wong (2011), for example the political and legal dimensions, are equally relevant to analysing foster carers role within the social care system and the implications for the process of foster placement breakdown.

Data from a discussion group held with supervising social workers illuminated some of the complexity of the process of placement disruption from their point of view and some explanation of why foster carers may feel like outsiders.

Supervising social workers reported that placement disruption processes can occur over a long period, or can be abrupt, requiring a child to be moved urgently. Disruption meetings can be held either before or after the event, and serve to plan for or reflect on the disruption. Poor communication between both social workers and the foster carer can affect the disruption process. Once a child is placed and the immediate urgency regarding safety is passed, the focus moves away to other urgent cases. In emergency cases, foster carers are found on the basis of availability not suitability and lack of time inhibits finding out much about the child's past. One supervising social work manager explained that

> "Case files on a system only go back so far and social workers do not have time to dig around to uncover history and may not pick up on information readily available that could lead to incompatibility or difficulties further down the line, because this process is usually rushed".

Instead, social workers focus on the practicalities of making the placement run smoothly: helping the foster care with "the day-day logistics of looking after a child (school run etc) is what needs the most support to set the placement off on a good start". Practical matters such as ensuring a child can get to school and keep up with friends and social lives are important dimensions of proximal belonging, as well as helping reduce the burden of fostering on carers.

A picture emerges of fostering placements that are rushed, with little attention to the dimensions of belonging that would help the prospect of success.

The relational here and now is not planned for through matching, the temporal dimension is unknown through lack of time, and proximity is looked for but often happenstance.

While the system of having two social workers, one for the child and one for the foster carers is generally considered to work well, good communication and understanding of the others' perspective is necessary to ensure foster carers are not caught between two parts of the system. Study social workers believed different interpretations of the child easily emerged among professionals with different roles. Rather than the foster carer's perspective, which comes from everyday life together with children, the child's social worker interprets the child

> "based on a moment, so they are seeing the child's behaviour in that moment and justifying it, and that makes it challenging for carers. Equally the supervising social worker interprets their carer's behaviour in that moment and justify it also. Therefore, we're not seeing it from the other's viewpoint." [supervising social worker]

While the supervising social worker might see the foster carer as a "positive parent", the child social worker might see

> "the child through negative experiences they want to safeguard – which means they agree with child and rarely question them. Safeguarding is not a holistic process." [supervising social worker]

Conclusion

Through this small-scale study of foster carers' narratives and social workers perceptions around placement breakdown we can see that often, actual events do not follow the steps outlined in official procedures and regulations. In the cases discussed, of premature endings, there had been little sense of advance planning which meant foster carers knew little about the children they were looking after. Although they worked hard at developing caring and empathic relationships and helping young people feel part of their families in the here and now, the sense that they could not really know the children and the contexts of their lives prior to that first day, pervaded accounts. Second, because foster carers were highly committed, they did not want to give up, and persevered for considerable periods of time even when the relationship was difficult. Third, they reported a lack of practical support from social workers, which may be linked to not discussing emergent difficulties with foster children, or not having their difficulties responded to. Fourth, when they did give notice that the placements needed to terminate early, this did not necessarily mean that they did do in a timely way. Fifth, the roles and responsibilities of, and communications between, foster carers, supervising social workers and child social workers appeared to be muddled, with much scope for further collaborative practice. Rostill-Brookes et al. (2011) discusses foster carers' reluctance to ask for help for fear of being judged; in our study we saw that foster carers believed little practical and meaningful help would be forthcoming or effective, which deterred them asking, and so crises erupted. The wider system of a team around the child is highly complex to navigate, with both acute resource pressures and lack of attention to how the system is perceived by the various actors, with the result that responsibility for difficulties in fostering is often placed at another's door.

Applying a three dimensional belonging framework to the data reported by foster carers and social workers illuminated these system deficiencies. In the cases reported, and the perceptions of foster carers and social workers, it was rare for belonging to hold priority. Children rarely belonged to foster carers and foster carers rarely felt they belonged to the wider team around the child. Social workers and foster carers could have different, perhaps conflicting, perceptions of the task in hand. The system of foster care appeared to have little 'glue' to tie the various participants to a single vision of what was supposed to be happening to looked after children.

However, belonging, in the relational, temporal and proximal dimensions used here, holds the potential to be an all-round framework indicator, similar to subjective wellbeing (Selwyn et al. 2017) but broader in its outlook, with spatial, legal, ethical and political dimensions as well as relational and cultural ones. Belonging ties to the fostering standards' value statement about the rights of children to an "enjoyable childhood", accessing a "wide range of opportunities" and living in a "loving environment" (DfE 2011, p. 3) and so could be developed and adopted as way to express high quality fostering. The changes needed to address issues of placement breakdown are dependent upon shifts in practice and culture led at a system level.

Acknowledgements

The authors are very grateful to the study participants who gave up their time and offered their expertise.

References

Andersson, G. (2009): Foster children: a longitudinal study of placements and family relationships. In: International Journal of Social Welfare, 18(1), pp. 13–26.

Angel, B. Ø./Blekesaune, M. (2017): Placement characteristics and stability: a longitudinal analysis of Norwegian children in foster homes. In: Child & Family Social Work, 22(1), pp. 236–245.

Baginsky, M./Gorin, S./Sands, C. (2017): The fostering system in England: Evidence. © Quest Research and Evaluation Ltd https://bettercarenetwork.org/sites/default/files/The_fostering_system_in_England_Evidence_review.pdf

Bergström, M./Cederblad, M./Håkansson, K./Jonsson, A. K./Munthe, C./Vinnerljung, B./Sundell, K. (2019): Interventions in Foster Family Care: A Systematic Review. Research on Social Work Practice. Published online February 2019. https://doi.org/10.1177/1049731519832101

Biehal, N. (2014): A sense of belonging: Meanings of family and home in long-term foster care. In: British Journal of Social Work, 44(4), pp. 955–971.

Biehal, N./Baker, C./Sinclair, I. (2010): Belonging and Permanence: Outcomes in long-term foster care and adoption. London: The British Association for Adoption and Fostering.

Boddy, J./Statham, J./Susan, M.Q./Petrie, P./Owen, C. (2009): Working at the 'Edges' of Care? – European Models of Support for Young People and Families. http://sro.sussex.ac.uk/39327/1/workingatheedgesofcare.pdf

Boddy, J. (2013): Understanding permanence for looked after children: A review of research for the care inquiry. http://sro.sussex.ac.uk/44711/1/Boddy_2013_Understanding_Permanence.pdf

Bowlby, J. (1951): Maternal care and mental health. World Health Organization Monograph (Serial No. 2).

Brooker, L. (2014): Making this my space: Infants' and toddlers' use of resources to make a day care setting their own. In: Lived Spaces of Infant-Toddler Education And Care. Dordrecht: Springer, pp. 29–42.

Brown, J.D./Bednar, L.M. (2006): Foster parent perceptions of placement breakdown. In: Children and Youth Services Review, 28(12), pp. 1497–1511.

Care of Children Committee/Curtis, M. (1946): Report of the care of children committee. HM Stationery Office.

Cameron, C./Reimer, D./Smith, M. (2015): Towards a theory of upbringing in foster care in Europe. In: European Journal of Social Work 19(2), pp. 152–170.

Cameron, C./Connelly, G./Jackson, S. (2015): Educating Children and Young People in Care: Learning Placements and Caring Schools. London: Jessica Kingsley Publishers.

Cosis-Brown, H./Sebba, J./Luke, N. (2014): The role of the supervising social worker in foster care: an international literature review. University of Oxford.

Department for Education (2011): Fostering Services: National Minimum Standards https://assets.publishing.service.gov.uk/government/uploads/system/uploads/attachment_data/file/192705/NMS_Fostering_Services.pdf

Department for Education (2013): Improving Permanence for Looked After Children, available at https://assets.publishing.service.gov.uk/government/uploads/system/uploads/attachment_data/file/245513/consultation_document.pdf

Department for Education (2017): Children looked after in England including adoption: 2016 to 2017, https://www.gov.uk/government/statistics/children-looked-after-in-england-including-adoption-2016-to-2017

Department for Education (2018): National Statistics Fostering in England 2016 to 2017, available at: https://www.gov.uk/government/publications/fostering-in-england-1-april-2016-to-31-march-2017/fostering-in-england-2016-to-2017-main-findings. Accessed 1 September 2018

Dickson, K./Sutcliffe, K./Gough, D./Statham, J. (2010): Improving the Emotional and Behavioural Health of Looked after Children and Young People. London: Centre for Educational Outcomes.

Glaser, B./Strauss, A. (1967): The Discovery of Grounded Theory: Strategies for Qualitative Research. New Brunswick: Aldine Transaction.

Hedin, L. (2014): A sense of belonging in a changeable everyday life – a follow-up study of young people in kinship, network, and traditional foster families. In: Child & Family Social Work 19(2), pp. 165–173.

HM Government: The Children Act 1989. Guidance and Regulations Volume 4: Fostering Services.

Honneth, A. (1995): The Struggle for Recognition: The Moral Grammar of Social Conflicts, Cambridge: Polity Press.

Khoo, E./Skoog, V. (2014): The road to placement breakdown: Foster parents' experiences of the events surrounding the unexpected ending of a child's placement in their care. In: Qualitative Social Work, 13(2), pp. 255–269.

Leathers, S. J. (2006): Placement disruption and negative placement outcomes among adolescents in long-term foster care: The role of behavior problems. In: Child Abuse & Neglect, 30(3), pp. 307–324.

Macaskill, C. (2002): Safe contact?: Children in permanent placement and contact with their birth relatives. Russell House Pub Ltd.

Maslow, A. H. (1943): A theory of human motivation. In: Psychological review, 50(4), p. 370.

May, V. (2017): Belonging from afar: nostalgia, time and memory. In: The Sociological Review, 65(2), pp. 401–415.

May, V. (2011): Self, belonging and social change. In: Sociology, 45(3), pp. 363–378.

McDermid, S./Holmes, L./Kirton, D./Signoretta, P. (2012): The demographic characteristics of foster carers in the UK: Motivations, barriers and messages for recruitment and retention. https://dspace.lboro.ac.uk/dspace-jspui/bitstream/2134/11975/3/Foster%20Carer%20Demographics%20report_23_MAY_2012_FINAL.pdf

McGrath-Lone, L. (2017): Using longitudinal administrative data to characterise the use of out-of-home care among looked after children in England (Doctoral dissertation, UCL (University College London). http://discovery.ucl.ac.uk/10038396/1/Thesis%20for%20deposit%20LMcGL.pdf

McGrath-Lone, L./Harron, K./Dearden, L./Gilbert, R. (2018): Exploring longitudinal care histories for looked after children: a sequence analysis of administrative social care data. In: International Journal of Population Data Science, 3(2).

Miller, L. (2003): Belonging to country—a philosophical anthropology. In: Journal of Australian Studies, 27(76), pp. 215–223.

Moyers, S./Farmer, E./Lipscombe, J. (2005): Contact with family members and its impact on adolescents and their foster placements. In: British Journal of Social Work, 36(4), pp. 541–559.

Munro, E. (2011): The Munro review of child protection: final report, a child-centred system (Vol. 8062). The Stationery Office.

Munro, E./Hardy, A. (2006): Placement stability: a review of the literature. Loughborough University. Report. https://hdl.handle.net/2134/2919

Narey, M./Owers, M. (2018): Foster Care in England. Department for Education. http://dera.ioe.ac.uk/31062/1/Foster_Care_in_England_Review.pdf

Norgate, R./Warhurst, A./Osborne, C./Traill, M./Hayden, C. (2012): Social workers' perspectives on the placement instability of looked after children. In: Adoption & Fostering, 36(2), pp. 4–18.

Ofsted (2017): National Statistics Fostering in England 2016 to 2017: main findings. https://www.gov.uk/government/publications/fostering-in-england-1-april-2016-to-31-march-2017/fostering-in-england-2016-to-2017-main-findings#children-and-young-people

Peleman, B./Lazzari, A./Siarova, H./Budginaite, I./Hauari, H./Peeters, J./Cameron, C. (2018): Continuing Professional Development and ECEC Quality: Findings from a European Systematic Literature Review. European Journal for Education on Continuous Professional Development. DOI: 10.1111/ejed.12257

Randle, M./Ernst, D./Leisch, F./Dolnicar, S. (2017): What makes foster carers think about quitting? Recommendations for improved retention of foster carers. In: Child & Family Social Work, 22(3), pp. 1175–1186.

Riggs, D.W./Augoustinos, M./Delfabbro, P.H. (2009): Role of foster family belonging in recovery from child maltreatment. In: Australian Psychologist, 44(3), pp. 166–173.

Riley, K.A./Coates, M./Martinez, S.P. (2018): Place and Belonging in Schools: Unlocking Possibilities. Published by UCL Institute of Education.

Ritchie, J./Spencer, L./Bryman, A./Burgess, R.G. (1994): Analysing qualitative data. London: Routledge.

Rock, S./Michelson, D./Thomson, S./Day, C. (2013): Understanding foster placement instability for looked after children: A systematic review and narrative synthesis of quantitative and qualitative evidence. In: British Journal of Social Work, 45(1), pp. 177–203.

Rostill-Brookes, H./Larkin, M./Toms, A./Churchman, C. (2011): A shared experience of fragmentation: Making sense of foster placement breakdown. In: Clinical Child Psychology and Psychiatry 16(1), pp. 1–25.

Samrai, A./Beinart, H./Harper, P. (2011): Exploring foster carer perceptions and experiences of placements and placement support. In: Adoption & Fostering, 35(3), pp. 38–49.

Schofield, G./Ward, E./Biggart, L./Scaife, V./Dodsworth, J./Larsson, B./Haynes, A./Stone, N. (2014): Looked after children and offending: Reducing risk and promoting resilience. London: BAAF.

Sebba, J./Berridge, D./Luke, N./Fletcher, J./Bell, K./Strand, S./O'Higgins, A. (2015): The educational progress of looked after children in England: linking care and educational data. University of Oxford Department of Education/University of Bristol.

Wood, M./Selwyn, J. (2017): Looked after children and young people's views on what matters to their subjective well-being. In: Adoption and Fostering 41(1), pp. 20–34.

Sen, R./Broadhurst, K. (2011): Contact between children in out-of-home placements and their family and friends networks: A research review. In: Child & Family Social Work, 16(3), pp. 298–309.

Sinclair, I./Wilson, K./Gibbs, I. (2005): Foster placements: why they succeed and why they fail. London: Jessica Kingsley Publishers.

Sinclair, I. (2005): Foster Children: Where they go and how they get on. London: Jessica Kingsley Publishers.

Smith, M./Cameron, C./Reimer, D. (2017). From Attachment to Recognition for Children in Care. In: The British Journal of Social Work, 47(6), pp. 1606–1623. doi:10.1093/bjsw/bcx096

Steckley, L. (2012): Touch, Physical Restraint and Therapeutic Containment in Residential Child Care. In: British Journal of Social Work, 42(3), pp. 537–555

Stratigos, T./Bradley, B./Sumsion, J. (2014): Infants, family day care and the politics of belonging. In: International Journal of Early Childhood, 46(2), pp. 171–186.

Strauss, A./Corbin, J. (1998): Basics of Qualitative Research Techniques and Procedures for Developing Grounded Theory (2nd edition). London: Sage.

Social Exclusion Unit (2003): A better education for children in care London: The Stationery Office,

Sumsion, J./Wong, S. (2011): Interrogating 'belonging' in belonging, being and becoming: The early years learning framework for Australia. In: Contemporary Issues in Early Childhood, 12(1), pp. 28–45.

The Fostering Network (2016): State of the Nation's Foster Care 2016 – Impact report. https://www.thefosteringnetwork.org.uk/sites/www.fostering.net/files/content/2016stateof thenationsfostercareimpactreport.pdf

The Fostering Network (2017): National Fostering Stocktake https://www.thefosteringnetwork.org.uk/sites/www.fostering.net/files/content/thefosteringnetworksubmissiontonationalfosteringstocktake.pdf

Thoburn, J./Rowe, J. (1991): Survey findings and conclusions. In: Fratter, J./Rowe, J./D. Sapsford, D./Thoburn, J.: Permanent family placement: A decade of experience. London: BAAF.

Tonheim, M./Iversen, A.C. (2018). "We felt completely left to ourselves." Foster parents' views on placement disruption. In: Child & Family Social Work, 24, pp. 90–97.

Triseliotis, J. (2002): Long-term foster care or adoption? The evidence examined. In: Child & Family Social Work, 7(1), pp. 23–33.

Triseliotis, J./Borland, M./Hill, M. (2000): Delivering foster care. London: British Agencies for Adoption and Fostering.

Ward, H./Skuse, T. (2001): Performance targets and stability of placements for children long looked after away from home. In: Children & Society, 15(5), pp. 333–346.

Ward, H. (2009): Patterns of instability: Moves within the care system, their reasons, contexts and consequences. In: Children and Youth Services Review, 31(10), pp. 1113–1118.

Withington, T./Burton, J./Lonne, B./Eviers, A. (2016): Carer perspectives of factors affecting placement trajectories of children in out-of-home care. In: Children and Youth Services Review, 65, pp. 42–50.

Yuval-Davis, N. (2006): Belonging and the politics of belonging. Patterns of prejudice, 40(3), pp. 197–214.

Perspektiven aus der Praxis auf die Forschungsresultate des Projektes „Unerwartete Abbrüche von Pflegeverhältnissen im Kindes- und Jugendalter"

Franziska Frohofer und Stephan Scharfenberger

Einleitung

Die in diesem Band vorliegenden Forschungsergebnisse der Studie „Abbrüche von Pflegeverhältnissen im Kindes- und Jugendalter" haben uns einerseits in ihrer Eindeutigkeit erstaunt und aufgerüttelt sowie andererseits bestärkt, die daraus hervorgehenden Impulse vermehrt und gezielt für die Praxis zu reflektieren und anzuwenden.

Im folgenden Artikel werden wir einige für uns bedeutsame Kernaussagen der Forschung herausgreifen und aus unseren Erfahrungen in Bezug auf die Pflegekinderhilfe vertiefen, anreichern und weiterdenken. Wir zeigen einige Möglichkeiten und Handlungsansätze auf, welche Akteure und Akteurinnen anwenden können. Wir fokussieren dabei auf die Hauptbeteiligten: Pflegeeltern, Sozialarbeitende, die Pflegeverhältnisse begleiten sowie Beiständinnen und Beistände. Dies im Bewusstsein, dass auch Therapeutinnen und Therapeuten, Kinderanwältinnen und -anwälte, Vertrauenspersonen, Sozialämter, Nachbarschaft und erweiterte Familienangehörige, Peers, Pflegeplatzaufsicht, Pädagogen und Menschen, welche die Freizeit der Pflegekinder mitgestalten, einen wesentlichen Anteil für das Gelingen eines Pflegeverhältnisses haben.

1. Forschungsbefund: Partizipation als Schlüssel zur Entwicklung des Pflegekindes

Bombach und Reimer (in diesem Band) zeigen, dass die Bedürfnisse der Pflegekinder zu oft übergangen werden, auch wenn sie sich zu Wort melden. Nicht überraschend wählen die Kinder dann in Krisen andere Wege, um Wirkung zu erzeugen: Sie „tun blöd", setzen sich über Regeln hinweg, gefährden sich selber, kommen mit dem Gesetz in Konflikt. Die Autorinnen weisen darauf hin, Verhaltensschwierigkeiten von Pflegekindern unter diesem Blickwinkel zu betrachten. Werden Kinder beteiligt, so eröffnet ihnen dies Möglichkeiten, Schwierigkeiten anzusprechen und sich Gehör zu verschaffen.

Aus der Sicht der Praxis: Bis Kinder in eine Pflegefamilie kommen, haben sie oft und über längere Zeit Situationen erlebt, in denen ihre kindlichen Grundbedürfnisse nur unzureichend befriedigt wurden. Dazu können auch schwierige Erfahrungen von Selbstwirksamkeit und altersgerechter Beteiligung gehören. Die Kinder passen sich solch ungünstigen Umständen häufig an, oft auf Kosten ihrer altersgerechten Entwicklung. Wenn die Kinder schliesslich in Pflegefamilien kommen, geht es für sie vorerst wieder um Anpassung, nämlich jetzt an das Leben in der Pflegefamilie.

Kinder partizipieren lassen, statt Anpassung zu fördern

Die Anpassungsleistungen, die Pflegekindern durch ihre Lebensumstände abverlangt werden, können zu Überanpassungen führen. Pflegeeltern und Fachpersonen interpretieren Überanpassung aber nach wie vor gerne als die Folge guter fachlicher Pflegeplatzentscheidungen sowie guter Betreuung und Erziehung der Kinder durch die Pflegeeltern. Der scheinbare Erfolg der Massnahme versperrt den Blick auf das, was – nicht nur in den ersten Phasen des Pflegeverhältnisses – pädagogisch dringend notwendig wäre, nämlich die Förderung der Selbstwirksamkeitserfahrungen und der Partizipation des Kindes.

Überanpassungen haben einen hohen Preis: Das Kind lernt nicht, darauf zu vertrauen, dass seine Bedürfnisse gesehen und ernst genommen werden und seine Beteiligung etwas bewirken kann. Wenn es mit der Anpassung dann aber nicht mehr klappt, sind sowohl die Kinder wie die Erwachsenen überfordert.

Eine Kultur der Selbstwirksamkeit und Beteiligung aufbauen

Kinder haben Partizipationsrechte. Sie müssen miteinbezogen werden, wenn sie von Entscheidungen betroffen sind. Die Platzierung in eine Pflegefamilie ist für das betroffene Kind und seine Eltern ein besonders schwerwiegender Entscheid. Erwachsene unterschätzen häufig die Fähigkeiten des Kindes, sich in Fragen, die es betreffen, eine Meinung zu bilden und Wünsche zu formulieren. Es wird häufig über die Köpfe der Kinder hinweg entschieden und ihnen damit eine wichtige Erfahrung von Beteiligung vorenthalten. Deshalb ist es nicht erstaunlich, wenn Pflegekinder ihre Bedürfnisse oder ihr Unwohlsein im Verlaufe einer Pflegeplatzierung mit Verhaltensschwierigkeiten äussern.

Damit Kinder lernen, sich Gehör zu verschaffen, braucht es viel Vorarbeit. In der Wissenslandschaft Fremdplatzierung (www.wif.swiss) wird gefordert: „Damit das Recht der Betroffenen auf Mit- und Selbstbestimmung und persönliche Entfaltung eingelöst wird, müssen Platzierungs- und Betreuungsprozesse durch eine umfassende Kultur der Beteiligung und Mitbestimmung geprägt sein". Wie könnte eine solche Kultur aussehen? Was bedeutet das für den pädagogischen Alltag?

Den Alltag für Erfahrungen von Selbstwirksamkeit nutzen

Sich als selbstwirksam zu erleben, ist ein zentraler Bestandteil kindlicher Lern- und Sozialisationsprozesse. Partizipation setzt Selbstwirksamkeitserfahrungen voraus und ermöglicht gleichzeitig neue Erfahrungen von Selbstwirksamkeit. In qualitativ guten Kindertagesstätten gehören daher Partizipation und die Ermöglichung von Selbstwirksamkeitserfahrungen zum pädagogischen Konzept.

Im Alltag von Pflegefamilien gibt es unzählige Gelegenheiten, bei denen ein Kind sich selbstwirksam erfahren kann. Wichtig ist, dass Pflegeeltern diese alltäglichen Situationen als Chancen für das Kind erkennen und ihr pädagogisches Handeln entsprechend ausrichten. Denn sie begleiten Kinder, deren erste Erfahrungen oft gerade nicht von Selbstwirksamkeit und von Beteiligung geprägt sind. Bis die schwierigen Vorerfahrungen der Pflegekinder überschrieben und die Kinder diesbezüglich „nachgereift" sind, braucht es viel Zeit und Geduld. Beginnen lässt sich im Kleinen, zum Beispiel am Familientisch. Fragt man Eltern nach ihren Werten und Spielregeln im Zusammenhang mit Essen, wird es interessant, denn die Selbstbestimmung der Kinder wird dabei oft sehr eingeschränkt.

Exemplarisch dafür steht, dass vielen Kindern nicht zugetraut wird, sich die Speisen aus dem von den Eltern angebotenen Essen selber auszuwählen. Ebenso vertrauen Erwachsene zu wenig darauf, dass Kinder selber regulieren (lernen) können, wie viel Essen sie brauchen. Während die Erwachsenen kleine Kinder beim Gehenlernen ermuntern und sie nicht kritisieren, wenn sie dabei hinfallen, sind sie beim Essen weniger tolerant für Versuch und Irrtum der Kinder.

Pflegekinder haben, was die Ernährung betrifft, oft in prekären Situationen gelebt. Selbstregulation beim Essen kann nicht lernen, wer zu einseitiges Essen bekommt oder in sehr angespannten Situationen essen muss. Gerade für diese Kinder ist es besonders wichtig, in einem wertschätzenden Rahmen und mit präsenten Erwachsenen ihre persönlichen Erfahrungen mit Essen, mit Düften und Geschmäckern und mit ihrem Sättigungsgefühl machen zu können. Genauso wichtig ist, dass sie mitentscheiden können, was sie essen. Und dies ohne Druck und ohne Manipulation, sondern mit respektvoller, unterstützender Begleitung.

Erfahrungen von Selbstwirksamkeit in den Übergängen ermöglichen

Die Forschung zu Abbrüchen von Pflegeverhältnissen zeigt, dass Übergänge oft nicht oder nur wenig gestaltet sind (vgl. zum Beispiel Stohler/Werner in diesem Band). Es fehlt die Orientierung über Abläufe und es mangelt an Ritualen, wenn es zum Abbruch kommt. Ähnlich sieht es oftmals beim Beginn von Pflegeverhältnissen aus. Aus der Not heraus – oder dem mangelnden Bewusstsein für die Wichtigkeit der Übergangsgestaltung – finden die Übergänge oft sehr schnell statt.

Es ist wichtig, speziell auf die Gestaltung der Übergänge zu achten, denn Pflegekinder bringen vielfach bereits belastende Vorerfahrungen mit Übergängen mit. Abrupte Trennungen von Bezugspersonen, unerwartete Wechsel von Örtlichkeiten und Gewohnheiten können zu Situationen von Ohnmacht und Hilflosigkeit führen. Das beeinflusst zukünftige altersspezifische Übergänge: Für Pflegekinder können zum Beispiel die Übergänge von Schulstufe zu Schulstufe zu grösseren Herausforderungen werden als für andere Kinder. Zudem wird das Pflegekind durch weitere Übergänge gefordert, die leiblichen Kindern nicht zugemutet würden: Von der Pflegefamilie in die Herkunftsfamilie und wieder zurück in die Pflegefamilie oder von der Pflegefamilie in eine Entlastungsfamilie, in der das Kind gelegentlich Wochenenden verbringt, und von dort direkt ins Sportlager usw.

Übergänge sind nicht nur das Hier und das Dort, sondern ebenso das Dazwischen, nämlich die Brücke zwischen dem Hier und dem Dort. Über diese Brücke zu gehen, auf die eine und dann wieder auf die andere Seite, löst bei Pflegekindern nicht selten Krisen aus in Form von Aggression, Verweigerung oder Regression auf eine frühere Altersstufe. Oft werden die Schwierigkeiten dann dem „Dort" zugeschrieben und der Verdacht wächst von Mal zu Mal, auf der anderen Seite der Brücke sei etwas nicht in Ordnung.

Hier lohnt sich der Blick auf den Übergang selbst. Wer selber nicht schwindelfrei ist, weiss was es bedeutet, über eine Hängebrücke zu gehen. Es braucht grosse Überwindung und Unterstützung. Vielleicht hilft ein vertrauter Mensch vor und hinter sich oder eine Art Talisman in der Hand. Wenn Kinder Übergänge bewältigen müssen, ist eine gute vorgängige Orientierung des Kindes einerseits und das Erleben von Partizipation andererseits wichtig. Die Reise zum anderen Ort kann mit dem jungen Kind im Voraus gespielt werden. Ein „Fotoroman" kann die Menschen und Stationen zeigen, denen das Kind dabei begegnet. Zusätzlich zur besseren Orientierung soll das Kind im Übergang selbstwirksam sein können. So macht es für das Kind einen Unterschied, ob es mit einer Tasche Ersatzkleider ins Auto gesetzt, angegurtet und zum Besuch bei der Mutter gefahren wird oder ob es sein Lieblingskuscheltier und sein Lieblingspyjama auswählt, selber ins Auto steigt, sich selber angurtet und die Musik für den Weg selber aussucht. Selbst etwas bewirken können in Übergängen, auch wenn es nur etwas Kleines ist, bewahrt vor Hilflosigkeit und Ohnmacht. Das stärkt das Kind in seiner Selbstwirksamkeitserfahrung.

Vom Tag in die Nacht und von der Nacht in den Tag, von zu Hause in die Schule und von der Schule wieder nach Hause: Die scheinbar kleinen, alltäglichen Übergänge sind für Kinder oft anspruchsvoll. Aber sind sie das nicht auch für uns Erwachsene?

In Pflegefamilien sind gerade die kleinen Übergänge oft störungs- und konfliktanfällig und belasten den Familienalltag. „Übergangskompetenter" werden Pflegekinder durch die Erfahrung der Selbstwirksamkeit als Folge von gelungener Partizipation. Besonders hilfreich erweist sich, wenn Pflegekinder gut orientiert sind, was sich wann abspielt, und sie nicht „überfallen" werden von Aufforderungen gestresster und vielbeschäftigter Erwachsener. Oft brauchen Pflegekinder mehr Begleitung und Präsenz als andere Kinder, um zum Beispiel auf den Schulweg zu gehen. Dabei bedeutet dies gerade nicht, dem Kind alles abzunehmen, sondern da zu sein und emotional präsent zu sein. So entsteht im Kind über die Zeit das Vertrauen, dass es den Übergang schafft. Die regelmässigen, natürlichen Übergänge des Alltages sind also wichtige Felder für Selbstwirksamkeitserfahrungen.

Mit Biografiearbeit eine Grundlage für Beteiligung schaffen

Eine wichtige Voraussetzung für Partizipation fehlt noch. „Wer nicht weiss, woher er kommt, weiss auch nicht, wohin er geht", sagt ein Sprichwort. Biografiearbeit hilft Pflegekindern, ihre Lebenssituation zu verstehen. Dieses Verständnis ermöglicht dem Pflegekind, sich „informiert" an Entscheidungen zu beteiligen, die es direkt betreffen wie zum Beispiel die Regelung von Besuchskontakten oder die Frage, ob sein Lebensmittelpunkt in der Pflegefamilie bleibt oder ob es in die Herkunftsfamilie zurückkehrt.

Kinder wissen oft wenig darüber, warum sie in einer Pflegefamilie leben. Das Wissen um die eigene Geschichte leistet einen konstruktiven Beitrag zum Selbstbild des Kindes. Die Frage „Warum kann ich nicht bei meinen Eltern aufwachsen?" muss beantwortet sein, und zwar so, dass das Kind sich gesehen, wertvoll und verbunden fühlt. Hat ein Kind auf diese Frage keine oder ungenügende Antworten erhalten, wird es sich möglicherweise als schuldig oder nicht liebenswert erleben oder sich verantwortlich dafür machen, wie es seinen Eltern oder vielleicht sogar wie es seinen Pflegeeltern geht.

Biografiearbeit erfolgt mit dem Kind zusammen. Sie berücksichtigt sein Tempo und seine Interessen. Sie beinhaltet nicht einfach Fakten, welche die Geschichte des Pflegekindes aufdecken, sondern sie ist immer die gemeinsame respektvolle Einbettung seiner Geschichte in die Geschichte seiner Familie mit ihren Belastungen und mit ihren Ressourcen. Dadurch lernt das Kind seine Vergangenheit mit der Gegenwart und seinem Selbstbild zu verknüpfen.

Ziel der Biografiearbeit ist die Stärkung und die Stabilisierung des Kindes als einzigartiges Wesen, mit dem, was ihm seine Eltern mitgegeben haben und dem, was ganz ihm eigen ist. Biografiearbeit hilft ihm auch zu verstehen, was die Aufgaben und die Rollen seiner Eltern und der Pflegeeltern sind. Sie schafft eine innere biografische Landkarte für vertraute und sichere Landschaften, für noch wenig bekannte Territorien und für riskante Gebiete.

Dokumente, die seine Geschichte bezeugen und illustrieren, wie zum Beispiel ein Lebensbuch, bilden die äussere Landkarte, die das Kind bei Bedarf konsultieren kann, um sich in der Vergangenheit und in der Gegenwart zu orientieren. Erst jetzt kann das Kind eigenständig bei der „Reiseplanung" partizipieren.

Eine eigentliche Pflegekinderpädagogik entwickeln

Eine gute Pflegekinderpädagogik basiert auf einer durchgängigen Kultur der Beteiligung. Beim Essen entscheiden, was man mag, selbstwirksam sein bei den kleinen und grossen Übergängen, die Wahrheit über seine Herkunft kennen: Das sind nur ein paar Möglichkeiten, wie bereits ganz kleine Kinder Partizipation lernen können, wenn sie darin feinfühlig begleitet werden.

Selbstwirksamkeit und Beteiligung sind Lernprozesse über die ganze Zeit des Aufwachsens hinweg. Irrtümer und Fehler von Jugendlichen bei grösser werdender Selbstverantwortung wie dem Umgang mit Geld, Genussmitteln und Ausgang lassen sich nicht vermeiden, sondern sind Teil dieses Prozesses. Wichtig ist, dass die Erwachsenen die Nerven behalten, beharrlich bleiben und sich gegenseitig und das Pflegekind unterstützen. Das heisst auch, an jugendliche Pflegekinder nicht die grösseren Anforderungen zu stellen als an leibliche Kinder: Wie zum Beispiel: „Es geht nicht an, dass ein Pflegekind kifft, diese Verantwortung können wir nicht tragen, da braucht es eine Institution". Wer Selbstwirksamkeit und Partizipation von Anfang an gefördert hat, kann zuversichtlich sein, dass das Kind auch in den neuen Lebensbereichen „gehen lernt".

2. Forschungsbefund: Pflegekinder wollen ihre Zugehörigkeiten wählen

Sicht aus der Praxis: Wie in verschiedenen Beiträgen in diesem Band dargelegt wird, äussern Pflegekinder deutlich und dringlich ihre Bedürfnisse nach Zugehörigkeit bzw. Nicht(-mehr-)zugehörigkeit. Sie wollen ihre Zugehörigkeit selber wählen, sie wünschen aufgenommen und angenommen zu sein, sie möchten sich wohl und „zu Hause" fühlen. Diese Zugehörigkeit bzw. die Sicherheit dazuzugehören testen sie, manchmal in einer Art und Weise, die ihr Umfeld herausfordert und an die Grenzen bringt.

Zugehörigkeit und Normalität wollen

Die befragten Pflegekinder verbinden Zugehörigkeit meistens mit Normalität, nämlich ein „normales Kind" oder ein Mitglied einer „normalen, richtigen" Familie zu sein. Sie erwähnen indessen unterschiedliche Zugehörigkeitsvorstellungen: Sich einem einzigen, sich mehreren oder sich keinem elterlich-familiären System oder sich einem Peergruppensystem zugehörig zu fühlen. Auch hier ist ihnen die selbstbestimmte Wahl wichtig. Etliche Pflegekinder wünschen dennoch auf der Suche nach Zugehörigkeit unterstützt zu werden, generell, oder spezifisch bei den Übergängen zwischen Systemen (zum Beispiel zwischen Herkunfts- und Pflegefamilie) oder damit sie nicht den Spannungsfeldern ihrer Systeme ausgesetzt sind.

Zugehörigkeit als Aushandlungsprozess gestalten

Pflegekinder haben unterschiedliche Bedürfnisse bezüglich Zugehörigkeit. Im Gegensatz dazu vertreten gemäss unseren Erfahrungen viele Pflegeeltern, die meisten Herkunftseltern und etliche Fachleute eindimensionalere und eigenmächtigere Vorstellungen von Zugehörigkeit. Sie fordern zum Beispiel ein, dass sich das Pflegekind zu den pflegefamiliären oder herkunftsfamiliären Werten bekennt und anpasst. Oder Professionelle interpretieren einen Loyalitätskonflikt oder eine Bindungsstörung, wenn das Kind mehrfache oder wechselnde Zugehörigkeiten lebt. Dabei bedenken Erwachsene oft zu wenig, dass Zugehörigkeit und Normalität verschiedene, wechselnde Facetten haben können. Durch gelebten Alltag, mittels gegenseitiger Interaktionen und mittels wechselseitigen Bezogenheiten, entsteht Zugehörigkeit und die damit verbundene vertrauensvolle Gewissheit. Familienzugehörigkeit ist ein gegenseitiger, partizipativer Aushandlungs- und kontinuierlicher Schaffensprozess. Solches zeigt sich u. a. deutlich in engeren oder loseren Zugehörigkeiten nach einem Austritt aus der Pflegefamilie (vgl. die Beiträge von Wolf sowie von Stohler/Werner in diesem Band). So können nach hart erlebten Trennungen Kontakte und Zugehörigkeitsgefühle zu einzelnen Pflegefamilienmitgliedern bestehen, sich neu beleben oder werden vom oder zum Pflegekind nach einiger Zeit wiederaufgenommen.

Unsichere, manchmal wechselseitig unausgewogene Zugehörigkeits- und Normalitätsbalancen können beim Pflegekind u. a. folgende Phänomene hervorrufen: Den Kontakt zum Herkunftssystem nicht pflegen wollen, sich nicht ganz heimisch fühlen in der Herkunfts- oder Pflegefamilie, sich in der Schule anders oder als Aussenseiterin/Aussenseiter bewegen und empfinden, keine Stellung beziehen bei gegensätzlichen Normen verschiedener Systeme oder wenn sich Bezugspersonen streiten.

Empfundene Zugehörigkeiten als existentielles Bedürfnis beachten

Aufgrund ihrer „nicht normgerechten und nicht selbstverständlichen" Biografie ist es verständlich, wenn Pflegekinder unsichere Zugehörigkeit empfinden, ihr Dazugehören mitbestimmen wollen und mit endlichen, abbrechenden Beziehungen rechnen – oder rechnen müssen, zum Beispiel bei Rück- oder Weiterplatzierung. In einer Familie zu leben und als Mitglied kündbar zu sein, ist eine existentielle Irritation. Aber all dies ist noch kein Hinweis auf einen Loyalitätskonflikt oder eine Bindungsstörung, sondern braucht feinfühlige Begleitung und Lösungssuche mit dem Kind sowie partizipatives Entwickeln und Erleben von Zugehörigkeiten. Auch „biografisch-leiblich-gebundene" Kinder können sich ihrer Familie wenig zugehörig und fremd fühlen. Ihnen werden diese Zuschreibungen nicht zuteil.

Zuschreibungen sind nicht hilfreich

Wenn die oben aufgezählten Phänomene auftauchen, sollte das für Erwachsene ein wichtiges Signal sein, die Dynamiken verschiedener Systeme und deren Ansprüche zu beobachten. Oder es kann eine wichtige Aufforderung sein, das Kind nach seinem Empfinden von Zugehörigkeiten, nach seinem Bedürfnis nach Geborgenheit, Schutz, Verstanden- und Angenommen-Werden zu befragen. Es kann erwogen werden: Werden diese Phänomene psychologisierend dem Kind zugeordnet oder liegen sie eher an der noch nicht gelungenen Partizipation und an den noch fehlenden Entwicklungsschritten im Pflegesystem? Können sich die beteiligten Erwachsenen noch nicht passend auf das Kind einlassen? Und könnten nicht gerade diese Entwicklungsleerstellen (vgl. den Artikel von Bombach/Reimer) bei Pflegekindern das Gefühl, nicht erwünscht zu sein, sich nicht zugehörig zu fühlen, hervorrufen?

Phasen und widersprüchliche Gefühle gehören dazu

Um sich auf eine neue familiäre Welt einlassen zu können, durchlaufen Pflegekinder verschiedene Gefühle wie zum Beispiel Trauer, Resignation, Verzweiflung, Wut, Beruhigung, Zufriedenheit, Glück sowie Phasen von Überanpassung bis zur offenen Opposition. All dieses Erleben und Handeln kann als wichtige Auseinandersetzung mit den Themen Integration und Zugehörigkeit verstanden werden. Wir empfehlen Pflegeeltern und Fachpersonen – genauso vielfältig wie Pflegekinder und Pflegejugendliche es tun – verschiedene, wechselnde Arten und Phasen von Zugehörigkeiten und unterschiedliche Grade der Integration zuzulassen und zu fördern.

Flexible Gestaltungen basieren auf einer „inneren Haltung"

In unserer Praxis unterscheiden wir eine Mehrfachzugehörigkeit des Erscheinungsbildes und eine der „inneren" Haltung. Im Erscheinungsbild scheint die Realität einer Mehrfachzugehörigkeit – wie zum Beispiel in Patchwork- und anderen Familienformen – in der Pflegehilfe langsam anzukommen. Die Variationen der Formen des Zusammenlebens haben sich in den letzten 10 Jahren erweitert. Alleinerziehende, Regenbogenfamilien, kinderlose Paare, unverheiratete Paare, Mehrelternverbünde, etc. sind schon Pflegeeltern geworden. Zudem werden die „abgebenden Herkunftseltern" heute meist gut einbezogen und partiell eingebunden. Aber das prägende Bild der nahen Vergangenheit, nämlich der ausschliesslichen Vater-Mutter-Kinder-Familie, wirkt als Normalitätsideal latent und beim Matching der Pflegefamilien oft explizit nach. Vermutlich aus einem gewichtigen Grund: Pflegekinder wünschen sich – aus ihren gebrochenen Biografien heraus – häufig eine solche „normale" bzw. traditionelle Familie. Hier kommt für uns die „innere" Haltung ins Spiel. Unabhängig davon, ob eine traditionelle oder eine andere Familienform für das Pflegekind gesucht wird, geht es darum, wie Pflegeeltern und Fachleute mit dem Pflegekind zusammen eigene Wege von Normalität und passender (Mehrfach-)Zugehörigkeiten zu erfinden versuchen. Wie können stigmatisierende Zuschreibungsprozesse gestoppt werden, wenn sich ein Kind in Spannungsfeldern von Zugehörigkeiten und von vielfältigen Normalitätsanforderungen verstrickt fühlt? Anstelle von Wertungen wie „das Kind hat einen Loyalitätskonflikt" oder „das Kind ist unruhig, instabil und verhaltensauffällig" oder „es braucht einen Kontaktabbruch, damit sich das Kind integrieren kann" oder „die Pflegefamilie ist nicht belastbar" könnte die Frage stehen: Erlernt das Kind gerade jetzt die erforderlichen Kompetenzen für seine individuelle Art der Integration und Zugehörigkeit? Und: Wie können Pflegeeltern und Fachleute dies als Entwicklungschance, als Beitrag aufgreifen, „eine passende Pflegefamilie zu werden und spezifische Zugehörigkeiten zu leben"?

Passung ermöglichen

Wie der Begriff Heimat ist der Begriff Zugehörigkeit in heutigen Gesellschaften vielschichtig und mehrdimensional. Zugehörigkeit bezieht sich nicht nur auf verschiedene Personen oder unterschiedliche, menschliche Bezugssysteme. Sie umfasst kulturelle, soziale, wirtschaftliche, geographische, weltanschauliche und weitere Bezüge, beinhaltet durchaus auch fiktive Zugänge (z. B. Engel, oder Verstorbene) oder ordnet sich digitalen Räumen (verschiedene soziale Netzwerke) zu. Mehrfachzugehörigkeiten, Teilzugehörigkeiten oder auch Nichtzugehörigkeiten bestehen und lösen sich ab, sind ein variables Geflecht oder ein Zuschneiden im Spannungsbogen von Integration bis hin zu Nichtintegration.

Vor diesem Hintergrund ist es hilfreich, die Zugehörigkeitsbedürfnisse von Kindern von Zeit zu Zeit zu erfragen. Ihnen sind verschiedene Formen und Grade von Zugehörigkeit zuzugestehen und mit ihnen zusammen zu gestalten. Ebenso sollten Pflegeeltern sich dieser Vielfalt bewusst sein und sich schon vor der Aufnahme eines Pflegekindes überlegen: Welche „Familienintegration" setzen sie voraus; wie laden sie das Kind ein, dazuzugehören; wie und wie weit lassen sie das Kind selbstbestimmt mitwählen; was tun sie, wenn ein Kind sich nur teilweise oder wenig in die bisherige Familienkultur integriert? Und letztlich: Wie wird die weitere Zugehörigkeit gelebt, wenn das Kind auszieht, sei es gewollt oder sei es ungewollt?

Zu idealistische, zu normative, zu ideologische Bilder von Zugehörigkeit und Familie sind eine krisenanfällige Hypothek. Uns scheint notwendig, dieses Thema im Sinne von Zugehörigkeitslandschaften – als Haltung und konkrete bildhafte Methode – im gesamten Prozess des Aufwachsens wachzuhalten und flexibel anzugehen.

Wählbarkeit unterstützt Kompetenz und ist gelebte Partizipation

In komplexen Gesellschaften ist Mehrfachzugehörigkeit ein unabdingbares Erfordernis und die Wählbarkeit des Integrationsgrades eine demokratische

Grundlage. Wie weit wir uns „Fremdem und Ungewohntem" zuwenden und solches nicht nur als Erschwernis, sondern auch als Herausforderung annehmen prägt den Umgang mit „anderen" Menschen. Wie Integration gelingen kann ist eine gesellschaftspolitische und in der Pflegekinderhilfe auch eine pädagogische Aufgabe. Offenkundig ist, dass ein Pflegekind viele Integrationsanforderungen zu bewältigen hat und darin zu unterstützen ist, seine Auffassung von Normalität und seine Arten von Zugehörigkeit zu entwickeln. Darin hat es eine eigenständige Freiheit und seine Partizipationsrechte.

In flüchtigen Heimaten leben?

Das Pflegekind kann als migriertes und migrierendes Wesen betrachtet werden. Es ist ein Mensch, um es mit einer Metapher zu umschreiben, der aufbrechen musste und noch keine gültigen Heimaten gefunden hat, der sucht, seinen Koffer vielleicht nur abstellt oder kurz auspackt, der weitergeht und weitersucht, der sich irgendwann dennoch verwurzelt oder vielleicht gekonnt „flüchtiges Zuhause" (Hermann 2018) lebt.

3. Forschungsbefund: Kontinuierliche Matchingprozesse dienen dem Pflegekind und seiner Entwicklung

Matchingprozesse im Vorfeld einer Platzierung fördern die Passung

Matching ist ein partizipativer, fortlaufender Prozess, der die Perspektiven verschiedenster Beteiligter berücksichtigt und verbindet. Einenteils sollen Kind und Pflegefamilie, andernteils Pflegefamilie und begleitende Organisation die optimalen Voraussetzungen für das Aufwachsen des Kindes bieten.

Aus unserer Perspektive müssen Matchingprozesse für Pflegeplatzierungen gründlicher und umfassender sein als für Heimplatzierungen, da noch wenig standardisierte Qualitätskriterien bestehen und private Systeme davon „betroffen" sind. Familien funktionieren nach eigenen Gesetzmässigkeiten und sind von aussen nur beschränkt beeinflussbar. Sie können den Ausfall von Betreuungspersonen durch Überlastung, Krankheit oder Trennung oft nur schwer kompensieren.

Anfänglich gilt es die Eignung von Bewerberinnen und Bewerbern für eine Aufnahme und für das Zusammenleben mit einem Pflegekind zu untersuchen. Gleichzeitig ist die Passung, von begleitender Organisation der Pflegekinderhilfe und den Pflegeeltern wichtig. Zusätzlich wünschenswert ist es, das Zusammenspiel von professionellen Begleiterinnen und Begleitern und der zukünftigen Pflegefamilie zu klären.

Wenn diese umfassende Eignungsabklärung positiv verlaufen ist, kann der Matchingprozess mit und für ein „reales" Pflegekind starten. Leider werden gemäss unserer Erfahrung oft folgende wichtige Grundlagen missachtet: Die Bedürfnisse des einzelnen Kindes dürfen nicht zu sehr von den Bedürfnissen eines anderen Kindes konkurrenziert werden. Gewisse Verhaltensmuster und biografische Beeinträchtigungen eines Pflegekindes bringen das Risiko mit sich, dass bei Pflegeeltern und/oder bei ihren Kindern eigene Belastungen aktiviert werden. Darum braucht es sorgfältige Abklärungen der schwierigen Lebensereignisse und der Belastungen des Pflegekindes sowie der Ressourcen und Erwartungen der Pflegeeltern und ihrer Kinder. Weiter sollen Fähigkeiten der Pflegeeltern, zum Beispiel ihre Flexibilität in Erziehung und Weltbild in Bezug auf die Geschichte und das Verhalten dieses Pflegekindes, ohne Handlungsdruck erkundet und reflektiert werden.

Fragen zur Vorgeschichte des Kindes beeinflussen ebenso die Passung für eine Aufnahme: Was ist schon klar oder wird noch abgeklärt über die Biografie des Pflegekindes, sein Leben und sein Bezug zum Herkunftssystem? Welche Lösungsversuche und „Platzierungsprozesse" fanden schon statt und welche Lehren für die Zukunft sind daraus zu ziehen?

Matchingprozesse fehlen häufig oder genügen nicht

Bombach/Wolf zeigen in ihrem Artikel (in diesem Buch) auf, welche konzeptionellen Leerstellen Matchingprozesse bei familiären Platzierungen vielfach aufweisen. Auch gemäss unserer Erfahrung fliesst häufig wenig Fachwissen in die Wahl von Pflegefamilien ein. Dazu kommt, dass Pflegefamilien meist wenig Unterstützung im Transformationsprozess des „Pflegefamilie-Werdens" bekommen. Fehlende oder rudimentäre Matchingprozesse setzen indessen Kinder vermehrt Konflikten aus und vergrössern das Risiko von Abbrüchen. Nicht selten stimmt die Behörde nachträglich einer Pflegeplatzierung zu, die ohne Eignungsabklärung entstanden ist. Einige Organisationen der Pflegekinderhilfe haben indessen weit fortgeschrittene und standardisierte Matchingprozesse entwickelt.

Beispiel eines praxisfundierten Matchingprozess-Modells

Seit vielen Jahren führen wir im Auftrag von Organisationen der Pflegekinderhilfe mehrtägige Eignungsabklärungen für Pflegeeltern durch. Ziel ist nicht nur, die Eignung der Bewerbenden für ein Pflegekind zu klären, sondern auch die Eignung der Bewerbenden für die Zusammenarbeit mit einer Organisation. Zudem ist wichtig, dass in diesem Prozess die Organisation und die Bewerbenden gegenseitig die Passung klären.

Die Kernelemente werden im Folgenden beschrieben. Ein wichtiges Merkmal ist die Mehrstufigkeit des Prozesses: Wissensvermittlung, Information, Abklärung, Kompetenzenerwerb und Trainings werden vielschichtig miteinander verwoben. Jederzeit können klärende Gespräche zwischen Bewerbenden und Organisation einberufen werden. Ein Ausstieg aus dem Prozess oder eine Absage ist immer möglich. Die Eignung wird unter verschiedensten Blickwinkeln transparent untersucht. Ganz wichtig sind Beobachtungen an den Kurstagen und in den Einzelgesprächen: Wie nehmen Bewerbende Impulse und Feedback auf, was entwickeln sie daraus, wie lassen sie sich berühren, welche Fragen entstehen für sie?

Weiter sind Besuche von allen Bewerbenden in einer aktiven Pflegefamilie wichtig, bei denen Schönes, Schwieriges, Belastungen, Phasen und Möglichkeiten der Integration und vieles mehr thematisiert werden kann. Ein Hausbesuch von Mitarbeitenden der Organisation bei den Bewerbenden gibt Einblick in deren Lebenssituation und das konkrete „Angebot". All dies zeigt, dass eine Eignungsabklärung – wenn immer möglich – Raum für Entwicklung und neue Erkenntnisse enthalten muss.

Wie in Vorbereitungskursen für angehende Pflegeeltern üblich, werden Informationen und pflegekinderhilfe-spezifisches Wissen vermittelt. Das umfasst rechtliche Fragen (Rechte und Pflichten von Pflegeeltern/Herkunftseltern/Beiständen, Kinderrechte, allgemeine gesetzliche Grundlagen), beinhaltet die Zuständigkeiten und Entscheidungsmacht im Netzwerk der Pflegekinderhilfe und klärt Auftrag, Unterstützungsangebote der begleitenden Organisation und deren Anstellungsbedingungen für Pflegeeltern.

Der Kern der Eignungsabklärung ist aber die Passung insgesamt, das pflegeelterliche Kompetenztraining und die entwicklungsorientierten Fragestellungen. Die aus unserer Erfahrung wichtigsten methodischen Elemente werden nun herausgegriffen:

Alle Bewerbenden schreiben einen eigenen Lebensbericht. Der Bericht soll Einblick geben in die Herkunftssituation der Pflegeeltern und soll klären, welchen Umgang sie damit gefunden haben und wie sie ihre eigenen Erfahrungen reflektieren. Zusammen mit dem persönlichen Genogramm ist dies eine Grundlage, um Ressourcen, um Umgangsmuster mit kritischen Lebensereignissen und schwierigen Gefühlen, um Belastungsgrenzen und Konfliktstabilität zu erforschen. Kurze Filmsequenzen geben einen Einblick in die Interaktionsqualität der zukünftigen Pflegeeltern mit Kindern. Idealerweise wird am Familientisch gefilmt oder beim gemeinsamen Spiel. Die verständliche Hürde, sich zu filmen und diese Filme zur Analyse zur Verfügung zu stellen ist dank den neuen Technologien in den vergangenen Jahren stark gesunken. Die Filmsequenzen werden analysiert und vertieft. Hilfreiche Interaktionssequenzen zwischen Eltern und Kind werden ausführlich gewürdigt und aufgezeigt, warum dieses Verhalten der Pflegeeltern sich auch auf die Begleitung von Pflegekindern positiv auswirkt. Ein weiterer Zugang ist, kindesgerechtes Sprechen und achtsames Zuhören zu üben und Partizipationsmöglichkeiten des Kindes (auch der eigenen Kinder im Aufnahmeprozess) zu reflektieren.

In Gesprächen werden zudem Haltungsfragen zu Erziehung und zu Integration, Verstehen von schweren Lebensereignissen und „schwierigen Verhaltensweisen" des Kindes sowie Kooperation mit anderen Akteurinnen und Akteuren anhand von konkreten Fallbeispielen erhoben und kommentiert. Welchen Sinn macht es für Bewerbende ein Kind aufzunehmen und aus welchen Motivationslagen heraus? Und was ist bei „Scheitern", wenn „es" nicht mehr geht oder eine ungewollte Änderung von aussen „erzwungenen" wird?

Elterliche Kompetenzen und Haltungen (z. B. Offenheit, Feinfühligkeit und (Beziehungs- und Rollen-)Flexibilität, Umgang mit Fremdem und Zugehörigkeiten, Durchhaltewillen) werden untersucht und diskutiert. Und wie würde sich all dies im konkreten Familienalltag zeigen? Systemische Strukturaufstellungen ermöglichen aktuelle Auswirkungen bei der Aufnahme eines Pflegekindes probeweise zu erkunden und bewertungsfreie Wahrnehmungsfähigkeit zu schulen.

Zuletzt wird Unterstützung geboten für ein konkretes Angebot der Pflegeeltern: Was können wir einem Pflegekind bieten, was können wir ihm nicht bieten? Was macht uns und unser Alltagsleben aus? Wie wollen wir unterstützt werden und zusammenarbeiten usw.?

Fortlaufendes Matching von Anfang an, während und nach der Platzierung ist unabdingbar für ein gelingendes Aufwachsen

Eine langjährige Matchingprozessgestaltung braucht auf der Seite der involvierten Fachleute spezielles Wissen und umfassende Fähigkeiten: Dazu zählen einfühlsam beobachten und situationsbezogen unterstützen zu können. Werden frühzeitig hinderliche Dynamiken für das Kind wahrgenommen und respektvoll angesprochen, können Überlastungen der Pflegefamilie und Eskalationen vermieden werden. Es braucht zudem Reflexionsvermögen und einen guten Überblick über die Verlaufsgeschichte sowie die Bereitschaft, die Pflegeeltern einzubeziehen und das Pflegekind weitreichend zu beteiligen.

Jedes Standort- oder Auswertungstreffen im Netzwerk sollte das bisherige und weitere „Matching" thematisieren und ein gutes Zusammenspiel für das Kind wahren oder anstossen. Das heisst dafür zu sorgen, den rekapitulierenden, informationszusammenführenden Austausch deutlich zu übersteigen (siehe Abschnitt Konflikt-, Krisenverständnis: Eskalationen frühzeitig angehen). Es geht jedes Mal darum zu reflektieren, ob und wie die Passung Pflegekind-Pflegefamilie wirkt, wie das platzierte Kind diese Passung empfindet und wie das Netzwerk ein gutes und sicheres Aufwachsen des Kindes unterstützt.

In Krisen oder bei Umplatzierungen ist Matching unabdingbar, um die Belastungen des Pflegekindes zu mindern und ihm neue, gute Chancen des Aufwachsens an einem ausdrücklich gewählten, anderen Ort zu bieten.

Wenn Krisen bewältigt sind, wenn Umplatzierungen stattgefunden haben oder ein Pflegekind erwachsen geworden ist, gehört zum Ende eines Matchingprozesses „Nachsorge". Sie kann dem Kind und/oder den Pflegeeltern helfen zu bewältigen, einzuordnen, zu verarbeiten oder wertschätzend zurückzublicken. Für Fachleute ist eine solche nachträgliche Reflexion wichtig für ihre Expertise und die Qualitätssteigerungen in der Pflegekinderhilfe.

4. Forschungsbefund: Akteurinnen und Akteure der Pflegehilfe benötigen ein umfassendes Konflikt- und Krisenverständnis

Wahrnehmungsunterschiede werden durch negative Bewertungen spannungsreich. Spannungen, Konflikte und Krisen sind ein sich wiederholender Bestandteil eines jeden Menschenlebens. Obschon sie zu leidhaftem Erleben oder zu misslingenden Interaktionen führen, können sie Wachstumsimpulse und Entwicklungsschritte anstossen. Dies zeigen unsere Erfahrungen.

Vereinfacht gesagt hat jeder Mensch eine einzigartige Wahrnehmung, die auch von seinen Erfahrungen geprägt ist. Falls Wahrnehmungsunterschiede zwischen Menschen überhaupt ins Bewusstsein treten, entsteht dadurch nur selten eine nennenswerte Differenz. Eine wichtige Differenz entsteht dann, wenn negatives Empfinden aufkommt, zum Beispiel im Sinne von „hier ist etwas nicht gut" oder aufgrund der negativen Bewertung „so darf das nicht sein, so kann das nicht bleiben". Spielt sich derartiges in Haltungen und in Verhaltensweisen der Akteurinnen und Akteure ab oder verfestigt sich diese Differenz in hemmenden Interaktionen zwischen Pflegeeltern und Fachpersonen oder Pflegekind und Pflegeeltern, dann braucht es – um die Entwicklung des Pflegekindes nicht zu gefährden – eine Reflexion dieser wechselseitigen Handlungsmuster, ein Verstehen der Beweggründe und eine Suche nach neuen Lösungen. Idealerweise sind diese spannungsgeladenen Unterschiede und diese negativen Bewertungen dialogisch und lösungsorientiert mit den Beteiligten anzugehen.

Wie es zu abruptem Entscheiden und Handeln kommt

In mehreren Artikeln dieses Buches wird aufgezeigt, dass auf Seiten der Erwachsenen solche Spannungs-, Konflikt- und Krisen-Phänomene zu wenig ernst genommen oder zu spät angegangen werden. Tendenziell wird zu lange ausgehalten, so lange bis ein hohes Eskalationsniveau erreicht ist. Dann wird vielfach von einer Akteursperson entschieden und abrupt gehandelt. „Plötzlich" – insbesondere für Pflegekinder oder -eltern – ist ein Endpunkt erreicht, die Ressourcen für Neugestaltungen im bisherigen Kontext sind weggebrochen und es besteht kein „point of return" mehr. Das Pflegekind „muss" umplatziert werden. Das Kind kippt so aus der gewohnten Umgebung und aus seinen alltäglichen Beziehungen.

Wenn Eskalationen und negative Bewertung sich verfestigt haben und deshalb die Platzierung des Kindes tiefgreifend in Frage gestellt wird, ist es reichlich spät, über Spannungsfelder, Krisenhintergründe und deren Behebung zu reden. Konfliktdynamiken können kaum mehr erforscht, bisher erfolgreiche Bewältigungsstrategien können nicht mehr angewandt werden. Der Handlungsdruck verselbständigt sich.

Abschied, Übergang und Neuankommen gestalten

Die Resultate des Projekts zeigen auf, dass eine sorgfältig reflektierte Weiterplatzierung oder eine häusliche Trennung von Pflegekind und -eltern der passende nächste Entwicklungsschritt sein kann. Dazu gehört indessen, das Kind einzubeziehen, den Abschied und Übergang zu gestalten und die gewachsenen Verbindungen sorgfältig zu beachten.

Anspruchsvoll ist es, nach Abbruch eines Pflegeverhältnisses, Pflegeeltern so zu begleiten, dass sie über ihre Verletzungen hinweg kommen und den Kontakt zum Kind in angemessener Form halten oder wiederaufbauen können.

Mögliche Eskalationen frühzeitig aktiv angehen

Einige Vorzeichen und Hintergründe von Schwierigkeiten und Eskalationen können sein:

- Pflegeeltern kann es schwerfallen, über schwierige und blockierte Alltagsabläufe zu reden oder um Unterstützung zu bitten. Wenn sie darüber oder über ihre Belastungen reden, befürchten sie von den Fachpersonen kritisiert oder als unfähige Pflegeeltern taxiert zu werden. Um dieses Risiko zu vermeiden, braucht es regelmässigen, offenen, tragenden Austausch im Betreuungsnetz.
- Fachpersonen, insbesondere Beiständinnen und Beistände, können häufig aufgrund mangelnder zeitlicher Ressourcen erst in schwerwiegenden Situationen präsent sein. Das ist ein Grund, weshalb sie spät und ab und zu als Letzte über eskalierte Geschehnisse informiert und mit Forderungen konfrontiert werden.
- Die wiederkehrenden Standortsitzungen der am Pflegeverhältnis beteiligten Parteien werden zeitlich und organisatorisch meist ritualisiert. Der Austausch über vergangene Ereignisse überwiegt und häufig enden die Sitzungen ohne neue Erkenntnisse. Es fehlt die Zeit oder der Wille, um andere, konkrete Ansätze zu entwickeln und deren Wirkung auszuwerten. So wäre es sinnvoller, das Zusammenarbeiten der Beauftragten zu reflektieren, den „Fall" umfassend zu verstehen (siehe Artikel Reimer/Dittmann), sich auf kindeswohlbezogene Fragestellungen und innovative Ansätze zu fokussieren. Das schliesst die Würdigung von erfreulichen Fortschritten und bedenkenswerten Phänomenen mit ein.
- Die Sicht des Kindes, ohne Zweifel kein leichtes Unterfangen, muss häufig, regelmässig, vertieft und dabei kindesgerecht eingeholt werden.
- In allen Pflegeverhältnissen – das umfasst auch verwandtschaftliche Pflegeverhältnisse – sollte eine kontinuierliche oder eine begründete punktuelle Unterstützung angeboten werden. Ein fortwährendes, mehrperspektivisches „Matching" (vgl. Artikel Bombach/Wolf) um das Pflegekind in seinem Aufwachsen zu unterstützen, ist unabdingbar und geschieht leider häufig erst im Spannungsfall.

- Wie die Forschungsresultate aufzeigen, werden Krisen-Ursachen zu wenig erkannt, zu wenig erforscht und zu wenig bearbeitet. Verallgemeinernde Sichtweisen wie: „Das kommt schon gut"; oder „das legt sich wieder" sind nur unter bestimmten Bedingungen hilfreich. Sich andererseits auf das Pflegekind und dessen mögliche Störungen zu verengen, wird dem guten Aufwachsen des Kindes nicht gerecht.

Kinder in ihrem Partizipationswunsch ernst nehmen

Eine weitere Schwierigkeit besteht darin, dies zeigen die Forschungsresultate, dass Pflegekinder sehr lange deutlich auffällige Verhaltensweisen zeigen müssen, bis sie gehört, gefragt und allenfalls verstanden werden. Wir fragen uns: Dürfen und können Pflegekinder das Bedürfnis anderswo aufzuwachsen einbringen oder sogar einfordern – ohne zu solchen Verhaltensweisen Zuflucht nehmen zu müssen? Und wie partizipieren sie dabei am Entscheidungsprozess und an der Auswahl des neuen Ortes? Hier sind Fachleute und Pflegeeltern aufgerufen aktiver zuzuhören, frühzeitig kindliche Zeichen von Nichtzugehörigkeit aufzunehmen und Kinder an Zukunftssichten und -lösungen zu beteiligen.

Krisen und Umplatzierungen setzen instabile Momente und heftige Prozesse in Gang. Im Gesamtverlauf von Kindheit und Jugend können sie indessen nachträglich als entwicklungsförderliches Ereignis gesehen und erlebt werden, vorausgesetzt, die Kinder werden sorgfältig einbezogen und es kommt nicht zu rigorosen Trennungen, plötzlichen und unverständlichen Austritten oder unbearbeiteten Brüchen.

Umfassende Möglichkeiten für Krisenfestigkeit schaffen

Folgende Vorkehrungen können einerseits das Kind und die Pflegeeltern besser vor tiefgreifenden Verletzungen und Abbrüchen schützen und andererseits ermöglichen, dass Bewältigungsstrategien in spannungsvollen Zeiten erlernt werden:

- Grundvoraussetzung zur Pflegeelternschaft ist eine offene, flexible Haltung, welche Spannungen und Krisen als unabdingbare, wiederkehrende Ereignisse im Lebenslauf annimmt. Mit Ambivalenzen, Widersprüchen und Mehrdeutigkeiten umgehen zu können, vervollständigt diese Haltung. Ebenso braucht es elterliches Vermögen, geduldig dranzubleiben, bewusst experimentierend kleine, positive Wendepunkte im Alltag zu setzen und deren Wirkung zu beobachten.
- Eine Grundkompetenz von Pflegeeltern und Fachleuten ist Krisenfestigkeit sowie eine grundsätzlich offene Lösungssuche bei scheinbar „abwegigen" Handlungen und schwierigen Gefühlszuständen. Pflegeeltern sind zu wenig geschult, sich verständnisvoll und deeskalierend ums Kind oder um sich selbst zu kümmern. Diese Grundkompetenz kann im Vorfeld oder in der

aktuellen Situation gefördert werden. Dies gilt auch für achtsames Wahrnehmen spannungsreicher Anzeichen im Lebensalltag, deren Beschreibung und verständnisvoller Einordnung. Begleitende Fachleute sollten dies können, krisenerprobt sein und mediative Fähigkeiten erlernen.

- Selten findet eine fundierte Auftragsklärung und eine prozessorientierte Auftragsgestaltung zwischen Pflegeeltern und Auftraggebenden statt. Familiäre Fremdunterbringung wird grösstenteils als selbstverständlicher und informell klarer Auftrag angesehen, der nicht lange besprochen und nicht kontinuierlich angepasst werden müsse. So wird vieles „irgendwie" als Übereinkunft angenommen, mögliche Spannungsfelder und Zusammenarbeit in schwierigen Situationen zwischen beauftragter Familie und beauftragten Professionellen offen gelassen. Dass Spannungen und Krisen logische biografische Geschehnisse sind und häufig Wachstum anstossen, wird nicht als Haltung festgelegt. Dies ist für traumasensible Pflegekinder unzureichend. Die Auftragsklärung steht nicht nur am Anfang einer Platzierung, sondern ist ein fortlaufender Prozess. Dazu gehört generell: Wer hat welche Rollen und Aufgaben inne? Welche gegenseitigen Erwartungen und Kooperationserfordernisse bestehen, was sind wichtige Informationen und wie wird darüber reflektiert? Wichtig ist, dass von Anfang an ausgetauscht und festgelegt ist: Wie wird das Kind einbezogen? Was geschieht, wenn Pflegeeltern über Belastungen oder Mankos reden? Wie und wann wird über Abweichendes informiert? Wie werden „Hol- und Bringschulden" definiert? Welche Unterstützungsmöglichkeiten sind in spannungsreichen Situationen vorgesehen? Wie wird bei Gefährdung des Kindeswohles oder des Pflegeplatzes der Dialog gesucht und entschieden? Etliches davon sollte kurz verschriftlicht und von allen unterschrieben werden. Alle Beteiligten partizipieren so – in unterschiedlichem Masse. Dies schliesst mit ein, dass Erwachsene in Krisen mehrperspektivisch entscheiden und kooperativ handeln, um Gefahren abzuwenden und Sicherheit herzustellen. Sie sind in ihren Entscheiden transparent dem Kind gegenüber und erwarten dabei nicht „immer" sein Einverständnis oder gar eine Verhaltensveränderung.
- Selten werden externe Konfliktmoderatorinnen oder -moderatoren eingesetzt, selten sind Professionelle dazu befähigt, wechselseitige Spannungsmuster und unterschiedliche Logiken der verschiedenen Systeme zu erfragen, aufzuzeigen und nicht bedachte Lösungsschritte anzustossen. Methoden und Wissen aus Mediation und Konfliktmanagement können die Praxis der Pflegekinderhilfe unterstützen.

Wenn es dennoch zur Krise kommt

Pflegekinder, die in einem feinfühligen und fürsorglichen Umfeld aufwachsen können, stabilisieren sich im Verlaufe der Zeit oft sehr gut. Sie entwickeln sich schulisch und persönlich. Einem guten Leben scheint nichts mehr im Weg zu stehen. So auch im Fallbeispiel von Josefie (vgl. den Beitrag von Dittmann/Reimer), die sich nach einem schwierigen Start ins Leben scheinbar „unauffällig" und gut entwickelt.

Pflegeeltern nehmen ihre Pflegekinder, insbesondere wenn diese noch „klein" sind, tendenziell als liebenswerte Individuen an. Auffälligkeiten im Verhalten werden ausgeblendet. Wenn der Alltag schwierig zu werden beginnt und sich die Auffälligkeiten nicht mehr übersehen lassen, kann es zu ersten Krisen kommen. Die guten gemeinsamen Zeiten werden seltener, die familiäre Atmosphäre ist angespannt. Die Pflegefamilie ist für das Kind nicht mehr nur der „sichere Ort". Möglicherweise werden nun beim Kind schlechte Erfahrungen aus der Herkunftsfamilie aktiviert. Wie Josefie kann ein Pflegekind es dann vorziehen, ganz auf sich gestellt zu sein, irgendwo Unterschlupf zu suchen und sich damit stark zu gefährden. Dann fragen sich Pflegeeltern: „Warum macht sie/er das? Warum macht sie/er sich jetzt das Leben kaputt? Wir haben doch so viel für sie/ihn getan. Warum mutet sie/er uns das zu?". Eine Antwort darauf ist auch in den Folgen früherer seelischer Verletzungen zu finden.

Seelischen Verletzungen Rechnung tragen

Nur in Ausnahmefällen hat ein Pflegekind eine unproblematische Vorgeschichte bis zur Trennung von seinen Eltern. In der Regel erfolgen Pflegeplatzierungen, weil Eltern psychisch krank sind, Drogen konsumieren, straffällig werden oder weil das Kind durch Gewalt oder Vernachlässigung schwer gefährdet ist. Es gibt aber auch Einflüsse, die das Kind bereits während der Schwangerschaft und in den ersten Lebensjahren schädigen können: Der Stress der Mutter, ihr Nikotinkonsum, eine Früh- oder eine schwere Geburt, eine postnatale Depression, Gewalt zwischen den Eltern – die Liste lässt sich weiterführen. Das Kind gerät dadurch in Überforderungssituationen und erlebt Stress. Bleibt das Kind sich selbst überlassen und wiederholen sich solche Situationen, hat das tiefgreifende Auswirkungen auf die Psyche und das Gehirn des Kindes. Zu den möglichen Folgen gehören Schwierigkeiten mit der Affektregulation und der Impulskontrolle (van der Kolk 2009), was zu Eskalationen führen kann. Ist das Kind noch klein, fällt das weniger auf, denn alle Kleinkinder müssen erst lernen, sich selbst zu regulieren. Aber auch bei einem grösseren Kind können seine Schwierigkeiten mit der Selbstregulation am Anfang eines Pflegeverhältnisses unentdeckt bleiben, weil sich das Kind sehr bemüht und möglichst nicht negativ auffallen will. Dies gelingt ihm auch später – mit Anstrengung – oftmals in der Schule und in Aussenkontakten. Im Familienalltag jedoch werden die Schwierigkeiten mit der Selbstregulation deutlich. So können scheinbar kleinste Anforderungen zu „Ausrastern" führen, die das Leben in der Pflegefamilie schwer belasten. Weil das Pflegekind seine Regulationsschwierigkeiten ausserhalb aber nicht im gleichen Ausmass zeigt wie innerhalb der Familie, finden das Kind und seine Pflegeeltern nicht immer die notwendige Unterstützung.

Die Folgen der seelischen Verletzungen des Pflegekindes können sich zudem in destruktivem Verhalten äussern, welches die wunden Punkte der Pflegeeltern aktiviert und sie an ihre Grenzen bringt. In Konfliktdynamiken und in Krisen ist dies ein wichtiger Faktor. Wenn Pflegeeltern sich mit den komplexen Folgen der seelischen Verletzungen ihrer Pflegekinder befassen, wenn sie ihre eigenen wunden Punkte kennen und gut versorgen, wenn Pflegeeltern zudem ihre Pädagogik entsprechend anpassen, dann erleichtern sie dem Pflegekind und sich das Zusammenleben und beugen destruktiven Konfliktdynamiken vor.

Stabilität bieten für das Pflegekind in der Krise

In Krisen ist es besonders wichtig, dass sich die bisherigen Bindungs- und Bezugspersonen – vorausgesetzt sie sind ausreichend konstruktiv und wertschätzend – für das Pflegekind interessieren und engagieren. Wichtig ist in diesem Zusammenhang, dass sie in ihrer Aufgabe als Pflegeeltern und als Familie angemessene Unterstützung der Fachdienste erhalten. Diese Unterstützung muss unabhängig davon sein, ob das Pflegekind vorübergehend eine stationäre therapeutische Unterbringung braucht, auf der Strasse lebt oder zur Herkunftsfamilie zurückkehrt. Es ist ein Fehler des Systems, wenn Pflegeeltern in solchen Situationen nicht nur keine Entschädigung mehr erhalten, sondern von einem Tag auf den anderen auch nicht mehr zum Helfersystem des Pflegekindes gehören dürfen. Damit es anders kommt, braucht es zumindest eine Person, die das Vertrauen des Pflegekindes geniesst, die den Faden zu ihm hält und freundlich und beharrlich einen Anker im Leben des Pflegekindes bleiben will. So wie die Pflegemutter von Josefie, die beharrlich und gegen alle Widrigkeiten für ihre Pflegetochter und ihre Beziehung zu ihr einstand. So kann ein gutes Leben doch noch wahr werden, wie das Beispiel von Josefie so schön zeigt.

5. Konklusion aus Sicht der Praxis: Aus- und Weiterbildung für Akteurinnen und Akteure der Pflegekinderhilfe

Pflegeeltern vorbereiten, begleiten und weiterbilden

Für uns ist unabdingbar, dass Pflegeeltern nicht nur zu Anfang, sondern während des ganzen Pflegeverhältnisses in ihren Kompetenzen und ihrer alltäglichen Handlungspraxis „gebildet" und gecoacht werden.

Die Vorbereitung und Weiterbildung von Pflegeeltern sollte auf konkrete Alltagssituationen zugeschnitten sein, kindesorientierte Bezüge aufweisen und eine flexible, offene, experimentierende Pädagogik fördern. Systemische, mehrperspektivische und lösungsorientierte Sichten können adäquates Handeln mit Kindern und Jugendlichen in kritischen Situationen unterstützen. Neben Warmherzigkeit und Wertschätzung des schon Gelingenden (!) gehört ein Bewusstwerden über multiple Elternrollen, sich verändernde Familienleben, Partizipa-

tion und Rollen-, Beziehungs- und Zugehörigkeitsflexibilität dazu. Spannungs-
zustände und Konflikte der eigenen Person, im Familien-System und im System
des Kindes/Jugendlichen beobachten und aussprechen zu können mildert
schwierige Geschehnisse. Pflegeeltern mit Konfliktbewältigungsmut auszustat-
ten, sie zu befähigen Krisenphänomene wahrzunehmen und zu benennen, Konfliktdynamiken zu verstehen, Deeskalationstechniken einzusetzen sind wichtige
Schwerpunkte. Nicht zuletzt geht es darum, mit anderen Systemen zu kooperieren und mit anderen Systemlogiken umgehen zu können.

Spezifische Ausbildung der Fachleute fehlt

Fachpersonen – Beiständinnen und Beistände, Mitglieder von Kindesschutz-
behörden, Mitarbeitende von Organisationen der Pflegekinderhilfe – kommen
in ihrer Aus- und Weiterbildung nur oberflächlich in Kontakt mit dem Thema
Familienplatzierungen von Kindern und Jugendlichen. Dies ist erstaunlich angesichts der anspruchsvollen und wohl nicht selten auch belastenden Aufgaben,
die die Fachpersonen bei Fremdplatzierungen von Kindern in Pflegefamilien
und bei der Begleitung und Aufsicht des Pflegeverhältnisses haben.

Es wäre Aufgabe der Fachhochschulen und der höheren Fachschulen Wissen, Können und Kompetenzen zu familiärer Pflegekinderhilfe und „Heimplatzierung" in der Grundausbildung und als Weiterbildungsschwerpunkt – all dies
mit Forschungsinhalten verknüpft – anzubieten. Die Pflegekinderhilfe gehört unserer Meinung nach in jede sozialpädagogische und sozialarbeiterische Grundausbildung. Gleichzeitig braucht es vertiefte Weiterbildungen, in denen Wissen
über ausserfamiliäres Aufwachsen sowie über Bedürfnisse und Förderung von
platzierten Kindern gelehrt und diesbezügliche Fachkompetenzen trainiert werden.

Mehr qualitative Forschung fördert das „gelingende" Aufwachsen von Pflegekindern

Folgende Weiterbildungsinhalte für einen professionellen, spezifischen Kompetenzenerwerb gehen aus den Forschungsresultaten hervor: Phasen- und Interdependenzmodelle öffnen den Blick auf die Konzeption langjähriger Pflegeverhältnisse und auf Faktoren, welche zur Stabilität beitragen können (Wolf).
Fallarbeit als nachvollziehendes, komplexes und multiperspektivisches Verstehen unterstützt Fachleute im kompetenten Begleiten von Pflegekindern und in
Krisensituationen (Dittmann/Reimer). Fähigkeiten Fallverläufe zu erstellen,
welche die Sicht des Pflegekindes standardisiert und individuell aufzeigen, tragen zur Klärung der Lebensgeschichte, zur Partizipation und zur Identität von
Pflegekindern bei (Stohler/Ibrahimi/Gabriel). Kindern zuhören und mit ihnen
altersgerecht, „gewaltfrei" reden können stärkt die Pflegekinder und gibt ihren
Perspektiven und Wünschen Gewicht (Bombach/Reimer). Wechsel, Abschied,
Übergänge und Anschlusslösungen passend und kindeswohlgerichtet zu ent-

scheiden und zu gestalten ist nicht nur ein Kinderrecht, sondern eine pädagogische Notwendigkeit. Sie fördern Bewältigungsstrategien, Resilienz und gelingendes Aufwachsen von Pflegekindern (Stohler/Werner). Wissen um fortwährende Matchingprozesse und um deren praktische Anwendung kann Konflikte und Abbrüche verhindern (Bombach/Wolf/Gabriel).

Alle in unserem Kapitel eingebrachten Vorschläge fordern mehr spezifisches Wissen und spezialisierte Kompetenzen für Fachleute in der Pflegekinderhilfe ein. Der Kernpunkt ist, Pflegekindern verbesserte Chancen zum Aufwachsen und zu einer geförderten, individuellen Entwicklung zu bieten. Dies, weil die Begleitung „fremder Kinder mit biografischen Brüchen" nicht dasselbe verlangt wie das Aufwachsen „eigener leiblicher Kinder".

Evaluierte und standardisierte Vorbereitungs- und Weiterbildungskurse würden deren Akzeptanz bei den Pflegeeltern und bei der öffentlichen Hand stärken. Denn immer noch ist es keine Selbstverständlichkeit, dass Pflegeeltern ihre pflegekindspezifischen Weiterbildungen finanziert bekommen oder Fachleute pflegespezifische Kompetenzen erwerben.

Literatur

Hermann, R. (2018): Flüchtiges Zuhause. Zürich: Edition blau im Rotpunktverlag.
van der Kolk, B. A. (2009): Entwicklungstrauma-Störung: Auf dem Weg zu einer sinnvollen Diagnostik für chronisch traumatisierte Kinder Praxis der Kinderpsychologie und Kinderpsychiatrie 58, Nr. 8, S. 572–586.

Angaben zu den Autorinnen und Autoren

Bombach, Clara, M. A. Sozial- und Kulturanthropologie, wissenschaftliche Mitarbeiterin am Marie Meierhofer Institut für das Kind (MMI), Zürich. Arbeitsschwerpunkte: Familie und Aufwachsen, Kinder- und Jugendhilfe, Lebensverläufe nach Heimplatzierungen im Säuglings-, Kindes- und Jugendalter, Alltag von Kindern in Asylunterkünften.

Cameron, Claire, Professor of Social Pedagogy, Thomas Coram Research Unit, UCL Institute of Education, University College London. Main focus of work: Education of children in care, young children in care, foster care, residential care, care experienced young people, children's workforce, social pedagogy, early childhood education and care.

Dittmann, Andrea, Dipl.-Pädagogin, Supervisorin und Organisationsentwicklerin, Mitglied in der Forschungsgruppe Pflegekinder. Arbeitsschwerpunkte: Weiterbildung von Fachkräften in der Pflegekinderhilfe, Konzeptentwicklung in den Hilfen zur Erziehung, Schnittstellenoptimierung in Sozialen Diensten, Rückkehr von Pflegekindern als geplante Option.

Frohofer, Franziska, verfügt über langjährige Erfahrung in der Auswahl, Vorbereitung, Begleitung und Beratung von Pflegefamilien. Sie arbeitete für zwei freie Träger der Pflegekinderhilfe, zuerst als Pflegemutter, dann in Fach- und Leitungsfunktion. Sie ist Co-Autorin des Buches „Vanessa – Pflegekinder in der Schweiz", das 2008 im Huber-Verlag erschien. Heute berät sie Pflege- und Adoptiveltern im Rahmen einer privaten Beratungsstelle, die sie mit zwei Kolleginnen zusammen in St. Gallen führt.

Gabriel, Thomas, Professor (ZFH), Dr. phil., Leiter des Instituts für Kindheit, Jugend und Familie an der Zürcher Hochschule für Angewandte Wissenschaften (ZHAW). Arbeitsschwerpunkte: Kinder- und Jugendhilfe, speziell Heimerziehung, Pflegekinderwesen und Adoption, Geschichte der Heimerziehung, Resilienz und Vulnerabilität im Kontext Aufwachsen und Familie

Hauari, Hanan, is a Research Fellow at Thomas Coram Research Unit, Institute of Education, University College London. Main focus of work: life experiences of vulnerable children, young people, and families, including those in social care, and the intersection of care and education.

Ibrahimi, Bujare, M. A. Soziologie und Erziehungswissenschaften. Arbeitsschwerpunkte: Schulsozialarbeit, Schule, Migration und Pflegekinderhilfe.

Reimer, Daniela, Dr. phil., Dozentin und Projektleiterin an der Zürcher Hochschule für angewandte Wissenschaften (ZHAW). Arbeitsschwerpunkte: Pflegekinderhilfe, Biografieforschung, Normalität und Kultur.

Scharfenberger, Stephan, ist freischaffender Coach, Supervisor, Teamentwickler und Konfliktmoderator. Seit 1993 beschäftigt er sich mit dem Pflegekinder- und Adoptionswesen, damals als Beistand und „Ressortverantwortlicher Pflegekind". Seitdem hat ihn dieser Bereich nicht mehr losgelassen. Er berät Behörden, Organisationen des Pflegekinderwesens und deren Mitarbeitende sowie Pflegefamilien. Ebenfalls ist er ist in der Weiterbildung und Auswahl von Pflegefamilien tätig.

Stohler, Renate, lic.phil. I, Dozentin und Projektleiterin an der Zürcher Hochschule für Angewandte Wissenschaften (ZHAW). Arbeitsschwerpunkte: Pflegekinderhilfe, Leaving Care, Soziale Arbeit im Kontext Schule.

Werner, Karin, Dr. phil., Dozentin und Projektleiterin an der Zürcher Hochschule für Angewandte Wissenschaften (ZHAW). Arbeitsschwerpunkte: Pflegekinderhilfe, Leaving Care und Gesundheitsförderung im Kontext Sozialer Arbeit.

Wolf, Klaus, Univ.-Prof. Dr., Universität Siegen/D, Schwerpunkte: Grundsatzfragen der Sozialpädagogik, Aufwachsen unter ungünstigen Bedingungen, Forschungen zur Heimerziehung, Pflegekindern und Sozialpädagogischen Interventionen in hochbelasteten Familien.